绿色经济法律制度丛书

碳法律制度
维度与体系创新

张梓太　张叶东　等◎著

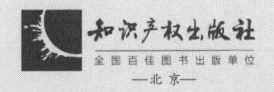

知识产权出版社
全国百佳图书出版单位
—北京—

图书在版编目（CIP）数据

碳法律制度：维度与体系创新 / 张梓太等著 . —北京：知识产权出版社，2024.11
（绿色经济法律制度丛书）
ISBN 978-7-5130-9139-8

Ⅰ.①碳… Ⅱ.①张… Ⅲ.①二氧化碳—排污交易—法律—研究—中国 Ⅳ.① D922.683.4

中国国家版本馆 CIP 数据核字（2024）第 016771 号

责任编辑：雷春丽　　　　　　　　　　责任校对：潘凤越
封面设计：杨杨工作室·张　冀　　　　责任印制：刘译文

绿色经济法律制度丛书

碳法律制度：维度与体系创新
张梓太　张叶东　等　著

出版发行：	知识产权出版社 有限责任公司	网　　址：	http://www.ipph.cn
社　　址：	北京市海淀区气象路50号院	邮　　编：	100081
责编电话：	010-82000860转8004	责编邮箱：	33908596@qq.com
发行电话：	010-82000860转8101/8102	发行传真：	010-82000893 / 82005070 / 82000270
印　　刷：	天津嘉恒印务有限公司	经　　销：	新华书店、各大网上书店及相关专业书店
开　　本：	720mm×1000mm 1/16	印　　张：	26.5
版　　次：	2024年11月第1版	印　　次：	2024年11月第1次印刷
字　　数：	376千字	定　　价：	128.00元

ISBN 978-7-5130-9139-8

出版权专有　侵权必究
如有印装质量问题，本社负责调换。

序 言

如何应对气候危机已成为人类社会共同的话题。2020年9月，中国政府在第七十五届联合国大会上庄严承诺：中国将提高国家自主贡献力度，采取更加有力的政策和措施，二氧化碳排放力争于2030年前达到峰值，努力争取2060年前实现碳中和，[1]此即"双碳"目标。实现"双碳"目标，法治保障是基础，需要尽快构建符合中国国情的碳法律制度。碳法律制度的构建是一个系统的综合性工程，涉及面广，制度维度必须有清晰的定位，本书就此问题展开讨论，并试图给出答案。纵观国际气候谈判的艰难历程，不难发现，无论是《京都议定书》，还是《巴黎协定》，只有以一定的法律约束力为抓手，才能合理安排资金、提供技术支持与转移，保障各国碳中和行动的有效实施。因此，如何从资金和技术的角度来完善碳法律制度，有效地约束发达国家履行在国际协定下的承诺，促进发达国家与发展中国家携手开展碳达峰、碳中和合作，成为当今碳领域合作的关键课题。

本书从法律制度分析视角，对碳达峰、碳中和进行研究，并系统梳理

---

[1] 新华社：《习近平在第七十五届联合国大会一般性辩论上发表重要讲话》，http://www.gov.cn/xinwen/2020-09/22/content_5546168.htm，访问日期：2023年4月23日。

和分析碳法律制度的基石范畴、碳法律制度的维度与体系创新、碳法律制度的历史演进、碳交易法律制度、碳金融法律制度、全球气候治理背景下的碳法律制度。通过碳法律制度的理论研究，本书试图为我国构建完善的碳法律制度体系提供理论支撑，以此来促进我国产业升级转型，并向绿色低碳方向发展。当下，我国正在大力倡导新质生产力的发展，新质生产力的一个核心指标就是低碳高效，低碳高效需要完备的碳法律制度做保障，这也契合了本书研究的主线。

期望本书的出版能够抛砖引玉，为深入探讨碳法律制度，厘清涉碳关键法律概念和理论框架，更好地理解碳法律制度的基本原则和运行方式，起到些许的促进作用。

需要说明的是，本书是由复旦大学"双碳"目标法治保障研究基地研究人员共同完成的，具体分工如下：

第一章：张梓太、程飞鸿、张源庚、张叶东；第二章：张梓太、程飞鸿、张源庚、张叶东；第三章：张梓太、张叶东、林宸宇；第四章：包婧、林宸宇；第五章至第七章：张叶东；第八章：张梓太、张叶东、张佳玮、顾诗怡、卢红宇。同时，要特别感谢张人禾院士、宾晖博士、李传轩教授、陶蕾副教授、沈灏副教授等其他几位基地研究人员的大力支持！

张梓太
2023 年 3 月 2 日

目 录

第一章　碳法律制度的基石范畴：碳排放权 …… 001

第一节　碳排放权属性的学说争议 …… 002
一、财产权说 …… 002
【案例1-1】微碳（广州）低碳科技有限公司诉广州碳排放权交易中心有限公司合同纠纷 …… 004
二、物权说 …… 006
三、行政规制权说 …… 009
【案例1-2】深圳翔峰容器有限公司诉深圳市发展和改革委员会行政处罚行为案 …… 011
四、环境权说 …… 012

第二节　碳排放权的由来与特征 …… 014
一、碳交易的概念辨析 …… 014
二、碳排放配额的价值确定 …… 015
三、碳排放权的阶段特征 …… 017

第三节　碳排放权属性的厘清 …… 023
一、从问题出发：碳排放配额执行中的公私矛盾 …… 023

二、碳排放权的时空属性 ··· 027

第二章 碳法律制度的视角创新 ··· 031

第一节 碳法律制度的维度创新 ··· 032
　　一、生态环境维度：以碳环境权为核心 ······························· 032
　　二、气候变化维度：以碳排放权为关键 ······························· 033
　　三、自然资源维度：以碳汇权为补充 ··································· 035
　　　【专栏 2-1】全国首单"蓝碳"拍卖成交，宁波海洋碳汇
　　　　　　交易率先探路 ··· 038
第二节 碳法律制度的体系创新 ··· 039
　　一、运行载体 ··· 040
　　二、运行边界 ··· 043
第三节 碳法律制度运行的双层法理结构 ································· 045

第三章 我国碳法律制度的历史演进 ··· 048

第一节 我国碳法律制度回顾与梳理 ······································· 049
　　一、环境立法维度 ··· 049
　　　【案例 3-1】德清县人民检察院诉德清某保温材料公司大气
　　　　　　污染责任纠纷民事公益诉讼案 ····························· 056
　　二、气候立法维度 ··· 073
　　　【案例 3-2】企业因应对气候变化不力被追责：环保组织
　　　　　　地球之友等诉荷兰皇家壳牌公司案 ····················· 079
　　三、能源立法维度 ··· 084
　　　【案例 3-3】广西某矿业公司诉内蒙古某水泥公司合同
　　　　　　纠纷案 ·· 092
　　四、降碳立法维度 ··· 094

【案例 3-4】小股东利用公司法挑战化石燃料项目：波兰克莱恩斯欧洲环保协会诉 Enea 公司案 …………… 100

【专栏 3-1】浙江首例"碳汇损失赔偿"案在湖州当庭宣判 …………… 104

【专栏 3-2】全国首例海洋渔业生态环境损害蓝碳赔偿案 … 107

第二节 我国碳法律制度中的主要制度 …………… 109
 一、概述 …………… 110
 二、碳交易制度 …………… 112
 三、碳金融制度 …………… 126
  【专栏 3-3】东方证券率先落地首笔上海碳排放权交易 …… 133
 四、总体评析 …………… 133

第四章 国外碳法律制度的历史演进 …………… 138

第一节 美国的碳法律制度 …………… 138
 一、美国碳法律制度回顾与梳理 …………… 140
 二、美国的涉碳法律制度 …………… 146

第二节 欧盟的碳法律制度 …………… 154
 一、欧盟碳法律制度回顾与梳理 …………… 154
 二、欧盟碳法律制度的主要内容 …………… 157

第三节 英国的碳法律制度 …………… 167
 一、英国碳法律制度回顾与梳理 …………… 168
 二、英国碳法律制度的主要内容 …………… 170

第四节 日本的碳法律制度 …………… 178
 一、日本碳法律制度回顾与梳理 …………… 179
 二、日本的碳交易法律制度 …………… 181

第五节 韩国的碳法律制度 …………… 186
 一、韩国碳法律制度回顾与梳理 …………… 186

二、韩国碳法律制度的主要内容 ………………………………… 190
　第六节　印度的碳法律制度 ………………………………………… 194
　　一、印度碳法律制度及相关政策 ………………………………… 195
　　二、印度的碳交易法律制度 ……………………………………… 196

第五章　国际碳法律制度的历史演进 …………………………… 199

　第一节　概述 ………………………………………………………… 199
　第二节　《联合国气候变化框架公约》：共同但有区别的责任原则 … 203
　第三节　《京都议定书》：履约机制与德班平台 …………………… 205
　　一、前德班会议时代 ……………………………………………… 206
　　二、后德班会议时代 ……………………………………………… 209
　第四节　《巴黎协定》：国家自主贡献 ……………………………… 210
　第五节　《格拉斯哥协议》：碳中和目标 …………………………… 214
　　【专栏 5-1】欧盟碳边境调节机制介绍及应对策略 ……………… 216

第六章　碳交易法律制度 …………………………………………… 221

　第一节　强制碳交易法律制度 ……………………………………… 222
　　一、配额分配法律制度 …………………………………………… 222
　　二、注册登记法律制度 …………………………………………… 232
　　三、配额交易法律制度 …………………………………………… 237
　　【案例 6-1】北京首例碳排放配额纠纷案开庭，原告索赔
　　　　近 300 万元 …………………………………………………… 244
　　四、履约清缴法律制度 …………………………………………… 246
　　五、强制碳交易的阶段性特征 …………………………………… 255
　第二节　自愿碳交易法律制度 ……………………………………… 255
　　一、自愿碳交易法律制度的实践现状 …………………………… 255

二、自愿碳交易法律制度存在的问题 …… 257
三、自愿碳交易法律制度的完善建议 …… 271
【案例6-2】北京天擎动力国际清洁能源咨询有限公司诉
顺风光电投资（中国）有限公司服务合同纠纷案 …… 272

第七章 碳金融法律制度 …… 274

第一节 碳质押法律制度 …… 275
一、碳质押的特殊性 …… 275
二、碳质押的分类 …… 277
三、碳排放权作为质权的设立 …… 283
四、碳排放权设立质权的实现 …… 285
【专栏7-1】各省市碳质押融资案例梳理 …… 287

第二节 碳期货法律制度 …… 290
一、碳期货法律制度的实践现状 …… 291
二、碳期货法律制度存在的问题 …… 292
三、碳期货法律制度的完善建议 …… 294

第三节 碳债券法律制度 …… 296
一、碳债券法律制度的实践现状 …… 297
二、碳债券法律制度存在的问题 …… 299
三、碳债券法律制度的完善建议 …… 301

第四节 碳保险法律制度 …… 303
一、碳保险法律制度的实践现状 …… 304
二、碳保险法律制度存在的问题 …… 305
三、碳保险法律制度的完善建议 …… 307

第五节 碳票据法律制度 …… 310
一、碳票据法律制度的实践现状 …… 310
二、碳票据法律制度存在的问题 …… 312

三、碳票据法律制度的完善建议 …………………………………… 314
第六节　碳基金法律制度 ………………………………………………… 316
　　一、碳基金法律制度的实践现状 …………………………………… 316
　　二、碳基金法律制度存在的问题 …………………………………… 318
　　三、碳基金法律制度的完善建议 …………………………………… 321
第七节　碳披露法律制度 ………………………………………………… 323
　　一、碳披露法律制度与环境信息披露法律制度的关系 …………… 324
　　二、碳披露法律制度的法理基础 …………………………………… 326
　　三、碳披露法律制度存在的问题 …………………………………… 329
　　四、碳披露法律制度的完善建议 …………………………………… 331
第八节　碳信托法律制度 ………………………………………………… 333
　　一、碳信托法律制度的法理基础 …………………………………… 334
　　二、碳信托法律制度存在的问题 …………………………………… 337
　　三、碳信托法律制度的完善建议 …………………………………… 340

第八章　全球气候治理背景下的碳法律制度 …………………………… 342

第一节　全球气候治理的时代背景 ……………………………………… 343
　　一、格拉斯哥时代的碳中和目标 …………………………………… 343
　　二、格拉斯哥时代全球碳市场亟待完善 …………………………… 347
　　三、格拉斯哥时代全球碳法律制度的发展趋势 …………………… 350
第二节　全球碳法律制度的嬗变与未来 ………………………………… 360
　　一、格拉斯哥时代的全球碳博弈 …………………………………… 361
　　　　【专栏 8-1】"气候俱乐部"首枚棋子落地，全球气候政策
　　　　　　博弈迈入新纪元 ………………………………………… 367
　　二、完善气候变化减缓下的碳法律制度 …………………………… 368
　　三、完善气候变化适应下的碳法律制度 …………………………… 380
第三节　中国在未来全球碳市场的角色定位与布局 …………………… 386

一、中国在未来全球碳市场的角色定位 …………………… 386
二、中国在未来全球碳市场的布局 ……………………… 390

主要参考文献 ……………………………………………… 397

第一章

碳法律制度的基石范畴：碳排放权

范畴是凝聚理论知识、深化学术思想、联结实践操作和引导学科进步的基点。[1]从理论的形态和构造上来看，任何一个学科体系、制度体系都是以范畴为基础构筑起来的理论大厦，[2]这也适用于碳法律制度。因此，本书旨在围绕碳排放权完成碳法律制度的体系建构。

从实践来看，碳排放权的法律属性是建构碳法律制度基石范畴的最大障碍。碳排放权游走在公法和私法之间，兼具公法和私法的属性，但学界对碳排放权的分析大都围绕公私二分展开，理论分析也由此分野，形成莫衷一是、众说纷纭的状态。笔者认为，我们应当跳出对碳排放权公私属性划分的路径依赖，尝试从制度实践出发，将碳排放权界定为具有时空属性的新型权利，指导碳法律制度在时间和空间上的实践运行，解决碳法律制度存在的时间不均衡性和空间不均衡性问题。因此，碳排放权的定义应当是具有鲜明时空属性的、公私联动的新型权利，其计量单位为碳排放额度。

---

[1] 张文显:《论法学范畴体系》,《江西社会科学》2004年第4期，第22页。

[2] 张文显:《论法学的范畴意识、范畴体系与基石范畴》,《法学研究》1991年第3期，第1页。

第一节　碳排放权属性的学说争议

一、财产权说

财产权说以产权理论为基础，主张碳排放权是权利人对碳排放环境容量的使用权。这种使用权经由法律的确认，成为权利人占有、使用、收益和处分被分配碳排放环境容量的权利。❶ 财产权说的核心是将碳排放环境容量"物"化。相关论者基于"碳排放环境容量可以为人支配"❷"碳排放环境容量可以为独立物、特定物"❸"无体物也有成为物（如电）之先例"❹，认为碳排放环境容量应被视作一种"物"，碳排放权是一种财产权。

不过也有一些学者认为，碳排放权应区别传统财产权，是一种新型财产权。❺ 在他们看来，无论主张碳排放权是用益物权还是准物权，都是传统物权中"他物权"的延伸。"他物权"必然由"自物权"产生，换言之，当我们认定碳排放权是用益物权或准物权时，就必须对第一性问题予以回应，即环境容量的所有权是何属性？这种寻找"自物权"的思路看似合理，实则偏离了碳排放的设置初衷，忽视了大气的资源特性。不仅如此，他们通过梳理碳排放权在美国的演进历程，发现美国的所谓"碳排放

---

❶ 丁丁、潘方方：《论碳排放权的法律属性》，《法学杂志》2012 年第 9 期。

❷ 叶勇飞：《论碳排放权之用益物权属性》，《浙江大学学报（人文社会科学版）》2013 年第 6 期。

❸ 刘京：《论碳排放权的财产属性》，《湖北社会科学》2013 年第 1 期。

❹ 吴汉东：《罗马法的"无体物"理论与知识产权制度的学理基础》，《江西社会科学》2005 年第 7 期。

❺ 刘京：《论碳排放权的财产属性》，《湖北社会科学》2013 年第 1 期。

权"仅具有财产权的部分属性，并不是完整意义的财产权。[1] 基于这些理由，有学者提出了新财产权的理论："新财产权的提出根源于政府供给的增长，政府供给以及相伴随的法律制度的兴起，增加了政府的权力，侵蚀了个人的独立性，甚至会购买到公民宪法性权利的放弃。因此，要对政府供给这种财富以财产权的形式，加以宪法、实体和程序保障。"[2]

反对财产权说的观点则认为，碳排放权在具备财产权属性的同时，还兼具环境权的属性，两者统一于环境资源可持续发展利用的终极目标之中。[3] 因此，仅以财产权定义和囊括碳排放权是远远不够的。这一观点可以给我们以下启示：一方面，碳排放权赋予权利人对大气环境容量资源进行占有、使用、收益和处分的权利；另一方面，通过有偿交易的方式让权利人承担义务，这些义务不仅包括支付对价的义务，还包括应达到的环境标准、排放污染物标准等一系列权利主体为行使碳排放权而应承担的义务。从这个角度来看，碳排放权的环境权属性具有更多的赋权作用，私权

---

[1] 1988年布什当选总统时，宣誓要做"环境总统"，并选择将酸雨污染作为优先处理的环境问题。布什希望美国环保协会（Environmental Defense Fund）设计的可交易排放许可制度可以作为《清洁空气法》（修正案）的重要内容，但他的想法面临两个挑战：第一，如何确定排污权法律属性并对其进行分配；第二，是否将二氧化硫最大可允许排放量作为交易制度组成部分。后一个问题得到了美国国会、政府和非政府组织的一致同意，这样法案设计过程就把注意力放在第一个问题上。对于第一个问题，讨论中逐渐分化为两种不同观点：一派认为可允许排放量具有私人财产权属性或者至少作为具有财产权的部分内容，而另一派即绝大多数的非政府环保组织（美国环保协会除外）认为可允许排放量不是财产权的一种形式。之后通过的《清洁空气法》（修正案）认定可允许排放量是经行政许可之财产权，但法律不能保障政府不对这种财产权征收或没收。在送交参议院表决时又附加了以下内容："这种可允许排放量并不构成一个财产权。"之所以作出这样的规定是保护政府可以征收、没收可允许排放量而不需要进行任何补偿。但是美国环保协会和至少三个诺贝尔经济学家都认为可允许排放量脆弱的财产地位会对交易市场正常运行产生威胁。为了消除经济学家和排污者顾虑，国会强调他们会保证这种新排污权的排他性和安全性。参议院在随后的一份报告中提出，尽管拒绝可允许排放量的财产权地位，但仍然希望在二氧化硫交易中创造一种新的"经济商品"，相关法律会明确可允许排放量的流通功能以保护其经济价值。See Tietenberg T.: "Tradable Permits in Principle and Practice", *Penn State Environmental Law Review*, 2006, 14（2）: 251-282. Button J.: "Carbon: Commodity or Currency–The Case for an International Carbon Market Based on the Currency Model", *Harvard Environmental Law Review*, 2008, 32（2）: 571-596.

[2] 王清军：《排污权法律属性研究》，《武汉大学学报（哲学社会科学版）》2010年第5期，第754页。

[3] 丁丁、潘方方：《论碳排放权的法律属性》，《法学杂志》2012年第9期。

属性在赋权的同时给权利主体附加了更多义务，而权利义务的统一性使两者统一于碳排放权自身。在司法实践中，碳排放权的财产属性还会受到碳排放履约管理的制约，很容易被企业钻空子牟利，下面以（2020）粤01民终23215号判决为例进行具体分析。

【案例1-1】

微碳（广州）低碳科技有限公司诉
广州碳排放权交易中心有限公司合同纠纷 *

【基本案情】

2018年微碳（广州）低碳科技有限公司（以下简称微碳公司）与第三人东莞通明电力有限公司（以下简称通明电力）签订碳排放配额转让合同，约定微碳公司向通明电力转让碳排放配额23万余吨，转让价款378万余元。微碳公司在广州碳排放权交易中心将23万余吨碳排放配额划转给通明电力，但通明电力未依约付清款项。后通明电力进入破产清算程序，微碳公司在该破产案中就通明电力尚未支付的案涉转让款申报了债权。微碳公司诉请人民法院判令广州碳排放权交易中心赔偿通明电力未按约定支付的款项218万余元。本案法律关系如图1-1所示。

图1-1 微碳案法律关系

---

* 最高人民法院：《司法积极稳妥推进碳达峰碳中和典型案例》，https://www.chinacourt.org/article/detail/2023/02/id/7149452.shtml，访问日期：2023年4月11日。

【裁判结果】

广东省广州市花都区人民法院一审认为，在交易双方选择的碳排放配额交易模式下，广州碳排放权交易中心既没有义务保证通明电力的交易账户必须持有满足案涉交易的相应资金，也没有义务保证微碳公司一定可以获得案涉交易款项；广州碳排放权交易中心系碳交易平台，在本案中非案涉交易相对方或者保证方，无法定或者约定义务承担交易风险，微碳公司主张广州碳排放权交易中心应向其承担赔偿责任的理由不能成立；判决驳回微碳公司的诉讼请求。微碳公司不服提起上诉。广东省广州市中级人民法院二审驳回上诉，维持原判。

【典型意义】

本案系碳排放权交易纠纷案件。碳排放权是生态环境主管部门分配给温室气体重点排放单位在规定时期内的碳排放额度，碳排放配额是碳排放权交易市场的交易产品。碳排放权交易应当通过碳排放权交易系统进行，可以采取协议转让、单向竞价或者其他符合规定的方式。本案中，人民法院根据当事人签订的交易合同具体约定，结合广州碳排放权交易中心的交易规则，认定该交易中心是交易平台，而非案涉交易相对方或者保证方，无法定或者约定的义务承担交易风险和法律责任，依法分配交易风险，较好地维护了碳市场交易秩序。生态环境部发布的《碳排放权交易管理办法（试行）》（生态环境部令第19号）、《碳排放权登记管理规则（试行）》《碳排放权交易管理规则（试行）》《碳排放权结算管理规则（试行）》（生态环境部公告2021年第21号）相继施行，人民法院在审理涉交易平台责任的纠纷案件时，应当依照法律法规，参照行政法规、部门规章关于注册登记机构与交易机构之间的职能划分以及风险防范制度、结算风险准备金制度等规定，结合碳市场业务规则、交易合同约定等，依法予以处理，保障碳市场健康有序发展。

二、物权说

碳排放权有着未经政府许可不得成为权利人财产的前置条件，[1]一些学者据此认为碳排放的环境容量只能"物"化而不能财产化。按照不同的视角和立场，物权说又分为准物权说、用益物权说以及准用益物权说等多种观点。

（一）准物权说

随着社会的发展，一些虽不完全符合传统物权特性，但可以被当作物权来看待的新型权利不断涌现，并被学者们冠以"准物权"的名号。准物权的外延比较广泛，除了公认的矿业权、水权、渔业权以及狩猎权等权利之外，以环境容量为客体的排污权也被视作准物权。[2]一些学者认为，碳排放权和排污权极为近似，同样具有物权的确定性、可支配性与可交易性等基本特征，可以作准物权之界定，[3]具体理由如下。

首先，碳排放权具有确定性。根据《京都议定书》规定的基准年排放量和承诺目标百分比，我们可以得到加入《京都议定书》体系的国家被许可的温室气体排放量，即可支配的大气环境容量资源量。对于这些加入《京都议定书》的国家来说，其所享有的碳排放权在《京都议定书》体系下得到确定。而于一国而言，大气环境容量资源量也可以获得国内立法的确认。例如，《碳排放权交易管理暂行条例》第9条就规定："国务院生态环境主管部门会同国务院有关部门，根据国家温室气体排放控制目标，综合考虑经济社会发展、产业结构调整、行业发展阶段、历史排放情况、市场调节需要等因素，制定年度碳排放配额总量和分配方案，并组织实施。"当然，我们必须承认，这种确定性在国际上取决于该国是否加入《京都议

---

[1] Charles A. Reich："The New Property"，*Yale Law Journal*，733（1964）.
[2] 邓海峰：《环境容量的准物权化及其权利构成》，《中国法学》2005年第4期。
[3] 王明远：《论碳排放权的准物权和发展权属性》，《中国法学》2010年第6期。

定书》（或其他类似的气候变化公约），在某一国国内则取决于国内的立法状况，与一般物权的确定性存在差异。

其次，碳排放权具有可支配性。所谓的"可支配"是指，物权人可以充分发挥自己的自由意志，不受他人干扰地行使占有、使用、收益和处分的物的权利。虽然自然资源不能被人们所绝对控制，但可以被人们有限制地利用。在现有的科技条件下，人们可以根据一定的时空标准将大气容量划分成一定的份额，依据大气的自净能力供生产企业排污使用，这就是权利人对大气容量相对支配的体现。换言之，国家通过确定碳排放指标等方式，使相关权利主体在量化碳排放指标的前提下，可以充分享有向大气中排放二氧化碳的自由。❶

最后，碳排放权具有可交易性。《京都议定书》的三大机制❷所确立的碳排放权交易制度，使碳排放权具有充分而独特的可交易性。可交易性既是碳排放权作为准物权的重要特征，也是权利主体行使权利的重要手段，更是实现大气环境容量资源优化配置、促进温室气体减排的有效途径。

（二）用益物权说

民法学界对用益物权的界定存在几种不同的观点：一是目的说，认为"用益物权是权利人对他人所有物享有的以使用收益为目的的物权"❸。二是内容说，认为"用益物权是指权利人对他人所有物享有的以使用收益为内容的物权"❹。三是标的说，认为"用益物权是指以物的使用收益为标的的他物权"❺。四是综合说，认为"用益物权是对他人所有的物，在一定范围

---

❶ 王明远：《论碳排放权的准物权和发展权属性》，《中国法学》2010 年第 6 期。

❷ 国际排放贸易机制（international emissions trading，简称 IET）、联合履约机制（joint implementation，简称 JI）和清洁发展机制（clean development mechanism，简称 CDM）。

❸ 梁慧星：《中国物权法研究（下册）》，法律出版社，1998，第 582 页。

❹ 江平：《民法学》，中国政法大学出版社，2000，第 394 页。

❺ 温世扬：《物权法要论》，武汉大学出版社，1997，第 129 页。

内进行占有、使用、收益、处分的他物权"❶。而综合各种观点,房绍坤教授指出:"用益物权即直接支配他人之物而利用其使用价值的定限物权。"❷笔者认为,这种观点精要地反映了用益物权的基本属性,是较为可取的。

用益物权说的相关论者认为,碳排放权虽然属于物权,但应区别于所有权和担保物权。因为"用于碳交易的温室气体是大气环境资源,为全人类所共有。况且碳排放权不是为了解决特定数量温室气体的法律归属问题,也不是为了担保债务的履行而在债务人或第三人的特定物或权利上所设定的权利。""碳排放权制度设计关注的是特定数量温室气体的使用价值。碳排放权的设立以实现对特定数量温室气体的使用收益为目的,以追求特定数量温室气体的使用价值为内容。"❸此外,碳排放权和用益物权一样具有一定的期限。其存续期限通常在碳交易合同中有具体规定。例如,《碳排放权交易管理暂行条例》《碳排放权交易管理办法(试行)》中均规定了重点排放单位在规定时限内的清缴义务。

(三)准用益物权说

在用益物权的基础上,一些学者发展出"准用益物权"的概念,并认为准用益物权具备如下特征:其一,准用益物权之取得一般有前置程序;其二,准用益物权之客体具有复合性和不确定性;其三,准用益物权之母权在我国为国家所有权或集体所有权;其四,准用益物权之属性具备公私协动的特性;其五,准用益物权之存续不以对物的直接占有为必要,权利转让有诸多限制。

准用益物权说的支持者认为,碳排放权与准用益物权完美契合。权利人取得碳排放权以前置行政许可程序为要件;碳排放权的客体相对特定;碳排放权的母权为国家所有;碳排放权具有浓厚的公权色彩,碳排放权的

---

❶ 魏振瀛:《民法》,北京大学出版社、高等教育出版社,2000,第 256 页。

❷ 房绍坤:《论用益物权的法律属性》,《现代法学》2003 年第 6 期。

❸ 叶勇飞:《论碳排放权之用益物权属性》,《浙江大学学报(人文社会科学版)》2013 年第 6 期。

严格排他属性有所削弱,仍具有间接占有权能。[1]

总体来看,无论是准物权说、用益物权说还是准用益物权说,均没有揭示出碳排放权的应用范围,反而进一步将碳排放权的适用场景限缩在了使用、交换层面,忽视了当前如火如荼的碳排放权质押担保实践,即碳排放权完全可以用作融资担保。[2] 因此,三类物权说并不能揭示碳排放权的本质特征,且进一步限制了碳排放权的想象探讨空间,不宜采取上述理论对碳排放权进行阐释。

三、行政规制权说

一些学者认为,碳排放权有着强烈的公法色彩,始终与行政权力捆绑在一起,于是,从公法视角出发,提出了有别于财产权说和物权说的行政规制权说,其理由如下。

首先,碳排放权的确立和分配完全由政府进行,碳排放权的发展(运行与配额清缴)与政府行为、决策息息相关。加勒特·哈丁(Garrett Hardin)的"公地悲剧"无疑昭示着公共物品沦为私人物品之后的黯淡前景。若将大气资源私有化则会彻底丧失其公共物品的属性,碳市场会因此陷入混乱境地。因此,各国的普遍做法是将碳排放许可与碳排放环境容量的所有权密切绑定,形成"自由意志(市场机制)+制约体系(政府规制)"的双保险机制。当然,从碳交易的发展趋势来看,政府对碳交易体系的调控不能仅局限于应对环境污染的风险和实害结果,在调整产业结构、激发经济活力以及保障能源安全等方面均应有所考量和涉及。在此基础上,毋宁说碳排放权就是一种行政规制工具。[3]

---

[1] 刘自俊、贾爱玲:《论碳排放权的法律性质——准用益物权》,《环境污染与防治》2013年第10期。

[2] 安理律师事务所:《碳排放权回购融资法律行为是否有效?如何防控法律风险?》,http://www.anlilaw.com/100031/1825,访问日期:2023年4月11日。

[3] 张华:《论碳排放权交易本土化的法律完善》,《暨南学报(哲学社会科学版)》2013年第8期。

其次，碳排放权的确立本身就源自政府的行政许可，且属于行政特许。从行政许可的类型来看，政府确立和分配碳排放权行为应当被视为行政特许，即特许是设权行为，是对特定人赋予其特定权利。[1]由《碳排放权交易管理暂行条例》和《碳排放权交易管理办法（试行）》观之，碳排放权符合行政许可的形式和实质：企业依申请获得碳排放权，政府分配碳排放权是一种针对行政相对人的外部行政行为。因此，将其视为围绕大气资源利用而形成的行政特许是妥当的。[2]

最后，降低立法阻力。《碳排放权交易管理暂行条例》第4条和《碳排放权交易管理办法（试行）》第6条规定了生态环境部、省级生态环境主管部门以及设区的市级生态环境主管部门在碳排放配额分配和清缴、温室气体排放报告的核查等相关活动上的职责。因此，将碳排放的管理视为政府的行政管理职责，把碳排放权视为行政规制权可避免立法面临的新增行政许可问题，简化立法程序。

但是，行政规制权说也并非界定碳排放权属性的最佳选择，这一学说同样不能解释碳排放权的质押何以发生。碳排放权的质押属于市场主导的行为，如果将碳排放权定义为行政规制权将大大削弱碳排放权质押的流通性，不利于资金的融通。不仅如此，企业可以通过自愿减排获取碳信用后，将其变成企业的碳资产。企业可以同时拥有碳排放配额和碳信用两类碳资产，并进行各类交易流转活动。这类行为就不是行政规制权可以解释的。

目前，司法实践中已有相关企业针对政府碳排放管理行为提起行政诉讼，这为研究碳排放权的行政规制权属性提供了很好的案例分析素材，下面以（2016）粤03行终450号判决为例进行具体分析。

---

[1] 张兴祥：《中国行政许可法的理论和实务》，北京大学出版社，2003，第64页。
[2] 王慧：《论碳排放权的特许权本质》，《法制与社会发展》2017年第6期。

【案例1-2】

深圳翔峰容器有限公司诉深圳市发展和改革委员会行政处罚行为案[*]

【基本案情】

2014年5月,深圳市发展和改革委员会(以下简称深圳市发改委)对包括深圳翔峰容器有限公司(以下简称翔峰容器)在内的温室气体重点排放单位2015年目标碳强度进行了调整。2015年5月,深圳市发改委发布通知,翔峰容器2014年度超额碳排放4928吨二氧化碳当量,要求该公司在2015年6月30日前按照实际碳排放量在注册登记簿完成履约。2015年7月1日,深圳市发改委通知要求翔峰容器在2015年7月10日前补缴与其超额排放量相等的碳排放配额,逾期未补缴将被处以相应的处罚。翔峰容器以其2014年用电量、工业产值比2013年度均有下滑为由拒绝支付。2015年8月4日,深圳市发改委告知翔峰容器,对于其未按时足额履行2014年度碳排放履约义务的违法行为,拟从翔峰容器2015年度碳排放配额中扣除2014年度未足额补缴数量的碳排放配额,对该公司处以其2014年度超额排放量乘以履约当月之前连续6个月碳排放配额交易市场平均价格3倍的罚款。深圳市发改委依翔峰容器申请举行了听证会,作出行政处罚决定书。翔峰容器不服,提起行政诉讼,诉请撤销深圳市发改委作出的行政处罚决定。

【裁判结果】

广东省深圳市福田区人民法院一审认为,翔峰容器作为温室气体重点排放单位,其2014年度分配碳排放配额为1686吨二氧化碳当量,实际排放为6614吨二氧化碳当量。翔峰容器的实际碳排放量超过其持有的碳排

---

[*] 最高人民法院:《司法积极稳妥推进碳达峰碳中和典型案例》,https://www.china court.org/article/detail/2023/02/id/7149452.shtml,访问日期:2023年4月11日。

放配额,且未能按期足额履行 2014 年度碳排放配额清缴义务,也未按要求如期履行补缴义务。根据《深圳市碳排放权交易管理暂行办法》(深圳市人民政府令第 262 号)的规定,碳排放配额总量是根据目标排放总量、产业发展政策、行业发展阶段和减排潜力、历史排放情况和减排效果等因素综合确定,与企业上一年度实际工业增加值密切相关,翔峰容器关于其 2014 年度用电量比 2013 年度减少,碳排放总量也应相应减少的主张,缺乏依据。深圳市发改委据此作出行政处罚决定书,符合法律规定,程序合法,应予支持,一审判决驳回翔峰容器诉讼请求。翔峰容器不服,以本案碳排放实际配额计算公式不合理等为由提起上诉。广东省深圳市中级人民法院二审驳回上诉,维持原判。

【典型意义】

碳排放行政主管部门在碳排放总量控制的前提下,可以根据公开、公平、科学、合理的原则,结合产业政策、行业特点、温室气体重点排放单位碳排放量等因素,确定初始分配的碳排放额度。温室气体重点排放单位应当在确定的碳排放额度范围内进行碳排放。本案中,人民法院依法确认《深圳市碳排放权交易管理暂行办法》作为地方政府规章,是依据深圳市经济特区法规《深圳经济特区碳排放管理若干规定》(深圳市第五届人民代表大会常务委员会公告第 107 号)的授权,对碳排放实际配额计算公式作出规定,该规定与上位法并无冲突,应予执行。碳排放配额行政主管部门依法对未按时足额履行碳排放清缴履约义务的温室气体重点排放单位作出行政处罚,应依法予以支持。本案人民法院依法支持行政机关履行温室气体减排行政监管职责,对促进节能减排,推进碳达峰、碳中和具有积极意义。

四、环境权说

环境权说是指直接将碳排放权视作环境权,其立论基础主要是生存权和发展权。第一,碳排放权是人的生存权。因为每个人都要呼吸,所以碳排放本身是人与生俱来的天然权利，体现了碳排放权的环境权属性。第二，碳排放权是一种发展权。《京都议定书》下碳排放权制度是合理利用环境资源的一种方式，其设立的目的并不是要剥夺任何人碳排放的权利，而是将污染物的排放控制在一定范围内，为权利主体享有健康和良好的生活环境提供条件，实现保护环境的终极目标。从发展权的角度来说，各国国内的排放权实质是对"全球碳排放空间"的再分配。可以看到，生存权是从个体的角度阐发的，发展权则更多的是从国家的角度阐发的。

需要注意的是，任何权利的行使都有其边界。随着人们对大气环境容量资源需求的不断增加，毫无限制地碳排放对环境产生的负面影响已逐步显现。为应对大气环境问题，人们在环境产权理论的指导下建立了碳交易制度。碳排放权在法律上更需要私权方面的确认，以保证现行制度下交易的安全。

环境权说看似是对碳排放权的最优解释，但也有其缺陷。现有的环境权理论否定除国家环境权以外的其他环境权类型，并有排斥财产权内容的倾向，所以将碳排放权纳入其中，争议很大。况且碳排放权的产生背景是气候变化，与环境权的产生背景环境保护尽管存在一定关联，但毕竟不是相同的，只能说两者存在交叉和关联，不能认为碳排放权就是被环境权包含的。此外，环境权说也不能解释碳排放权交易和碳金融迸发的现象。

从前文的学说梳理来看，有关碳排放权属性的论争可谓莫衷一是。但结合实践就会发现，这些学说都未能切中碳排放权的公私融合要害，难以有效解释实务现状。因此，本章旨在绕开公私二分的窠臼，摆脱财产权说、物权说、行政规制权说、环境权说的传统学说争议，给碳排放权下一个确切的定义。

第二节　碳排放权的由来与特征

通过前文的分析，碳排放权的多面体属性已然显现。但任何的一项研究都不能含糊其词，必须有明确的观点，本章的目的正在于此。界定碳排放权的属性有两个绕不开的基本概念：一是碳交易，二是碳排放配额。首先，阐释碳交易这一概念时，会发现有两种表述，即"碳排放交易"和"碳排放权交易"，那么碳交易到底是"碳排放交易"还是"碳排放权交易"，本节将作出回答。其次，碳排放配额到底是一种额度还是一种资产，应当如何量化，亟待分析研究。

一、碳交易的概念辨析

若以国别的视角来看，只有我国才有"碳排放权"的概念，但这显然不合逻辑。有学者认为，"碳排放权交易"本身就是因翻译错误所致的误用，"碳排放（配额）交易"才是正确的译词。[1] 该学者发现第一本系统研究排放交易的专著是美国经济学家泰坦伯格（Tietenberg）1984 年出版的"*Emission Trading: An Exercise in Reforming Pollution Policy*"，我国学者将这本书的书名翻译为："排污权交易：污染控制政策的改革"[2]。自此，一种与排污行为有关的权利诞生了，碳排放权即脱胎于此。

事实上，由于碳排放权不具有私法化的条件，美国和欧盟立法和司法实践中都不使用"碳排放权"一词，以避免对碳排放行为的权利解读。像美国就主要以"emission trading"代之，翻译成中文应该是"（排放）配额

---

[1] 胡炜:《法哲学视角下的碳排放交易制度》，人民出版社，2013，第 173 页。

[2] 泰坦伯格:《排污权交易：污染控制政策的改革》，崔卫国、范红延译，生活·读书·新知三联书店，1992，第 1 页。

交易"。这种称呼方式用交易的标的——排放配额来冠名，减少了不必要的麻烦。

很显然，"权"的表述具有无穷魔力，驱使着各路学者朝着"为何有权""有何权利"的目标径向奔赴。面对这种翻译所致的误用，一些学者甚至严厉地批评道：这种翻译的错误"不仅造成了法律上权利概念的混淆，而且将碳排放交易机制的法学基础研究引入了空洞的范式，脱离了碳排放交易具体制度去研究碳排放权的法律性质"❶。"碳排放权"的用法是否真的造成了如此恶劣的影响还有待更加审慎的论证。但无论如何，勘误都是我们理解碳排放权的第一要务。这也有助于我们了解"碳排放权"的实质究竟为何。

二、碳排放配额的价值确定

实践中，对碳排放配额价值的确定已经成为紧迫的现实问题，这也倒逼理论界必须对碳排放配额的价值进行确定，从而形成对碳排放权这一概念的正确认知。截至2022年12月，上海环境能源交易所已收到来自外地法院十余件涉碳协助要求，但在形式上，有以正式文书形式提出要求的，也有通过介绍信或电话方式提出要求的；在要求上，不同法院要求查封冻结的对象差异较大，包括企业名下全部配额、与特定金额等值配额、交易资金、交易账户等。

根据目前已经公布实施的《碳排放权交易管理暂行条例》，其并未采用碳排放权的表述，而是在第30条中采用碳排放配额的表述，即分配给重点排放单位规定时期内的二氧化碳等温室气体的排放额度，1个单位碳排放配额相当于向大气排放1吨的二氧化碳当量。但是依据《碳排放权交易有关会计处理暂行规定》（财会〔2019〕22号），重点排放企业通过政府

---

❶ 李树成：《论碳排放配额和信用的财产权属性》，《天津大学学报（社会科学版）》2018年第1期，第54页。

免费分配等方式无偿取得碳排放配额的，不作账务处理。由此可以看出，碳排放配额司法价值的确定在实践中存在一定的困难，需要对配额的司法价值予以确定。首先，从《碳排放权交易管理暂行条例》的规定来看，碳排放配额是碳排放权的具体承载，只有确立碳排放配额之后碳排放权才能发挥具体的作用，没有碳排放配额就没有碳排放权。其次，碳排放配额具有可交易性。碳排放配额是一种虚拟的凭证，引入市场化交易是对其进行价值评估的过程。正因为允许碳排放配额的交易，所以才会使碳排放配额可以进行价值确定，从而使其变成一种财产，但是这种财产并不是完全的财产，也应当受到一定的限制和管理。

碳排放配额作为一种受到公权力限制的财产，具有一定的时空属性。具体来说，由于企业获得的碳排放配额需要在每一年度向政府进行履约清缴，因而企业由碳排放配额每一年获得的碳资产是有时间限制的，在这一年的履约期完成后，政府将重新发放配额，企业之前的碳排放配额清零重置，相当于电脑数据被格式化后重新开启一样，企业也将重新获取碳排放配额并将其转化为企业的碳资产。由于这样的碳资产具有时效性，也就不同于企业股权这一类较为稳定长期的财产权利，在履约到期之后，企业需要将已经转化的碳资产重新转回配额还给政府，表明其公私合营的属性，即碳资产并非由企业私有。那么基于这样的特性，企业碳资产的价值评估便需要结合不同的时间节点进行分析：(1)在政府发放配额后，企业尚未将其转化为碳资产时，应当以政府发放的配额进行价值上的评估认定。(2)在企业将其获取的配额转化为碳资产后尚未到达履约截止日之前，应当以企业碳资产应得的市场价格对其进行价值上的评估。(3)在履约期限届满之后，企业仍未对政府履约，企业的碳资产尚未转回碳排放配额，则此时应当根据企业实际经营情况进行分析。如果企业经营状况良好，碳排放配额被查封，而履约不至于影响企业经营状况，则对企业碳资产的价值评估采取配额价值评估的方式；如果企业经营状况不佳，碳排放配额被查封，而履约则会影响企业的经营状况，此时对企业碳资产的价值评估应当采取市场价值评估方式，避免因采用配额价值评估方式导致最终获得的数额过低,既不利于企业改善经营状况,也让政府承担了企业经营不力的后果,会导致企业为解决经营状况危机恶意违约,从而将责任转嫁给政府。

三、碳排放权的阶段特征

(一)第一个阶段为《联合国气候变化框架公约》时期

气候资源是一种全球性的公共资源,原则上,任何国家和个人都享有一定的排放温室气体的权利。但是,任何国家和个人也必须对气候变化问题承担一定的责任以及相应的减排义务。

1990年,联合国气候变化专门委员会(Intergovernmental Panel on Climate Change,简称 IPCC)第一次评估报告证实了气候变化问题的存在,明确指出,全球变暖主要与人类化石能源燃烧导致的温室气体排放有关。为此,联合国专门成立了政府间谈判小组,就气候变化问题进行讨论,最终形成了《联合国气候变化框架公约》(United Nations Framework Convention on Climate Change,简称 UNFCCC)。

"公平"是《联合国气候变化框架公约》凝聚各国共识、维持正常运行的核心议题。由于各个国家的发展阶段不同,一方面,发达国家长期没有限制地排放二氧化碳,造成了全球气候变暖的事实,挤占了发展中国家未来的排放空间;另一方面,发达国家对碳排放的需求增量较为有限,而发展中国家尚需大量的排放空间。为此,《联合国气候变化框架公约》以"共同但有区别的责任"为基本原则,规定"各缔约方应在公平的基础上,根据他们共同但有区别的责任和各自的能力,为人类当代和后代的利益保护气候系统,发达国家缔约方应率先采取行动应对气候变化及其不利影响",同时"将充分考虑到经济和社会发展及消除贫困是发展中国家缔约方的首要和压倒一切的优先事项"。在此基础上,不少发展中国家的学者提出将碳排放权当作一种发展权益,并得到了国际社会的广泛认可。当然,所谓"公平"不仅是发达国家和发展中国家之间的国际公平,还有人际公平和代际公平等多重内涵。例如，若采用国际公平原则而不考虑人口特征和发展阶段，则发展中国家（如中国、印度）的国家减排责任将会很高；若采用人际公平原则，则中国、印度等人口大国的减排责任在客观上就会弱化。

需要指出的是，在这一时期，人们对碳排放权的认识离不开全球碳排放分配这个大的历史背景，由此也深刻体现出碳排放权强烈的政治属性。从国际社会或者国际关系的视角来看，维护碳排放权被视为维护国家正当权利的行为，限制碳排放权被视为限制国家的发展权。一些研究很明确地表示，"一旦中国承担了这个减排义务，对中国的发展就是一个制约"[1]。这就不仅是从发展的角度去谈碳排放权了，而是在其中赋予了不少政治意味。

（二）第二个阶段为《京都议定书》制定至第一个履约期

《京都议定书》中规定了三种机制，即清洁发展机制、联合履约机制和国际排放贸易机制。这些机制允许发达国家通过碳交易市场等灵活完成减排任务，而发展中国家可以获得相关技术和资金。以此为基础，《京都议定书》构筑起了一套相对健全的国际碳排放交易体系。

在这一阶段，国际碳排放交易体系的交易对象主要是基于清洁发展机制所产生的自愿减排量。清洁发展机制凭借市场化手段筹集减排资金，使缔约方通过自主减排项目也可以获得一定收益。清洁发展机制中有一个非常重要的术语，即核证减排量（certification emission reduction，简称 CER）。核证减排量是联合国执行理事会（Executive Board，简称 EB）向实施清洁发展机制项目的企业颁发的经过指定经营实体（designated operational entity，简称 DOE）核查证实的温室气体减排量。只有联合国向企业颁发了核证减排量证书之后，减排指标核证减排量才能在国际碳市场上交易。值得一提的是，截至《京都议定书》第一个履约期结束时，我国

---

[1] 范必：《排放权之争是发展权之争》，《中国与世界观察》2007 年第 2 期，第 80 页。

第一章　碳法律制度的基石范畴：碳排放权

在清洁发展机制理事会注册的清洁发展机制项目有 2447 个，占全部项目的 50.94%，所签发的核证减排数量为 436 195 937 吨，占总量的 64.93%。❶ 我国在全球清洁发展机制市场中举足轻重的地位可见一斑。

当然，我国不仅积极参与全球清洁发展机制市场，在国内领域也作出了不少尝试。早在 2004 年我国就出台了《清洁发展机制项目运行管理暂行办法》（国家发展和改革委员会、科学技术部、外交部令第 10 号），推动国内企业参与国际自愿减排市场的交易。2012 年，国家发展和改革委员会出台《温室气体自愿减排交易管理暂行办法》（发改气候〔2012〕1668 号），建立自愿减排量的国内交易市场。2023 年 10 月 19 日，生态环境部、国家市场监督管理总局公布施行《温室气体自愿减排交易管理办法（试行）》。2024 年 1 月 22 日，全国温室气体自愿减排交易市场在北京正式启动。在这些尝试中，最值得研究的还是我国参照核证减排量设置的国家核证自愿减排量（China certified emission reduction，简称 CCER）机制。《碳排放权交易管理办法（试行）》将国家核证自愿减排量界定为："对我国境内可再生能源、林业碳汇、甲烷利用等项目的温室气体减排效果进行量化核证，并在国家温室气体自愿减排交易注册登记系统中登记的温室气体减排量。"同时规定："重点排放单位每年可以使用国家核证自愿减排量抵销碳排放配额的清缴，抵销比例不得超过应清缴碳排放配额的 5%。相关规定由生态环境部另行制定。用于抵销的国家核证自愿减排量，不得来自纳入全国碳排放权交易市场配额管理的减排项目。"国家核证自愿减排量体系起步于 2012 年 3 月，暂停于 2017 年 3 月，运行了五年。根据官方公报，暂停的原因在于《温室气体自愿减排交易管理暂行办法》施行过程中存在温室气体自愿减排交易量小、个别项目不够规范等问题，❷ 因此需要对《温室气体

---

❶ 曾诗鸿、狐咪咪：《清洁发展机制研究综论》，《中国人口·资源与环境》2013 年第 S2 期，第 298 页。

❷ 国家发展和改革委员会：《中华人民共和国国家发展和改革委员会公告 2017 年第 2 号》，https://www.ndrc.gov.cn/xxgk/zcfb/gg/201703/t20170317_961176.html?code=&state=123，访问日期：2023 年 4 月 11 日。

自愿减排交易管理暂行办法》作修订。在国家核证自愿减排量暂停以后，有关国家核证自愿减排量的交易并未停止。相反，随着供应量的减少，国家核证自愿减排量的交易持续走高。优质国家核证自愿减排量的成交价格也随着成交量的持续走高和供应的减少，达到 30 元 / 吨。[1] 截至 2021 年 9 月 30 日，自愿减排交易累计成交量超过 3.34 亿吨二氧化碳当量，成交额逾 29.51 亿元，国家核证自愿减排量已被用于碳排放权交易试点市场配额清缴抵销或公益性注销，有效促进了能源结构优化和生态保护补偿。[2] 从这一信息来看，交易减排量达到备案减排量的三倍。

值得注意的是，由于设立国家核证自愿减排量项目需要国家行政权力予以认证、核准，因而国家核证自愿减排量始终呈现出行政权力占主导的特征。从规范的角度上来说，2011 年修订的《清洁发展机制项目运行管理办法》（国家发展和改革委员会、科学技术部、外交部、财政部令第 11 号）明确提到"根据《中华人民共和国行政许可法》等有关规定，制定本办法"。因此，国家核证自愿减排量与行政许可关联密切，准确地说是一种行政审批。

人们对国家核证自愿减排量的认识也波及碳排放权，行政规制权说就是具体体现。不过，国家核证自愿减排量与碳排放交易不能直接画等号。当前，全国碳市场交易以碳排放配额为交易标的，配额虽然经国家分配产生，但没有认证、核准等步骤。因此，行政权力在碳排放权中的占比并没有国家核证自愿减排量大。两者的不同也让学者们认识到，对碳排放权的认识不能仅止于此，还应更进一步。

（三）第三个阶段为《京都议定书》第一个履约期结束后至今

在《京都议定书》第一个履约期结束后，各国经历了从强制减排到自

---

[1] 顾杰：《应对"碳关税"国际贸易新规则 抓住窗口期，多措并举加快我国低碳事业发展》，https://www.shanghai.gov.cn/nw4411/20230311/022f095d449049981901d4ed806970176.html，访问日期：2023 年 4 月 11 日。

[2] 国务院：《中国应对气候变化的政策与行动》，https://www.gov.cn/zhengce/2021-10/27/content_5646697.htm，访问日期：2023 年 4 月 11 日。

愿减排的转变，即各国不再通过国际条约确定硬性的减排指标，转而突出国家的自主贡献。在这一阶段，我国也开始逐步推行碳排放权交易及相关配套制度的建设。这些工作的开展使人们对碳排放权有了新的认识。人们逐渐认识到不论是分析整个碳排放权交易，还是厘清碳排放权的权利构造、属性特征都不能离开碳排放配额。

碳排放配额是一个很"纯粹"的事物，它既不涉及国家主权，也不同于自主减排信用，只是客观存在的、通过固定方式分配给企业的二氧化碳排放量。获得碳排放配额的企业可以在相应额度内进行合理的碳排放行为，也可以通过各种减排方式获得配额的剩余，这些剩余的碳排放配额可用于交易，由此就形成了碳排放权交易。有关碳排放配额的具体分析后文还有详述，此处按下不表。人们对碳排放权认识的转变也体现在立法上，我们按照时间顺序对我国碳排放交易的部分相关规范性文件做了梳理，梳理的重点是相关规范性文件对碳排放权的概念界定，如表 1–1 所示。

表 1–1　部分规范性文件对碳排放权的概念界定

发布年份	发布部门	文件名称	概念界定
2013	上海市人民政府	《上海市碳排放管理试行办法》	碳排放，是指二氧化碳等温室气体的直接排放和间接排放。碳排放配额是指企业等在生产经营过程中排放二氧化碳等温室气体的额度，1 吨碳排放配额等于 1 吨二氧化碳当量
2014	北京市人民政府	《北京市碳排放权交易管理办法（试行）》	本办法所称碳排放权交易，是指由市人民政府设定年度碳排放总量及碳排放单位的减排义务，碳排放单位通过市场机制履行义务的碳排放控制机制，主要工作包括碳排放报告报送、核查，配额核发、交易以及履约等
2020	天津市人民政府	《天津市碳排放权交易管理暂行办法》	本办法所称碳排放权，是指依法取得的向大气排放二氧化碳等温室气体的权利。碳排放包括煤炭、天然气等化石能源燃烧活动和工业生产过程，以及使用外购的电力和热力等产生的二氧化碳排放

续表

发布年份	发布部门	文件名称	概念界定
2020	生态环境部	《碳排放权交易管理办法（试行）》	碳排放，是指煤炭、石油、天然气等化石能源燃烧活动和工业生产过程以及土地利用变化与林业等活动产生的温室气体排放，也包括因使用外购的电力和热力等所导致的温室气体排放。 碳排放权，是指分配给重点排放单位的规定时期内的碳排放额度
2022	深圳市人民政府	《深圳市碳排放权交易管理办法》	碳排放，是指二氧化碳等温室气体的排放，包括燃烧化石燃料或者生产过程中所产生的直接温室气体排放，以及因使用外购电力、热、冷或者蒸汽等所产生的间接温室气体排放。 碳排放单位，是指因为生产、经营、生活等活动，直接或者间接向大气中排放温室气体的独立法人单位或者其他排放源。 碳排放权交易，是指重点排放单位通过市场机制履行义务的碳排放控制机制，包括碳排放量化、报告、核查，碳排放配额的分配、交易和履约等活动
2023	重庆市人民政府	《重庆市碳排放权交易管理办法（试行）》	碳排放权交易，是指符合条件的交易主体通过交易机构对碳排放配额等产品进行公开买卖的行为
2023	湖北省人民政府	《湖北省碳排放权交易管理暂行办法》	碳排放权，是指分配给重点排放单位的规定时期内的碳排放额度
2024	国务院	《碳排放权交易管理暂行条例》	碳排放配额，是指分配给重点排放单位规定时期内的二氧化碳等温室气体的排放配额。1个单位碳排放配额相当于向大气排放1吨的二氧化碳当量

以时间为维度，各规范性文件在释明碳排放权交易时大多围绕"排放权"展开，对碳排放权的界定则围绕具体的权利内容加以阐发。直到《碳排放权交易管理办法（试行）》出台，碳排放权和碳排放配额之间的这层

"窗户纸"终于被捅破。该文件直接规定"碳排放权,是指分配给重点排放单位的规定时期内的碳排放额度"。虽然碳排放权还保留着"权利"的名号,但是从"权利"视角逐渐转为"配额"视角,无疑体现了人们对碳排放权认识和理解的变迁。

更重要的是,生态环境部的文件是自2020年9月我国明确提出"双碳"目标之后的首个部门规章。因此,这一规章不仅具有规范上的引领作用,还具有以正视听的功能。它无疑昭示着当前决策层和立法者都在重新省思"双碳"目标下碳排放权的实际含义,以及未来开展相关实践的具体路径。

第三节　碳排放权属性的厘清

在梳理完碳交易与碳排放配额的概念发展史后,我们就会发现厘清碳排放权属性不能仅仅依靠法学、经济学或社会学等某一门学科,还要以问题为导向,回到实践中。在实践中,碳排放配额执行与履约已经给企业造成巨大的困扰,企业同时面临执行难和履约难的两大难题,两者在时间和空间上都存在冲突矛盾。以此为起点思考碳排放权的特殊性质,才是理论的真正归宿。

一、从问题出发:碳排放配额执行中的公私矛盾

（一）碳排放配额司法查封临近履约期

我们在对上海环境能源交易所进行调研时发现,上海环境能源交易所协助法院进行查封冻结可能会对企业的正常清缴履约产生影响,企业因无法使用已被法院查封冻结的配额向省级生态环境主管部门清缴上年度的碳

排放配额，可能导致部分企业未能按期履约，从而面临行政处罚。当部分被冻结企业因履约清缴需求提出申请，且法定查封冻结期限未届满时，上海环境能源交易所也缺乏对其解除配额划转权限的相关依据。

根据《碳排放权登记管理规则（试行）》第 21 条，碳排放配额可以通过强制执行的方式转让。同时根据《碳排放权登记管理规则（试行）》第 22 条，司法机关要求冻结登记主体碳排放配额的，注册登记机构应当予以配合；涉及司法扣划的，注册登记机构应当根据人民法院的生效裁判，对涉及登记主体被扣划部分的碳排放配额进行核验，配合办理变更登记并公告。虽然从规则层面看，对碳排放配额进行司法查封处置是有规范支撑的，但是从第 22 条中注册登记机构要对碳排放配额进行核验这一表述观之，碳排放配额是否应当被强制执行，还有待进一步分析。具体来说，从初始获取方式入手，碳排放配额分为有偿取得和无偿取得两种方式。其中，有偿取得的碳排放配额在购买日确认为碳排放权资产，体现于企业财务账中，而无偿取得的碳排放配额不作账务处理，不在企业财务账上体现。❶

有偿取得的碳排放配额无疑能够强制执行，但是针对无偿取得的碳排放配额能否强制执行，目前存在两种观点：一种观点认为"法无授权即禁止"，免费发放的碳排放配额属于国家公权力机关即生态环境部门发放的额度，类似于行政许可的牌照，针对它不可以进行强制执行，因为一旦强制执行相当于将企业的负担转嫁给政府。另一种观点认为"法无禁止即自由"，在没有禁止性规定的情况下，对政府免费分配的配额可以进行强制执行，用于企业的债务抵销。由于当前经济形势不乐观，企业经营压力较大，以执行碳排放配额的方式帮助企业走出困境，也不失为一种应对之策。以福建省顺昌县人民法院碳排放权执行案为例，顺昌县人民法院通过执行碳排放配额抵充企业债务，既保障了申请执行人的合法权益，也把对

---

❶ 《碳排放权交易有关会计处理暂行规定》（财会〔2019〕22 号）的相关规定。

被执行企业的不利影响降到最低。❶

但是，由于无偿取得的配额没有形成明显的财产价值，而政府和企业对配额的需求又大相径庭，企业获取配额的最终目的还是想形成碳资产维持企业经营，而政府收回配额的目的则是完成年度清缴的政府工作任务。以桑德拉·比特诉德意志联邦共和国案（Sandra Bitter v. Bundesrepublik Deutschland）为例，德国政府对企业破产前未交出的排放量每吨二氧化碳排放处以 100 欧元罚款。企业对此决定提出疑问并起诉至法院，认为企业在启动破产程序之前已经停止其业务活动，因此不再有义务对排放配额进行履约清缴，企业希望能够用这部分配额进行破产受偿。而政府则认为对排放配额进行年度履约清缴是企业应有的义务，且即使企业破产之前停止了业务活动，但是其营业执照以及相关存续证明还在政府登记备案，因此视为企业仍然存续，企业必须继续履行其配额清缴义务。该案法院认为，首先必须尊重政府的行政处罚权，即政府有权在其专业负责的领域对管理的企业作出处罚；其次政府对企业作出的处罚是合理且有处罚依据的，作出的 100 欧元罚款是在指令规定范围内的。❷ 由此看来，企业在经营过程中以无偿取得的配额进行流转，存在一定的隐患和风险。企业倾向于在经营困难的时候采取变通方式，以市场价格的方式将配额卖出从而获取更多的企业资产，但是政府基于其工作程序和职责的考量，要求企业清缴履约，而如果这时候企业的配额再被查封，法院就只能根据政府指定价格对其进行执行，从价值上看，配额的司法价值明显低于其市场价值，会大大抑制企业清缴履约和开展配额流转的积极性。

---

❶ 佚名：《企业欠钱，碳配额能抵债吗？为你揭秘"碳执行"首案背后的故事》，https://www.sohu.com/a/527067436_100130536，访问日期：2023 年 4 月 11 日；福建省南平市中级人民法院：《南平法院：深化"生态司法+"探索 创新"碳执行"机制》，http://www.pafj.net/html/2022/zhengfagaige_0122/14500.html，访问日期：2023 年 4 月 11 日。

❷ "Sandra Bitter v. Bundesrepublik Deutschland", https://climate-laws.org/geographies/european-union/litigation_cases/sandra-bitter-v-bundesrepublik-deutschland-european-court-of-justice-2015, accessed May 15, 2023.

（二）实践中的解决方案

目前，实践中的解决方案是，落实碳资产的价值评估，形成一整套碳价评估规则，企业、政府、法院均需要遵照该规则对价格进行评估。具体来说，可以借鉴公司股权的价值评估方法，结合配额具有时间限制的特点，对企业基于碳排放配额形成的碳资产进行评估定价，进而形成稳定的价格预期。这种做法也有利于法院在强制执行企业碳排放配额时能够将其等量转化成一定的金额，分为企业经营正常、企业已经破产且营业执照已注销、企业已经濒临破产且营业执照被吊销但尚未注销三种情形进行讨论，如图 1-2 所示。

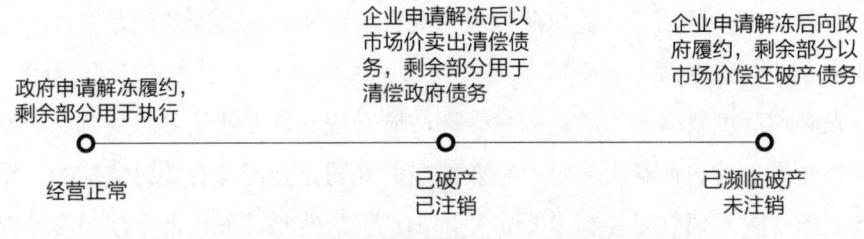

政府申请解冻履约，剩余部分用于执行	企业申请解冻后以市场价卖出清偿债务，剩余部分用于清偿政府债务	企业申请解冻后向政府履约，剩余部分以市场价偿还破产债务
经营正常	已破产已注销	已濒临破产未注销

图 1-2　分情况解决配额履约与执行的冲突矛盾

一是企业经营正常的情况。根据《碳排放权交易管理办法（试行）》第 28 条，重点排放单位应当在生态环境部规定的时限内，向分配配额的省级生态环境主管部门清缴上年度的碳排放配额。因此，企业有义务进行碳排放配额年度履约，在企业经营正常的情况下，碳排放配额基于各种原因被司法机关冻结，应当处理好配额执行与配额清缴之间的关系，配额清缴是政府的工作任务，政府可以向法院申请解除足以履约配额的查封冻结，剩余部分再用于司法执行。

二是企业已经破产且营业执照已注销的情况。根据《全国法院破产审判工作会议纪要》第 28 条，对于法律没有明确规定清偿顺序的债权，人民法院可以按照私法债权优先于公法债权的原则合理确定清偿顺序。企业履约不能且处于破产状态，此时公法债权劣后于私法债权，因此企业可以向人民法院申请解除需清缴配额的查封冻结用于履约，剩余部分以市场价格折价用于偿还破产债务。

三是企业已经濒临破产，营业执照被吊销，但尚未注销的情况。根据《中华人民共和国公司法》（以下简称《公司法》）第229条和第232条，企业依法被吊销营业执照后应当解散，公司股东应在公司被吊销营业执照之日起15日成立清算组，依法进行清算。由此可见，企业在濒临破产营业执照被吊销后，尽管企业的主体资格依然存在，但从实质上看其经营资格已经取消，已经丧失作为企业法人的行为能力。根据《中华人民共和国企业破产法》第2条，企业法人不能清偿到期债务，并且资产不足以清偿全部债务或者明显缺乏清偿能力的，依照本法规定清理债务。当企业濒临破产经营异常，不能按时向政府清缴配额时，此时既有政府对企业的公法债权，也有债权人向法院申请查封冻结企业配额并执行的民事债权。同理，根据《全国法院破产审判工作会议纪要》第28条，此时公法债权劣后于私法债权，考虑接下来企业还要进行破产清算，需要留存资金用于清理债权债务，因此企业应当先申请配额解除查封冻结后以市场价卖出后清偿民事债务，而后剩余部分再用于清偿对政府配额履约不能的债务，不足部分由企业再予以补充。

从碳排放配额的履约与执行产生的矛盾，可以看出对碳排放权属性的回答迫在眉睫，这直接影响了企业如何采取措施应对即将发生的各类事件，包括如何执行碳排放配额、如何同时向政府履约、如何运用好碳排放配额这一工具解决企业经营困境。只有明晰碳排放权具备时空属性这一关键，才能解决上述问题，确定碳排放权这一新兴权利的正当性。

二、碳排放权的时空属性

碳法律制度是人为构造的制度，具有极强的时间属性和空间属性，而该时空属性是碳排放权不同于其他权利的关键所在，也是破解碳排放权属性争议的重要依据。探讨碳排放权的时空属性应从三方面入手：一是碳排放权的正当性，二是碳排放权的时间属性，三是碳排放权的空间属性。

（一）碳排放权的正当性

所谓正当性是指人的行为方式、人的利益和人的期望愿景等符合社会生活中的现行规范和政策要求，或者满足社会发展中的客观需要和人民利益。❶ 碳排放权的正当性肇始于国际法领域的发展权与基本环境权。人对环境的需求，首先是生存性需求，这种需求是人类生命权和健康权在环境领域的投射，是人们共同享有的基本人权，即基本环境权。

碳排放行为与人们日常的生产生活行为（如呼吸）密切相关，所以"碳排放权是每个人与生俱来的权利，是与社会地位、个人财富都无关的权利"❷。但问题是，随着工业社会的发展，人类的生产生活行为附带产生大量的二氧化碳，严重超出了环境容量的可容纳范围。对生存着的人们来说，大气环境容量资源的有限性和稀缺性已经赫然立于眼前，它标志着人类社会的生产生活方式触碰到大自然最后的"底线"，即大自然的绝对限度。❸ 因此，人们逐渐转变了将大气环境容量资源视为无限的自然资源的观念，并通过技术手段与法律方式对使用大气环境容量资源的行为进行规范，碳排放权由此应运而生。碳排放权的核心要素便是要平衡生存权与发展权，在温室气体的排放上采取总量控制，对各主体的碳排放权进行数额限制。因此，碳排放行为产生的经济负外部性只要控制在合理限度内，就可以获得道德的支持，权利主体在限度范围内的碳排放行为是积极履行自身权利的行为。

（二）碳排放权的时间属性

碳排放权的界定应当充分考虑时间因素。碳交易应当在履约周期内进

---

❶ 吕世伦、文正邦：《法哲学论》，黑龙江美术出版社，2018，第 295–296 页。

❷ 倪受彬：《碳排放权权利属性论——兼谈中国碳市场交易规则的完善》，《政治与法律》2022 年第 2 期，第 4 页。

❸ 张盾：《马克思与生态文明的政治哲学基础》，《中国社会科学》2018 年第 12 期。

行，如果超过了履约周期，相应的配额会被回收，也因此在实务中很多企业对配额回收引发的不稳定情形产生疑问。实际上，正是由于碳排放权的这一时间限制，才充分体现了碳达峰、碳中和这一时间表、路线图在交易领域的特殊控制，也正是这一控制才突出了碳排放权与其他权利的不同之处。因此，碳排放权在法律性质上是一种具有时间属性的新型权利，也由此衍生出更多的功能。

由于碳排放权会受到时间因素的影响，可以针对碳排放权开展金融衍生品交易，因而国外已有碳排放权交易标准化合约的先例。在欧洲气候交易所和芝加哥气候交易所的实践中，已经出现二氧化碳排放权期货和期权等金融衍生产品。

在设计碳排放权交易法律制度时，必须解决排放权的定价问题。碳排放权价格受到时间因素的影响较大。在碳排放权的有效时间内，随着出售期限的缩短，碳排放权的价格会逐渐降低。在欧盟温室气体排放权交易计划（European Union emission trading scheme，以下简称 EU-ETS）的第一阶段（2005—2007 年），实际分配给各个国家排放配额的总量远远大于在第一阶段里这些国家企业实际的排放额度。由于每年剩余的排放配额不能带入第二阶段进行交易，结果导致现货排放配额的价格从 2006 年 3 月最高的 30 欧元/吨跌到了 2007 年初最低时的 3 欧元/吨，时间因素的影响力凸显。因此，碳排放权的属性界定应当充分考虑时间因素的影响，应当将时间属性作为碳排放权的重要属性。❶

（三）碳排放权的空间属性

碳排放权的界定也要充分考虑空间因素，由于碳法律制度在空间上具有极大的不均衡性，碳排放权也面临着不同区域乃至不同国家之间的差异化标准和差别化对待。碳市场的地域性意味着不同国家之间、国内不同地

---

❶ 李布：《借鉴欧盟碳排放交易经验 构建中国碳排放交易体系》，《中国发展观察》2010 年第 1 期。

区之间、国内中央政府和地方政府之间对碳交易的收益和成本的评价是不完全相同的，由此造成各国、各地碳市场的分割和不统一。因此，空间的因素会对碳排放权的属性界定造成重大影响。碳市场区别于排污权市场之处在于：碳市场具有较大的正外部性，给他人带来收益的同时，极易形成严重的"搭便车"问题，会延缓全球应对气候变化的一致行动。因此，碳市场的发展和法律制度的完善必须从空间角度加以解决。首先是统一一国的碳市场，在全国统一的法律制度框架下，通过鼓励碳排放权交易所之间的竞争，形成碳排放权属性界定的空间基础；其次是逐渐形成各国均接受的全球碳市场，推动国际合作，逐步推进全球碳市场一体化，才能降低社会减排成本，通过制度设计解决碳法律制度的不均衡性问题。❶

---

❶ 中金公司研究部、中金研究院：《碳中和经济学》，中信出版集团股份有限公司，2021，第57页。

第二章

碳法律制度的视角创新

构建碳法律制度可以从两个视角进行创新：一是维度创新，二是体系创新。维度创新是横向层面的创新，从生态环境、气候变化、自然资源三个维度对碳权利进行审视，从而从多维视角构建碳法律制度。体系创新是指碳法律制度的运作不仅要发挥权利的作用，还需要权力的贡献，在碳法律制度中需要开展权力与权力、权力与权利、权利与权利之间的再配置与再平衡，通过协调各方利益关系，妥善安置权力（利）义务，逐渐从单向度的"自上而下"，转变为双向度的"上下互动"，从"对抗国家干预的保护机制"转变为"国家认可的、旨在增进国家统一和繁荣的手段"[1]。权力与权利通过合作、协商和联动等方式实施对公共事务的有效管理，这种运作机制的变革，蕴含着从等级政治向复合政治的范式转换。

---

[1] 陈鹏：《当代中国城市业主的法权抗争——关于业主维权活动的一个分析框架》，《社会学研究》2010年第1期。

第一节　碳法律制度的维度创新

碳权利是碳法律制度运作的核心基础。从不同维度观察碳权利，可以得出不同的结论。从生态环境维度看，碳权利的底色仍然是环境权；从气候变化维度看，碳权利的核心是碳排放权；从自然资源维度看，碳权利的重要补充是碳汇权。因此，碳权利系一种权利束，由多种权利组合而成，其中包括碳环境权、碳排放权以及碳汇权。[1] 基于此，对于碳法律制度的维度需要分别展开论述。

一、生态环境维度：以碳环境权为核心

从生态环境维度来观察，碳环境权属于碳权利与环境权交叉后的产物，因此碳环境权既是碳权利的下位概念，也是环境权的下位概念，有关它的诸般讨论不可能超出环境权的一般范畴。然而，正是碳环境权与环境权的联系也阻碍了其权利内容的具体实现。

在理论上，学界对环境权的认识尚不明确，对环境权的主体、客体以及内容的各种观点存在争议。在我国的立法实践中，环境权尚未在法律文本中得以呈现。即便《中华人民共和国民法典》（以下简称《民法典》）被冠以"绿色民法典"的名号，也只是在具体条款中为环境人格权益保留了规范接口，[2] 并没有明确规定环境权。最后，司法实践对环境权持保守立场。2018 年之前，我国的行政诉讼不承认以环境权作为具体诉讼请求，民

---

[1] 李传轩：《碳权利的提出及其法律构造》，《南京大学学报（哲学·人文·社会科学）》2017 年第 2 期。

[2] 黄锡生：《民法典时代环境权的解释路径——兼论绿色原则的民法功能》，《现代法学》2020 年第 4 期。

事诉讼虽较行政诉讼有所改善，但也多以环境权的延伸含义作为具体诉求，而非认可实质的环境权。然而，根据2018年出台、2020年修正的《最高人民法院、最高人民检察院关于检察公益诉讼案件适用法律若干问题的解释》第21条之规定，生态环境侵权案件已被纳入行政公益诉讼和民事公益诉讼范围。不过，在司法实践中仍没有直接以环境权作为请求权基础。环境权的困境会波及碳环境权：如果依旧遵循传统法学的逻辑，尝试对碳环境权的主体、客体以及内容进行界定，必然还是会走进"公说公有理，婆说婆有理"的理论窠臼；如果将碳环境权纳入实践，立法实践和司法实践是否会给予积极的回应和支持，有待进一步观察。

由环境权衍生出的困境，会对碳法律制度的运行造成不利影响。但在讨论如何消解这种不利影响前，我们需要明确以下几点共识：（1）碳环境权的追求与碳法律制度运行的目标是一致的。两者都旨在追求一个健康安全的气候生态环境，使其权利主体能够在这样的环境中生活和发展。（2）碳环境权继承了环境权作为基础权利的特性，碳法律制度中的各项权利均从碳环境权中延伸出来。（3）碳法律制度中的各项子制度并非以碳环境权为核心，而是围绕碳排放权和碳汇权等相对具体的权利展开。

这三点共识给我们以启示，即我们并不需要采取非此即彼的思维定式，搁置争议这种相对灵活的方式或许更加有效。碳环境权确实是碳法律制度运作的底层逻辑，然而我们不应过度关注碳环境权本身，而应当将研究重点转移到由此衍生出的各个子领域或分支课题上，深入探讨其中的理论和实践问题。从碳环境权延伸出的碳排放权和碳汇权以及未来可能存在的其他权利，才是碳法律制度需要重点关注的。

二、气候变化维度：以碳排放权为关键

从气候维度看，碳排放权是碳权利在气候变化应对层面的重要衍生。在《京都议定书》之后，减缓气候变化与控制碳排放的联系得以确立，碳排放权应运而生。碳排放权以联合履约机制、清洁发展机制和排放交易

机制为主要内容，在市场机制、政府管制和国际合作之间不断游走。事实上，仅从权利的实际成效而言，碳排放权无疑是碳权利最为核心的存在。

摆在碳法律制度面前的难题，是实现碳排放权从市场层面到政府层面乃至国际层面的统合对接。这不仅是顶层结构和底层结构的对接，也是权力与权利的对接。但由于目前针对碳排放权逐渐形成了以权力为主的误区，顶层结构面临着资源配置的先天不足。❶ 政府主要基于国家利益、人民福祉以及社会公共利益等角度对碳排放配额进行发放，旨在通过碳排放配额布局相关产业，优化能源结构，进而引领生产方式的转变，并不会优先考虑碳排放配额是否达到资源配置的最优。例如，一些大型企业可能受制于体量和规模，转型较慢，短时间内仍需要排放大量的温室气体，而一些新兴的绿色企业可能因为产业规模较小，或者采用了绿色的生产方式，会有碳排放配额的结余。面对此种相对分配不均的情形，政府无力进行事无巨细的调整，只能寄希望于以权利流转作为基础的市场手段，进行碳排放配额的二次分配，进而使碳排放配额在合理的尺度内（不超出碳排放总量的情况下）尽可能地达到帕累托最优❷，实现资源的最优配置。

除此之外，基于气候维度的碳法律制度还面临共治秩序的构建问题。面对国家治理体系的转型，碳法律制度的运行理应顺应大势，构建共治之格局。然而在顶层结构的设计中，我们并没有给市场和社会预留太多参与空间，其原因在于政府必须严格把控碳法律制度运行的大方向，警惕碳法律制度运行可能带来的任何风险。因此，底层结构需"代偿"顶层结构的"缺憾"，赋予市场主体和社会主体参与制度运行的资格。市场主体参与制度运行的方式主要是权利的流转，其参与的逻辑在于，基于市场和私有产权的法治元素，通过"市场在资源配置中的决定性作用"，发挥市场主体

---

❶ 杨龙：《政府"失灵"的主要表现及其原因分析》，《学术界》2004年第6期。

❷ "帕累托最优"是指在某种既定资源配置状态，任何改变都不可能使至少一个人的状况变好，而不使任何人的状况变坏。该定义取自帕累托1896年出版的《政治经济学讲义》，是据法文翻译而来。我们也可以换个说法：所谓"帕累托最优"是指这样一种状态，在此状态下，若不减少其中一人的好处，就无法增加另外一人的好处。

在经济活动中意思自治能力和权利能力。社会主体参与的主要方式是民主权利，其参与的逻辑在于对公共利益的保护。❶ 大气环境资源为全人类共有，一般的主体不可享有对大气环境资源的所有权。因此，当政府以发放碳排放配额的方式，向碳排放主体赋予碳排放权时，碳排放主体的碳排放行为就是对全人类利益的一种侵犯。诚然，碳排放主体的碳排放行为也是为了经济社会的运行，某种程度也可以视作一种公共利益。但正如一些学者所指出的，关于碳排放权的争论主要就是围绕作为配额的碳排放本质上是对碳排放行为的负面评价和限制以及作为生存权的碳排放具有正当性展开的。❷ 那么，社会主体就需要在平等和公正之间进行价值的衡平。❸

根据第一章的结论，将碳排放权视作一种具有时空属性的新型权利，更符合碳法律制度底层运行结构的构建逻辑。但此时还存在一个问题：以碳排放权为主体的底层结构旨在促进碳排放配额的分配效率，是否与碳法律制度的逻辑和目标相矛盾？笔者认为，两者并不矛盾。底层结构虽以资源的配置为优先，但实质是对顶层结构的修正。若仅凭顶层结构运行碳法律制度，则制度效果难言真正实现，必然会存在一些碳排放主体因碳排放配额的不足，从而缩减产业规模，甚至裁员，进而引发一系列社会危机和政治风险，这实际又回到过去偏重命令控制而不考虑市场配置的治理误区当中。底层结构以权利流转的方式，不断地对顶层结构的治理路径进行纠偏，从而确保有效碳治理的最终实现。

三、自然资源维度：以碳汇权为补充

从资源维度来观察碳权利，碳汇权是重要补充。《联合国气候变化框

---

❶ 杜辉：《面向共治格局的法治形态及其展开》，《法学研究》2019 年第 4 期。

❷ 张忠民、王雅琪、冀鹏飞：《"双碳"目标的法治回应论纲——以环境司法为中心》，《中国人口·资源与环境》2022 年第 4 期。

❸ 张永和：《法治、人民与美好生活》，《现代法学》2018 年第 1 期；刘旭东、庞正：《"法治社会"命题的理论澄清》，《甘肃政法学院学报》2017 年第 4 期。

架公约》将碳汇定义为从大气中清除温室气体的任何过程、活动或机制。碳汇权也由此应运而生。碳汇权的意义在于，赋予形成碳汇的相关主体以法律上的利益，鼓励和促进碳汇的开发和生产。

相较碳环境权和碳排放权，学界对碳汇权的界定比较清晰。首先，碳汇权主体可以根据碳汇形成的方式分为两类：一类是基于土地、草原、森林和海洋等生态系统功能自然形成的碳汇，其权利主体是土地、草原、森林和海洋等生态资源的所有权人或使用权人以及其他类型的权益人；另一类是通过碳捕捉和碳封存等手段形成的碳汇，其权利主体应当是实施碳捕捉和封存的主体。

其次，碳汇权的客体并非碳汇，而是碳减排量。虽然碳汇是碳汇权得以存在的基础，但正如渔业权中的养殖权和捕捞权并不是对养殖和捕捞行为享有权利，而是对特定的滩涂或水域享有排他的使用权，碳汇本身系生产行为，而不是权利义务的具体对象。碳汇权的客体应是碳减排量。碳减排量从自然科学的角度来说就是实施项目所带来的温室气体减排量。以林业碳汇权为例，林业碳汇权源自造林再造林的过程，它的价值在于在原有的、自然形成的土壤和植被的基础上产生的碳汇增量。与碳汇增量相对应的即碳减排量，后者经核证后用于交易。在国际条约中，碳汇交易、碳减排交易等温室气体多边控制机制均以碳减排量为国际转让的标的物。国内区域性碳交易市场亦以碳减排量为交易对象。

最后，碳汇权的内容是指通过碳汇活动而实现大气中碳含量的减少，产生碳减排量，进而通过一定的交易机制而实现或获取相应的利益。❶ 其内容形态包括林业碳汇权、草原碳汇权、土地碳汇权、海洋碳汇权以及碳捕捉和封存形成的碳汇权等。作为一项新型权利，碳汇权与这些资源本身的资源权，在内容上既密切关联又相对独立。以土地碳汇权为例，碳汇权需要依附在土地资源上，但又独立于土地使用权等传统权利。在土地权利的流转过程中，碳汇权既可以随土地使用权等相关权利一同转移，也可独

---

❶ 林旭霞：《林业碳汇权利客体研究》，《中国法学》2013 年第 2 期。

立转移。

对碳汇权的界定之于碳法律制度的体系构建具有重要意义，此一界定得以证明以下三点：其一，碳汇无涉生产方式的转变。碳汇系生产行为，它只是将大气中的碳固定在某一载体上，并不关心工业文明的生产方式是否转变。其二，碳汇并非真正意义上的碳中和。因为碳汇的载体多为绿色植物，绿色植物虽从大气中吸收二氧化碳，降低了温室气体的浓度，但其生命会不可避免地走向终结。由此意味着碳汇存在时效性，届时绿色植物吸收的二氧化碳会回到大气中，完成物质的循环。碳汇实现的并非真正意义的碳中和，而是"碳寄存"。其三，碳汇权与碳法律制度运作的顶层结构相疏离。作为权利，碳汇权需要与权力对接，支撑起整个碳治理的法律体系。但碳汇权与权力的联系，仅仅在于权力以引导、宣传和激励的方式参与碳汇的开发、生产和交易的过程，除此之外便难觅踪影。诚如潘家华所言："其他的碳相对于化石能源燃烧产生的二氧化碳，并不是碳中和的主攻方向。"[1]

需要注意的是，我们不可借此否定碳汇权。增加碳汇这种方式虽然不能治本，但可以将碳固存，如果我们得以保持甚至扩大碳汇的规模，那么大气中的碳含量会在动态循环中持续降低。因此，促进碳汇的开发、生产和交易，对于提升碳治理的成效，兑现"双碳"承诺是大有帮助的。碳汇权应在碳法律制度中扮演好"配角"的角色。下面以全国首单"蓝碳"拍卖为例，介绍海洋碳汇的发展前景。

---

[1] 潘家华：《碳中和不走偏路》，《纺织科学研究》2021年第5期，第16页。

【专栏 2-1】

全国首单"蓝碳"拍卖成交,宁波海洋碳汇交易率先探路*

>>> 基本情况

"30 元、31 元……每吨 106 元,成交。"随着拍卖师最终落槌,经过 70 多轮竞价,浙江易锻精密机械有限公司日前成功拍得宁波市象山县西沪港一年的碳汇量 2340.1 吨,碳汇交易额 24.8 万元。这是全国首次以拍卖形式进行"蓝碳"交易。所谓"蓝碳",即海洋活动及海洋生物通过吸收大气中的二氧化碳,并将其固定、储存在海洋生态系统中的过程、活动和机制。据拍卖方介绍,此次拍卖的"蓝碳",来自象山县西沪港"西沪三宝",包括海带、紫菜及浒苔,均属于海洋碳汇。具体来看,1 千克的浒苔苗可长成 1000 千克的浒苔,生长过程中吸收海水和空气中的氮、磷、碳,起到固碳作用,被固定、储存的二氧化碳就是"蓝碳"。拍卖结束后,拍卖收入将用于后续浒苔养殖和固碳机制研究。2022 年 7 月,象山县委托宁波海洋研究院进行碳汇量核算。通过监测、认证审核、核证等规范程序,确定西沪港每年约有 2340.1 吨二氧化碳的碳汇量。此外,据初步估算,象山县盐沼生态系统碳汇量每年达 10.28 万吨,以紫菜、海带为主的大型藻类养殖碳汇量每年约 2.17 万吨,以牡蛎为主的贝类养殖碳汇量每年约 3.22 万吨。如此多的碳汇量,如何反映它的市场价值?具体来说,采取拍卖的形式进行"蓝碳"交易,可以更加真实地反映"蓝碳"的市场价格,保障溢价空间,以市场机制实现生态产品价值提升。这次拍卖会,有来自全国各地的 20 多家企业和机构进行激烈的竞争。

---

* 佚名:《全国首单成交!宁波为蓝碳交易"中国方案"探路》,https://www.sohu.com/a/648485457_121490550,访问日期:2023 年 5 月 15 日。

>>> 典型意义

首拍"蓝碳"是一次有益的尝试,"蓝碳"尽管被企业认为是属于广泛意义上国家核证自愿减排量的一种,企业将其购买下来,也是为了日后进行碳抵销之用,但从严格意义来说,其后续能否被纳入国家核证自愿减排量核算,尚待政策进一步明朗。

事实上,"蓝碳"交易在我国仍处于起步阶段,国内尚未涉及"蓝碳"的碳减排项目开发方法学,"蓝碳"衡量和标准化尚不成熟;另外,国家核证自愿减排量市场在暂停前也未曾核证与签发"蓝碳"项目减排量,"蓝碳"交易市场体系、交易机制尚不完整,"蓝碳"市场交易监管主体不明确,国内现有的"蓝碳"交易,大多是买方与卖方直接交易的市场创新活动,交易上尚存在诸多不确定因素。本次宁波市象山县落地的"蓝碳"拍卖交易亦是将海洋中心城市的生态价值正外部化、协同提升海洋生态效益和经济效益的地方性有益创新实践,有望激发市场对于"蓝碳"的关注与投入。

此次"蓝碳"拍卖确实是海洋碳汇价值实现的有益创新,但由于"蓝碳"领域还存在所有权不明确、交易制度不成熟、与全国碳市场未直接关联等尚待解决的问题,短期内对碳价的影响预计还不明显;然而,从长期视角来看,庞大的海洋碳汇储量,待方法学成熟、交易制度完善、上位法明确等有利条件具备后,无疑将为碳市场提供新的交易触角,进一步彰显碳资产的价值,从而提升碳市场的流动性以及碳价。

第二节 碳法律制度的体系创新

碳法律制度的体系创新,关键在于从整体系统的视角重新建构和分析这一制度体系,碳排放权既蕴含了环境保护及碳排放管控的公法特征,也体现了意思自治及自由协商的私法内涵。在传统"非公即私"的思维桎梏下，碳排放权的法律性质尚存在较大争议，单纯公法属性观抑或私法属性观均难以实现逻辑自洽。因此，未来可以从运行载体和运行边界两点出发，深入剖析和研究碳法律制度运行的双层法理结构，形成权力与权利交叉融合、和谐共生的制度体系，这一体系运行的核心是碳排放配额，而运行的关键则在于政府监管与市场自律的动态融合。

一、运行载体

碳排放权交易制度作为解决气候变化问题、实现"双碳"目标的核心手段，在我国经历了从地方试点到全国推广的发展历程。从 2011 年发布《国家发展改革委办公厅关于开展碳排放权交易试点工作的通知》（发改办气候〔2011〕2601 号）批准在 7 个省市试点碳排放权交易机制，到 2017 年启动全国碳排放权交易市场，再到 2020 年底生态环境部发布《碳排放权交易管理办法（试行）》，直到 2024 年国务院发布《碳排放权交易管理暂行条例》，经过十余年的发展，我国碳排放权交易制度逐步改革推进，整体架构日趋完善。[1] 碳交易机制的实现前提就是分配碳排放的额度。有学者认为，碳排放配额的发放、监督以及清缴是公权力运作的过程，而依照碳排放配额的额度进行排放，是排放者应承担的义务。[2] 将碳排放配额界定为财产性的权力，立足于公权的论断，能够为政府前期进行配额初始分配、后期进行配额缩减等干预行为找到法律依据。基于此论断，政府通过行政许可、行政强制以及行政处罚的方式管理碳排放，公民可通过行政救济的方式寻求救济。

国外的一些立法例亦取此观点。比如，美国《清洁能源与安全法案》

---

[1] 秦天宝:《双阶理论视域下碳排放权的法律属性及规制研究》,《比较法研究》2023 年第 2 期,第 122 页。

[2] 田丹宇:《我国碳排放权的法律属性及制度检视》,《中国政法大学学报》2018 年第 3 期,第 76 页。

(Clean Energy and Security Act)就明确规定碳排放配额不构成财产权。《清洁能源与安全法案》第721条第（C）款规定："（1）一般规定。管理人根据本卷规定设立的配额不构成财产权。"这一规定与美国《清洁空气法》（Clean Air Act）中对于二氧化硫排放配额的规定如出一辙。《清洁空气法》第403条第f款规定："根据本卷规定分配的配额是一种排放二氧化硫的有限授权。这种配额不构成财产权。本卷的任何条款以及本法的任何部分都不能限制国家终止或约束上述授权的权力。本节中的任何条款都不会妨碍受管制单元或排污源适用或遵守本法其他条款，包括国家空气质量标准及各州的执行计划。"除美国外，法国亦有类似规定。法国为执行欧盟第2003/87/EC号指令的《排放交易条例》，将配额界定为非物质的商品，自配额发放之日起，持有人即可在账户中持有该非物质商品。

然而，学理论证和国外经验只能证明权力在碳法律制度的运作中确有必要，并不能揭示权力的运作逻辑和模式。实际上，所谓的碳排放配额就像是切蛋糕。只不过在一般情况下，权利通过资源配置的方式也能完成分配，并不需要权力的介入。但权力之所以能够介入，一方面是因为权利运作的结果相对不可控；另一方面是因为政府希望通过操控碳排放配额，如减少高能耗和重污染企业的碳排放配额，或者增加低能耗产业、已经转变生产方式的产业和第三产业的碳排放配额，改变产业结构，引领生产方式的转变。作为此观点的证明，《碳排放权交易管理办法（试行）》第14条规定："生态环境部根据国家温室气体排放控制要求，综合考虑经济增长、产业结构调整、能源结构优化、大气污染物排放协同控制等因素，制定碳排放配额总量确定与分配方案。"此时，权力以碳排放配额为载体进行表达，体现了国家对能源结构、产业结构和生产方式转型等方面的国家意志。可见，碳排放配额并非资源配置形成的"被动"结果，而是政府为规制"主动"选择的工具。

将碳排放配额视作政府规制的工具，需结合政府管制的具体理论进行分析。所谓政府规制又被称为政府管制，系政府管理公共事务的治理工具。由于政府规制一般包括经济性规制和社会性规制两种方式，延伸出经济学和法学两种解读视角。从经济学的视角来看，政府规制为一种由政府来执行的强制性经济活动，体现了政府对经济活动的干预和限制。[1] 从法学的视角来看，政府的社会性规制主要表现为法律制度，重点在于规制的制定程序、规制的约束立法以及规制的修正手段等。需要注意的是，在市场经济的语境下，规制的制定和实施并非总由公权力机关完成，市场主体也可以组成自我规制机构（如行业协会），实现前述步骤。[2]

由此观之，碳排放配额并不能简单归为经济性规制或社会性规制中的某一类。首先，碳排放配额是对企业经济活动的干预，且具备一定的强制性，体现了经济性规制的特点。虽然碳排放配额是为了避免资源无目的的配置，从而影响碳治理目标的实现，但其本质仍是对企业正常生产经营行为的干预。企业如需超额排放，就要支付相应对价以换取碳排放配额。换言之，碳排放配额是企业"无形的枷锁"。其次，碳排放配额是实现碳治理的关键，体现了社会性规制的特点。社会性规制将保障全体公民的安全、健康、卫生、环境作为其使命，[3] 应被视作政府为控制负外部性和社会风险，而采取的行动和设计的措施。碳排放配额与社会性规制的使命不谋而合。

综上所述，碳排放配额是权力在碳法律制度运作过程中的载体，是国家意志的体现。政府需要将碳排放配额作为规制工具，对国家未来发展作出重要部署。反过来说，既然权力如此重要，我们是否要将"限权"作为一项基本命题？如果限权，是否会影响国家大政方针的部署？接下来将以运行边界为切入点进一步展开分析论证。

---

[1] 潘石、尹栾玉：《政府规制的制度分析与制度创新》，《长白学刊》2004年第1期。

[2] 安东尼·奥格斯：《规制：法律形式与经济学理论》，骆梅英译，中国人民大学出版社，2008，第3页。

[3] 黄新华：《论政府社会性规制职能的完善》，《政治学研究》2007年第2期。

二、运行边界

"限权"和"赋权"始终是法治建设的争论焦点。法律在"限权"和"赋权"的张弛中,可适度扩大参与国家治理的主体范围,从而避免国家治理体系在形式主义的轨道上"滑行",让一些过渡性机制固化成常态性的治理体制。❶ 尤其是"限权",其不仅是将权力约束于既定轨道中的应有之义,也为"赋权"释放了权力运作的空间。基于此,一些学者认为,"限权"是现代法治的基本面向,体现着普遍的法治理念。❷

虽然众多理论都能为限权的必要性提供佐证,但我们且不可简单套用限权之理论。碳治理与一般意义的国家治理不同,如果政府不对碳治理的方式、方向和目标进行严格把控,稍有不慎就会陷入极端环保主义的"陷阱",以"自我阉割"的方式换取形式主义的碳中和。更何况,问题的关键并不是限权之于碳治理是否必要,而是现有的权力载体能否满足碳治理的需要。若能满足,则权力能够被限制;若不能满足,则权力必然会寻求新的载体,限权就不易实现。

不论考察碳法律制度中的权力以何为载体,都必须重点关注以下几个问题:(1)碳治理的方向、目标与时间节点是否可控;(2)碳治理各项制度的实施难度有多大;(3)碳治理所引发的政治风险如何最小;(4)能否对碳交易行为,尤其是碳交易市场行为进行有效监管。

结合以上几点,可以对以碳排放配额为权力载体的顶层结构作出如下判断:

首先,碳排放配额是碳治理可控的保证。兑现"双碳"承诺,实现碳治理的目标,需要将碳排放和减排目标有效量化,并将任务进行分解。唯有如此,碳治理才能确保在每个时间节点内完成相应的小任务,从而实现碳治理可控之目标。

---

❶ 过渡性治理彰显了中国国家治理改革常常要借道中间环节或者试验试错的渐进式特征,而这些中间环节或者试验试错中的一部分可能会溢出法律的控制范围,具有很大的不确定性。

❷ 张志铭、于浩:《转型中国的法治化治理》,法律出版社,2018,第24页。

其次，碳排放配额的政策实施难度较小。以碳税为比较对象，碳税不仅会在短期内造成企业的生产成本增加，还因其具有收入调节的累退性，对社会低收入群体亦是一种负担，因此不容易达成政治共识。相比而言，碳排放配额往往是免费分配，只有在企业需要超额排放时才会增加企业生产成本，甚至当企业不超额排放时，还会产生经济红利。基于此，企业具有较大的减排灵活性，实施阻力相对较小。

再次，碳排放配额可以消解碳治理所引发的政治风险。在碳治理的过程中，必然会出现既得利益者利益受损的情形，由此会引发政治风险。比如，转变生产方式就意味着部分企业要经历提升技术、更换设备以及增加成本等方面的阵痛。企业的阵痛极有可能转嫁到一般公民身上（如企业裁员、生活成本的提升等），从而形成企业和公民的双重政治风险。政府可以结合治理的具体情形，动态调整碳排放配额的方案，可以减少碳治理过程中存在的政治风险。[1] 而且，碳治理的每一阶段并非一成不变，政府也需要针对每一阶段的不同治理情况，对目标进行动态调整。

最后，碳排放配额可以对碳交易进行有效监管。随着全国碳交易市场规模的扩大和大量的资金流入，权力主体必须对碳交易进行有效监管，以规范市场秩序，确保碳交易市场的健康稳定运行。政府可以将监管权下放给专门设立的监管机构，又或是将监管权交给第三方机构进行监管。但无论如何，权力的载体都应当是碳排放配额。具体的监管手段如下：第一，政府可以通过碳排放配额进行全国碳排放量的总额控制。如果市场过热，政府可以按百分比降低配额总量和各碳排放主体的配额量。如此一来，市场中可资交易的配额量就会减少，市场热度就会下降。反之亦然。第二，政府可以设置碳排放配额的区间，即碳排放主体通过交易获得的碳排放配额有交易的上限，防止交易过热。第三，监管机构可以对扰乱市场秩序、恶意哄抬或打压碳交易价格的主体，扣减其碳排放配额。

---

[1] 中国财政科学研究院课题组：《在积极推进碳交易的同时择机开征碳税》，《财政研究》2018年第4期，第3-4页。

前述四点，实际上成了权力与权利协动的具体途径。诚然，以碳排放配额为权力载体也会存在需要构建新的制度规则、调控范围较小等弊端，但瑕不掩瑜，这一工具仍能满足现阶段碳治理的需要。故而，权力并不需要寻找新的载体，可以适当参考限权的理论，将其严格限制在碳排放配额发放的环节中。

第三节 碳法律制度运行的双层法理结构

碳法律制度的运行必须重塑法理结构，建构起"权力－权利"动态融合的理论指导模型。[1] 面对碳法律制度运作过程中的复杂局面和秩序诉求，我们需要及时修正程式主义法治观，从权力制约权利或权利制约权力转为权力和权利的互动，甚至两者的交融。[2] 也正是在这样的前提下，笔者认为，碳法律制度的体系框架应呈现出双层法理结构的图景。其中，权利再创造引发维度创新，权力再分配促进体系创新，逐渐形成"权力－权利"的双层法理结构。碳法律制度运作的双层法理结构具体可见图2-1，即以权力为核心的顶层结构和以权利为核心的底层结构。其中，顶层结构旨在从宏观层面把控碳治理的方向，以碳排放配额为载体，改变产业结构和能源结构，引领生态方式的转变；底层结构以碳环境权为基础，以碳排放权为主体，以碳汇权为补充，旨在赋予市场和社会参与碳治理的资格，主要运用权利流转的方式，进行碳排放配额的二次分配，从而对顶层结构的治理结果进行纠偏。而碳排放配额是串联起顶层结构和底层结构的重要途径。

---

[1] 张梓太、张叶东：《实现"双碳"目标的立法维度研究》，《南京工业大学学报（社会科学版）》2022年第4期。

[2] 杜辉：《面向共治格局的法治形态及其展开》，《法学研究》2019年第4期，第25页。

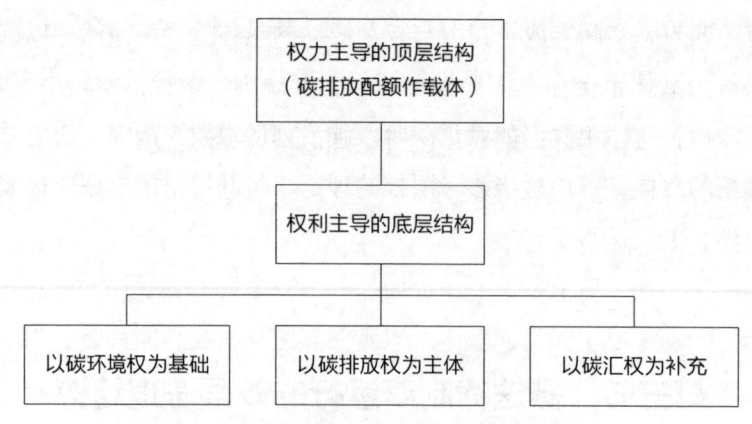

```
          ┌─────────────────────┐
          │  权力主导的顶层结构  │
          │（碳排放配额作载体） │
          └──────────┬──────────┘
                     │
          ┌──────────┴──────────┐
          │  权利主导的底层结构  │
          └──────────┬──────────┘
                     │
      ┌──────────────┼──────────────┐
┌─────┴─────┐  ┌─────┴─────┐  ┌─────┴─────┐
│以碳环境权 │  │以碳排放权 │  │以碳汇权为 │
│  为基础   │  │  为主体   │  │   补充    │
└───────────┘  └───────────┘  └───────────┘
```

图 2-1　碳法律制度运作的双层法理结构

最后还有一个疑问需要释明：从治理语境出发的碳法律制度为何权力和权利在两条轨道中并行，呈现出公私二分的特质？如此是否意味着碳法律制度仍沿用了公私二分的老路？这一质疑具有很强的迷惑性，其迷惑之处在于将理论生搬硬套到了现象上。

双层结构是碳治理的运作需要所致，体现了权力和权利在碳治理不同阶段的不同分工。这种分工的差异不同于公法服务于国家权力的集中和扩张，私法服务于私人权利的二分模式。除此之外，权力和权利在碳治理中的运作也不是两条平行线。权力虽然被严格限制在碳排放配额的诸环节中，但权利在顶层结构中仍有所体现。比如，碳排放主体就可以针对政府分配碳排放配额的不合理结果寻求救济。所以，碳法律制度运作的双层结构并没有沿用公私二分，而是可以通过以德国行政法上的"双阶理论"❶为视角进行权属研究，这样可以很好地突破"非公即私"的逻辑定势，为复合型法律权利或制度的属性提供更加周延的解释进路。双阶理论

---

❶ 双阶理论是德国学者易普森（Ipsen）于 1951 年针对邦际三边委员会拒绝对某影片提供债务保证，以致该影片无法正常上映所产生的权利救济争议问题而衍生出的。1956 年，易普森在《对私人的公法补助》一书中正式提出了"双阶理论"概念。他将过去单一的补助关系区分为两个阶段：第一阶段，公权力主体依据公法决定是否给付；第二阶段，公权力主体与私权利主体缔结一个关于如何给付的私法上的契约。双阶理论通过逻辑上的两大拟制阶段，使具有公私混合属性行政协议在法律救济途径上得以清晰化，不仅有助于保护补贴申请人的权益，而且有助于减少公权力机关在以私法形式完成公法目的时滥权的可能性。

在兼顾公益与私益的基础上，以过程论的视角呈现碳排放权不同阶段的属性特征及内在的逻辑关系，有助于更为准确地界定碳排放权的法律性质。未来，针对碳法律制度的构建，应当以碳排放权的双阶构造为依据，从突破涉碳纠纷单一救济路径依赖、建立公私主体协力共治的保障机制等方面进行完善。[1]

---

[1] 秦天宝:《双阶理论视域下碳排放权的法律属性及规制研究》,《比较法研究》2023 年第 2 期, 第 135 页。

第三章

我国碳法律制度的历史演进

最高人民法院于 2022 年 7 月 14 日发布的《最高人民法院关于为加快建设全国统一大市场提供司法服务和保障的意见》（法发〔2022〕22 号）指出，支持建设全国统一的能源和生态环境市场，健全涉碳排放权、用水权、排污权、用能权交易纠纷裁判规则。由此可见，对我国碳法律制度不能就碳论碳，而是要从环境、气候、能源、降碳等不同维度进行分析研究，通过梳理与碳法律制度相关或相似的法律制度，从过去的发展历史中汲取经验和教训，以便我们更为清晰地分析碳法律制度的历史演进和预测未来碳法律制度的发展方向。下面将首先从环境立法、气候立法、能源立法、降碳立法四个维度回顾和梳理我国的碳法律制度，然后集中介绍碳法律制度中的主要制度并进行评析，力图从更加立体和多元的视角去分析我国碳法律制度的历史演进，为碳法律制度的构建和发展指明路径，明确方向。

第一节 我国碳法律制度回顾与梳理

碳法律制度的建构，不能仅就碳论碳，而是应当扩展到其他领域进行分析，因为碳达峰、碳中和是一场广泛而深刻的经济社会系统性变革，是国家治理体系和治理能力现代化的必然要求。因此，下面将从环境立法维度、气候立法维度、能源立法维度、降碳立法维度四个立法维度对"双碳"领域开展研究，结合司法案例进行深入剖析，探寻碳法律制度的内涵和外延，为"双碳"目标的实现提供体系化制度支撑，并重点介绍碳法律制度中的主要制度，以期能够指导法律实践。

一、环境立法维度

从环境立法维度来看，碳法律制度的建构必须充分考虑生态环境要素，同时也要充分吸取环境立法的相关经验。回顾历史，碳法律制度建构的目的是控制温室气体，而温室气体控制与《中华人民共和国环境保护法》（以下简称《环境保护法》）、《中华人民共和国海洋环境保护法》（以下简称《海洋环境保护法》）、《中华人民共和国大气污染防治法》（以下简称《大气污染防治法》）、《中华人民共和国土壤污染防治法》（以下简称《土壤污染防治法》）和《中华人民共和国湿地保护法》（以下简称《湿地保护法》）等法律息息相关，保护好生态环境，才能够储存起足够强大的碳库，为碳法律制度的运行提供资源保障，由此形成温室气体控制的动态循环，而上述法律制度的发展历程将为未来碳法律制度的建构和发展提供大量的宝贵经验。通过梳理排污许可制度、排污权交易制度和生态补偿制度，我们可以发现这些制度与碳法律制度有着千丝万缕的联系，排污许可制度从行政控制角度进行尝试，排污权交易制度从市场角度进行试验，而生态补偿制度则是跨区域角度的经验总结，考虑到碳治理的公私融合属性和跨区域性，未来我国可以总结这些制度经验，将它们应用于碳法律制度的建构中，为碳法律制度建设与完善提供本土环境视域。

(一) 历史回顾

1.《环境保护法》与温室气体控制

党的十九大报告强调，使市场在资源配置中起决定性作用，更好发挥政府作用。2022年4月发布的《中共中央 国务院关于加快建设全国统一大市场的意见》进一步强调，培育发展全国统一的生态环境市场，充分发挥市场在资源配置中的决定性作用，更好发挥政府作用。于是，中国环境保护法律制度运行越来越多地采用环境保护税、生态补偿、绿色贷款、绿色保险、碳交易等市场化法治措施，缓解了产权不明晰、经营主体不落实、经营机制不灵活、利益分配不合理等问题，缓解了政府投入效率低下和政府干预灵活性不足等问题。❶ 然而，《环境保护法》的相关规定并未完全吸收上述试点实践经验，尚未展现出市场激励在环境治理中的重要作用，也因此导致对温室气体控制采取市场激励型控制模式缺乏一定的法律依据。下面将具体梳理《环境保护法》发展历程中对温室气体控制的制度发展过程，以总结过往的制度实践经验，进而明晰未来改革的方向。

温室气体控制与《环境保护法》息息相关，不可分割。早在2014年4月，全国人大常委会修订《环境保护法》时，就在第44条和第45条分别规定了污染物排放总量控制制度和排污许可管理制度，总量控制和许可管理为温室气体控制提供了制度依循和实施思路。2015年9月，中共中央、国务院印发《生态文明体制改革总体方案》，进一步提出推行排污权交易制度，在企业排污总量控制制度的基础上，尽快完善初始排污权核定，扩大涵盖的污染物覆盖面。在现行以行政区域为单元层层分解机制的基础上，根据行业先进排污水平，逐步强化以企业为单元进行总量控制、

---

❶ 常纪文：《中国环境法治的发展历程》，《环境保护》2009年第12期，第33页。

通过排污权交易获得减排收益的机制。在重点流域和大气污染重点区域，合理推进跨行政区域排污权交易。扩大排污权有偿使用和交易试点，将更多条件成熟地区纳入试点。加强排污权交易平台建设。制定排污权核定、使用费收取使用和交易价格等规定。❶ 2016年11月，国务院办公厅印发的《控制污染物排放许可制实施方案》（国办发〔2016〕81号）规定，建立健全企事业单位污染物排放总量控制制度，改变单纯以行政区域为单元分解污染物排放总量指标的方式和总量减排核算考核办法，通过实施排污许可制，落实企事业单位污染物排放总量控制要求，逐步实现由行政区域污染物排放总量控制向企事业单位污染物排放总量控制转变，控制的范围逐渐统一到固定污染源。环境质量不达标地区，要通过提高排放标准或严格控制许可排放量等措施，对企事业单位实施更为严格的污染物排放总量控制，规范有序发放排污许可证，推动改善环境质量。❷ 2017年4月，原环境保护部专门设立了"排污许可与总量控制"办公室，职能涵盖排污许可、排污权交易和总量控制。这一年，全国统一的管理信息平台建成并投入使用，15个重点行业的排污许可证核发完成，持证排污的理念逐渐深入人心。2018年2月，环境保护部部长在全国环境保护工作会议上首次提出"核发一个行业、清理一个行业、规范一个行业、达标排放一个行业"的思路。❸ 2019年12月，《固定污染源排污许可分类管理名录》修订，对照《国民经济行业分类》，实现了排污许可对陆域固定源的全覆盖，以及与环境统计、第二次全国污染源普查等工作的衔接。2020年3月，中共中央办公厅、国务院办公厅印发《关于构建现代环境治理体系的指导意见》，提出健全环境治理市场体系，构建规范开放的市场，引导各类资本参与环境治理投资、建设、运行，加快形成公开透明、规范有序的环境治理市场

---

❶ 新华社：《中共中央 国务院印发〈生态文明体制改革总体方案〉》，http://www.gov.cn/guowuyuan/2015-09/21/content_2936327.htm，访问日期：2023年4月19日。

❷ 国务院办公厅：《国务院办公厅关于印发控制污染物排放许可制实施方案的通知》，http://www.gov.cn/zhengce/content/2016-11/21/content_5135510.htm，访问日期：2023年4月19日。

❸ 生态环境部规划财务司许可办：《中国排污许可制度改革：历史、现实和未来》，《中国环境监察》2018年第9期，第65页。

环境。❶

总体来看，四十多年来，尤其是党的十八大以来，我国逐渐形成了以《环境保护法》为核心的环境保护法律制度体系，为温室气体控制提供了有力法治保障。《环境保护法》第44条和第45条确立的总量控制制度和排污许可管理制度，为温室气体控制提供了思路借鉴，尤其是二氧化硫许可证交易试点工作的相关经验，为现阶段的碳排放权交易提供了实践先导，这些经验将为碳法律制度的建构提供环境保护的视角，将我国多年来环境法治的有益经验吸收纳入碳法律制度。❷

2.《海洋环境保护法》与温室气体控制

气候变化不仅导致海平面上升、海洋灾害加剧、海洋生态系统退化以及海洋极端气候事件频繁发生，而且对中国沿海地区和海洋领域造成严重影响。每年因为各种干旱、水灾以及飓风、海啸等极端灾害天气所造成的经济损失无法估量，更重要的是这些气候异常变化使人类的生存生活环境正在经受着严重考验。《海洋环境保护法》自1982年颁布以来，历经了两次修订和三次修正。该法在改善海洋环境、保护海洋资源、防治污染损害、促进海洋经济发展等方面发挥了巨大作用。加强了海洋环境和资源保护，防止了海洋环境过度开发，从客观上起到了适应海平面上升、防范海洋灾害、减缓和转化海洋生态系统退化的良好效果。2023年修订的《海洋环境保护法》强调，加强海洋生态保护，这将有助于维护和增强海洋碳汇功能。健康的海洋生态系统，如海草床、盐沼和红树林等，可以吸收大量二氧化碳，在应对气候变化中发挥重要作用。因此，《海洋环境保护法》与温室气体控制也是紧密联系的，这部立法最早设计了排污总量控制制度，是后来《环境保护法》排污总量控制制度的先行立法，更是当前温室气体总量控制制度的提前试验。

---

❶ 新华社：《中共中央办公厅　国务院办公厅印发〈关于构建现代环境治理体系的指导意见〉》，http://www.gov.cn/zhengce/2020-03/03/content_5486380.htm，访问日期：2023年4月19日。

❷ 吕忠梅、吴一冉：《中国环境法治七十年：从历史走向未来》，《中国法律评论》2019年第5期。

梳理《海洋环境保护法》的发展历程，可以看出总量控制和许可制度是贯穿其发展主线的。1999年修订的《海洋环境保护法》第3条规定："国家建立并实施重点海域排污总量控制制度，确定主要污染物排海总量控制指标，并对主要污染源分配排放控制数量"，这在我国各项污染防治法中，属于较早规定了污染物排放总量控制制度。在2017年修正的《海洋环境保护法》第11条中也规定了"排污总量控制制度"，这一规定说明立法者有执行排污总量控制制度的打算，希望用"排污总量控制制度"影响"水污染物排放标准的制定"。但是，这一规定同样无法让"排污总量控制制度"具备运行的启动力。其原因在于，我国环境保护属于条块化管理体制，陆地、海洋环境保护分工明确。一方面，《海洋环境保护法》第4条规定，国务院生态环境主管部门负责全国海洋环境的监督管理，负责全国防治陆源污染物、海岸工程和海洋工程建设项目、海洋倾倒废弃物对海洋环境污染损害的环境保护工作。2023年修订的《海洋环境保护法》第19条和第93条分别规定了海洋排污许可的要求和相应的法律责任，不过《环境保护法》是目前排污许可制度最有力的法律依据，其中第45条规定，国家依照法律规定实行排污许可管理制度，并没有限定排污许可的管理部门。需要注意的是，《环境保护法》是生态环境保护领域的基础性综合法律，《海洋环境保护法》是海洋生态环境保护领域的基础性综合法律。虽然后者的调整范围包容于前者，但并不意味着前者的法律地位高于后者。《海洋环境保护法》应当是与《环境保护法》效力等级相同的法律，《海洋环境保护法》就《环境保护法》没有规定的内容予以补充规定，对于原则性的规定予以具体规定，对于特色性的规定予以充分规定。因此，《海洋环境保护法》和《环境保护法》都是海洋行政主管部门负责实施海上排污许可管理的法律依据。另一方面，《中华人民共和国水污染防治法》（以下简称《水污染防治法》）、《大气污染防治法》虽然都涉及排污许可，但都明确海洋领域污染防治适用《海洋环境保护法》，全篇不再涉及海洋。基于此，现行环保部门牵头构建的所有排污许可制度在法律基础上已经包含海洋领域，海上排污许可制度作为特殊排污许可制度，将对未来我国海洋温室气体控制制度的实施产生重要影响。

总体来说，海洋环境保护与温室气体控制关系紧密，海洋排污总量控制的一些经验可以被应用到温室气体控制之中。尽管当前有关碳排放的讨论、议题、目标等主要与大气有关，海洋仍然作为一种辅助性、补充性角色存在，但是未来我国可以尝试将海洋环境保护与温室气体控制协同推进，尝试突破海陆分割的现状，将排污、温室气体总量控制的内容同时在陆地和海洋展开，从而做好陆海统筹，进而更好地实现温室气体控制，为碳达峰、碳中和的目标实现做好准备。

3.《大气污染防治法》与温室气体控制

碳达峰、碳中和是大气污染防治的根本之策，温室气体控制与大气污染防治紧密相连，互相作用。随着"双碳"目标的提出，我国大气污染防治工作进入一个新的阶段。如果说之前对污染物排放的控制，主要是以末端治理为主的手段，也就是污染物排放以后再去治理和净化。那么，在新的阶段，将从源头、从根本上解决大气污染问题。大气污染问题与化石能源的利用密切相关。比如，二氧化硫、氮氧化物的排放大部分来自化石能源的燃烧过程。实际上，实现"双碳"目标对大气污染防治来说是一个根本之策，是一个釜底抽薪的做法，是要从根本上解决大气污染问题。习近平总书记指出："实现碳达峰、碳中和是一场广泛而深刻的经济社会系统性变革。"❶ 实现"双碳"目标的过程，其实就是倒逼我国社会经济高质量发展、可持续发展的过程。粗放式的、以追求国内生产总值（Gross Domestic Product，以下简称GDP）高速增长为目标的发展方式已经成为过去时，而人与自然和谐共生的发展理念与发展路线将会愈发深入人心。❷

2015年修订、2016年施行的《大气污染防治法》第2条第2款规定："防治大气污染，应当加强对燃煤、工业、机动车船、扬尘、农业等大气

---

❶《习近平主持召开中央财经委员会第九次会议强调 推动平台经济规范健康持续发展 把碳达峰碳中和纳入生态文明建设整体布局》，《人民日报》2021年3月16日第1版。

❷ 郭媛媛、于宝源：《贺泓院士：碳达峰、碳中和是大气污染防治根本之策》，《环境保护》2022年第17期，第42页。

污染的综合防治，推行区域大气污染联合防治，对颗粒物、二氧化硫、氮氧化物、挥发性有机物、氨等大气污染物和温室气体实施协同控制。"此次修订首次提出"大气污染物和温室气体实施协同控制"的法律布局，并将其置于"总则"位置，作为《大气污染防治法》的原则性规定。该条款是将温室气体减排纳入法律框架控制的初步尝试，力图改变温室气体减排无法可依的法律缺位现状，力图使我国在国际应对气候变化新秩序中掌握主动权。从《大气污染防治法》的发展历程来看，我国根据多年的环境治理实践，逐渐形成了减污、降碳、增长、扩绿的协同发展机制，实现了生态环境保护、大气污染防治和温室气体控制的协同路径。

1990—1994年，原国家环境保护局在天津、上海、沈阳、广州等十六个城市先后实施了"大气污染物排放许可证制度"。2002年3月，原国家环境保护总局印发《关于开展"推动中国二氧化硫排放总量控制及排污交易政策实施的研究项目"示范工作的通知》，部署在山东、山西、江苏、河南、上海、天津、柳州七省市开展二氧化硫排放总量控制及排污权交易试点工作，后来又追加了中国华能集团公司作为示范单位，最终形成四省三市一公司（简称"4+3+1"）的项目试点范围。2002年5月，原国家环境保护总局下发《关于二氧化硫排放总量控制及排污交易政策实施示范工作安排的通知》，开展二氧化硫排放总量控制及排污权交易试点项目。2002年9月，《国务院关于两控区酸雨和二氧化硫污染防治"十五"计划的批复》（国函〔2002〕84号），提出在两控区实行二氧化硫总量控制和排污许可证制度的基础上，开展排污企业间排放指标有偿转让试点，逐步建立二氧化硫排放权交易制度。2005年，国务院印发《国务院关于落实科学发展观加强环境保护的决定》（国发〔2005〕39号），提出实施污染物总量控制和排污许可证制度，有条件的地区和单位可实行二氧化硫等排污权交易。2007年5月，国务院印发《节能减排综合性工作方案》（国发〔2007〕15号），提出在全国电力行业实行二氧化硫排污交易。2018年10月，全国人大常委会修订《大气污染防治法》，延续2015年版内容，在第2条仍规定大气污染物和温室气体实施协同控制的原则，自此大气污染与温室气体协同控制的理念逐渐深入人心。2022 年 6 月，生态环境部等七部门联合印发《减污降碳协同增效实施方案》（环综合〔2022〕42 号），提出坚持系统观念，统筹碳达峰碳中和与生态环境保护相关工作，强调目标协同、区域协同、领域协同、任务协同、政策协同、监管协同，进一步提出了大气污染与碳达峰碳中和协同治理的路线图和施工表。

总体来说，大气污染物与温室气体协同控制在《大气污染防治法》修订中首次出现，是因应大气污染和气候变化等严峻挑战以及民众广泛关注的一项制度创新。协同控制的理念不断深入人心，并逐渐形成社会共识，对于"双碳"目标的实现具有重要意义，更是减污降碳协同增效的重要抓手。推动大气污染物与温室气体协同控制不仅有利于改善大气环境质量和应对气候变化，也是推进生态文明建设和落实创新发展、绿色发展理念的积极举措。未来我国应当以减污降碳协同治理为指导，从法律上进一步衔接大气污染控制与温室气体控制，加强减污降碳协同制度建设，统筹落实大气污染防治与温室气体控制。接下来将以一个具体案例展现减污降碳协同增效的司法实践，分析阐释法院对大气污染责任案件所采取的判决思路。

【案例 3-1】

德清县人民检察院诉德清某保温材料公司
大气污染责任纠纷民事公益诉讼案[*]

【基本案情】

德清某保温材料公司主要从事聚氨酯硬泡组合聚醚保温材料的生产，以及聚氨酯保温材料、塑料材料、建筑材料等批发零售。2017 年 8 月至

---

[*] 最高人民法院：《司法积极稳妥推进碳达峰碳中和典型案例》，案号为（2020）浙 05 民初 115 号，https://www.court.gov.cn/zixun/xiangqing/389341.html，访问日期：2023 年 4 月 14 日。

2019年6月，德清某保温材料公司在明知三氯一氟甲烷（俗称氟利昂）系受控消耗臭氧层物质，且被明令禁止用于生产使用的情况下，仍向他人购买并用于生产聚氨酯硬泡组合聚醚保温材料等。德清某保温材料公司购买三氯一氟甲烷共计849.5吨，经核算，其在使用三氯一氟甲烷生产过程中，造成三氯一氟甲烷废气排放量为3049.7千克。2019年10月，浙江省湖州市生态环境局分别以德清某保温材料公司存储使用的正戊烷等化学用品不符合环评要求、涉嫌超配额使用消耗臭氧层物质为由，作出两份行政处罚决定书。2019年7月，德清某保温材料公司及其法定代表人祁某明因涉嫌污染环境罪被公安机关立案侦查。2020年3月，德清县人民法院作出刑事判决，判决被告德清某保温材料公司犯污染环境罪，判处罚金70万元（案涉行政罚款在本罚金中予以折抵，不重复执行）；被告人祁某明犯污染环境罪，判处有期徒刑十个月并处罚金5万元。2020年8月，浙江省生态环境科学技术研究院对德清某保温材料公司排放三氯一氟甲烷事件作出《生态环境损害鉴定评估报告》，确定生态环境损害值为746 421～866 244元，鉴定评估费用15万元。2020年10月，德清县人民检察院提起民事公益诉讼，请求德清某保温材料公司赔偿生态环境损害费用746 421元，并承担鉴定评估费用15万元。

【裁判结果】

浙江省湖州市中级人民法院一审认为，三氯一氟甲烷系有害物质、危险环境物质，德清某保温材料公司产生的三氯一氟甲烷废气未经有效处置，排放至周围环境中，将损害周围环境及空气质量，该物质可以扩散到大气同温层中，并以催化分解的方式破坏臭氧层，臭氧层的破坏将会导致过量的紫外线辐射到达地面，从而影响人类健康并造成生态环境损害，德清某保温材料公司应当承担其排放三氯一氟甲烷行为的环境污染责任。遂判决德清某保温材料公司赔偿生态环境损害费用746 421元，支付鉴定评估费用15万元。宣判后，各方均未上诉。

【典型意义】

三氯一氟甲烷被释放到大气层后，受到紫外线的照射，将造成臭氧层破坏。我国作为《保护臭氧层维也纳公约》《关于消耗臭氧层物质的蒙特利尔议定书》的缔约国，一贯高度重视国际环境公约履约工作，于2010年发布《消耗臭氧层物质管理条例》《中国受控消耗臭氧层物质清单》，其中三氯一氟甲烷作为第一类全氯氟烃是国际公约规定的受控消耗臭氧层物质，被全面禁止使用。值得注意的是，因本案当事人的同一行为，同时触犯了不同法律规定，依法应当承担相应的法律责任。在本案诉讼前，行政机关已经对当事人予以行政处罚，刑事案件中当事人也被依法判处相应刑事责任。本案民事公益诉讼中，人民法院依据《环境保护法》第64条、《大气污染防治法》第125条等规定，认定侵权人承担环境污染责任并赔偿损失。本案是人民法院在环境保护领域统筹协调适用行政、刑事、民事三种责任，落实最严格制度、最严密法治的生动体现，对相关行业和社会公众具有较强警示和教育作用。

4.《土壤污染防治法》与温室气体控制

土壤污染防治与温室气体控制两个议题看似不相关，实则相互关联。根据《土壤污染防治法》第2条，土壤污染是指因人为因素导致某种物质进入陆地表层土壤，引起土壤化学、物理、生物等方面特性的改变，影响土壤功能和有效利用，危害公众健康或者破坏生态环境的现象。从环境科学角度来看，气候变化带来的极端天气事件和水文条件变化可能导致土壤污染范围的扩散，并给修复管控工程的顺利实施和预期效果带来安全风险。气候变化还可能导致区域地下水位的抬升或持续干旱等，从而威胁土壤和地下水污染长期风险管控和动态监控等人工措施的有效性。随着《土壤污染防治法》的全面实施和深入打好净土保卫战工作的推进，预计未来土壤污染修复产业规模会进一步扩大，土壤修复工程尤其是长期风险管控的案例会大幅增加。过去十多年，国内曾发生与气候变化相关的土壤污染，例如，西南地区有色采选导致下游农田重金属污染显著增多；在湖南、广西、云南、贵州的一些地方，由于局部强降雨等气候灾害导致下游河道和沿岸农田土壤重金属污染。在污染地块修复技术方案制订和评估、工程实施的应急保障基础建设以及修复效果的长期稳定达标等方面，都缺少应对气候变化的响应机制。例如，在上海、宁波、武汉、南京、天津等地，都出现过极端天气对土壤修复工程效果造成严重影响的情况。

因此，未来我国亟须系统分析气候变化可能给土壤污染修复和风险管控带来的潜在影响，同时应当从法律制定和实施角度加强土壤修复，应对气候变化。我国应当修订与《土壤污染防治法》不衔接的法规和部门规章，尤其是加强土壤污染防治与温室气体控制的衔接与协调，不断完善与农用地、建设用地土壤污染风险管控和修复有关的标准规范，强化排污许可"一证式"管理，为温室气体总量控制打好碳汇基础。

5.《湿地保护法》与温室气体控制

湿地与温室气体，看似不太相关的两个概念，实则隐藏着重要联系。气候变化对湿地生态系统实际上产生了全局性的影响。全球升温的过程，不是简单地上升 1.5 摄氏度或 2 摄氏度的问题，更重要的是，全球气温升高使更多的水进入全球水循环，改变了大气环流，湿地生态系统因此会变得更加脆弱。而更大的风暴、更猛的洪灾、更严重的旱灾都将随着全球气温升高而更加频繁。海平面抬升会导致滨海湿地的减少，而湿地退化必然会导致生物多样性的减少。因此，气候变化对生物多样性产生的影响将远远大于人类活动带来的影响，两者不是一个量级的。这表明在目前的大环境下，我们需要更多的湿地。现实情况是，我们的湿地在不断减少。《关于特别是作为水禽栖息地的国际重要湿地公约》（以下简称《湿地公约》）2018 年发布的《全球湿地展望》指出，1970 年至 2015 年短短的 45 年间，全球 35% 的湿地已经消失。[1]

面对可能动摇人类社会长期可持续发展根基的全球气候变化，保护湿地将提供自然解决方案，帮助构筑坚实的生态屏障。《湿地保护法》自2022 年 6 月起开始实施，这是我国生态文明法治建设的一项重要成果，是

---

[1] 梁凡：《保护"地球之肾"人类共同责任》，https://www.workercn.cn/c/2021-02-05/6635060.shtml，访问日期：2023 年 4 月 19 日。

我国首次专门针对湿地生态系统进行立法保护，将引领我国湿地保护工作全面进入法治化轨道，开启保护工作的新篇章。湿地是全球重要生态系统之一，具有涵养水源、净化水质、维护生物多样性、蓄洪防旱、调节气候和固碳等重要的生态功能，对维护我国生态、粮食、水资源、生物安全和应对全球气候变化具有重要作用，被誉为"地球之肾""物种基因库"。党的十八大以来，我国不断强化湿地保护，国家和省级层面累计建立97项湿地相关制度，初步形成了湿地保护政策制度体系，开启全面保护湿地新阶段。第三次全国国土调查首次设立了"湿地"一级地类，湿地生态功能更加凸显。湿地保护管理体系初步建立，指定了64处国际重要湿地、29处国家重要湿地，建立了600余处湿地自然保护区、1600余处湿地公园，湿地保护率提高到50%以上。我国安排中央资金169亿元，实施湿地保护项目3400多个，新增和修复湿地面积80余万公顷，鸟类损失农作物补偿面积超过100万公顷。❶实现内地国际重要湿地监测全覆盖，国际重要湿地生态状况总体稳定良好，退化湿地生态状况明显改善，基层湿地保护管理能力得到进一步强化，各地开展湿地保护的积极性显著提高。

  从发展历程来看，我国湿地保护的立法研究开展较早，自1992年正式加入《湿地公约》以来，就积极开展国内立法研究。经过前期湿地立法基础工作的开展与积累，2004年原国家林业局开始进行湿地保护条例和相关论证材料的起草工作。自2004年起，国务院先后三次将湿地保护条例列入立法工作计划。2015年12月，国务院法制办就《湿地保护条例（送审稿）》向79家相关单位征求意见，遗憾的是，由于各相关部门、单位间未能就条例中的有关争议达成统一，导致条例未能出台。❷ 2018年，湿地保护立法工作被正式列入十三届全国人大常委会立法规划，转由全国人大环境与资源保护委员会负责牵头起草。2021年1月20日至2021年12月24日，在历经全国人大常委会3次审议后，《湿地保护法》正式通过审议，

---

❶ 姚亚奇:《我国湿地保护全面进入法治化》，《光明日报》2022年6月2日第10版。

❷ 韩琳:《从围湖造田到立法保护：中国湿地保护走上法治轨道》，https://hs.china.com.cn/zgft/53817.html，访问日期：2023年5月20日。

由第 102 号主席令颁布，于 2022 年 6 月 1 日正式实施。

根据《湿地保护法》第 2 条，湿地是指具有显著生态功能的自然或者人工的、常年或者季节性积水地带、水域，包括低潮时水深不超过六米的海域。同时根据《湿地保护法》第 3 条，湿地保护应当坚持保护优先、严格管理、系统治理、科学修复、合理利用的原则，发挥湿地涵养水源、调节气候、改善环境、维护生物多样性等多种生态功能。湿地被视为"碳汇"和"碳源"的转换器，对于应对全球气候变化这一议题至关重要。近年来，《湿地公约》各缔约国越来越意识到湿地在减缓和适应气候变化方面的重要作用，商定了保护、恢复和可持续管理湿地生态系统的一系列措施，从而更好地借助湿地生态系统应对全球气候变化。《湿地公约》倡导各国积极应对全球气候变化，参与到《联合国气候变化框架公约》等国际环境公约的协同履行机制中。我国的《湿地保护法》针对湿地的保护和修复进行了专门的法律条款规定，明确提出通过编制规划、列入重要湿地名录、禁止占用和破坏以及加强修复等方式，开展对湿地的重点保护，为充分发挥我国湿地资源在履行《联合国气候变化框架公约》等国际气候变化公约协定中的重要作用提供了法治保障。[1]

总体来说，湿地作为重要的碳库之一，对于温室气体控制具有举足轻重的作用。它不仅对一定范围内的小气候具有明显的调节作用，而且拥有强大的碳汇功能。《湿地保护法》的正式施行，意味着我国首次针对湿地生态系统保护进行专门立法，标志着我国湿地保护全面进入法治化轨道新阶段。我国湿地保护从过去的湿地单要素保护、局部保护延伸到整个湿地生态系统的保护，这是践行"绿水青山就是金山银山"理念的生动实践，也是中国参与全球生态治理、彰显大国形象的重要行动，未来我国将会以更加自信的姿态为全球应对气候变化提供中国方案。

---

[1] 马梓文、张明祥：《湿地保护法实施机制与我国的国际环境公约履约》，《自然保护地》2022 年第 3 期，第 14 页。

（二）制度梳理

1. 排污许可制度

党的十八大以来，排污许可制改革全面推进，各项环保专项法律相继修改，排污许可相关法规、规范、标准和政策等陆续实施，排污许可制度体系初步建成。❶ 2021 年 3 月，《排污许可管理条例》正式生效，为排污许可制的发展完善奠定了坚实的法治基础，也标志着排污许可制四梁八柱的基本建成。❷ 排污许可制度，是对排污许可证的申请、审核、发放、变更、延续、撤销、监督进行管理的制度。排污许可制度基于区域整体的环境质量目标，确定不同污染物的排放量，开展污染物削减工作，有利于改善区域的整体环境质量；配合重点污染源排污总量控制制度的实施，有利于提高污染的治理效率。

排污许可制度是我国生态环境治理体系的基础性制度，是完善固定污染源环境管理体系的有力抓手。该项制度改革延续至今已经取得显著成效，顶层设计日益健全，科学支撑不断强化，制度衔接有序推进，"持证排污"的意识正在深入人心。❸ 目前，我国纳入固定污染源排污许可分类管理名录的排污单位，需申请并取得排污许可证；未纳入固定污染源排污许可分类管理名录的排污单位，暂不需要申请排污许可证。固定污染源排污许可分类管理名录由国家环境保护行政主管部门制定发布，现行有效的是 2019 年 12 月由生态环境部发布的《固定污染源排污许可分类管理名录（2019 年版）》。排污许可申请与核发的技术规范由国家生态环境保护行政主管部门制定发布，如 2020 年 3 月生态环境部发布的《排污许可证申请与核发技术规范 工业炉窑》（HJ1121—2020）。

我国于 1987 年在水污染防治领域开展了许可证制度的试点工作。1988

---

❶ 王璇、郭红燕、郝亮、贾如：《〈排污许可管理条例〉与相关环境管理法律制度衔接的研究分析》，《环境与可持续发展》2021 年第 5 期。

❷ 黄润秋：《推进生态环境治理体系和治理能力现代化》，《中华环境》2021 年第 4 期。

❸ 张茜芸、蔡东倩、刘松华：《关于排污许可制度改革的发展与建议》，《资源节约与环保》2020 年第 10 期，第 111 页。

年3月，原国家环境保护局发布了《水污染物排放许可证管理暂行办法》，在多个市县开展"水污染物排放许可证"试点工作。[1] 1991年，原国家环境保护局决定在上海、天津等十六个城市开展排放大气污染物许可证制度的试点工作。现行的《大气污染防治法》和《水污染防治法》均规定了排污许可证制度。现行《环境保护法》第45条规定："国家依照法律规定实行排污许可管理制度。实行排污许可管理的企业事业单位和其他生产经营者应当按照排污许可证的要求排放污染物；未取得排污许可证的，不得排放污染物。"2016年12月23日，原环境保护部印发了《排污许可证管理暂行规定》（环水体〔2016〕186号），2018年1月10日又代之以《排污许可管理办法（试行）》（环境保护部令第48号），2019年8月该办法经生态环境部修正。2024年4月，生态环境部发布《排污许可管理办法》，自2024年7月1日起施行。《排污许可管理办法》进一步明确了排污许可证核发程序等内容，细化了生态环境保护行政主管部门、排污单位和第三方机构的法律责任。在排污许可证申请与审批程序上进一步规范，明确排污许可证首次申请、重新申请、变更等相关情形，规范企业需要提供的材料、审批部门审核的要求以及可行技术在申请与审批中的应用等内容，完善延续、调整、撤销、注销、遗失补领等相关规定。《排污许可管理办法》在结构和思路上与《排污许可管理条例》保持一致，内容上进一步实化和细化。同时突出问题导向，结合排污许可制改革实践经验和遇到的问题，对排污许可证申请、审批、发放、管理全过程的相关规定进行完善，推动排污许可制度落地执行，为完善排污许可制度迈出了坚实的一步。

（1）排污许可制度的管理原则。具体包括以下三个原则：第一，总量控制原则。在实行污染物排放总量控制的区域，对排污者有污染物排放总量控制指标要求的，排污者不得超过国家和地方规定的排放标准和总量控制指标。第二，持证排放原则。排污单位应当依法取得排污许可证，按照排污许可证的要求排放污染物，应当取得排污许可证而未取得的，不得排

---

[1] 韩德培：《环境保护法教程》，法律出版社，2015，第103页。

放污染物，排污许可证的持有者，必须按照排污许可证核定的污染物种类、控制指标和规定的方式排放污染物。第三，持续削减原则。国家鼓励排污者采取可行的经济、技术或管理等手段实施清洁生产，持续削减其污染物排放强度、浓度和总量。

（2）排污许可证的内容。排污许可证由正本和副本构成，正本载明基本信息，副本包括基本信息、登记事项、许可事项、承诺书等内容。❶设区的市级以上地方环境保护主管部门可以根据环境保护地方性法规，增加需要在排污许可证中载明的内容。排污单位承诺执行更加严格的排放限值的，应当在排污许可证副本中记载。❷

（3）排污许可证的审核发放。核发排污许可证的环境保护部门收到排污单位提交的申请材料后，对材料的完整性、规范性进行审查，并分情形作出处理，在全国排污许可证管理信息平台上作出受理或者不予受理排污许可证申请的决定，同时应告知排污单位需要补正的材料，但逾期不告知的，自收到书面申请材料之日起即视为受理。《排污许可管理办法》还规定了不予核发的特殊情形。❸对于满足条件的申请单位，核发生态环境部准予核发排污许可证。❹《排污许可管理条例》第12条规定，对实行排污许可简化管理的排污单位，审批部门应当自受理申请之日起20日内作出审批决定；对符合条件的颁发排污许可证，对不符合条件的不予许可并书面说明理由。对实行排污许可重点管理的排污单位，审批部门应当自受理申请之日起30日内作出审批决定；需要进行现场核查的，应当自受理申请之日起45日内作出审批决定；对符合条件的颁发排污许可证，对不符合条件的不予许可并书面说明理由。审批部门应当通过全国排污许可证管理信息平台生成统一的排污许可证编号。

（4）排污许可证的监督检查。《排污许可管理办法》第40～43条规

---

❶ 《排污许可管理办法》第10条、第11条、第13条。
❷ 《排污许可管理办法》第12条。
❸ 《排污许可管理办法》第23条。
❹ 《排污许可管理办法》第24条、第25条。

定，生态环境主管部门应当将排污许可证和排污登记信息纳入执法监管数据库，将排污许可执法检查纳入生态环境执法年度计划，加强对排污许可证记载事项的清单式执法检查。生态环境主管部门应当定期组织开展排污许可证执行报告落实情况的检查，重点检查排污单位提交执行报告的及时性、报告内容的完整性、排污行为的合规性、污染物排放量数据的准确性以及各项管理要求的落实情况等内容。排污许可证执行报告检查依托全国排污许可证管理信息平台开展。生态环境主管部门可以要求排污单位补充提供环境管理台账记录、自行监测数据等相关材料，必要时可以组织开展现场核查。生态环境主管部门应当加强排污许可证质量管理，建立质量审核机制，定期开展排污许可证质量核查。排污单位应当树立持证排污、按证排污意识，及时公开排污信息，自觉接受公众监督。鼓励社会公众依法参与监督排污单位和排污登记单位排污行为。任何单位和个人对违反本办法规定的行为，均有权向生态环境主管部门举报。接到举报的生态环境主管部门应当依法处理，按照有关规定向举报人反馈处理结果，并为举报人保密。

（5）排污许可证的变更、延续、撤销和注销。《排污许可管理办法》规定，排污单位名称、住所、法定代表人或者主要负责人等排污许可证正本中记载的基本信息发生变更的，排污单位应当自变更之日起30日内，向审批部门提交变更排污许可证申请表以及与变更排污许可证有关的其他材料。审批部门应当自受理之日起十个工作日内作出变更决定，按规定换发排污许可证正本，相关变更内容载入排污许可证副本中的变更、延续记录。排污许可证记载信息的变更，不影响排污许可证的有效期。排污单位依照《排污许可管理条例》第14条第2款规定提出延续排污许可证时，应当按照规定提交延续申请表。审批部门作出延续排污许可证决定的，延续后的排污许可证有效期自原排污许可证有效期届满的次日起计算。排污单位未依照《排污许可管理条例》第14条第2款规定提前60日提交延续申请表，审批部门依法在原排污许可证有效期届满之后作出延续排污许可证决定的，延续后的排污许可证有效期自作出延续决定之日起计算；审批部门依法在原排污许可证有效期届满之前作出延续排污许可证决定的，延续后的排污许可证有效期自原排污许可证有效期届满的次日起计算。出现超越法定职权审批排污许可证的，违反法定程序审批排污许可证的，审批部门工作人员滥用职权、玩忽职守审批排污许可证的，对不具备申请资格或者不符合法定条件的排污单位审批排污许可证的以及依法可以撤销排污许可证的其他情形之一的，可以依法撤销排污许可证，并在全国排污许可证管理信息平台上公告。排污单位以欺骗、贿赂等不正当手段取得排污许可证的，应当依法予以撤销。出现排污许可证有效期届满未延续的，排污单位依法终止的，排污许可证依法被撤销、吊销的等情形之一的，审批部门应当依法办理排污许可证的注销手续，并在全国排污许可证管理信息平台上公告。

2. 排污权交易制度

排污权交易制度，是关于排污权交易运行、交易程序与监管保障的一系列制度规范的总称。生态环境保护行政主管部门确定本区域的环境质量目标，据此评估该区域环境容量，推算污染物的最大允许排放量，并将最大允许排放量分割成若干规定的排放量（若干排污权）。排污者可以自主买入或卖出排污权。排污权交易的主体一般是污染者，交易的对象是排污权，即减排信用或剩余的许可排放限额。排污权交易制度是一种管放结合的制度：一方面，企业可以自由买卖排污权，不必担心因超量排放而受到处罚或被限制生产；另一方面，生态环境保护行政主管部门只需要控制区域内的污染物排放总量，而不用监控单个企业的排放量，环境行政治理效率得以提升。

（1）排污权的初始分配。排污权的初始分配，是指在有关政府部门的主导下，在排污主体之间，对既定的污染物排放总量进行排污指标（排污权）的初次分配。其中，总量控制是排污权初始分配的前提，初始分配是对排污权的具体分配过程。

排污权的初始分配由有关部门核发排污许可证实现。排污许可证，是依排污单位的申请，由核发部门以区域内的环境容量为基础，依法准予排污的一种资格。它既是对排污单位的排污行为在法律上的认可，也是一种具体的行政行为，还是国家生态环境保护行政主管部门对排污行为的控制，同时也是给予排污单位合法排污的凭证。目前，初始分配模式包括有偿和无偿两种，但从实践领域来看以无偿分配模式为主。

2002 年，浙江省嘉兴市的秀洲区，尝试将工业废水的排污权面向排污单位进行出售。此举是我国在进行初始分配排污权的实践探索中，首次真正地采用政府定价对排污权进行有偿分配。2007 年，嘉兴市环保局出台了《嘉兴市主要污染物排污权交易办法（试行）》（嘉政发〔2007〕84号），并发布了该办法的实施细则。嘉兴市政府授权成立了排污权储备交易中心，负责排污权的初始分配和排污权交易。在整个嘉兴市采用"新老有别"的方法，即对在 2007 年 11 月之前就登记的企业或者环境影响评价通过的项目可以既往占有的方式免费获得排污权，而在之后，新、改、扩的排污单位和通过的环境评价项目则需从储备交易中心购得排污权份额。此种做法实际上规避了排污权的初始分配，使排污权份额直接在市场上进行交易。经过两年多的摸索，2010 年，嘉兴市出台了《嘉兴市主要污染物初始排污权有偿使用办法（试行）》（嘉政发〔2010〕48 号），强调在 2007年 11 月之前登记的排污单位和已经获得环境评价批准项目也必须向排污权交易储备中心购得排污权份额，期限是五年或十年，期满后必须重新核定和申购。排污权的价格由市环保局根据资源的供求和实际情况定价。为了鼓励老企业积极参与排污权的初始分配，给予老企业价格优惠。该政策不仅相对减轻了排污单位的资金压力，也得到了排污单位的大力响应。为了能够使排污权初始分配的实施情况得到社会各界的监督，环保局向社会公布相关实施情况的信息。2014 年出台的《嘉兴市排污权有偿使用和交易办法》（嘉政办发〔2014〕112 号），标志着嘉兴市排污权的初始分配制度的基本成熟以及试点工作的基本完成。

但是，目前的排污权初始分配制度仍然存在一些问题。首先，排污权初始分配缺乏国家层面的法律依据。虽然各地在试点过程中出台了相关的规范性文件，但是国家层面并没有制定与排污权初始分配有关的法律法规。其次，初始分配中分配主体与接受主体不明确。排污权的分配主体有三种可能的情况：一是生态环境保护行政主管部门独立负责初始分配；二是以生态环境保护行政主管部门为主导，其他部门配合完成初始分配的工作；三是生态环境保护行政主管部门授权或者委托某些机构或组织代为行使授权部门的职权，对排污权进行分配，减轻政府生态环境保护行政主管部门的负担。排污权的初始分配要求分配主体准确、全面地掌握排污单位的各种信息，否则会造成分配的不公平。

（2）排污权二级市场交易。排污权二级市场交易是排污权交易制度的核心内容，是市场机制在排污权交易中的充分体现。排污权二级市场交易过程中，地位平等的排污企业从自身利益考量，决定转让或受让富余排污权。排污权交易的过程就是排污权交易合同签订和履行的过程，因此排污权交易具有民事法律行为的性质。排污权初始分配制度是排污权交易的起点和基础，没有排污权的初始分配，排污权交易就缺少标的；没有二级市场的交易，就无法体现排污权交易制度具有市场激励手段这一特性，就会回到传统命令控制型的管理模式。❶

3. 生态补偿制度

生态补偿制度是生态文明制度体系的重要内容，对促进国家重点生态功能区可持续发展、推动产业生态化和生态产业化、构建绿色低碳经济体系、助力实现"双碳"目标具有重要的理论价值与现实意义。❷ 生态补偿，是由生态环境的受益者向生态环境的保护者支付其保护生态系统所支出的费用或放弃的收益。生态补偿制度产生的理论基础，源起于经济学中的外部性理论和公共产品理论。生态补偿制度通过补偿保护环境者在保护环境过程中所付出的代价，来改变保护者只付出不获利的地位，以增强保护环境的积极性，进而解决"公地悲剧"和"搭便车"的问题。生态补偿的目的是促进环境保护，提高环保积极性以及解决自然环境资源利用过程中的

---

❶ 李传轩：《中国环境法教程》，复旦大学出版社有限责任公司，2021，第207-209页。

❷ 俞敏、刘帅：《我国生态保护补偿机制的实践进展、问题及建议》，《重庆理工大学学报（社会科学版）》2022年第1期，第1页。

公平性问题。生态补偿的补偿采用财税机制与市场机制相结合的方式。

自2005年党的十六届五中全会明确"谁开发谁保护、谁受益谁补偿"的生态保护补偿原则以来,❶我国生态保护补偿机制不断完善。特别是党的十八大以来,生态保护补偿进入快速发展期。然而,我国环境污染和生态环境保护的严峻形势并未得到根本性改善,多领域、多类型、多层面生态问题累积叠加,资源环境承载能力已经达到或接近上限,对生态保护补偿机制有效性与可持续性提出严峻考验。"十四五"时期,生态环境保护步入以减污降碳协同治理为重点的新阶段,经济社会发展全面绿色转型、生态产品价值实现成为该阶段的重要任务。在此背景下,系统研究生态保护补偿制度正当其时,对助力实现新发展阶段,落实生态文明建设新要求、新任务、新目标,具有重要参考价值。❷ 2021年9月,中共中央办公厅、国务院办公厅印发了《关于深化生态保护补偿制度改革的意见》,提出了以下要求:聚焦重要生态环境要素,围绕国家生态安全重点,进一步完善分类补偿机制和健全综合补偿制度;发挥市场机制作用,加快推进多元化补偿,并完善相关领域配套措施,增强改革协同。可以说,生态补偿制度是实施习近平生态文明思想的重要体现,对于实现碳达峰和碳中和目标任务具有重要作用。该意见还要求抓好碳达峰和碳中和工作,加速推进绿色低碳发展,促进社会经济发展向全面绿色转型。将碳中和目标纳入生态补偿体系,通过补偿激励等方式调动地方各级政府和利益相关者参与的积极性,是实现碳达峰、碳中和目标的可行路径。❸

2024年4月6日,国务院发布《生态保护补偿条例》(国务院令第779号),于2024年6月1日施行,这是我国首部专门针对生态保护补偿的法规,标志着我国生态保护补偿开启法治化新篇章,将极大稳定生态保

---

❶ 王晨:《"谁保护,谁受益",生态保护补偿制度激励地方更积极》,https://www.sfccn.com/2021/9-14/yMMDE0MDVfMTY2OTEyMg.html,访问日期:2023年4月17日。

❷ 俞敏、刘帅:《我国生态保护补偿机制的实践进展、问题及建议》,《重庆理工大学学报(社会科学版)》2022年第1期,第1-2页。

❸ 李素梅:《生态保护补偿制度改革思考》,《新理财(政府理财)》2021年第12期,第42页。

护主体预期。从现有法律规定来看，我国的生态补偿，是指为了实现环境保护与自然资源利用的公平性，由自然资源的利用者与生态环境保护的受益者向因生态环境破坏而受损者与生态环境保护者给予资金补助、实物补偿、人才支持和产业扶持等多种方式进行补偿的一种行为。根据《中华人民共和国水土保持法》第31条，国家加强江河源头区、饮用水水源保护区和水源涵养区水土流失的预防和治理工作，多渠道筹集资金，将水土保持生态效益补偿纳入国家建立的生态效益补偿制度。目前，我国的生态补偿主要集中在森林、草原、湿地、荒漠、海洋、水流、耕地等重点领域和禁止开发区域、重点生态功能区等重要区域。以《中华人民共和国长江保护法》为例，其在第76条中专门规定国家建立长江流域生态保护补偿制度，对长江干流及重要支流源头和上游的水源涵养地等生态功能重要区域予以补偿。鼓励长江流域上下游、左右岸、干支流地方人民政府之间开展横向生态保护补偿，鼓励社会资金建立市场化运作的长江流域生态保护补偿基金，鼓励相关主体之间采取自愿协商等方式开展生态保护补偿。

（1）生态补偿的主体。生态补偿的主体，是自然资源的利用者和生态环境保护的受益者。根据《生态保护补偿条例》第2条，生态补偿主体包括地方各级人民政府、村民委员会、居民委员会、农村集体经济组织及其成员以及其他应当获得补偿的单位和个人。我国重要的自然资源归全民所有，政府代表国家管理自然资源并对环境质量负责，因此政府是生态补偿的主体。其中，中央政府负责全国性的生态补偿，并统筹各地之间跨区域的生态补偿。地方政府负责辖区内的生态补偿，涉及与其辖区相关联的跨区域生态补偿时，与其他地方政府协商开展生态补偿工作。政府将其财政收入的部分用于生态补偿，能够更好地解决生态补偿时间长、费用高和跨区域协商难等问题。政府在进行生态补偿时可以利用自身的组织优势，通过统筹的方式来处理跨流域、跨省份的生态补偿项目。政府依靠国家强制力，依法对生态环境和自然资源的利益收入进行再分配，维护社会公平，实现社会经济的可持续发展。

生态补偿的另一个主体，是自然资源的受益者。根据《生态保护补偿条例》第8条，国家通过财政转移支付等方式，对开展重要生态环境要素保护的单位和个人，以及在依法划定的重点生态功能区、生态保护红线、自然保护地等生态功能重要区域开展生态保护的单位和个人，予以补偿。因此，自然资源的受益者，是指通过利用自然资源而直接获得一定利益的主体。这种利益除了经济利益外也包括为生态服务系统带来的利益，如因森林覆盖率提升缓解水土流失而产生的生态利益。自然资源的利用者分为两类：第一类是通过向国家缴纳费用或其他方式获得的特许经营权的企业或个人，这一类主体获得的主要是经济利益；第二类是由于环境保护而获得生态服务系统所提供的生态利益的人。

（2）生态补偿的对象与范围。生态补偿的对象，主要是指生态环境保护者和因生态环境破坏而受损者。根据《生态保护补偿条例》第9条，对森林、草原、湿地、荒漠、海洋、水流、耕地、法律行政法规和国家规定的水生生物资源、陆生野生动植物资源等其他重要生态环境要素开展重要生态环境要素保护的单位和个人，中央财政分类实施补偿。补偿的具体范围、补偿方式应当统筹考虑地区经济社会发展水平、财政承受能力、生态保护成效等因素分类确定，并连同补偿资金的使用及其监督管理等事项依法向社会公布。中央财政分类补偿的具体办法由国务院主管部门会同其他有关部门分领域制定。由此可见，生态环境的保护者分为两类：一类是主动进行环境保护的主体，这些环境保护者在环境保护中投入了大量的劳力、物力和财力，为保护环境作出了巨大贡献，应当通过补偿的方式来弥补这一过程中的付出；另一类是为了环境保护或资源利用而放弃其自身发展利益的主体，如为了水电发展而搬迁到其他地区居住的居民。因生态环境破坏而受损者，是指由于合理开发和发展需要对环境进行一定程度破坏而遭受利益损失的主体。

（3）生态补偿的资金来源和方式。

第一，从资金来源看，根据《生态保护补偿条例》第8条、第14条和第20条，目前我国生态补偿的方式有政府财税制度和市场交易制度两种。其中，政府财税制度主要包括纵向财政转移支付、横向财政转移支付和生态补偿基金三种方式。

纵向财政转移支付，是指中央对地方的转移支付，分为一般性转移支付和专项转移支付两种。一般性转移支付，是指中央政府对有财力缺口的地方政府（主要是中西部地区）按照规定的办法给予的补助。专项财政转移支付，是中央财政为实现特定的宏观政策及事业发展战略目标设立补助资金，重点用于各类事关民生的公共服务领域，由地方财政按照规定用途使用资金。

横向财政转移支付，是指同级地方政府之间发生的平行转移支付，由富裕地区向贫困地区提供资金方面的援助。我国的横向转移支付，始于流域横向财政转移。2011年，安徽与浙江两省的新安江流域水环境补偿试点启动，这是全国首个由国家主导的跨省上下游水环境补偿试点。[1] 流域横向生态补偿制度提出后，各地也针对本省或跨省的流域生态补偿内容进行了规定，启动了包括汀江—韩江流域、九洲江流域等多个试点，并且适用范围也逐渐扩展至自然保护区、重点生态功能区。

生态补偿基金，是指通过专门设立基金的方式进行生态补偿。根据《生态保护补偿条例》第24条，国家鼓励、引导社会资金建立市场化运作的生态保护补偿基金，依法有序参与生态保护补偿。目前，我国已经建立的生态补偿基金主要是林业改革发展资金。根据2022年12月30日颁布实施的《林业草原改革发展资金管理办法》（财资环〔2022〕171号）规定，加强和规范林业草原改革发展资金使用管理，提高资金使用效益，促进林业草原改革发展。由林业草原改革发展资金替代原森林生态效益补偿资金，发挥森林生态效益补偿补助的作用。其他种类的生态补偿基金有待进一步探索。

第二，从补偿方式来看，我国生态补偿的方式包括资金补偿、产业扶持、项目投入和政策性补偿。资金补偿是最常见的补偿方式，其中，财政

---

[1] 王立武：《全国首个跨省水环境补偿试点在新安江流域启动》，https://www.gov.cn/jrzg/2011-03/22/content_1829502.htm，访问日期：2023年5月13日。

转移支付和生态补偿专项基金是资金补偿的主要方式。产业扶持，是指通过在受偿者所在地开展项目或工程建设的方式推动当地产业发展，通过技术援助、人才支持、就业培训等来实现产业经济的发展，从而达到补偿的目的。项目投入，是指通过在受偿地开展项目的方式，拉动当地的经济发展，为当地带来新的就业机会和发展机会。政策性补偿，主要是指上级政府给予下级政府（中央政府给予地方政府，地方政府给予其下级政府）以及同级政府根据自身情况而给予的优惠政策或某些便利条件，受偿者通过这些优惠政策或便利条件而享有一定的利益。

二、气候立法维度

从气候立法维度来看，我国很早便参与国际气候变化应对，并据此形成了大量政策文件和作出了相关制度安排。回顾历史，我国积极应对气候变化，同时设置了相关机构，并尝试制定了有关政策和法律，并将应对气候变化上升为国家战略，与当前的"双碳"目标相互作用，共同推动经济社会的系统性变革。通过梳理气候立法，可以发现碳法律制度应当囊括气候变化减缓制度、气候变化适应制度和气候投融资制度，通过这些制度安排和设计，实现政府和市场两端发力，从气候变化应对的角度推动碳法律制度的形成和发展。

（一）历史回顾

1. 积极响应与机构设置

中国积极响应全球应对气候变化行动，并同步开展国内的低碳发展工作。中国自 20 世纪 90 年代以来积极参加气候变化国际谈判，推动建立公平合理的国际气候治理框架。在谈判中，中国坚持以《联合国气候变化框架公约》和《京都议定书》为基本框架建构国际气候制度体系，坚持公约框架下的多边谈判是应对气候变化的主渠道，并坚持多项基本原则，包括坚持"共同但有区别的责任"原则、公平原则和各自能力原则，坚持公开透明、广泛参与、缔约方驱动和协商一致的原则，坚持统筹减缓、适应、资金、技术等问题的原则。此外，中国广泛参与应对气候变化相关多边双边国际对话和交流，积极参加和推动应对气候变化南南合作以及与发达国家、国际组织的务实合作。❶

2009年8月，全国人大常委会作出《关于积极应对气候变化的决议》。在该决议中指出，要把加强应对气候变化的相关立法作为形成和完善中国特色社会主义法律体系的一项重要任务，纳入立法工作议程。适时修改完善与应对气候变化、环境保护相关的法律，及时出台配套法规，并根据实际情况制定新的法律法规，为应对气候变化提供更加有力的法制保障。事实上，自2007年以来，一系列与应对气候变化有关的相关立法就不断出台，例如《中华人民共和国循环经济促进法》（以下简称《循环经济促进法》）、修订后的《中华人民共和国节约能源法》（以下简称《节约能源法》）。2008年，国家发展和改革委员会设立了应对气候变化司，主要从事综合分析气候变化对经济社会发展的影响，组织拟订应对气候变化重大战略、规划和重大政策；牵头承担国家履行《联合国气候变化框架公约》相关工作，会同有关方面牵头组织参加气候变化国际谈判工作；协调开展应对气候变化国际合作和能力建设；组织实施清洁发展机制工作；承担国家应对气候变化领导小组有关具体工作。毫无疑问，这一应对气候变化具体机构的设立，从一定程度上加强了中国在气候变化问题上的体制组织建设，有力地促进了中国应对气候变化的制度安排。❷

2.制度安排与立法模式

2009年12月在哥本哈根举行的联合国气候变化大会刚刚结束之际，我国修正后的《中华人民共和国可再生能源法》（以下简称《可再生能源法》）公布。2010年国家把能源法和《大气污染防治法》修改纳入立法工

---

❶ 李俊峰、杨秀、张敏思：《中国应对气候变化政策回顾与展望》，《中国能源》2014年第2期，第6页。

❷ 吕江：《气候变化立法的制度变迁史：世界与中国》，《江苏大学学报（社会科学版）》2014年第4期，第46页。

作计划。与此同时，青海省人民政府颁布我国第一部有关气候变化的地方性政府规章《青海省应对气候变化办法》。同年，在国家应对气候变化领导小组框架内设立了协调联络办公室，加强了部门间协调配合。2011年山西省人民政府出台《山西省应对气候变化办法》。2010年，中国社会科学院与瑞士联邦国际合作与发展署启动双边合作项目《气候变化应对法》（社科院建议稿），2012年4月，该建议稿全文正式公布，建议稿分十章，包括总则，气候变化应对的职责、权利和义务，气候变化的减缓措施，气候变化的适应措施，气候变化应对的保障措施，气候变化应对的监督管理，气候变化应对的宣传教育和社会参与，气候变化应对的国际合作、法律责任和附则。更值得一提的是，2013年11月我国首部《国家适应气候变化战略》（发改气候〔2013〕2252号）出台，正式提出我国适应气候变化的各项原则和指导方针，并在2022年5月进一步出台《国家适应气候变化战略2035》，明确提出了指导思想、基本原则和主要目标，系统阐释了加强气候变化监测预警和风险管理，提升自然生态系统适应气候变化能力，强化经济社会系统适应气候变化能力，构建适应气候变化区域格局，战略实施等气候变化适应内容。此外，从2008年起我国开始发布《中国应对气候变化的政策与行动》白皮书，2022年发布的《中国应对气候变化的政策与行动2022年度报告》作出了我国应对气候变化的新部署，即积极减缓气候变化、主动适应气候变化、完善政策体系和支撑保障、积极参与应对气候变化全球治理，并进一步阐明关于《联合国气候变化框架公约》第27次缔约方大会的基本立场和主张。❶

"双碳"目标的确立为我国提出了艰巨而紧迫的立法任务。由于气候变化具有全球性的特点，因此，我国未来气候变化立法领域在关注国内监管空间和已有立法的同时，还应注意其国际面向的监管空间和衔接。气候变化法律具有复杂性、综合性、系统性和动态性的特点，国际上还没有通

---

❶ 生态环境部：《中国应对气候变化的政策与行动2022年度报告》，https://www.mee.gov.cn/ywgz/ydqhbh/syqhbh/2210/W020221027551216559294.pdf，访问日期：2023年4月19日。

过一部气候变化法即可解决全部碳排放问题的成功先例。气候变化法律监管空间宏大,涉及领域和问题复杂多样,所涉及的领域和问题都与应对气候变化有直接或间接的关联。这决定了气候变化立法包含以实现气候政策目标为主要目的的直接立法和对气候目标实现具有支持、阻碍影响的间接立法两种类型。❶结合《中国应对气候变化的政策与行动2022年度报告》提出的实施策略来看,直接立法应当包括气候变化减缓制度和气候变化适应制度,间接立法应当是以气候投融资为抓手,统合各领域为吸纳气候资金而服务的气候投融资立法,形成融合多元的气候投融资制度。以下将对气候变化减缓制度、气候变化适应制度和气候投融资制度进行梳理。

(二)制度梳理

1. 气候变化减缓制度

所谓气候变化减缓制度,就是通过适当的制度安排,有效控制人类的温室气体排放,使全球气候变暖的速度变慢、程度减轻。减缓是人类社会应对气候变化所能采取的最为有效的、最积极的行动方式,也是当前为人们所普遍接受的一种应对方式。在已有的国际国外立法中,减缓的内容占据了主要的篇幅。我国已经出台的气候变化相关立法中,重点也是放在减缓方面。目前,我国减缓性制度框架体系已初步形成,主要包括以下几个方面的制度。

一是围绕节能减排目标所进行的制度安排。我国"十一五"规划就提出了单位国内生产总值能源消耗降低20%、主要污染物排放总量减少10%的具体约束性指标,围绕这一指标,国家和地方已制定一系列法律、法规和规章,如《国务院关于印发节能减排综合性工作方案的通知》(国发〔2007〕15号)、《国务院办公厅关于印发2009年节能减排工作安排的通知》(国办发〔2009〕48号)、《国务院批转节能减排统计监测及考核实施方案

---

❶ 余耀军:《"双碳"目标下中国气候变化立法的双阶体系构造》,《中国人口·资源与环境》2022年第1期,第89页。

和办法的通知》（国发〔2007〕36号）等。这些法律、法规、规章将我国节能减排的具体目标用立法的形式加以确认，并规定相应的统计监测及考核方式，保障其实现。

二是制定和完善节约能源领域的法律、法规和规章。近些年来，我国在节能立法方面步伐很快，制定修改了一大批法律、法规和规章，节能立法是我国目前气候变化减缓制度中最为完善的一个领域。其中，主要立法包括《节约能源法》、《国务院关于加强节能工作的决定》（国发〔2006〕28号）、《民用建筑节能条例》（国务院令第530号）、《公共机构节能条例》（国务院令第676号）、《国务院办公厅关于深入开展全民节能行动的通知》（国办发〔2008〕106号）等。值得一提的是，根据形势发展需要，经过几次修改，《节约能源法》将我国节能立法调整范围由过去的以工业节能为主，扩大到工业节能、建筑节能、交通节能、公共机构节能等多个领域，健全了节能管理制度和标准体系，完善了促进节能的经济政策，明确了节能管理和监督主体，并强化了法律责任。

三是调整产业结构的制度安排。我国为解决发展过程中出现的高排放、高污染问题，"十一五"时期就明确提出调整产业结构、转变发展方式的要求，并围绕产业结构调整，进行了相应立法。目前相关立法主要有《国务院关于发布实施〈促进产业结构调整暂行规定〉的决定》《国务院关于加快发展服务业的若干意见》《国务院办公厅关于加快发展服务业若干政策措施的实施意见》等。"十四五"时期乃至未来，我国将围绕高质量发展，进一步出台更多的调整产业结构的相关规定，以满足产业结构调整的制度需求。

四是可再生能源的制度安排。所谓可再生能源是指风能、太阳能、水能、生物质能、地热能、海洋能等非化石能源。大力发展可再生能源可以有效地解决因使用化石能源所产生的排放与污染问题。我国在2005年制定了《可再生能源法》，2009年又对该法进行了修改。有关部门根据该法的规定，还进行了配套立法，如国家发展和改革委员会的《可再生能源发电有关管理规定》（发改能源〔2006〕13号）、《可再生能源发电价格和费用分摊管理试行办法》(发改价格〔2006〕7号)等,财政部的《风力发电设备产业化专项资金管理暂行办法》(财建〔2008〕476号)、《太阳能光电建筑应用财政补助资金管理暂行办法》(财建〔2009〕129号)等。

五是循环经济的制度安排。所谓循环经济是指在生产、流通和消费等过程中进行的减量化、再利用、资源化活动的总称。我国在2008年制定了《循环经济促进法》,并于2018年修正。此前,国务院为发展循环经济已经出台了《国务院关于加快发展循环经济的若干意见》(国发〔2005〕22号)、《废弃电器电子产品回收处理管理条例》等文件。国家有关部委就发展循环经济也出台了相应规章,如原建设部的《城市生活垃圾管理办法》等。

六是清洁生产的制度安排。所谓清洁生产是指不断采取改进设计、使用清洁的能源和原料、采用先进的工艺技术与设备、改善管理、综合利用等措施,从源头削减污染,提高资源利用效率,减少或者避免生产、服务和产品使用过程中污染物的产生和排放,以减轻或者消除对人类健康和环境的危害。我国在2002年制定了《中华人民共和国清洁生产促进法》(以下简称《清洁生产促进法》),并于2012年修正。

应当说,我国的气候变化减缓制度已初具规模且相对完善。当前,气候变化减缓制度存在的最主要问题是减排机制问题。我国现行的减排机制是一种自上而下的、主要靠政府发动的机制。由中央政府给出约束性指标,再层层分解,并由各级政府监督实施。这种自上而下的机制,是传统的单向度政府管制方式的延续。其优点是易于发动且便于管理,缺点则是缺乏激励性与能动性。节能减排义务主体被动地按照政府的要求去节能减排,仿佛是在为政府做事,主动性与积极性不足,这样势必影响节能减排的效率与效果。且上述气候变化减缓的制度安排,大多已经与碳达峰、碳中和的目标和要求不相符合,亟待修订完善,以契合"双碳"目标的要求,从能耗双控向碳排放总量和强度双控转变。因此,在今后的气候变化减缓制度安排中,应当将公众参与原则作为一项基本原则,同时引入市场机制,包括但不限于碳市场、碳金融、碳税等,运用这些市场手段促进减排工作，最终形成一种自下而上的减排机制。❶ 从国外实践来看，企业是重要的减排主体，应当承担相应的减排义务，企业由于未履行应当负有的减排义务，应当承担相应责任，下文的环保组织地球之友等诉荷兰皇家壳牌公司案便是实例，值得深入分析研究。

【案例 3-2】

企业因应对气候变化不力被追责：
环保组织地球之友等诉荷兰皇家壳牌公司案 *

【基本案情】

按营业收入计，荷兰皇家壳牌公司（以下简称壳牌公司）是欧洲最大的石油和天然气企业，其业务遍布 70 多个国家和地区。壳牌公司在公司治理报告中为气候治理设定了 45%—35%—25% 的减排要求，壳牌公司后续启动的能源勘探计划实际导致各项减排目标不可能实现。2019 年 4 月，环保组织地球之友联合其他六个非政府组织和 17 000 多名荷兰公民起诉了这家石油巨头，称壳牌公司加剧了气候变化，违反了荷兰法律规定的注意义务和企业的人权保护义务。2021 年 5 月，法院作出判决，要求壳牌公司到 2030 年底，将集团的全产业链口径二氧化碳年排放量应相比 2019 年排放水平下降 45%。

2022 年 3 月，壳牌公司不服提出上诉，法院宣布当下判决可以得到执行，这意味着即使在案件上诉期间，壳牌公司也必须履行其减排义务。

---

❶ 张梓太：《中国气候变化应对法框架体系初探》，《南京大学学报（哲学·人文科学·社会科学版）》2010 年第 5 期，第 40–41 页。

* Climate Earth：《应对气候变化十佳诉讼案例》，https://www.clientearth.cn/media/1nydjzws/%E5%BA%94%E5%AF%B9%E6%B0%94%E5%80%99%E5%8F%98%E5%8C%96%E5%8D%81%E4%BD%B3%E8%AF%89%E8%AE%BC%E6%A1%88%E4%BE%8B_clientearth_compressed.pdf，访问日期：2023 年 4 月 19 日。

【法律分析】

荷兰法院分析认为，壳牌公司目前的政策倾向和目标在长期（2050年前）范围内是"相当不具体、不明确和没有约束力的"，壳牌公司新的勘探计划投资与未来要实现的减排目标不符。就壳牌公司的减排义务的范围，"年总排放量应相比2019年排放水平下降45%"的减排义务是指覆盖壳牌公司业务全产业链的碳排放，即包括壳牌公司自身排放和产业链上下游第三方主体的间接排放，后者如消费者使用壳牌公司生产产品产生的排放。就该减排义务的实现方式，壳牌公司可以自行制定和调整其政策，以其认为的最佳方式来实现减排义务，包括利用碳捕集和封存技术以及其他碳抵销方式来实现减排。此外，本案还涉及环境、社会与公司治理的法律化，可以尝试结合公司社会责任与气候责任的关系进行分析解读。

【典型意义】

这一具有里程碑意义的裁决开创了企业可因气候变化应对不力而被追责的先河，要求企业必须为了实现全球气候目标而减排。本案或已开启气候诉讼的新时代，将推动更多针对企业排放的气候诉讼。其实，早在2003年，美国环保局就曾作出两项决定，拒绝了要求其监管机动车温室气体排放的请求：(1)根据《清洁空气法》，环保局无权出于应对气候变化的目的，监管二氧化碳和其他温室气体，温室气体不能被视作《清洁空气法》中定义的"大气污染物"；(2)环保局认为制定机动车温室气体排放标准是不合适的。2005年，美国哥伦比亚特区巡回上诉法院支持了环保局的决定。2006年，最高法院批准了复审令，并于2007年推翻上诉庭的判决，并发回下级法院重审。终审判决涉及的主要争议点有三：(1)原告的主体资格；(2)《清洁空气法》授权环保局将温室气体作为"大气污染物"来监管；(3)环保局不能拒绝出台机动车排放标准。这些争议点对于分析本案也有启示意义。

2.气候变化适应制度

气候变化及其引起的干旱、暴雨、暴风雪等极端气候事件的增加正在改变人类的生存环境，其速度已经超出自然适应能力所及的范围。除减缓气候变化进程的全球协作外，将适应作为一种生存和发展战略加以强调，具有重要的现实意义。尤其对于经济和社会系统相对脆弱的发展中国家而言，在不断膨胀的气候灾害风险面前，气候问题将首先是适应问题。应该看到气候变化的进程已经展开并仍将持续下去，适应将是一种长远的努力，有必要纳入环境和经济社会发展的战略规划和以法律为核心的实施体系。世界环境与发展委员会发布的《我们共同的未来》指出："国家法和国际法往往落后于事态的发展。今天，环境保护步伐迅速加快，保护范围日益扩大，这些对发展的影响将法律制度远远地抛在后面。人类的法律必须重新制定，以使人类的活动与自然界的永恒的普遍规律相协调。"❶ 基于气候立法维度，从国际到国内，从"上游"（减缓）到"下游"（适应），法律制度正在经历这样的一个更新过程。以适应气候变化为主题的适应性立法就是要在（人为或者自然）气候变化影响中反思关于适应的规定性存在，并将其转化为人的行为规范。❷

目前，以《联合国气候变化框架公约》为最基本的法律依据，在国际气候法律和政策体系的指导下，我国印发《国家适应气候变化战略2035》（环气候〔2022〕41号）（以下简称《2035适应战略》），基本形成了以适应性基本战略为指引，以适应性资金机制为核心，以适应性评价机制为辅助的制度框架。❸

首先，《2035适应战略》将适应作为其基本政策目标之一。减缓行动本身就是为了更好、更便利地适应气候环境。"足以使生态能够自然地适应气候变化、确保粮食生产免受威胁并使经济发展能够可持续地进行"是减缓的制度目标和评价标准，这也是减缓与适应相辅相成、相得益彰的表现。

---

❶ United Nations: "Report of the World Commission on Environment and Development: Our Common Future", 1987.

❷ 张梓太：《论气候变化立法之演进——适应性立法之视角》，《中国地质大学学报（社会科学版）》2010年第1期，第70页。

❸ 生态环境部：《关于印发〈国家适应气候变化战略2035〉的通知》，http://www.gov.cn/zhengce/zhengceku/2022-06/14/content_5695555.htm，访问日期：2023年4月19日。

其次,《2035适应战略》确立了适应行动的资金机制,要求加强财政金融支撑。通过完善财政金融支持政策,构建有利于应对气候变化的财政政策体系。通过碳减排支持工具,引导银行、证券、保险、基金等商业性金融机构投资气候适应项目建设。加快研究制定转型金融标准,推动金融体系为应对气候变化目标作出系统性响应。

尽管我国已经启动适应战略,但是适应性立法目前还处于空白阶段,应当加快适应性立法框架体系研究,并制定和完善相关立法,尽早做好气候变化适应的制度安排。鉴于国家层面立法资源的高度稀缺,也鉴于现行的管理体制,我国在今后相当长的时期内,适应性立法应当以完善现行的立法为主,包括完善自然资源立法、产业立法、气候灾害预防和危机处理的防灾减灾立法、贫困和低收入人口的保障立法等内容。

3. 气候投融资制度

2020年10月,生态环境部等五部门联合发布《关于促进应对气候变化投融资的指导意见》(环气候〔2020〕57号)。《关于促进应对气候变化投融资的指导意见》明确气候投融资是指为实现国家自主贡献目标和低碳发展目标,引导和促进更多资金投向应对气候变化领域的投资和融资活动。《关于促进应对气候变化投融资的指导意见》设定了目标:到2022年,营造有利于气候投融资发展的政策环境,气候投融资相关标准建设有序推进,气候投融资地方试点启动并初见成效,气候投融资专业研究机构不断壮大,对外合作务实深入,资金、人才、技术等各类要素资源向气候投融资领域初步聚集。到2025年,促进应对气候变化政策与投资、金融、产业等各领域政策协同高效推进,气候投融资政策和标准体系逐步完善,基本形成气候投融资地方试点、综合示范、项目开发、机构响应、广泛参与的系统布局,引领构建具有国际影响力的气候投融资合作平台,投入资金规模明显增加。[1]但是,目前《关于促进应对气候变化投融资的指导意见》

---

[1] 佚名:《五部门印发〈关于促进应对气候变化投融资的指导意见〉》,https://sghexport.shobserver.com/html/baijiahao/2020/10/27/285820.html,访问日期:2023年4月19日。

的重心主要在明确气候投融资的定义及支持范围，而对具体如何进行气候投融资、资金流向如何管理等问题未作出明确规定。尤其是配套支持措施，如气候投融资项目评价、信息披露与报告核查体系尚未建立，从而无法对金融机构等开展气候投融资业务形成有效激励约束。❶ 为实现资金逐渐向气候投融资领域集聚，必须做好相应的制度安排。

气候投融资工作既是落实碳达峰、碳中和工作的具体抓手，也是践行习近平总书记"绿水青山就是金山银山"理念的重要工作举措。开展气候投融资试点应紧密围绕碳达峰、碳中和目标，改革创新、探索实践、积累经验，推动我国减污降碳协同增效和高质量发展。做好气候投融资试点，需要把握好五个坚持，即坚持目标导向、坚持因地制宜、坚持创新驱动、坚持突出重点、坚持协同推进；三个统一，即应对气候变化目标和任务与高质量发展的统一、金融创新和风险防范的统一、政策引导和市场主导的统一；一个观念，即全局观。❷ 具体来看，我国应当从以下几个方面发力：一是加快构建气候投融资的政策体系与协调机制，二是建立信息披露制度和风险管理体系，三是统筹推进气候投融资标准体系和筛选指标体系，四是建立多层次的绿色投资者体系，五是积极推动支持绿色低碳技术创新的政策和投资落地，六是发挥碳中和基金等绿色投资，推动绿色低碳转型的作用，七是完善气候投融资工具、出台双碳目标的激励及配套政策，八是积极开展碳市场金融创新实践，九是完善气候投融资试点与其他相关政策的协同配合，十是搭建气候投融资国际交流与合作平台。❸

总结来看，气候变化减缓制度和气候变化适应制度是应对气候变化的两翼，两者相辅相成，一体两面，是政府层面发力的重点，而气候投融资制度则是在政府市场"双轮驱动"的作用下，充分发挥市场机制的作用，

---

❶ 杜春泽：《气候投融资发展的国际经验及启示》，《福建金融》2022年第9期，第40页。

❷ 李高：《紧密围绕"双碳"目标开展气候投融资试点工作》，《环境保护》2022年第15期，第15页。

❸ 安国俊、陈泽南、梅德文：《"双碳"目标下气候投融资最优路径探讨》，《南方金融》2022年第2期，第3页。

将资金引导至气候变化应对领域，同时结合"双碳"目标的社会共识，以社会资本推动"双碳"战略实施的制度。从气候维度来看，尽管减缓气候变化是主基调，但是碳法律制度的适用范围远远不止减缓本身。

三、能源立法维度

从能源立法维度来看，党的二十大报告指出要积极稳妥推进碳达峰、碳中和。其中，能源安全是"稳妥"的关键，因此从能源角度拓展"双碳"领域的立法很关键。回顾历史，我国能源体制自建立之初便变动频繁，至今仍处于改革变革的状态，我国始终缺乏一部统摄整个能源领域的基本法，能源法（草案）数易其稿，始终未能通过，能源立法面临结构性困境，也自然滞后于"双碳"目标的要求，亟须结合"双碳"目标的要求制定和修改大量能源法律。梳理我国节能制度、合同能源管理制度、用能权交易制度，可以发现我国在推进能源立法的过程中有很多与绿色低碳发展相结合的有益实践，也积累了相应的经验，我们应当在能源立法过程中充分吸收这些经验，结合"双碳"目标的战略规划，以能源立法拓展"双碳"立法的外延和内涵。

（一）历史回顾

近年来，我国经济的平稳快速发展推动了能源生产和消费的持续增长，在全球气候变暖和低碳经济的大环境下，我国面临着来自国际的温室气体减排压力和国内能源供给不足的矛盾，所以进行有效的能源管理就显得至关重要。经过四十多年的发展，能源立法工作取得了较大进展，到目前为止，现行的能源法律有《中华人民共和国电力法》（以下简称《电力法》）、《中华人民共和国煤炭法》（以下简称《煤炭法》）、《节约能源法》、《可再生能源法》、《中华人民共和国石油天然气管道保护法》等五部，除此之外还有大量的行政法规、部门规章、地方性法规和地方政府规章，在其他相关立法中也有一些涉及能源开发利用以及能源环境问题的法律规定，比如《中华人民共和国矿产资源法》《中华人民共和国水法》《环境保护法》等。尽管我国有这些单行法律来规范各领域的能源管理与能源活动，但对于新时期多重的能源管理任务和能源发展要求而言，这些规定大多已经落后于实践，远不能满足现代能源管理的需要。

能源管理体制变动频繁是我国能源管理体制的特征之一。我国于1949年10月成立中央人民政府燃料工业部，1954年9月设置燃料工业部，1955年7月撤销燃料工业部，分别设立煤炭工业部、电力工业部和石油工业部。❶自此，我国的能源管理机构分分合合的大幕开始拉开，迄今为止我国能源管理体制经历了十几次变革，但仍处于不稳定状态，目前还在继续调整过程中。这种能源管理架构给能源规划与政策的延续性带来损耗，不利于从宏观上对能源进行整体的考虑和安排。管理职能分散是我国能源管理体制的另外一个特征。能源管理的各项管理职能分散在生态环境部、国家发展和改革委员会、商务部、国有资产监督管理委员会、科技部等部委，并且各个能源领域的分工又有所不同，而电力管理职责仍然较为分散，主要在国家发展和改革委员会（及其能源局）、财政部等部门之间分配。分散管理导致的结果是：政企不分、政出多门、多头执法，政策和法律的制定变成了部门利益的角力场。近年来也有学者指出，我国能源体制重构的关键是如何破除从高碳主导到低碳替代之间的体制障碍，尤其是政府主导、市场决定与多元共治之间的博弈，以及集中管理、分散管理和综合管理之间的抉择。❷但总体来说，能源管理体制还是在不断地向前发展，只是这种发展目前遇到了瓶颈。这个瓶颈涉及部门与行业利益问题，其解决与我国政治体制改革的进程不无关系，尤其是如何平衡不同时期政府与市场、政府相关主管部门、不同能源品种、各市场主体之间的责权利的法治化配置，如何从产权改革、经济激励、技术创新等层面为能源低碳转型

---

❶ 《关于撤销燃料工业部设立煤炭工业等部并修改中华人民共和国国务院组织法第二条第一款条文的决议》，《人民日报》1955年7月31日第2版，http://www.scopsr.gov.cn/zlzx/rdh/rdh1_4103/rdh12/201811/t20181121_329640.html，访问日期：2024年3月1日。

❷ 杨春桃：《论我国能源体制重构的关键问题及其法律实现》，《环境保护》2021年第9期。

提供制度化保障等，而这些问题是开展能源管理体制改革、推动能源立法所遇到的体制机制障碍。

能源管理体制变动频繁还有一点原因在于我国尚无统一的能源基本法。说起能源基本法的缺失，就不得不提及我国能源法的制定。进入21世纪以来，随着我国能源形势的日趋严峻，能源法律资源的不足也日益凸显，我国在加紧对原有能源单行立法修改和有针对性地制定新的能源单行法的同时，也开始了能源基本法即能源法的立法工作。能源法的研究起草工作从2006年初开始，2007年底即形成《能源法（征求意见稿）》，并通过新闻媒体和互联网等渠道公布，向社会各界广泛征集修改、完善的意见和建议，一时之间反响强烈。在法律起草阶段，尚未提交立法机关审议修改之前即向全社会公开征求意见，在我国尚属首次。其后，《能源法（送审稿）》在2008年底由国家发展和改革委员会报送到国务院，2020年4月国家发展和改革委员会、国家能源局再次就《能源法（征求意见稿）》向社会征求意见，这是我国能源立法取得的重大进展，直至2022年7月，国务院公开的2022年度立法工作计划显示，《能源法（草案）》被纳入16件拟提请全国人大常委会审议的法律案。从《能源法（征求意见稿）》的内容来看，一共分为11章，包含总则、能源战略和规划、能源开发与加工转换、能源供应与使用、能源市场、能源安全、科技进步、国际合作、监督管理、法律责任和附则。❶ 2024年公布的《能源法（草案）》共9章69条，主要包括总则、能源规划、能源开发利用、能源市场体系、能源储备和应急、能源科技创新、监督管理、法律责任、附则。

如何给能源法在法律体系中定位，针对该问题，"有人打过一个比方，如果说我们把立法和制定《能源法》比作种一棵树的话，我们现在不是在一个空地上种这棵树，如果在空地上种树我们就比较方便了，搁在什么问题，这个树多高多大都好办，我们现在是在一片树林里种树，把

---

❶ 国家能源局：《国家能源局关于〈中华人民共和国能源法（征求意见稿）〉公开征求意见的公告》，http://www.nea.gov.cn/2020-04/10/c_138963212.htm，访问日期：2023年4月19日。

它搁在那，和别的树枝权是不是相互搅在一起，甚至是相互影响，这都要考虑。"❶ 这个比方很形象，生动地反映出面对既有的能源单行立法，能源法在整个能源法律体系中如何进行定位这一基础性命题。这一命题包括能源法与其他单行立法效力高低关系以及内容上的衔接与协调两个方面的问题，由于目前在理论研究和立法实践上均未对上述问题形成一致看法，在很大程度上延缓了能源法出台的进程，导致我国能源基本法的欠缺仍将持续若干时间。❷

总结来看，目前我国尚缺乏一部统一的能源基本法，导致能源立法处于混乱无序的状态，内容有很多已经过时，难以与当前"双碳"目标的要求相适应，能源安全与经济安全、社会安全、环境安全、气候安全息息相关，如果不能很好地处理能源问题，破除能源转换的桎梏，必将影响"双碳"目标的有效实施。因此，有必要对我国当前的几项能源法律制度进行梳理分析，以寻求碳法律制度在能源立法维度的破解之策。

（二）制度梳理

1. 节能制度

"节能降碳增效行动"是国务院明确的"碳达峰十大行动"之一，节能是控制碳排放最直接的方式，也将伴随"双碳"目标始终，而节能的关键在于提高能源效率。节能制度是保障能源效率的关键制度，目前我国节能制度存在体制不畅、执法偏软、实效存疑等问题。2007年，我国对《节约能源法》进行了修订，之后又分别于2016年和2018年进行两次修正，其在结构和内容上都作了较大的调整，强化了政府在节能管理方面的职责，同时也对政府机构自身的节能工作作出了规定，还强化了不执行《节约能源法》应当承担的法律责任，法律的科学性和可操作性都有了较大提高。《节约能源法》第11条和第12条规定，国务院和县级以上地方各级

---

❶ 国务院法制办工交司处长在能源法研究会2009年会第二届一次理事会上的讲话。
❷ 张璐：《论我国能源法律体系的应然构建与完善发展》，《北京理工大学学报（社会科学版）》2011年第5期，第109页。

人民政府应当加强对节能工作的领导，部署、协调、监督、检查、推动节能工作。同时，县级以上人民政府管理节能工作的部门和有关部门应当在各自的职责范围内，加强对节能法律、法规和节能标准执行情况的监督检查，依法查处违法用能行为。

简政放权和精准施政如鸟之双翼，不可偏废。节能降碳在现阶段市场自身调节难度较大，对于经济外部性突出的问题，政府监管的作用不但不能减弱，反而必须予以重视并加强监管。在"双碳"目标下，伴随着能源领域节能市场化机制的发展和服务型政府的转变，节能制度将成为连接政府与市场的关键一环。节能制度要为能源提效提供制度环境，政府部门也必须提升自身的行政效率、执法效率，保障节能制度运行的独立、规范、有效、权威，进而可以为利益驱动机制提供接口，为能源提效提供市场激励。同时，节能制度也要保障信息公开，促进公众参与，引入多元包容的外部监督机制，降低制度的实施成本。❶未来，我国应当结合节能制度的新形势与新要求，进一步完善节能审查机制，提出增加碳排放评价、强化事中事后监管、完善工作机制和工作体系等具体建议，从而为保障实现全社会能源消费总量和强度"双控"目标和"双碳"目标提供有效支撑。❷

2. 合同能源管理制度

合同能源管理是《节约能源法》规定的一项能源节约制度，对促进能源效率的提升具有重要意义。依据《节约能源法》第66条，国家运用财税、价格等政策，支持推广电力需求侧管理、合同能源管理、节能自愿协议等节能办法。其中，合同能源管理是作为一种市场机制，对能源效率的提升有着重要的作用。2010年，国家发展和改革委员会、财政部联合印发了《合同能源管理财政奖励资金管理暂行办法》，该办法首次明确了合同能源管理的概念，称合同能源管理是指节能服务公司与用能单位以契约形

---

❶ 张璐、金宵羽：《"双碳"目标背景下节能监察制度研究》，《中国环境管理》2022年第5期，第20—21页。

❷ 闫金光、杨雷娟、杨方亮：《"双碳"目标下进一步完善节能审查制度的思考》，《中国煤炭》2021年第10期，第56页。

式约定节能目标，节能服务公司提供必要的服务，用能单位以节能效益支付节能服务公司投入并获取合理利润。节能服务公司是指提供用能状况诊断和节能项目设计、融资、改造、运行管理等服务的专业化公司。从经济学角度观之，产出和投入的比例决定了效率的高低。因此，能源效率提升可以从以下两个维度来理解：一是在保证相同产出的情况下减少能源的投入，二是在相同的能源投入下获得更多的产出。统计显示，合同能源管理的节能率一般在 10% ~ 40%，有些可达 50% 或以上。❶对于用能单位来说，能源效率的提高可致使相同产出下能量消耗的减少，即能源支出和产出成本的减少，从而有助于增加市场主体的竞争力，调动其参加节能减排工作的积极性。同时，碳排放量的交易又使企业增加了收益。对于节能服务公司而言，合同能源管理项目的开展可以促进企业积极创新，实现企业科学技术的优化升级，进而带动社会的创新能力和人才培养。❷

我国的合同能源管理起步相对较晚，总的来说，二十多年来长期的示范、引导和推广，已使节能服务产业迅速发展，专业化的节能服务公司不断增多，服务范围已扩展到工业、建筑、交通、公共机构等多个领域，相关从业人员也有大幅增长，对推动节能改造、减少能源消耗、增加社会就业发挥了积极作用。但与国际情况相比较，我国合同能源管理制度的发展仍然不足，合同能源管理模式的推进仍然面临现实障碍。目前，仍存在以下主要问题：（1）现有合同能源管理制度下投资成本高、融资不够通畅；（2）现有合同能源管理机制信用缺失、信用体系建设不完善；（3）现有合同能源管理机制第三方节能效益评估认证机制缺乏；（4）现有合同能源管理机制仍存在政府采购制度障碍。因此，我国合同能源管理制度在信用体系建设、融资平台建设、能效评估体制和政府采购制度等诸多方面仍存在

---

❶ 李英、曾宇：《合同能源管理法律与实践》，光明日报出版社，2011，第 2 页。

❷ 于文轩、宋丽容：《面向能效促进的合同能源管理制度之完善》，《地方立法研究》2019 年第 2 期，第 61 页。

改进空间。❶

3. 用能权交易制度

用能权及其交易制度是促进节能降耗、优化能源结构、完善能源市场建设、实现"双碳"目标的重要制度安排，其作用路径是利用市场机制进行资源的有效配置，通过能源消费市场的构建，实现能源消费总量和强度的"双控"。节能降耗是实现"双碳"目标的重要路径，❷但上述政策路径还需要与之匹配的制度构造才能加以转化，而用能权及其交易制度的构想则使这一转化进程成为可能。作为政策语言的"用能权"最早出现在2015年发布的《生态文明体制改革总体方案》中，而此后制定的"十三五"规划和"十四五"规划也均从政策语言的角度重申了对探索用能权市场化交易实践的支持。2016年，由国家发展和改革委员会发布的《用能权有偿使用和交易制度试点方案》（发改环资〔2016〕1659号）首次以规范性文件的形式部署了初始用能权确权、有偿使用和用能权交易工作，提出在浙江省、福建省、河南省、四川省开启用能权有偿使用和交易试点。除试点省份外，河北省等其他非试点省份也在尝试开展地方用能权交易。❸2021年，国家发展和改革委员会发布的《完善能源消费强度和总量双控制度方案》（发改环资〔2021〕1310号）再次提出要进一步完善用能权有偿使用和交易制度。上述文件中所提及的"用能权"究竟应该如何界定，其权利属性与权能应该如何理解，文件并未给出明确的解释。

从各试点地区在其用能权交易规则相关文件中所使用的用能权概念来看（如四川省、河南省、福建省将用能权定义为：在能源消费总量和强度"双控"的前提下，用能单位经核发或交易取得、允许其使用的综合能源消费量权益/权利），大多具有如下几项共同的特征：第一，用能权的初

---

❶ 赵爽、赵玲：《我国合同能源管理制度创新机制研究》，《中国环境管理干部学院学报》2012年第4期。

❷ 史作廷：《做好重点用能单位节能降碳工作》，《红旗文稿》2021年第10期。

❸ 周远：《〈河北省节约能源条例〉5月1日起施行，分领域推进全社会节能》，http://www.gov.cn/xinwen/2017-03/31/content_5182370.htm，访问日期：2023年4月19日。

始分配是在各地区能源消费总量控制目标的前提之下进行；第二，用能权的权利主体为用能单位，不包括自然人；第三，用能权具有通过科学测算加以确定的可能性与必要性，试点地区均制定了与能源消费数据相关的核查标准、计量方法与流程等技术规范和操作规范，以确保能源消费数据可测量、可核查；第四，用能权市场的交易标的是用能权指标；第五，用能权指标具有时效性，每年清算一次。根据以上特征可知，诞生于中国能源消费管理实践中的用能权可以界定为"在能源消费总量和强度控制的前提之下，用能单位经由一定条件取得的，在一定时间内允许使用一定能源消费量的权利"。概念与特征的明晰为"双碳"目标视域下用能权的设立奠定了理论基础，而据此继续探究用能权的性质、本质以及权利属性，则成为构建用能权有偿使用和交易秩序的制度前提。❶

用能权交易市场不同于传统的交易市场，不仅需要遵循一般的市场发展规律并受政府严格监管，更需要政府的构建与推动。总体而言，各试点省份根据自身情况积极推进用能权交易市场的建设和运行，相继出台了用能权交易的工作方案和管理规范，制定了用能权指标分配方案，建设了用能权交易公共服务平台，用能权交易一级市场已初步形成，二级市场也初现雏形。在试点阶段，用能权交易由于缺乏具有深度和广度的法律规制，导致各试点省份对具体问题的处理实践存在差异，而这些差异一定程度上影响着制度的统一构建和具体实效，具体表现为一级市场中指标初始分配的法律规制不足和二级市场中市场监管法律制度不健全。究其根源，主要还是在于理论认识上的不足。因此，对于用能权交易市场的构建，须始终将其置于合目的性审视与法律监督的理论框架之中。未来，应在完善用能权交易法律规范体系的过程中加强对一级市场和二级市场的法律规制。一级市场应着重加强对初始分配权行使模式的构建，在分配主体、接受主体和其他利益相关主体之间形成有效的分配共同体。二级市场则应重点加强

---

❶ 邓海峰、陈英达：《"双碳"目标视域下的用能权权利属性分析》，《中国人口·资源与环境》2022 年第 4 期，第 66–67 页。

市场监管法制建设,并从确保第三方审核机构的独立性与专业性、规范政府价格调控行为和综合运用多种惩戒手段三个方面,健全信息核查、价格调控和履约监管机制。❶

总体来说,用能权交易制度作为建设生态文明背景下作出的一项现实制度安排,需要法律与政策的共同规制以应对复杂多元的治理问题。在现代国家的法律规制实践中,公共政策大量涌现,政府对经济与社会的干预无处不在,具有价值引导和行为规范功能的公共政策已经全面渗入人们的社会生活,并不断地向法律渗透。各种政策工具的试验都是一种有益的尝试,都具有暂时正当性。而法律作为所有制度中最具反思能力的社会建制,具备增强各种社会制度相互反思、相互规训的能力,有能力承担起构建一个健康的用能权交易市场的重任。因此,应将用能权交易市场的构建纳入法治范围,在充分汲取公共政策的价值与养分以实现自我完善的同时,也为市场主体提供确定性和权威性的法律框架,约束政府权力和保护用能权主体权益,使用能权成为可排他、可确定、可交易的权利而走向市场,也让用能权交易制度能够成为碳法律制度运行的得力助手。从当前的实践来看,用能权交易已经大量开展,已经出现产能指标交易并用于产能置换的现象,下面案例3-3的相关内容值得深入研究分析。

【案例 3-3】

广西某矿业公司诉内蒙古某水泥公司合同纠纷案*

【基本案情】

2019年10月,内蒙古某水泥公司与广西某矿业公司等签订熟料产能

---

❶ 王文熹、傅丽:《我国用能权交易市场法律制度之完善》,《理论月刊》2020年第11期,第150页。

* 最高人民法院:《司法积极稳妥推进碳达峰碳中和典型案例》,https://www.court.gov.cn/zixun/xiangqing/389341.html,访问日期:2023年4月19日。

指标转让协议（以下简称转让协议一），约定内蒙古某水泥公司将两条水泥熟料生产线产能指标转让给广西某矿业公司，转让价为 90 元/吨，共计 1.24 亿余元。2019 年 11 月，内蒙古某水泥公司又与第三人广西某水泥公司签订熟料产能指标转让协议（以下简称转让协议二），约定内蒙古某水泥公司将案涉产能指标转让给广西某水泥公司，转让价为 118 元/吨，共计 1.63 亿余元。截至 2019 年 8 月，广西某水泥公司的母公司为案涉项目向广西壮族自治区来宾市兴宾区人民政府申请项目用地，并支付土地使用相关费用 1.42 亿元。三方法律关系如图 3-1 所示。对于内蒙古某水泥公司与广西某水泥公司的产能指标转让事宜，来宾市工业和信息化局作为转入地主管部门同意案涉水泥产能指标跨省进入该市；内蒙古自治区工业和信息化厅作为转出地行政主管部门，对该次产能指标转让进行了公示、公告。2020 年 1 月，广西某水泥公司按合同约定支付进度款 8142 万元。因内蒙古某水泥公司表示其不再履行案涉转让协议一，广西某矿业公司向人民法院诉请判令内蒙古某水泥公司继续履行该协议。

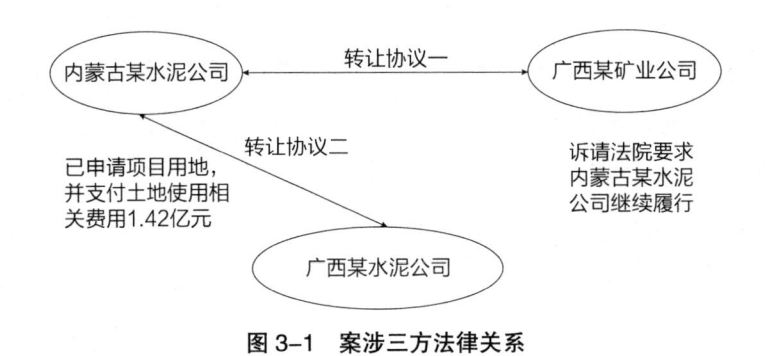

图 3-1 案涉三方法律关系

【裁判结果】

广西壮族自治区来宾市中级人民法院一审认为，内蒙古某水泥公司就转让案涉产能指标先后与广西某矿业公司、广西某水泥公司签订的两份协议均不违反法律法规的强制性规定，合法有效。但从协议的履行情况看，广西某水泥公司不仅按合同约定支付了相应转让款，内蒙古某水泥公司与广西某水泥公司的水泥产能置换也得到产能转入地、转出地行政主管部门的同意,且履行了公示、公告手续,双方已实际履行转让协议二。据此,内蒙古某水泥公司与广西某矿业公司所签订转让协议一已经无法继续履行,一审法院遂判决驳回广西某矿业公司的诉讼请求。广西某矿业公司不服,提起上诉。广西壮族自治区高级人民法院二审驳回上诉,维持原判。

【典型意义】

国务院印发的《2030年前碳达峰行动方案》(国发〔2021〕23号)(以下简称《碳达峰方案》)明确提出,严禁新增水泥熟料、平板玻璃产能,现有生产实行产能置换;优化产业结构,加快退出落后产能,有序推动高耗能行业向清洁能源优势地区集中,积极培育绿色发展动能。实践中,为落实产业结构调整目标,转出地、转入地行政主管部门通过审批、公示和公告等程序加强对产能置换的监管。本案中,人民法院尊重当事人意思自治,依法确认前后两份转让协议均为有效合同。同时,考虑到第二份转让合同的水泥产能置换已经实际履行完毕,第一份转让合同客观上已经无法履行,遂依法驳回第一份转让合同受让人关于继续履行合同的诉讼请求,依法保障产能置换政策有效实施,避免出现合同履行"僵局",体现了人民法院依法支持和维护产业政策,推动符合产能置换政策的合同全面履行的立场和态度,为建材等相关行业开展节能降碳改造,产业结构深度调整提供有力的司法服务。

四、降碳立法维度

从降碳立法维度来看,我国已经初步形成碳达峰、碳中和"1+N"政策框架,国务院接连出台一系列"双碳"领域的政策,并提出"碳达峰十大行动",然而"双碳"领域始终缺乏一部统领全局的"总法","双碳"立法的边界难以探寻。在立法框架尚未明确之前,要积极稳妥推进"双碳"行动,必须以市场机制为抓手,充分发挥碳市场的功能。在碳市场逐渐发展的基础上,我国应当适时梳理过去的低碳立法,以"双碳"目标的最新要求制定和修改各项低碳立法,从低碳能源立法、低碳消费立法、低碳金融立法和低碳城市立法四个方面展开。我国还应当注意加强碳汇立法，呼应增强碳汇能力行动，在加强林业碳汇立法的同时，也不能忽视海洋碳汇这一广阔的领域，积极探索林业碳汇立法和海洋碳汇立法双向发力，以碳汇立法保障"双碳"目标如期实现。

（一）碳达峰碳中和政策框架

目前，我国碳达峰、碳中和"1+N"政策体系已基本建立，各领域重点工作有序推进，碳达峰、碳中和工作取得良好开局。当前，我国生态文明建设已经进入以降碳为重点战略方向、推动减污降碳协同增效、促进经济社会发展全面绿色转型、实现生态环境质量改善由量变到质变的关键时期。中共中央、国务院出台《中共中央 国务院关于完整准确全面贯彻新发展理念做好碳达峰碳中和工作的意见》（以下简称《"双碳"意见》），国务院印发《碳达峰方案》，各有关部门制定了分领域分行业实施方案和支撑保障政策，各省（区、市）也都制定了本地区碳达峰实施方案，可见，碳达峰、碳中和"1+N"政策体系已经建立。具体来看，目前《"双碳"意见》对实现碳达峰、碳中和设定了具体的分解目标，即2025年绿色低碳循环发展的经济体系初步形成、2030年经济社会发展全面绿色转型取得显著成效和2060年绿色低碳循环发展的经济体系和清洁低碳安全高效的能源体系全面建立。❶《碳达峰方案》进一步将碳达峰目标分解为"十四五"期间产业结构和能源结构调整优化取得明显进展和"十五五"期间产业结构调整取得重大进展，并提出"碳达峰十大行动"，涵盖能源绿色低碳转型行动、节能降碳增效行动、工业领域碳达峰行动、城乡建设碳达峰行动、交通运输绿色低碳行动、循环经济助力降碳行动、绿色低碳科技创新行动、碳汇能力巩固提升行动、全民绿色低碳行动和各地区梯次有序碳达峰行动

---

❶ 新华社：《中共中央 国务院关于完整准确全面贯彻新发展理念做好碳达峰碳中和工作的意见》，http://www.gov.cn/zhengce/2021-10/24/content_5644613.htm，访问日期：2023年4月19日。

十个方面,将碳达峰贯穿于经济社会发展全过程和各方面。❶尽管国务院发布的政策文件提出了多项政策行动计划和多层次多维度的方案,但是缺乏统一的规范引领,仍较为繁杂。在缺少一部"双碳总法"的引领、推动和保障的情况下,政府部门不仅无法把握实施脉络,市场主体也难以获得稳定的预期。因此,须通过一部"双碳"专门立法进一步明确"双碳"的基本政策、方针和具体制度,实现2030年前碳达峰和2060年前碳中和。❷但是,由于"双碳"领域的边界并没有那么清晰,立法并不容易。正如前述环境立法维度、气候立法维度、能源立法维度的分析,"双碳"立法涉及多领域多方面,利益主体多元,利益内容复杂,绝不能仅由政府发力,必须充分发挥市场的作用。❸因此,中国碳市场的作用至关重要,只有通过市场手段的不断探索,才能逐渐明晰"双碳"领域的范围,在各项"双碳"制度先行先试的基础上,逐渐形成总揽全局、统合各方的制度框架。

中国已初步形成符合本土国情、切合本土实际、具有一定特色的碳市场,从制度形式到制度内容逐渐构建了符合实际的碳交易制度框架,培育了多层次、多主体的碳交易市场结构,取得了低成本降碳的实施效果。❹中国推动全国碳市场于2021年7月16日正式启动上线交易,是全球覆盖排放量规模最大的碳市场。全国碳市场第一个履约周期累计运行114个交易日,碳排放配额累计成交量1.79亿吨,累计成交额76.61亿元,配额履约完成率为99.5%。2021年12月31日收盘价54.22元/吨,较7月16日首日开盘价上涨13%,市场运行健康有序,交易价格稳中有升。地方试点碳市场运行平稳,北京、天津、上海、重庆、广东、湖北和深圳7省(市)碳市场试点共覆盖电力、钢铁、水泥等20余个行业近3000家重点排放单

---

❶ 国务院:《国务院关于印发2030年前碳达峰行动方案的通知》,http://www.gov.cn/zhengce/content/2021-10/26/content_5644984.htm,访问日期:2023年4月19日。

❷ 张梓太、张叶东:《实现"双碳"目标的立法维度研究》,《南京工业大学学报(社会科学版)》2022年第4期,第16页。

❸ 苗藩:《李俊峰:碳中和没有边界,立法不易》,《能源》2022年第9期。

❹ 宾晖、张叶东:《关于中国碳市场建设和发展的若干思考》,《环境保护》2022年第22期,第11页。

位，截至 2022 年 7 月 8 日，试点碳市场配额累计成交量 5.37 亿吨，成交额 136.76 亿元。同时，我国还构建了由部门规章、规范性文件、技术规范等组成的全国碳市场制度体系，2021 年 2 月 1 日起施行《碳排放权交易管理办法（试行）》，建立了碳排放权登记、交易、结算、企业温室气体排放核算报告核查等配套制度，加快修订《温室气体自愿减排交易暂行办法》及相关配套技术规范，对全国碳市场运行的各个环节和相关方权责进行相应规定，为全国碳市场的建设、运行和监管提供依据。组织专门力量开展发电行业控排企业碳排放报告质量专项监督帮扶，严查、严控、严罚弄虚作假行为。❶

（二）低碳立法

绿色低碳发展是中国的必然发展道路。党的二十大报告指出，我们要加快发展方式绿色转型，实施全面节约战略，发展绿色低碳产业，倡导绿色消费，推动形成绿色低碳的生产方式和生活方式。❷ 由此可知，绿色低碳发展是一个综合性的系统工程，我国已在多方面着手推进，其中之一就是加强低碳立法。低碳立法的典型便是《清洁生产促进法》和《循环经济促进法》。我国于 2002 年 6 月颁布《清洁生产促进法》，并于 2008 年 8 月通过《循环经济促进法》。《清洁生产促进法》与《循环经济促进法》的出台与实施，对于从节能减排、提高资源能源利用效率、大力发展新能源和可再生能源方面来促进低碳发展具有突出的作用。《清洁生产促进法》规定淘汰生产过程中落后产能和产品，将生产过程清洁化和低碳化。《循环经济促进法》通过资源利用减量化、再利用、资源化，促进建立"经济–社会–自然"三维同步发展的循环型社会，❸ 这也从源头和生产过程中

---

❶ 生态环境部：《中国应对气候变化的政策与行动 2022 年度报告》，https://www.mee.gov.cn/ywgz/ydqhbh/syqhbh/202210/W020221027551216559294.pdf，访问日期：2023 年 4 月 19 日。

❷ 新华社：《习近平：高举中国特色社会主义伟大旗帜 为全面建设社会主义现代化国家而团结奋斗——在中国共产党第二十次全国代表大会上的报告》，http://www.gov.cn/xinwen/2022-10/25/content_5721685.htm，访问日期：2023 年 4 月 19 日。

❸ 朱伯玉：《循环经济法制论》，人民出版社，2007，第 5 页。

减少了温室气体排放。然而,仅有这两部低碳立法并不能满足碳达峰、碳中和的实施要求,且地方层面的低碳立法实践也仍然较少,亟待加强低碳立法的进程。❶

从本质上看,低碳立法的目的是促进各类产品、技术和生产生活方式朝着温室气体排放更少、能源利用效率更高的方向发展,是实现温室气体来源控制更为根本的路径。低碳立法包含低碳能源立法、低碳消费立法、低碳金融立法和低碳城市立法四个方面。

(1)低碳能源立法。实现低碳能源、可再生能源对旧有化石能源的替代,是有效减缓气候变化的最根本路径。在当前的技术和经济发展阶段,低碳能源无法在市场中自行取得优势地位,原因主要是其气候正外部性和旧有化石能源的负外部性无法直接反映在交易活动中。这一原因抬高了低碳能源的价格,削弱了相关技术创新的动力。于是,低碳能源立法的基本思路是通过法律制度的途径,采用各种方式矫正这一市场失灵。

(2)低碳消费立法。低碳消费立法包括阶梯价格及税收制度,商品的碳标签、标识制度等一系列旨在倡导、推行低碳生活方式的制度工具。其一,阶梯价格制度既能够保障公民的基本需求,也能够通过经济方法对基本需求以外的奢侈需求进行规制和调控,这一制度很好地兼顾了社会公平和资源节约的双重政策目标。对属于国家定价或指导价的产品,直接进行价格规制,对纯粹市场定价的商品,则通过税收制度来形成阶梯价格制度。其二,碳标签、标识是把产品生命周期从原料、制造、储运、废弃到回收的全过程的温室气体排放量(碳足迹)在产品标签上用量化的指数标示出来,以标签的形式告知消费者产品的碳信息。完整的碳标签、标识制度包括完善的、系统性的碳足迹测算标准体系、碳标签、标识的认证程序、使用和监管的机制,碳标签、标识使用的财政、税收和其他激励机制。❷

(3)低碳金融立法。碳金融实际上是指在低碳经济背景下,旨在减少

---

❶ 朱伯玉:《中国低碳发展立法现状、问题与对策》,《泰山学院学报》2017年第5期。

❷ 徐以祥、刘继琛:《论碳达峰碳中和的法律制度构建》,《中国地质大学学报(社会科学版)》2022年第3期,第26页。

温室气体排放从而应对气候变化的市场机制和金融方法的统称，包括银行"绿色信贷"、低碳项目直接投融资、温室气体排放权及衍生品的创制和交易、相关金融中介服务等金融制度安排和金融交易活动。碳金融立法应当首先从顶层设计入手，在制定司法解释的基础上，促进碳金融交易，推动商事修法，并完善环境司法与碳金融司法的联动机制。[1]

（4）低碳城市立法。所谓低碳城市就是通过在城市发展低碳经济、创新低碳技术、改变生活方式，最大限度地减少城市的温室气体排放，彻底摆脱以往大量生产、大量消费和大量废弃的社会经济运行模式，形成结构优化、循环利用、节能高效的经济体系，从而形成健康、节约、低碳的生活方式和消费模式，最终实现城市的清洁发展、高效发展、低碳发展和可持续发展。[2]在各地纷纷提出建设低碳城市的同时，也出现了一些乱象，包括建设目标不切实际、建设方法和手段缺乏科学性等。若不从制度层面加以规范，我国的低碳城市建设很难向纵深推进。因此，我国的低碳城市建设，要以有序、有效、规范的方式推进，尽快出台低碳城市立法，以公众参与、发展、特色、创新、激励为基本原则，对低碳城市的规划、标准以及企业碳信息披露、碳金融和碳交易、低碳社区等重点制度作出规定。我国低碳城市的立法模式应当采取中央统一立法与城市特色立法相结合的方式，以中央立法为辅，地方立法为主。[3]

低碳发展的过程中不可避免地伴随着争议，下面以小股东利用公司法挑战化石燃料项目的经典案例进行深入剖析，找到低碳与发展之间的联结点。

---

[1] 张叶东：《"双碳"目标背景下碳金融制度建设：现状、问题与建议》，《南方金融》2021年第11期。

[2] 付允、汪云林、李丁：《低碳城市的发展路径研究》，《科学对社会的影响》2008年第2期，第6页。

[3] 张梓太：《气候变化背景下我国低碳城市立法初论》，《鄱阳湖学刊》2010年第4期，第43页。

【案例 3-4】

小股东利用公司法挑战化石燃料项目：
波兰克莱恩斯欧洲环保协会诉 Enea 公司案[*]

【基本案情】

2018 年 10 月，非营利性环境法慈善组织克莱恩斯欧洲环保协会（以下简称欧洲环保协会）起诉了一家波兰能源公司埃内亚（Enea），反对其新建燃煤电厂。作为埃内亚的小股东，欧洲环保协会起诉要求撤销股东会批准建造奥斯特罗尔卡 C（Ostroteka C）燃煤电厂的决议，认为项目毫无疑问将给股东带来财务风险，因为没有适当考虑到气候变化。本案起诉依据为《波兰商业公司法》。

奥斯特罗尔卡 C 是拟建于波兰东北部的一个装机容量为 1000 兆瓦煤电厂，属于波兰国有能源公司埃内亚和埃能加（Energa）的合资项目，这两家公司都在华沙证券交易所上市。该煤电厂计划于 2023 年投入使用，建成后预计每年将排放 600 万吨二氧化碳。

本案的争点在于，在没有考虑气候相关的金融风险的情况下，就贸然同意建造煤电厂的决议是否违反了董事会成员开展尽职调查和为公司及其股东最佳利益行事的信义义务。欧洲环保协会认为该项目将损害公司和股东的利益，因为项目的盈利性难以保证，而且融资结构存在很大风险。

法院最终判定欧洲环保协会胜诉。2019 年 8 月 1 日，法院裁定批准项目动工的决议无效。埃内亚不服，提起上诉后被驳回。最终，在 2020 年年中，埃能加和埃内亚宣布出于资金原因停止对项目的投资和建设。

---

[*] Climate Earth：《应对气候变化十佳诉讼案例》，https://www.clientearth.cn/media/1nydjzws/%E5%BA%94%E5%AF%B9%E6%B0%94%E5%80%99%E5%8F%98%E5%8C%96%E5%8D%81%E4%BD%B3%E8%AF%89%E8%AE%BC%E6%A1%88%E4%BE%8B_clientearth_compressed.pdf，访问日期：2023 年 4 月 19 日。

【法律分析】

奥斯特罗尔卡C煤电厂早在决议通过之前，就已获得所有必要的环境和法律许可。因此，挑战开工许可的决议是叫停该项目的最后机会。2018年8月30日，欧洲环保协会购买了埃内亚的少量股票，出席了埃内亚的特别股东大会，投票反对项目动工决议，并将反对意见载入会议记录。根据《波兰商业公司法》第422条第2款规定，股东投票反对决议并在决议通过后要求将其反对意见记录在案的，有权提起诉讼，要求废除大会决议。由此，欧洲环保协会获得了原告主体资格。

两个月后，欧洲环保协会向波兹南地区法院提起诉讼，要求判决该决议无效。欧洲环保协会声称，该决议违反了董事会成员开展尽职调查并以其股东的最佳利益行事的信义义务，理由如下：（1）该决议可能损害公司及其股东的利益；（2）奥斯特罗尔卡C项目无法盈利；（3）参与容量市场拍卖有风险；（4）融资结构有风险；（5）决议有悖于"良好的做法"。

【典型意义】

本案是首个在应对气候变化的大背景下，由社会组织提起的股东之诉，也是首个以未适当考虑气候相关的财务风险为由，对公司决策提出法律挑战。本案的胜利反映了在气候变化的背景下，针对化石燃料私人投资提起的诉讼有日益增长的趋势，也给公司董事会和金融部门敲响了警钟，要求其加强对气候相关金融风险和机会的理解与管理。

（三）碳汇立法

从"双碳"目标实现方式上来看，目前主要包括降碳与增汇两种手段。降碳是以减量的方式控制二氧化碳浓度，其结果具有不可预测性，但是增汇却可以实实在在地提高固碳能力，为"双碳"目标的实现提前储备碳空间。碳汇交易是将能够产生碳汇的生态产品通过碳信用转换为温室气体排放权，以获得生态补偿的市场化手段。通过碳汇交易能够实现生态保护行为的货币化激励，并保障减排行为能够始终发生在边际效益最大的区域。❶因此，碳汇的制度设计对我国"双碳"目标的实现至关重要。碳汇系以增强自然的吸碳与固碳功能为手段，从而实现中国在《巴黎协定》中所承诺的"双碳"目标的有效方式。❷国务院出台的《碳达峰方案》中明确碳汇能力巩固提升行动是"碳达峰十大行动"之一。这一方案要求我国未来应当不断巩固生态系统碳汇能力，并不断提升生态系统碳汇增量。但是碳汇立法尚付阙如，过去我们一直过多关注林业碳汇的立法，却忽视了海洋这一广阔的固碳空间，因此下面将从林业碳汇立法和海洋碳汇立法两个方面阐述我国碳汇立法的内容。

1. 林业碳汇立法

林业碳汇是指利用森林的储碳功能，通过实施造林再造林和加强森林经营管理、减少毁林、保护和恢复森林植被等活动，吸收和固定大气中的二氧化碳，并按照相关规则与碳交易进行结合的过程、活动或机制。❸2019年修订、2020年施行的《中华人民共和国森林法》（以下简称《森林法》）以及《关于在破坏森林资源案件中开展生态环境修复 生态环境损害赔偿认购林业碳汇的意见（试行）》（黔林发〔2023〕7号）开始逐步构建，将森林碳汇法律制度纳入。最高人民法院发布《最高人民法院关于审理森林资源民事纠纷案件适用法律若干问题的解释》（法释〔2022〕16号）（以下简称《森林资源民事案件司法解释》），规定人民法院可以依法准许当事人以认购经核证的林业碳汇的方式替代履行森林生态环境损害赔偿责任。

---

❶ 赵云、乔岳、张立伟:《海洋碳汇发展机制与交易模式探索》,《中国科学院院刊》2021年第3期,第292页。

❷ 白洋、王晓涵:《我国自然保护地碳汇功能实现路径及其法律制度之完善》,《知与行》2021年第6期,第51页。

❸ 在自然科学领域,"汇"是与"源"相对的概念。在一个系统中,物质或信息流动是动态的过程,其中,产生流的系统称为"源",接受流的系统称为"汇"。基于这种逻辑,在森林系统和大气系统之间,如果森林中的物质流到大气中,则把森林称为大气中这种物质的"源",反之,则把森林称为"汇"。当森林生态系统吸收大气中二氧化碳所固定的碳量大于向大气排放的碳量时,该森林系统就成为大气二氧化碳的汇,即森林碳汇。无论"森林碳源"还是"森林碳汇"都属于自然科学范畴,而《联合国气候变化框架公约》所界定的是与人类活动相关的"碳汇"与"林业碳汇"。参见龙江英、吴乔明:《气候变化下的林业碳汇与石漠化治理——贵州清洁发展机制碳汇造林项目的实践与探索》,西南交通大学出版社,2011,第101页。

国家发展和改革委员会 2015 年 9 月起草的《应对气候变化法（初稿）》也将森林碳汇作为应对气候变化的重要措施。❶ 虽然目前我国已经开始森林碳汇交易的实践，但仍然面临森林碳汇立法的权威性不足、碳汇项目数量与数额远低预期、主管部门话语权有限等问题。因此，我国森林碳汇亟须加强顶层设计，立法工作亟待开展。

在《森林法》和《森林资源民事案件司法解释》的基础上，我国应当进一步加强林业碳汇立法。森林碳汇功能是指森林植物通过光合作用将大气中的二氧化碳吸收并固定在植被与土壤中，从而减少大气中的二氧化碳。在《森林法》中确认林业碳汇的归属权，明确森林资源的所有权人或因承包而获得林木的使用物权的个人或企业，是林业碳汇的所有人。加快推进碳市场交易法律制度建设，可以考虑对林业参与碳市场单独立法。通过加强林业碳汇发展的顶层设计，从国家治理气候变化的战略高度，科学制定我国林业碳汇发展中长期规划。结合我国国情，积极借鉴核证减排（VCS）标准、气候社区生物多样性标准（CCBS）等标准、清洁发展机制（CDM）规则、联合国政府间气候变化专门委员会（IPCC）指南等，建立与国际通用标准相符并具有中国特色的国家级林业碳汇标准体系，提高我国在国际林业碳汇领域的地位，并不断增强林业碳汇理论技术研究。加强对碳计量等关键技术研究，建立完善的碳排放监测统计体系。同时，加强对林业碳汇捕捉、封存技术和足迹计算等方面的研究，为林业碳汇立法做好技术保障。❷ 以下将以浙江首例"碳汇损失赔偿"案为例，探讨林业碳汇的实践经验和司法模式。

---

❶ 刘先辉：《论气候变化背景下森林碳汇法律制度的构建》，《郑州大学学报（哲学社会科学版）》2016 年第 1 期，第 26 页。

❷ 李岩柏、郭瑞敏：《国际林业碳汇交易对我国的启示》，《河北金融》2022 年第 1 期。

【专栏 3-1】

浙江首例"碳汇损失赔偿"案在湖州当庭宣判[*]

2022 年 7 月 15 日,湖州市南太湖新区人民法院审判了一起非法占用农用地刑事附带民事公益诉讼案,被告单位湖州长兴某旅游开发有限公司和被告人顾某除应负刑事责任外,还将承担生态修复责任,与此同时,被告单位须赔偿林业碳汇价值损失 3.72 万元。该案系浙江首次在生态环境刑事附带民事公益诉讼审理中明确支持碳汇价值损失赔偿的司法案件。

被告人顾某是被告公司的项目施工负责人,被告公司在施工期间,非法占用林地,改变被占用土地用途,造成 39.57 亩林地被毁坏。到案后,被告人顾某承诺通过补植复绿完成生态修复和自愿认购林业"碳汇"。庭审中,林业碳汇计量与检测单位代表人作为鉴定人出庭陈述专业意见。被告公司和被告人占用并毁坏林地的行为,破坏了林业资源,降低了森林吸收、储存二氧化碳的能力。鉴定人表示,经对所涉非法占用林地和相邻林地块现有碳储量、碳汇功能的调查分析,并结合二氧化碳碳汇市场价格,评定被毁林业资源碳汇价值为 3.72 万元。

结合专业意见,根据相关法律规定,法院当庭宣判,判处被告公司和被告人顾某非法占用农用地罪,被告人顾某被判处有期徒刑 1 年、缓刑 1 年 6 个月,并分别判处被告公司和被告人顾某罚金 1 万元。在案件附带民事公益诉讼部分,法院判决被告公司修复生态,若未能按期恢复原状,则承担生态环境修复费用 76 万余元,以及林业碳汇价

---

[*] 盛茜、徐文婷、杨书志:《全省首例!湖州"碳汇损失赔偿"案当庭宣判》,https://m.thepaper.cn/baijiahao_19046998,访问日期:2023 年 5 月 15 日。

值损失 3.72 万元。

本案针对民事公益诉讼审理的目的不在于赔偿，而是致力于实现生态治理与生态致富的双赢。为实现惩罚犯罪、保护生态、共同富裕的有机统一，庭审结束后，被告单位与案发地顾渚村村委会签订了碳汇认购协议书，并现场赔偿当地林业碳汇损失 3.72 万元。该笔资金将定向补偿给当地生活相对困难的林农，用于增加碳汇的植树造林活动。

总结来看，本案引入"碳汇损失赔偿"，从司法层面确保了生态修复工作的刚性。被告人认购的碳汇资金既补偿了村民损失，又帮助了当地生态发展，形成了"破坏者赎买—保护者受益—受益者保护"的良性循环。

2. 海洋碳汇立法

海洋碳汇（蓝碳）是指利用海洋活动及海洋生物吸收大气中的二氧化碳，并将其固定、储存在海洋的过程。目前，针对海洋碳汇的研究主要集中在海洋固碳技术层面、海洋碳汇交易制度构建层面、海洋碳汇标准设计层面和蓝碳金融制度构建层面。从既有文献来看，对于海洋碳汇的研究主要集中于生态、经济、金融、海洋渔业和法律领域，其中法律领域的研究仍然偏少，且不够系统全面，海洋碳汇立法亟待进一步研究。由于我国蓝碳市场建设正处于试点阶段，缺乏相关的实践经验，加之现有研究成果尚不足以为蓝碳交易机制的构建提供较为全面的理论指导，导致相关实施机制的配套未成体系，成为制约我国海洋蓝碳市场建设的制度难题。目前，我国海洋碳汇立法仍然存在三个方面的困难：一是生态系统服务付费制度推进缓慢，二是海洋碳汇产权的定性及归属尚未明晰，三是海洋碳汇交易过程的监管机制不健全。❶针对这些困难，必须从市场建设和立法模式上

---

❶ 白洋、胡锋:《我国海洋蓝碳交易机制及其制度创新研究》，《科技管理研究》2021 年第 3 期。

作出改变。

我国亟须通过海洋碳汇市场的建设，推动海洋碳汇资源资本化进程，以解决海洋碳汇资源保护修复领域长期的资本误置和融资约束。应当在生态资源资本化理论的基础上，提出系统建设海洋碳汇市场的总体思路，为指导产权确权、技术创新、价值核算、交易机制、运营投资等核心制度安排提供理论支撑，为处于不同发展阶段或不同产品、服务类型的项目提供差异化的交易机制选择，为海洋碳汇市场建设的政策制定提供决策参考，并尽早形成我国海洋碳汇市场建设的战略决策和总体思路；加快海域使用权立体分权制度改革，探索相应产权激励机制；加大海洋碳汇科学的基础研究和技术创新，形成与市场需求相匹配的技术供给；完善海洋碳汇资源动态监测体系，建立相关资产核算和管理台账制度；发挥政府市场培育优势，推进海洋碳汇示范项目和案例研究；推进海洋碳汇纳入碳交易体系，探索更多金融创新模式。

我国海洋碳汇立法必须改变立法模式，以框架性专项立法为引领，融合其他"双碳"领域立法，统筹中央立法和地方立法。一方面，蓝色碳汇的科学认知，生态系统服务付费的引入，以及气候责任理念的发展，为蓝碳市场建设奠定了理论基础。另一方面，国外对蓝碳标准和市场规则的初步探索，也为我国提供了有益的实践借鉴。我国完全可以将蓝碳市场纳入国家统一碳排放权交易制度体系建设，在法律路径上，有针对性地采取融合型、专项型和地方推进的多维立法模式，构建蓝碳市场立法与国际环境条约以及我国其他相关法律的协调机制，并着重完善蓝碳市场建设中碳汇核算与核证、环境影响评价、市场交易和监管等关键性制度安排。[1] 以下将以全国首例海洋渔业生态环境损害蓝碳赔偿案为例，探讨海洋碳汇制度的实务进展，并阐述其典型意义。

---

[1] 潘晓滨:《中国蓝碳市场建设的理论同构与法律路径》,《湖南大学学报（社会科学版）》2018 年第 1 期，第 155 页。

【专栏 3-2】

全国首例海洋渔业生态环境损害蓝碳赔偿案[*]

>>> 基本情况

2022 年 7 月 18 日，福州市海洋与渔业执法支队在南台岛南岸查获了一艘涉嫌非法电鱼的船只，依法对"三无"船舶、电鱼工具予以没收。之后，执法人员对电鱼人员进行了宣传教育和案例讲解。7 月 21 日，执法支队开展了一场签约会，会上非法捕捞的违法行为人林某某决定与福建海峡资源环境交易中心签订采购服务协议，通过认购 1000 吨海洋碳汇并予以注销，来赔偿其因非法电鱼行为造成的损害。这是全国首例渔业生态环境损害蓝碳赔偿案。

>>> 典型意义

1. 推动了我国蓝色碳汇交易的发展和探索

尽管我国建立了全国性的碳排放权交易市场，但市场上常见的碳汇交易种类往往是"绿碳"，如草原、林业碳汇等，很少看见"蓝碳"的身影。其背后的原因，不是蓝碳的碳吸收水平不够，而是其在技术层面核算和监测的难度较大，国际层面也很少有经验参考。实际上，海洋有着相当大的固碳能力，同样面积下，滨海沼泽、红树林、海草床等海洋生态系统的碳汇能力是亚马孙森林的 10 倍、6 倍和 2 倍。[❷]

在我国，蓝碳的保护和交易有一定的政策支撑，但目前仍以试点

---

[*] 福州市生态环境局：《全国首例渔业生态环境损害蓝碳赔偿案在榕执行——非法电鱼 1.5 公斤 补偿碳汇 1000 吨》，http://www.fuzhou.gov.cn/zgfzzt/shbj/xxgk/hjjg/zrst/202212/t20221216_4509311.htm，访问日期：2023 年 5 月 15 日。

[❷] 王诗成：《蓝碳发展的国际背景与中国的探索实践》，http://www.hycfw.com/Article/230905，访问日期：2024 年 8 月 1 日。

和探索为主。这些政策多生成于地方层面，尤其是沿海省市。例如，2021年5月福建省印发的《加快建设"海上福建"推进海洋经济高质量发展三年行动方案（2021—2023年）》，将抢占海洋碳汇制高点作为重要任务之一。而在交易层面，我国也在慢慢摸索中。2021年6月8日，自然资源部第三海洋研究所、广东湛江红树林国家级自然保护区管理局和北京市企业家环保基金会三方联合签署了"湛江红树林造林项目"碳减排量转让协议，标志着我国首个蓝碳项目交易正式完成。❶ 2022年，自然资源部还发布了《海洋碳汇核算方法》（HY/T 0349—2022），该行业标准已于2023年1月1日起正式实施，是我国首个综合性海洋碳汇核算标准。

政策、市场和科学对海洋碳汇保护和交易的有益探索，为执法和司法中应用海洋碳汇开展替代性生态修复提供了基本条件。本案中林某某认购的海洋碳汇来自福州本地，类属渔业碳汇（海带养殖）。通过认购海洋碳汇来代替罚金，不仅对实现"双碳"目标、减缓气候变化有重大意义，还对海洋生态环境的保护和修复有重大意义，体现了生态环境损害赔偿的应有之义。

2. 体现了替代性修复方式的多样化和想象力

本案体现出在基层生态环境损害赔偿案件中，替代性修复的多样化和想象力。中共中央办公厅、国务院办公厅2017年发布的《生态环境损害赔偿制度改革方案》中提及了"生态环境损害无法修复的，实施货币赔偿，用于替代修复"。在实务中，执法部门面对无法修复生态环境损害的情况，会和赔偿义务人进行磋商，是否以替代修复方式承担生态环境损害赔偿责任。

在本案中，违法行为人通过协议认购当地渔业碳汇完成了替代性修复。这种以认购碳汇的形式进行替代性修复，在司法上得到了正式

---

❶ 张永幸：《国内首个蓝碳交易项目签约仪式在青岛举行，"湛江红树林造林项目"为我国碳中和探新路、开新局——红树林变"金树林"碳中和有"探路者"》，https://www.zhanjiang.gov.cn/yaowen/content/post_1461461.html，访问日期：2024年5月19日。

认可，2022年6月发布的《森林资源民事案件司法解释》第20条提及："当事人请求以认购经核证的林业碳汇方式替代履行森林生态环境损害赔偿责任的，人民法院可以综合考虑各方当事人意见、不同责任方式的合理性等因素，依法予以准许。"

在实践中，除了认购碳汇以外，还有许多其他的替代性修复形式。例如，2017年浙江诸暨某企业通过干扰检测设备进行大气污染物数据造假，最终和当地环保部门达成了在当地建设一个占地6372平方米的生态环境警示公园进行替代性修复的协议。[1] 其他替代性修复方式包括种植珊瑚、种植树苗、增殖放流等，都体现出执法、司法部门为结合当地实际制定替代性修复方案，开展了一系列制度创新。

第二节 我国碳法律制度中的主要制度

前文已经从环境立法、气候立法、能源立法、降碳立法四个维度拓展了碳法律制度的外延和边界，试图跳出"就碳论碳"的分析思路，并进行碳法律制度的建构。但是，就"双碳"领域的制度保障而言，碳法律制度中的主要制度其实还是碳交易制度和碳金融制度两大制度。以下将概述碳法律制度中的主要制度，并梳理分析碳交易制度和碳金融制度。

---

[1] 浙江省生态环境厅：《绍兴诸暨市浙江上峰建材有限公司干扰大气污染物自动监测设施》，https://www.zj.gov.cn/art/2018/4/23/art_1229422931_59095169.html，访问日期：2024年5月19日。林方舟：《企业干扰空气质量监测设备破坏大气环境，被罚投资百万建公园》，https://news.southcn.com/node_cde6f9580c/615834c0b7.shtml，访问日期：2024年8月1日。

一、概述

　　碳排放交易制度是为了促进全球温室气体减排、减少全球二氧化碳排放的一种政策工具。一般认为，它发源于 1997 年《京都议定书》确立的"灵活机制"：排放交易机制、联合履约机制和清洁发展机制。❶ 我国是"灵活机制"的积极参与者，根据《中国应对气候变化的政策与行动 2012 年度报告》，截至 2012 年 8 月底，我国共批准了 4540 个清洁发展机制项目，有 2346 个项目在联合国清洁发展机制执行理事会注册，占全世界注册项目总数的一半以上（50.41%）。❷ 通过对清洁发展机制项目征税已经累计获得人民币近 100 亿元的收入，这些资金大部分投向了中国各地的环保项目。❸ 虽然清洁发展机制是我国早期参与国际碳市场的主要途径，但在这一机制中，我国企业仅仅作为卖方出现，因此随着欧盟市场不再接受我国 2012 年底以后注册的新项目产生的减排量，我国单向参与国际碳交易的阶段已经在那之后基本结束。

　　当我国在"十二五"规划中首次提出单位国内生产总值二氧化碳排放（碳排放强度）下降幅度作为约束性指标纳入国民经济和社会发展规划纲要时，碳市场作为经济有效的替代命令与控制的应对气候变化方法，才开始受到国内的广泛关注。我国减少碳强度的行动目标，都与我国在国际舞台上提出的自愿减排承诺相对应，如表 3-1 所示。2009 年，我国在哥本哈根世界气候大会上首次承诺，2020 年实现非化石能源占比 15%，单位国民

---

　❶ UNFCCC: "Mechanisms under the Kyoto Protocol", https://unfccc.int/process/the-kyoto-protocol/mechanisms, accessed May 13, 2023.

　❷ 国家发展和改革委员会：《中国应对气候变化的政策与行动 2012 年度报告》，https://www.cma.gov.cn/2011xzt/2012zhuant/20121119/2012111908/201211/P020121123389049273113.pdf，访问日期：2024 年 8 月 1 日。

　❸ 中国清洁发展机制基金：《中国清洁发展机制基金 2011 年报》，https://www.cdmfund.org/u/cms/www/201604/2011nianbaozh.pdf，访问日期：2023 年 4 月 19 日。

生产总值能耗相比 2005 年下降 40%~45%。❶ 2030 年我国单位国内生产总值二氧化碳排放相比 2005 年下降 60%~65%，并争取在 2030 年实现碳达峰。❷ 2020 年 9 月，习近平主席在联合国大会上宣布，中国将力争在 2060 年前实现碳中和。而在 2021 年的格拉斯哥气候大会上，我国为了实现这些减排目标与承诺，推出了一系列低碳减排措施，我国的碳交易与碳金融的相关制度便是在这样的背景下孕育而生。

表 3-1 中国控制温室气体各阶段行动目标

时间	相关内容	政策文件或重要讲话
2007 年 6 月 3 日	到 2010 年实现单位国内生产总值能源消耗比 2005 年降低 20% 左右，相应减缓二氧化碳排放	《中国应对气候变化国家方案》
2009 年 12 月	到 2020 年单位国内生产总值二氧化碳排放将相比 2005 年下降 40%~45%	哥本哈根世界气候大会
2011 年 3 月 14 日	2011—2015 年单位国内生产总值二氧化碳排放降低 17%	《国民经济和社会发展第十二个五年规划纲要》
2011 年 12 月 1 日	到 2015 年全国单位国内生产总值二氧化碳排放比 2010 年下降 17%	《"十二五"控制温室气体排放工作方案》
2015 年 6 月 30 日	到 2030 年单位国内生产总值二氧化碳排放比 2005 年下降 60%~65%	《强化应对气候变化行动——中国国家自主贡献》
2015 年 9 月 25 日	重申至 2030 年单位国内生产总值二氧化碳排放比 2005 年下降 60%~65% 的目标	《中美元首气候变化联合声明》
2016 年 3 月 17 日	单位国内生产总值二氧化碳排放降低 18%	《国民经济和社会发展第十三个五年规划纲要》
2016 年 10 月 27 日	到 2020 年单位国内生产总值二氧化碳排放比 2015 年下降 18%	《"十三五"控制温室气体排放工作方案》

---

❶ 王敏：《我国双碳目标的背景、产业逻辑与政策原则》，https://new.qq.com/rain/a/20220711A09C9D00，访问日期：2024 年 5 月 19 日。

❷ 新华社：《强化应对气候变化行动——中国国家自主贡献（全文）》，https://www.gov.cn/xinwen/2015-06/30/content_2887330.htm，访问日期：2024 年 5 月 19 日。

续表

时间	相关内容	政策文件或重要讲话
2020年9月22日	力争于2030年前达到峰值，努力争取2060年前实现碳中和	《习近平在第七十五届联合国大会一般性辩论上的讲话》
2021年9月22日	重申"3060"目标	《习近平在第七十六届联合国大会一般性辩论上的讲话》
2021年10月24日，2021年9月22日	到2025年单位国内生产总值二氧化碳排放比2020年下降18%；到2030年单位国内生产总值二氧化碳排放比2005年下降65%以上	《2030年前碳达峰行动方案》，《中共中央 国务院关于完整准确全面贯彻新发展理念做好碳达峰碳中和工作的意见》
2022年5月10日	提出新时期我国适应气候变化工作的指导思想、主要目标和基本原则，依据各领域、区域对气候变化不利影响和风险的暴露度和脆弱性，进一步健全保障措施	《国家适应气候变化战略2035》
2022年6月10日	积极开展多层次减污降碳协同创新，推进移动源大气污染物排放和碳排放协同管理	《减污降碳协同增效实施方案》

二、碳交易制度

根据参与减排的机构或个人是被政府强制要求还是自愿参与碳交易，可以将我国碳排放权交易（包括全国和地方的市场）分为两类，分别是碳排放配额交易与国家核证自愿减排量交易。国家核证自愿减排量市场从2008年开始逐渐形成，碳排放配额交易市场则于2013年通过地方试点的形式启动，随后全国碳排放权交易市场于2021年正式启动。

（一）地方碳交易试点制度

2011年10月，国家发展和改革委员会下发《国家发展改革委办公厅关于开展碳排放权交易试点工作的通知》，宣布同意北京、天津、上海、重庆、广东、湖北和深圳七省市开展碳排放交易试点，逐步建立国内碳排放交易市场。经过两到三年的建设，从 2013 年 6 月至 2014 年 4 月各试点陆续开市交易。截至 2020 年底，试点碳市场累计配额成交量约为 4.45 亿吨二氧化碳当量，累计成交额突破 104.31 亿元，企业履约率普遍维持在较高水平，基本形成了要素完善、特点突出、初具规模的地方碳市场。❶ 但由于各试点均根据本地区经济发展水平和控排需求制定相应制度，因此各试点的覆盖行业范围、控排企业标准以及交易规则等均有所不同。

1. 顶层设计

试点工作启动以来，从一开始的七个地区增加了福建、四川两地，建立了九个地区的地方试点碳排放交易市场。各个地方政府组织相关部门开展各项基础工作，包括设立专门管理机构，制定地方法律法规，确定总量控制目标和覆盖范围，建立温室气体排放测量、报告和核查制度，制定配额分配方案，建立和开发交易系统和注册登记系统等，如表 3-2 所示。

表 3-2　各试点地区关于碳排放权交易的法规政策

地区	法规政策	发文号	最早施行时间
深圳	《深圳经济特区碳排放管理若干规定》①	深圳市第五届人民代表大会常务委员会公告第 107 号	2012 年 10 月 30 日
	《深圳市碳排放权交易管理暂行办法》②	深圳市人民政府令第 262 号	2014 年 3 月 19 日
天津	《天津市碳排放权交易管理暂行办法》③	津政办发〔2013〕112 号	2013 年 12 月 20 日
上海	《上海市碳排放管理试行办法》	上海市人民政府令第 10 号	2013 年 11 月 20 日

---

❶ 陈志斌、孙峥:《中国碳排放权交易市场发展历程——从试点到全国》,《环境与可持续发展》2021 年第 2 期, 第 29 页。

续表

地区	法规政策	发文号	最早施行时间
广东	《广东省碳排放管理试行办法》④	广东省人民政府令第197号	2014年3月1日
	《广东省碳排放配额管理实施细则（试行）》	粤发改资环〔2014〕149号	2014年3月20日
	《广东省发展改革委关于碳排放配额管理的实施细则》	粤发改气候〔2015〕80号	2015年3月1日
重庆	《重庆市碳排放权交易管理暂行办法》	渝府发〔2014〕17号	2014年4月26日
湖北	《湖北省碳排放权管理和交易暂行办法》⑤	湖北省人民政府令第371号	2014年6月1日
北京	《北京市碳排放权交易管理办法（试行）》	京政发〔2014〕14号	2014年5月28日
	《北京市人民政府关于调整〈北京市碳排放权交易管理办法（试行）〉重点排放单位范围的通知》	京政发〔2015〕65号	2015年12月16日
福建	《福建省碳排放权交易管理暂行办法》⑥	福建省人民政府令第176号	2016年9月22日
四川	《四川省碳排放权交易管理暂行办法》	川发改环资2016〔385〕号	2016年8月9日

注：① 2019年9月5日修订。
② 该暂行办法于2022年7月1日《深圳市碳排放权交易管理办法》施行时失效。
③ 2020年7月1日修改后施行。
④ 2020年5月12日修改后施行。
⑤ 2016年11月1日修改后施行。
⑥ 2020年8月7日修改后施行。

2. 覆盖范围

各试点地区依据自身产业结构，以市场规模和效率为出发点，分别设置了不同的纳入门槛和行业范围。其中，北京、深圳等以第三产业为主的城市排放总量小、纳入门槛低，覆盖主体多为服务行业的企事业单位；湖北、广东等省则以钢铁、水泥、化工、电力等高排放工业为主。不同省市

的控排门槛往往存在量级差异，以年排放量计，深圳为3000吨二氧化碳当量，湖北约15.6万吨二氧化碳当量。❶

3. 交易规则

试点碳市场的交易产品均包括本地碳排放配额和国家核证自愿减排量。从交易主体来看，试点地区均允许履约机构和非履约机构参与交易，但是参与条件有所不同。交易方式分为场内交易和场外交易，场外交易则主要针对大宗交易。

4. 评析

经过十多年的探索，我国各个地方碳交易试点市场为全国碳市场的诞生奠定了坚实的基础。一方面，试点提高了企业实施碳管理、参与碳交易的能力，培养了一批人才队伍，逐渐推动涉碳产业和服务体系的完善；另一方面，为全国碳市场营造了良好的舆论环境，提高了企业参与碳交易的积极性，为设计、建设行之有效的全国碳交易市场提供了宝贵的实践经验。最重要的是，地方试点逐渐摸索出了一套具有中国特色的碳交易体系的模式和路径。❷

（二）全国碳交易制度

为了达成减排目标，我国开展了一系列机构建设与政策支持工作，为碳交易市场的建成打下了基础。2007年，我国成立了国家应对气候变化及节能减排工作领导小组，随后于2008年国家发展和改革委员会成立应对气候变化司，统筹协调、组织落实应对气候变化的相关工作。❸ 2014年，在国家发展和改革委员会的组织和指导下，借鉴试点碳市场建设经验，我国开始了全国碳市场制度顶层设计和建设，并出台了《碳排放权交易管理

---

❶ 绿金委碳金融工作组：《中国碳金融市场研究》，https://www.docin.com/p-2775696071.html，访问日期：2023年4月19日。

❷ 陈志斌、孙峥：《中国碳排放权交易市场发展历程——从试点到全国》，《环境与可持续发展》2021年第2期。

❸ 汪惠青：《碳市场建设的国际经验、中国发展及前景展望》，《国际金融》2021年第12期，第27页。

暂行办法》❶。2018年，伴随着国务院机构改革的开展，与应对气候变化相关的职能从国家发展和改革委员会转移到了生态环境部，如此便由生态环境部继续推动全国碳市场的建设。2020年12月，生态环境部发布《2019—2020年全国碳排放权交易配额总量设定与分配实施方案（发电行业）》《纳入2019—2020年全国碳排放权交易配额管理的重点排放单位名单》（国环规气候〔2020〕3号）和《碳排放权交易管理办法（试行）》，确定了全国碳交易市场首批纳入的企业，并确定了这一年度的碳排放配额的总量、分配方式。2021年5月14日，生态环境部出台了三份与碳交易紧密相关的重要管理规则，全国碳排放权交易市场的帷幕拉开。我国碳交易法规政策发展历程如表3-3所示。

表3-3 我国碳交易法规政策发展历程

法规政策	发布部门	发布时间
《碳排放权交易管理暂行办法》	国家发展和改革委员会	2014年12月10日
《关于切实做好全国碳排放权交易市场启动重点工作的通知》	国家发展和改革委员会	2016年1月11日
《国务院关于印发"十三五"控制温室气体排放工作方案的通知》①	国务院	2016年10月27日
《全国碳排放权交易市场建设方案（发电行业）》	国家发展和改革委员会	2017年12月18日
《关于做好2018年度碳排放报告与核查及排放监测计划制定工作的通知》	生态环境部	2019年1月17日
《2019—2020年全国碳排放权交易配额总量设定与分配实施方案（发电行业）》《纳入2019—2020年全国碳排放权交易配额管理的重点排放单位名单》	生态环境部	2020年12月29日
《碳排放权交易管理办法（试行）》	生态环境部	2020年12月31日
《碳排放权交易管理暂行条例（草案修改稿）》	生态环境部	2021年3月30日

❶ 现已失效。

续表

法规政策	发布部门	发布时间
《碳排放权交易管理规则（试行）》 《碳排放权结算管理规则（试行）》 《碳排放权登记管理规则（试行）》	生态环境部	2021年5月14日

注：①该通知的第六点为"建设和运行全国碳排放权交易市场"，其中明确指出三点重要措施：一是建立全国碳排放权交易制度，二是启动运行全国碳排放权交易市场，三是强化全国碳排放权交易基础支撑能力。

2021年7月16日，全国碳排放权交易市场正式开市（上线交易）。同时，地方（试点）碳排放权交易市场仍在运行。截至2021年9月30日，全国碳市场累计成交量已达1764.90万吨二氧化碳当量，累计成交金额人民币8.01亿元，全国碳排放交易市场已成为全球规模最大的碳市场。

1. 管理架构

《碳排放权交易管理办法（试行）》规定生态环境部及其地方机构负责监督全国碳排放交易市场的实施，并阐明全国碳排放权注册登记机构和碳排放权交易机构各自的作用。生态环境部本身负责制定总体的交易规则，监督地方（如省、市）碳排放配额分配的工作表现，监督温室气体排放报告和核查，以及配合国务院有关部门做好碳排放权交易体系协调工作。各级政府机构则负责碳市场的具体实施。全国碳排放权注册登记系统落户湖北省，该系统记录碳排放配额的持有、变更、清缴、注销等信息，并提供结算服务。而全国碳排放权交易中心则设在上海市，负责组织开展全国碳排放权集中统一交易。省级生态环境主管部门负责在本行政区域内组织开展碳排放配额分配和清缴、温室气体排放报告的核查等相关活动，并进行监督管理。设区的市级生态环境主管部门负责配合省级生态环境主管部门落实相关具体工作，并根据有关规定实施监督管理。

2. 覆盖范围

根据《碳排放权交易管理办法（试行）》第8条，被列入温室气体重点排放单位名录的经济组织需符合两个条件：一是属于全国碳排放权交易市场覆盖行业，二是年度温室气体排放量达到2.6万吨二氧化碳当量。截至2022年7月，全国碳排放权交易市场仅覆盖发电行业的2162家电力企业❶，等待条件成熟后将纳入其他温室气体重点排放单位。首批纳入碳市场的超2000家发电行业重点排放单位，最终核定配额和覆盖温室气体排放量超过40亿吨。❷该范围将在未来进一步扩大。全国碳市场预计将全面覆盖电力（包括发电和热电联产）、建材、钢铁、有色、石化、化工、造纸和民航等八个行业的大型企业。全国碳排放权交易市场第一个履约周期共纳入发电行业重点排放单位2162家，履约完成率为99.5%。市场运行健康有序，交易价格稳中有升。❸据北京理工大学能源与环境政策研究中心发布的《中国碳市场回顾与最优行业纳入顺序展望（2023）》报告，截至2022年12月31日，全国碳市场2022年内碳配额累计成交量5085.88万吨，累计成交额28.12亿元。❹

3. 配额分配

碳排放配额即全国碳排放权交易市场的交易产品，每个碳交易市场主体所获得的配额是省级生态环境主管部门根据生态环境部确定的配额分配方式所核定的。❺至于具体的配额分配方式，则规定在《2019—2020年全国碳排放权交易配额总量设定与分配实施方案（发电行业）》之中。这份分配方案规定对2019—2020年的配额实行全部免费分配，并确定了配额核算公式、修正系数和碳排放基准值及其确定原则。文件强调，碳排放基准值会根据经济增长预期、温室气体减排目标等因素确定。可见，在全国

---

❶ 冯芸清：《全国碳市场上线交易一周年，累计成交额近85亿》，https://news.southcn.com/node_179d29f1ce/e07c0564bf.shtml，访问日期：2023年4月19日。

❷ 薛鹏：《全球最大规模碳市场开市》，https://www.ccdi.gov.cn/toutiao/202107/t20210717_246298.html，访问日期：2023年4月25日。

❸ 生态环境部：《中国应对气候变化的政策与行动2023年度报告》，https://www.mee.gov.cn/ywgz/ydqhbh/wsqtkz/202310/W020231027674250657087.pdf，访问日期：2024年5月19日。

❹ 北京理工大学能源与环境政策研究中心：《中国碳市场回顾与最优行业纳入顺序展望（2023）》，https://ceep.bit.edu.cn/docs/2023-01/78387560e3084e0d8c2d5bd3e3ebff7e.pdf，访问日期：2024年5月19日。

❺ 《碳排放权交易管理办法（试行）》第14、15条。

碳排放权交易初期运行阶段，我国碳排放权交易是一个基于强度的碳排放权交易，而欧美国家和地区已建成的碳排放权交易都是基于总量的碳排放权交易，与我国的碳排放权交易有着本质的不同。

4. 配额交易

碳排放权交易参与主体包括纳入碳排放配额管理的企业、自愿参与碳交易活动的法人、组织和个人。截至目前，我国碳排放权交易市场的主要参与者为各类高耗能企业，且以国企为主。❶

根据《碳排放权交易管理规则（试行）》第6条，"碳排放权交易应当通过全国碳排放权交易系统进行，可以采取协议转让、单向竞价或者其他符合规定的方式"。其中，协议转让是指交易双方协商达成一致意见并确认成交的交易方式，包括挂牌协议交易及大宗协议交易。挂牌协议交易是指交易主体通过交易系统提交卖出或者买入挂牌申报，意向受让方与出让方对挂牌申报进行协商并确认成交的交易方式。挂牌协议交易单笔买卖最大申报数量应当小于10万吨二氧化碳当量。大宗协议交易是指交易双方通过交易系统进行报价、询价并确认成交的交易方式。大宗协议交易单笔买卖最小申报数量应当不小于10万吨二氧化碳当量。单向竞价是指交易主体向交易机构提出卖出或买入申请，交易机构发布竞价公告，多个意向受让方或者出让方按照规定报价，在约定时间内通过交易系统成交的交易方式。

目前，碳排放权交易的流程并不复杂，整个过程如图3-2所示。首先，参与碳排放配额交易的主体从省级生态环境部门处取得相应的配额，接着市场主体需要在登记注册机构和交易机构分别开立账户，如此才能在碳交易市场上进行买卖申报。需要注意的是，交易主体申报卖出交易产品的数量不得超出其交易账户内的可交易数量。交易主体申报买入交易产品的相应资金不得超出其交易账户内的可用资金。碳排放配额买卖的申报一旦被

---

❶ 赵海清：《碳排放权交易中的法律风险及建议》，https://law.wkinfo.com.cn/professional-articles/detail/NjAwMDAxNDEyMjQ%3D，访问日期：2023年4月19日。

交易系统接收便即刻生效，交易主体账户内相应的资金和交易产品即被锁定。交易顺利完成后，注册登记机构将会根据交易机构提供的交易数据办理相应的碳排放配额清算交收工作。

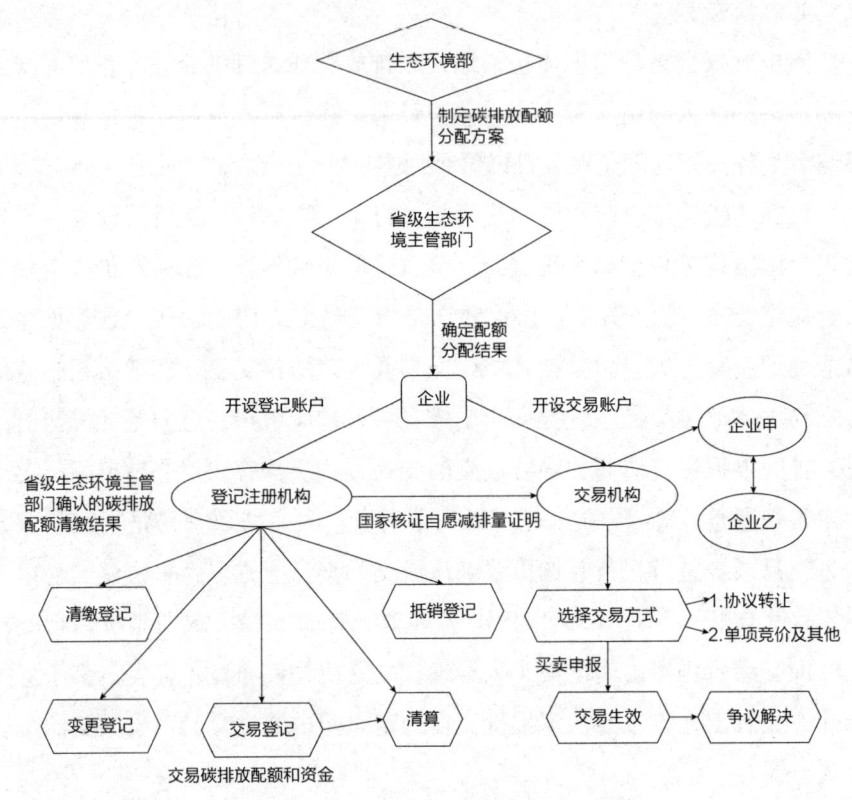

图 3-2　碳交易流程

5. 履约清缴与监管处罚

碳排放权交易市场第一阶段覆盖的单位应于 2021 年 12 月 31 日前完成配额的清缴履约工作。当发电控排企业配额缺口量占其经核查排放量的比例超过 20% 时，其配额清缴义务最高为其获得的免费配额量加 20% 的经核查排放量。同时，为鼓励燃气机组发展，当燃气机组经核查排放量不低于核定的免费配额量时，其配额清缴义务为已获得的全部免费配额量。重点排放单位未按时足额清缴碳排放配额的，由其生产经营场所所在地设区的市级以上地方生态环境主管部门责令限期改正，处二万元以上三万元以下的罚款；逾期未改正的，对欠缴部分，由重点排放单位生产经营场所所在地的省级生态环境主管部门等量核减其下一年度碳排放配额。除此之外，《碳排放权交易管理办法（试行）》针对其他违法行为确定了惩罚措施，例如对虚报、瞒报的重点排放单位处一万元以上三万元以下的罚款。对排放核查机构也有相关的诚信要求，如果排放核查机构与相关企业勾结或伪造数据，处罚将包括取消佣金、削弱其信用，严重情况下将禁止该组织运营三年。

6. 衔接机制

十分明确的是，根据《碳排放权交易管理办法（试行）》第13条，纳入全国碳市场的重点排放单位，不再参与地方碳排放权交易试点市场。此外，《碳排放权交易管理暂行条例》第29条规定，对该条例施行前建立的地方碳排放权交易市场，应当参照该条例的规定健全完善有关管理制度，加强监督管理。该条例施行后，不再新建地方碳排放权交易市场，重点排放单位不再参与相同温室气体种类和相同行业的地方碳排放权交易市场的碳排放权交易。由此可见，在全国碳市场正式启动后，碳市场的工作重点将从地方试点逐渐转向全国。不过，由于全国碳市场的建设是一个长期、持续的过程，因此当前已经建立的9个试点碳市场将与全国市场并行一段时间，并在未来有计划地逐步纳入全国碳市场。地方碳市场将如何逐步纳入全国碳市场，其具体步骤和办法还将由生态环境部另行制定，目前尚不明晰。例如，从试点转入全国碳市场后，结余碳排放配额是否结转至全国碳市场，如果结转，如何确定碳排放配额价格等问题，都还未有定论。[1]

（三）国家核证自愿减排量交易制度

国家核证自愿减排量，是指对我国境内可再生能源、林业碳汇、甲烷

---

[1] 孙庆南、罗恺希：《碳排放权交易及碳金融产品全方位解读——从地方试点到全国市场，碳排放权交易市场现状及发展趋势》，https://law.wkinfo.com.cn/focus/detail/MjYwNzA%3D，访问日期：2023年4月19日。

利用等项目的温室气体减排效果进行量化核证,并在国家温室气体自愿减排交易注册登记系统中登记的温室气体减排量。相比于碳排放配额交易,国家核证自愿减排量项目的交易更为复杂。企业在交易国家核证自愿减排量项目之前必须取得主管机构的核证。此外,国家核证自愿减排量项目从开发到最终的减排量备案,最短需要 8 个月,从已经完成的项目来看,实际耗时一般都在 10 个月以上。

国内自愿碳市场成立于 2008 年,以北京环境交易所、上海环境能源交易所、天津排放权交易所的成立为标志。在此后的三年间,在湖北、广东、重庆等地建立区域碳排放交易所,2021 年全国性的碳排放交易市场亦正式开张。❶ 数十家地方性碳交易纷纷成立,形成了一个高度"碎片化"的国内市场,这一市场具有参与者类型众多,但交易量极小的特点。

2012 年 6 月 13 日,国家发展和改革委员会颁布了《温室气体自愿减排交易管理暂行办法》,该办法从交易产品、交易主体、交易场所与交易规则、登记注册和监管体系等方面,对核证自愿减排交易市场进行了界定和规范,初步构建了一个统一、规范、公信力强的核证自愿减排交易体系。此外,该办法的第 13 条规定,把部分特殊的"前清洁发展机制"(pre-CDM)项目❷减排量纳入了自愿碳交易的范围,为自愿碳市场提供了一些质量较高并且具有参考价值的减排量来源。❸ 同年 10 月,国家发展和改革委员会颁布配套的《温室气体自愿减排项目审定与核证指南》,明确了自愿减排项目审定与核证机构的备案要求、工作程序和报告格式。2023 年 10 月 19 日,生态环境部发布实施《温室气体自愿减排交易管理办法(试行)》,系统规范了减排交易的总体框架和实施流程,在明确总体原则的基础上,梳理了各流程的具体内容。该办法为监管部门职责和交易主体行为提供指引,标志着全国温室气体自愿减排交易市场的重新启动。就适

---

❶ 张阳:《中国碳排放交易所的本土异化与规制纠偏》,《环球法律评论》2023 年第 2 期。

❷ 已经进入清洁发展机制流程但又尚未完成签发的项目被称为"前清洁发展机制"项目。

❸ 黄以天:《国际互动与中国碳交易市场的初期发展》,上海人民出版社,2019,第 13 页。

用范围而言，首次将三氟化氮纳入所规制的温室气体范围，明确将个人纳入可以参与交易的主体，但未就跨境交易作出规定，有待立法进一步明确。一部分地方政府将核证自愿减排量与碳排放配额一并规定，统一规定在相应的碳交易管理办法或细则中，也有一部分政府专门就温室气体核证自愿减排量出台了相应的管理规范与交易规则，具体如表3-4所示。

表3-4 国家与部分地方针对自愿减排交易发布的法规与政策

适用范围	法规与政策	发布时间
全国	《温室气体自愿减排交易管理办法（试行）》	2023年10月19日
	《温室气体自愿减排项目设计与实施指南》	2023年11月
	《温室气体自愿减排交易管理暂行办法》	2012年6月13日
	《温室气体自愿减排项目审定与核证指南》	2012年10月9日
天津	《天津市发展改革委关于天津市碳排放权交易试点利用抵消机制有关事项的通知》	2015年6月29日
深圳	《深圳市碳排放权交易市场抵消信用管理规定（暂行）》	2015年6月2日
广东	《广东省碳排放管理试行办法》	2020年5月12日
上海	《上海市发展和改革委员会关于本市碳排放交易试点期间有关抵消机制使用规定的通知》	2015年1月8日
湖北	《省发改委关于2015年湖北省碳排放权抵消机制有关事项的通知》	2015年4月16日
北京	《北京市碳排放权抵消管理办法（试行）》	2014年9月1日
福建	《福建省碳排放权抵消管理办法（试行）》	2016年11月28日
重庆	《重庆市碳排放配额管理细则》	2023年9月11日

2024年1月，全国温室气体自愿减排交易市场在北京正式启动。当前，全国碳排放权交易市场仅覆盖电力行业，且只允许电力控排企业参与。全国温室气体自愿减排交易市场的重启，一方面通过抵销机制给控排单位提供更多履约选择；另一方面，将吸引更多市场主体，如未被纳入碳市场的碳密集型企业、自愿减排项目业主以及金融机构等参与碳市场。与此同时，温室气体自愿减排交易市场持续在地方试点碳市场发光发热，如

表 3-5 所示。

表 3-5　各个地方试点碳交易市场的自愿减排量的抵销机制

试点地区	抵销类型、项目来源	抵销比例
北京	（1）2013年1月1日后实际产生的减排量； （2）非来自减排氢氟碳化物、全氟化碳、氧化亚氮、六氟化硫项目及水电项目的减排量； （3）非来自本市行政辖区内重点排放单位固定设施的减排量	不得超出当年核发配额量的5%，京外项目产生的国家核证自愿减排量不得超过当年核发配额量的2.5%
天津	（1）2013年1月1日后实际产生的减排量； （2）仅来自二氧化碳气体项目，且不含水电项目产生的减排量	不得超出企业当年实际碳排放量的10%
上海	（1）可用于抵销的国家核证自愿减排量应为2013年1月1日后实际产生的减排量； （2）试点企业排放边界范围内的国家核证自愿减排量不得用于本市的配额清缴	不得超出当年核发配额量的5%
福建	（1）福建省内产生且非来自重点排放单位的减排量； （2）非水电项目产生的减排量； （3）仅来自二氧化碳、甲烷气体的项目减排量	（1）经备案的减排量总量不得高于当年经确认排放量的10%； （2）林业碳汇项目减排量不得超过当年经确认排放量的10%； （3）其他类型项目减排量不得超过当年经确认排放量的5%
深圳	（1）减排量需来自风电、光伏、垃圾焚烧发电、农村户用沼气和生物质发电项目，清洁交通减排项目，海洋固碳减排项目，林业碳汇项目，农业减排项目； （2）深圳市企业自行开发投资的减排项目所产生的减排量均可用于抵销	不高于管控单位年度碳排放量的10%

续表

试点地区	抵销类型、项目来源	抵销比例
广东	（1）控排企业和单位可以使用中国核证自愿减排量作为清缴配额，抵销本企业实际碳排放量； （2）控排企业和单位在其排放边界范围内产生的国家核证自愿减排量，不得用于抵销广东省控排企业和单位的碳排放	用于清缴的中国核证自愿减排量，不得超过本企业上年度实际碳排放量的10%，且其中70%以上应当是广东省内温室气体自愿减排项目产生
湖北	（1）自愿减排量由国家发展和改革委员会备案项目产生（已备案减排量可100%抵销，未备案可60%抵销）； （2）非大、中型水电类项目产生； （3）纳入碳排放配额管理企业组织边界范围外产生的自愿减排量	不超过企业年度碳排放初始配额的10%
重庆	重点排放单位可以使用国家核证自愿减排量、本市核证自愿减排量或其他符合规定的减排量完成碳排放配额清缴。 市生态环境局结合本市产业结构调整、节能减排和温室气体排放控制等情况对自愿减排项目的要求进行调整。 经核证的1吨碳减排当量可抵销1吨二氧化碳排放当量	重点排放单位使用减排量比例上限为其应清缴碳排放配额的10%，且使用的减排量中产生于本市行政区域内的比例应为60%以上。重点排放单位使用减排量的具体比例、使用减排项目的具体类型等在配额分配方案中明确

核证自愿减排量除了可以用来在碳交易市场上进行交易、帮助企业履行清缴义务以外，还可以用于大型活动的碳中和。根据《大型活动碳中和实施指南（试行）》第12条❶，大型活动组织者应通过购买碳排放配额、碳信用的方式或通过新建林业项目产生碳汇量的方式抵销大型活动实际产生的温室气体排放量，核证自愿减排量也属于被认可的排放量类型之一。

---

❶ 生态环境部：《大型活动碳中和实施指南（试行）》，http://www.gov.cn/gongbao/content/2019/content_5430516.htm，访问日期：2023年4月19日。

三、碳金融制度

无论碳排放配额的法律属性如何饱受争议，碳交易机制的确赋予了碳排放配额以直接的市场价值，实际上产生了一种新的无形资产，也由此催生了多种碳金融衍生品。尽管理论与实践都尚未就碳金融的含义与边界达成统一共识，但从广义上说碳金融是指所有服务于减少温室气体排放的、围绕碳排放权的各种金融交易和金融制度安排。而碳金融市场则是碳市场与碳金融的结合，是必须有金融机构（如银行、基金或信托机构等）参与的碳市场，其主要特点在于涉碳产品本身具有金融属性且金融机构直接或间接地作为市场交易主体。目前，国内试点地方碳市场和全国碳市场均以现货交易为主，尽管有些许碳金融产品已经出现，但真正意义上的碳金融体系尚未形成，也没有专门的法律法规对该行业领域进行规制。不过，许多探索已经在如火如荼地展开，未来我国将有序发展碳抵质押、碳远期、碳掉期、碳期权、碳租赁、碳资产证券化等碳金融产品和衍生品工具，我们也将持续跟进研究碳金融法律制度。

（一）制度沿革

1. 中央层面

2016年8月，中国人民银行、财政部、国家发展和改革委员会、环境保护部等七部门联合印发了《关于构建绿色金融体系的指导意见》，指出目前我国正处于经济结构调整和发展方式转变的关键时期，对支持绿色产业和经济、社会可持续发展的绿色金融的需求不断扩大。该意见明确指出"绿色金融体系是指通过绿色信贷、绿色债券、绿色股票指数和相关产品、绿色发展基金、绿色保险、碳金融等金融工具和相关政策支持经济向绿色化转型的制度安排"。可见，我国意在把碳金融作为绿色金融体系中的重要组成部分进行全面发展，因此碳金融的发展从一开始就与绿色金融息息相关。

2017年6月14日，国务院常务会议决定在浙江、江西、广东、贵州、新疆五省（区）选择部分地方，建设各有侧重、各具特色的绿色金融改革创新试验区，在体制机制上探索可复制可推广的经验。❶ 2017年6月30日，中国人民银行牵头印发了《落实〈关于构建绿色金融体系的指导意见〉的分工方案》（银办函〔2017〕294号），为中国绿色金融体系建设和发展制定了时间表和路线图。

2019年2月18日，中共中央、国务院印发了《粤港澳大湾区发展规划纲要》，该纲要提出要"支持广州建设绿色金融改革创新试验区，研究设立以碳排放为首个品种的创新型期货交易所"。❷ 2020年4月，中国人民银行、银保监会、证监会、国家外汇管理局联合发布《关于金融支持粤港澳大湾区建设的意见》（银发〔2020〕95号），明确要"推动粤港澳大湾区绿色金融合作。依托广州绿色金融改革创新试验区，建立完善粤港澳大湾区绿色金融合作工作机制。充分发挥广州碳排放交易所的平台功能，搭建粤港澳大湾区环境权益交易与金融服务平台"。❸

2020年10月，生态环境部会同国家发展和改革委员会、人民银行、银保监会、证监会联合印发《关于促进应对气候变化投融资的指导意见》，该指导意见提出要充分发挥碳排放权交易机制的激励和约束作用，在风险可控的前提下，支持机构及资本积极开发与碳排放权相关的金融产品和服务，有序探索运营碳期货等衍生产品和业务。2021年12月24日，生态环境部、国家发展和改革委员会、工业和信息化部、住房和城乡建设部、人民银行、国务院国资委、国管局、银保监会、证监会共同决定开展气候投融资试点工作，组织编制了《气候投融资试点工作方案》，该方案阐明本次试点工作要有序发展碳金融，指导试点地方研究和推动碳金融产品的开发与对接，进一步激发碳市场交易活力。同时，该方案也鼓励试点地方金

---

❶ 李克强：《后续监管如发现不符合要求，即依法撤销许可证》，http://www.gov.cn/premier/2017-06/14/content_5202560.htm，访问日期：2023年4月19日。

❷ 中共中央 国务院印发《粤港澳大湾区发展规划纲要》，http://hbrb.hebnews.cn/pc/paper/att/201902/19/8a53c30f-fa8b-4e17-8c03-cf86f3bdd1fa.pdf，访问日期：2023年4月19日。

❸ 《中国人民银行 中国银行保险监督管理委员会 中国证券监督管理委员会 国家外汇管理局关于金融支持粤港澳大湾区建设的意见》，http://www.gov.cn/zhengce/zhengceku/2020-05/15/content_5511766.htm，访问日期：2023年4月19日。

融机构在依法合规、风险可控前提下，稳妥有序探索开展包括碳基金、碳资产质押贷款、碳保险等碳金融服务，推动碳金融体系创新发展。2024年2月2日，国家发展和改革委员会等部门印发《绿色低碳转型产业指导目录（2024年版）》（发改环资〔2024〕165号），该目录结合绿色发展新形势、新任务、新要求修订形成，共分三级，包括7类一级目录、31类二级目录、246类三级目录。该目录及其解释说明，明确了节能降碳产业、环境保护产业、资源循环利用产业、能源绿色低碳转型、生态保护修复和利用、基础设施绿色升级、绿色服务等绿色低碳转型重点产业的细分类别和具体内涵，对推动经济社会发展绿色低碳转型提供支撑，为各地方、各部门制定完善相关产业支持政策提供依据。❶

2. 地方层面

各地方试点建设碳交易市场的同时，大部分地方政府也针对部分碳金融产品作出规定，如表3-6所示。

表3-6 各试点碳市场关于碳金融产品规定的条款

地区	文件名称	回购	担保融资
天津	《天津市碳排放权交易管理暂行办法》	第25条	第28条
上海	《上海市碳排放管理试行办法》	—	第34条
广州	《广州碳排放权交易中心广东省碳排放配额回购交易业务指引》	第5、12条	—
深圳	《深圳市碳排放权交易管理办法》	第18条	第30条
北京	《北京市碳排放权交易公开市场操作管理办法（试行）》	第36条	—
湖北	《湖北省碳排放配额投放和回购管理办法（试行）》	第3条、第5条	—
湖北	《湖北省碳排放权交易管理暂行办法》	—	第32条
福建	《福建省碳排放权交易市场调节实施细则（试行）》	第7条、第17条、第18条	—

---

❶ 《国家发展改革委等部门关于印发〈绿色低碳转型产业指导目录（2024年版）〉的通知》，https://www.gov.cn/zhengce/zhengceku/202403/content_6935418.htm，访问日期：2024年5月20日。

自《关于构建绿色金融体系的指导意见》发布以来，各地政府和各类金融机构也同步加快研究和探索构建碳金融体系。

据《衢州市人民政府办公室关于对市七届人大六次会议第88号建议的答复》，衢州市首批工业企业碳账户试点计划已于2021年6月底前完成，对象为年度综合能源消费量在5000吨标煤（含）以上的规上企业；第二批工业企业碳账户试点计划于2021年12月底前完成，对象为年度综合能源消费量在2000吨（含）至5000吨标准煤的规模以上企业。[1]至2022年，衢州市制定出台了《衢州市碳账户应用场景建设方案》《碳账户体系建设项目全生命周期管理实施方案》《衢州市碳账户数据全生命周期安全管理办法》《工业企业污水处理减污降碳协同增效试点管理办法（试行）》和工业、能源、交通、建筑、农业、个人六大领域建设方案，在全国率先形成规范化碳账户建设体系。[2]并且，衢州市政府还将继续探索，该市农业农村局正联合中国人民银行衢州市中心支行、市生态环境局等部门，积极起草制定衢州市农业碳账户建设试点方案，努力探索建立农业主体的农业碳账户体系，配套绿色金融信贷政策，以绿色金融精准支持现代农业绿色高质量发展。

2020年3月27日，长三角生态绿色一体化发展示范区执行委员会与中国人民银行上海总部联合其他多机构共同印发《关于在长三角生态绿色一体化发展示范区深化落实金融支持政策推进先行先试的若干举措》（示范区执委会发〔2020〕3号），提出推进一体化绿色金融服务平台建设，建立一体化示范区绿色金融支持政策超市。支持金融机构设立绿色金融事业部或绿色支行，鼓励发展绿色信贷，探索特许经营权、项目收益权和排污权等环境权益抵质押融资，鼓励各金融机构结合一体化示范区重大项目

---

[1] 衢州市政府办公室：《衢州市人民政府办公室关于对市七届人大六次会议第88号建议的答复（衢政办函〔2021〕17号）》，http://www.qz.gov.cn/art/2021/9/16/art_1229037105_4732649.html，访问日期：2023年4月19日。

[2] 浙江省生态环境厅：《〈改革之声〉衢州市构建形成碳账户应用体系》，http://sthjt.zj.gov.cn/art/2022/12/16/art_1201818_58937249.html，访问日期：2024年5月20日。

特点制订专属金融产品。❶ 2021年10月8日，上海市政府印发《上海加快打造国际绿色金融枢纽服务碳达峰碳中和目标的实施意见》（沪府办发〔2021〕27号），该意见明确指出"发展碳金融市场。……推动金融市场与碳排放权交易市场合作与联动发展，促进以碳排放权为基础的各类场外和场内衍生产品创新。推动金融机构积极稳妥参与碳金融市场建设，丰富碳金融市场参与主体。发展碳排放权质押、碳回购、碳基金、碳信托等碳金融业务，增强碳金融市场活力"。2021年，中国人民银行上海市分行、上海市银保监局、上海市生态环境局联合制定《上海市碳排放权质押贷款操作指引》，其中明确细化了碳排放权质押的贷款条件、贷款程序等，使碳排放权质押业务更加规范化。

（二）碳金融产品制度

除了全国和各地顶层设计的逐步跟进，在试点地方碳市场，许多金融机构已经相继开展一系列的碳金融产品和服务探索。这些碳金融产品主要聚焦在涉碳融资上，也就是将碳排放配额或国家核证自愿减排量项目进行抵押或质押从而获得融资，具体类型主要有碳资产抵押或质押融资、碳资产挂钩贷款、碳资产回购融资、碳债券、碳基金等。

1. 碳资产抵押或质押融资

碳资产抵押或质押融资是指企业以所拥有的碳资产（碳排放配额、国家核证自愿减排量等），或者该资产在未来可能产生的收益作为抵押品或质押品，从商业银行获得贷款融资。❷ 这类业务是我国商业银行在碳市场地方试点阶段开展得较多的业务形式，全国碳市场启动后，我国也有商业

---

❶ 中国人民银行：《关于在长三角生态绿色一体化发展示范区深化落实金融支持政策推进先行先试的若干举措》，http://shanghai.pbc.gov.cn/fzhshanghai/113571/4002780/index.html，访问日期：2024年5月20日。

❷ 鲁政委、叶向峰、钱立华、方琦：《"碳中和"愿景下我国碳市场与碳金融发展研究》，《西南金融》2021年第12期，第11页。

银行已落地全国碳市场配额抵质押融资业务。❶ 早在2015年，上海浦东发展银行股份有限公司就与上海置信碳资产管理有限公司签署了国家核证自愿减排量质押融资贷款合同，该笔碳资产质押融资业务是国家碳交易注册登记簿系统上线后发放的国内首单国家核证自愿减排量融资。❷

2. 碳资产挂钩贷款

碳资产挂钩贷款通过将企业生产经营中产生的温室气体排放量与企业融资成本挂钩，激励企业主动进行碳减排。❸ 2021年10月，兴业银行股份有限公司成都分行向四川环龙新材料有限公司发放一笔2500万元的"碳足迹"挂钩贷款。此笔贷款的利率与企业生产过程中的"碳足迹"挂钩，贷款利率随"碳足迹"减少而降低。对于企业而言，通过加强生产过程的"碳管理"，可以享受更低的贷款利率，减少融资成本；同时，企业还可以将节约的碳排放配额用于碳市场的交易，产生碳资产额外收入。❹

3. 碳资产回购融资

碳资产回购融资一般是指碳资产持有主体向碳排放权交易市场其他机构交易参与人出售配额，并约定在一定期限后按照约定价格回购所售配额，从而获得短期资金融通的融资方式，回购协议中一般需包含回购的配额数量、时间和价格等核心条款。碳资产回购融资不仅拓展了碳资产持有主体的融资渠道，也盘活了碳资产，增加了碳交易市场的活跃度。2014年12月30日，中信证券股份有限公司与北京华远意通热力科技股份有限公司正式签署了国内首笔碳排放配额回购融资协议，融资总规模为1330万元。❺

---

❶ 鲁政委、叶向峰、钱立华、方琦：《"碳中和"愿景下我国碳市场与碳金融发展研究》，《西南金融》2021年第12期，第11页。

❷ 佚名：《浦发银行与上海置信签署国家核证自愿减排量质押融资贷款合同》，http://www.ne21.com/news/show_67201.html，访问日期：2024年4月19日。

❸ 鲁政委、叶向峰、钱立华、方琦：《"碳中和"愿景下我国碳市场与碳金融发展研究》，《西南金融》2021年第12期，第12页。

❹ 杨丹：《兴业银行成都分行落地首笔"碳足迹"挂钩贷款》，http://xw.cbimc.cn/2021-10/29/content_414195.htm，访问日期：2023年4月19日。

❺ 北京环境交易所：《国内首单碳排放配额回购融资协议正式签约》，http://www.tanjiaoyi.com/article-6092-1.html，访问日期：2023年4月19日。

4. 碳债券

碳债券是指政府、企业为筹集低碳经济项目资金而向投资者发行的、承诺在一定时期支付利息和到期还本的债务凭证，其核心特点是将低碳项目的碳资产收入与债券利率水平挂钩。2014年5月12日，中广核风电有限公司宣布国内首单碳债券——中广核风电有限公司附加碳收益中期票据在银行间交易商市场成功发行。该债券利率采用"固定利率+浮动利率"的形式，其中，浮动利率与发行人下属的五家风电项目公司在债券存续期内实现的碳资产（国家核证自愿减排量）收益正向关联。[1]

5. 碳基金

与普通基金相比，碳基金的特点是以"拥有碳减排技术的企业"和"控排企业"为主要投资对象。2016年是我国碳基金的发展元年。"十三五"规划提出设立绿色发展基金，随后的《关于构建绿色金融体系的指导意见》提出通过放宽市场准入、实施特许经营等方式支持绿色基金投资的项目。随着我国正式提出碳达峰、碳中和的目标，汇丰晋信低碳先锋、华夏节能环保、易方达环保主题等一批以"低碳""碳中和"为主题的基金受到了市场的欢迎。2021年3月，协鑫能源科技股份有限公司与中金资本投资有限公司宣布设立全国首只碳中和产业基金"中金协鑫碳中和基金"，总规模在100亿元以内，首期规模约40亿元。[2]虽然我国碳基金起步较晚，但随着碳减排、碳中和理念的推广，碳基金能够引导更多社会资金进入这一领域，助力产业结构的转型。下面以东方证券股份有限公司（以下简称东方证券）率先落地首笔上海碳排放权交易为例，介绍我国碳基金的最近进展。

---

[1] 中国广核集团有限公司：《中广核风电成功发行国内首单"碳债券"》，http://www.sasac.gov.cn/n2588025/n2588124/c4005415/content.html，访问日期：2023年4月19日。

[2] 刘杨：《携手布局移动能源新赛道 中金协鑫"碳中和"基金落地》，https://finance.sina.com.cn/money/fund/jjyj/2021-03-31/doc-ikmyaawa3060899.shtml，访问日期：2023年4月19日。

【专栏 3-3】

东方证券率先落地首笔上海碳排放权交易 *

2023 年，东方证券首单碳排放权交易于 3 月 1 日落地。为服务国家"双碳"目标，践行绿色发展理念，东方证券固定收益业务总部在上海环境能源交易所通过挂牌交易方式完成首笔碳配额交易，标志着公司在参与碳市场建设，推进经济向绿色低碳转型升级目标迈出重要一步。

东方证券表示，建立健全国内碳交易市场的发展是实现我国"双碳"重大决策部署的重要政策工具。公司作为金融机构参与国内碳排放权交易，一方面有助于丰富国内碳市场交易主体，进一步提升碳市场交易活跃度，助力"双碳"目标的实现；另一方面有利于扩展 FICC（固定收益、外汇和大宗商品业务）金融产品服务链条，打造绿色金融一站式服务品牌，依托公司股东的能源产业优势，探索一条"产融一体"的高质量绿色券商发展路径。

四、总体评析

总结来看，我国碳排放权交易制度主要有以下三点特色：第一，我国的碳排放权交易制度是一个基于碳排放强度的、多行业的制度，因此碳排放配额并不是固定的，而是一个可预估的、具有灵活性的总量；第二，我国碳排放权交易不仅要控制化石燃料燃烧产生的直接碳排放，也要控制电

---

* 佚名：《东方证券完成首笔碳排放权交易》，https://sghexport.shobserver.com/html/baijiahao/2023/03/06/975551.html，访问日期：2023 年 5 月 15 日。

力和热力使用的间接碳排放，这和欧美国家和地区已建成的碳排放权交易只控制直接碳排放是不同的；第三，我国发电行业配额分配以免费为主、拍卖为辅，而欧美国家和地区已建成的碳排放权交易中的电力行业配额分配以拍卖为主。

目前，我国的碳金融体系仍处于蹒跚学步阶段，与海外其他经济体不同的是，我国的绿色金融成长路径走的是一条"自上而下"的发展道路。尽管实践中正在努力探索，但总体上还是需要依赖顶层设计的完善，做好定基调的工作才能给市场吃下"定心丸"。

纵然碳交易与碳金融市场尚存在诸多挑战，例如，市场活跃度较低、碳价较低、产品服务创新不足等，但从制度完善的层面来看，可以从宏观视角和微观视角两方面展开讨论。

（一）宏观视角

1. 法律法规体系有待完善

目前，仅有的规制碳交易和碳金融活动的规范的层级较低，《碳排放权交易管理办法（试行）》属于部门规章，而《关于构建绿色金融体系的指导意见》仅为规范性文件。规范的层级不够高，规定的内容不够充分，便无法赋予市场主体以充足的信心和信赖利益，也无法调动其参与交易的积极性。例如，企业的排放、检测以及核实方面缺少系统性规范，对碳金融交易尽职调查带来一定难度。

此外，尽管政策相较于法律法规具有灵活性等优势，但是政策往往缺乏一定的连续性，使投资者对相关政策信心不足。例如，尽管国家发展和改革委员会推出了核证自愿减排制度，却于2017年暂停了新项目审批，市场上国家核证自愿减排量的交易也一度处于停滞状态。政策层面的不确定性及不可预期性在一定程度上影响了境内外投资者参与碳金融市场的积极性和热情，一些潜在投资者仍持谨慎的观望态度。

2. 政府间协调机制尚不明晰

从国家层面来看，碳金融的发展不可避免地会牵涉生态环境部、人民银行、银保监会、证监会四者的职权管辖范围，亟须理清各自分工。从长远来看，尽管碳交易市场目前由生态环境部门主管，但是若想拓展市场、完善交易体系，仍然需要其他政府部门的协调。

3. 制度间兼容程度尚未明确

碳交易、碳金融与此前开展的各类节能减排或生态保护制度之间的关系也需要理清，这就要搭建一个多层次、立体的政策工具体系，避免因政策的重复而带来不必要的成本损耗。例如，针对大型企业的工业能效提升行动，包括 2006—2010 年的"千家企业节能行动"和 2011—2015 年的"万家企业节能低碳行动"，在许多方面都是类碳市场的先行实践。尽管这些行动不包括交易，但它们同样针对大型用能企业——鉴于煤炭在中国电力和工业中的直接使用比例很高，因此可以很好地替代碳排放强度。这些最新的工业能效提升行动与国家碳市场的预期范围非常接近。部分地方政府还尝试了"项目节能量交易"❶，这种交易与碳市场交易存在重叠，这是有问题的，因为必须在自身范围降低能源使用强度的公司，其参与交易的动机是有限的。此外，企业需要跟踪与能源和二氧化碳密切相关的履约义务，这可能会使管理费用增加近一倍。解决这一重叠问题具有较大挑战性，但对于扩大后的全国碳市场的有效运作至关重要。❷

（二）微观视角

首先，碳交易市场的主要问题围绕国家碳市场与地方碳市场的关系展开。国家碳市场是否需要完全取代地方建立的碳排放权交易试点？《碳排放权交易管理暂行条例》第 29 条规定，该条例施行后，不再新建地方碳排放权交易市场，重点排放单位不再参与相同温室气体种类和相同行业的

---

❶ 如江苏省政府曾于 2015 年 3 月印发《江苏省项目节能量交易管理办法（试行）》的通知，其中提到"本办法所称项目节能量（以下简称节能量）是指节能改造项目节能量和淘汰生产装置的能耗削减量"。

❷ 卡内基梅隆大学：《中国碳排放权交易制度：历史、现状与展望》，https://news.sohu.com/a/755790106_121884888，访问日期：2024 年 4 月 19 日。

地方碳排放权交易市场的碳排放权交易。该条例施行前建立的地方碳排放权交易市场，应当参照该条例的规定健全完善有关管理制度，加强监督管理。可见，未来地方碳市场并入全国碳市场将是必然的。那么，省级政府将如何处理由国家碳市场带来的省级减排量的不确定性，以及如何确定相应的地方减排责任便是一个棘手的难题。目前，全国碳市场只覆盖各省的部分排放单位，因此受减排目标约束的省级政府，需要确定该省不在碳市场覆盖范围内的企业应在多大程度上减少碳排放强度，但这是不确定的，因为在履约期结束前，难以确定被纳入碳市场的企业是通过内部减排还是通过购买配额抵销碳排放。这将给各省设计支撑碳强度目标实现的辅助措施带来困难，同时也将带来如何避免省内外抵销额度重复计算的问题。❶同时，由于我国的碳交易制度具有相当的特殊性，并不单纯只是一种市场手段，而是一个综合性较强的制度，它将企业自身的目标、国家与地方的减排目标和其他节能减排政策等要素与市场机制结合起来，其中各要素的逻辑关系如图 3-3 所示。因此，国家在今后如何将碳减排目标分解至各个省份，也是需要考虑的一个问题。

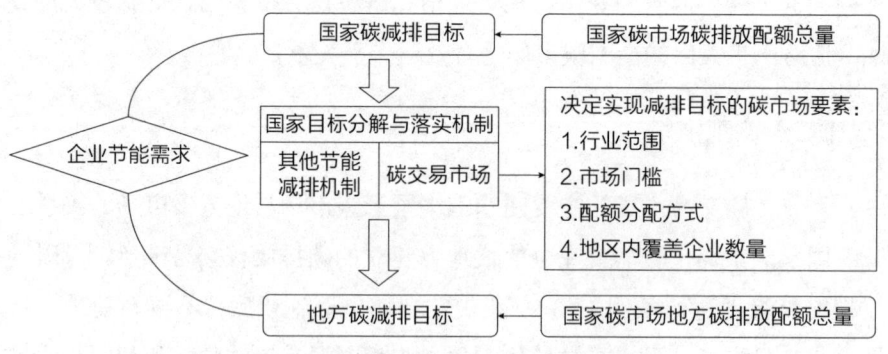

图 3-3　碳市场制度与其他各要素的逻辑关系

其次，相较于碳交易市场，碳金融的发展更加受制于环境信息披露制度的不健全。据不完全统计，我国已发行的碳金融产品超过半数没有进行

---

❶ 卡内基梅隆大学：《中国碳排放权交易制度：历史、现状与展望》，https://news.sohu.com/a/755790106_121884888，访问日期：2024 年 4 月 19 日。

环境信息披露。这固然与作为发行方的绿色环保企业和金融机构的自律性不足有直接关系，但更大的问题也许应归因于环境信息披露制度不健全。而环境信息披露制度不健全带来的信息不对称，导致投资者不了解政府监控范围之外的绿色项目进展情况和环保违规情况，也进一步制约了其参与绿色债券市场的主动性和积极性。然而，2021年12月，生态环境部印发了《企业环境信息依法披露管理办法》，自2022年2月8日起施行，该办法规定企业应当建立健全环境信息依法披露管理制度。

总体来看，我国碳法律制度与国际碳法律制度的发展基本上无缝对接，但是从我国整个碳法律制度发展的特点来看，仍然存在顶层设计缺位、重点制度缺失以及执行机制不足等问题。"他山之石，可以攻玉。"国际碳法律制度是对全世界各国的普遍要求，中国在国际共识的基础上也开展了一系列的碳法律制度实践和经验总结，但是国外碳法律制度发展的历史演进也更具借鉴价值，因为有些国家较早开展碳法律制度实践，如碳交易和碳金融，我们可以通过梳理国外碳法律制度的历史演进过程，分析我国目前可能处于碳法律制度的哪个阶段，进而深入比较分析我国适宜采取的相对解决策略。因此，下面第四章将重点介绍美国、欧盟、英国、日本、韩国和印度的碳法律制度历史演进。

第四章

国外碳法律制度的历史演进

第一节 美国的碳法律制度

作为世界上最大的经济体,美国以其占全球3%~4%的人口排放了占全球超过25%的二氧化碳,是世界上主要的碳排放国。[1] 美国温室气体排放量及其经济体量意味着,美国应对气候变化的态度及政策都将对世界应对气候变化问题产生深远影响。美国应对气候变化的立场变迁如表4-1所示,从该表中我们可以发现,美国联邦政府在气候变化问题上摇摆不定,两次国际气候协议的退出都是在"美国优先"原则的指导下作出的,该行为都受到美国国内和国际社会的质疑与谴责。此外,本章我们使用了"碳法律制度"和"涉碳法律制度"两个概念,对于这两个概念的关系有必要作如下说明:"碳法律制度"是在美国法律语境下直接与碳排放控制相关的法律制度,而"涉碳法律制度"则外延更为广泛,不仅包括直接与碳排放控制相关的法律

---

[1] 张庆阳:《国际社会应对气候变化发展动向综述》,《中外能源》2015年第8期,第6页。

制度，还包括一些间接相关的能源、气候、环境、降碳法律制度。

表 4-1 美国应对气候变化的立场变迁

时间	美国在减排问题上的立场
1992 年	签订《气候变化公约》
1997 年	在《联合国气候变化框架公约》第三次缔约方大会上，承诺 2008—2012 年将 6 种温室气体的排放量减少至 1990 年的水平
2001 年	时任总统布什认为，《京都议定书》给美国经济发展带来过重负担，于是退出《京都议定书》
2007 年	八国集团峰会上，美国承认气候变化问题的严重性，并表示应该采取行动，但仍坚持不应设定具体减排比例
2007 年 12 月	在第十三次缔约方大会上，反对关于强制性的减排方案
2009 年 1 月	在《联合国气候变化框架公约》第十五次缔约方大会上，提出到 2020 年，碳减排至 1990 年水平；到 2050 年，在此基础上减少 80%
2013 年 6 月	发布《总统气候行动计划》，明确到 2020 年碳排放比 2005 年减少 17%
2014 年 11 月	发布《中美气候变化联合声明》，美国计划在 2025 年之前将碳排放量在 2005 年的基础上减少 26%~28%
2015 年 3 月	正式提交国家自主贡献计划，重申《中美气候变化联合声明》目标
2016 年 3 月	美国在《中美元首气候变化联合声明》中表示积极推动目标实现[①]
2020 年 11 月	退出《巴黎协定》
2021 年 2 月	重返《巴黎协定》
2021 年 4 月	在领导人气候峰会上，美国承诺到 2030 年，碳排放量在 2005 年基础上减少 50%~52%[②]

资料来源：①新华社：《中美元首气候变化联合声明》，http://www.gov.cn/xinwen/2016-04/01/content_5060 304.htm，访问日期：2023 年 5 月 14 日。
②佚名：《拜登称到 2030 年将美国碳排放量减少 52% 但如何实现还是未知数》，https://new.qq.com/rain/a/20210423A0184H00，访问日期：2024 年 8 月 1 日。

一、美国碳法律制度回顾与梳理

（一）联邦的立法努力

美国于 1955 年颁布第一部统一的空气立法——《空气污染防治法》，1963 年颁布《清洁空气法》，1967 年颁布《空气质量控制法》；[1] 1970 年，国会批准通过《国家环境政策法》和修正后的《清洁空气法》，授权美国环境保护署对大气污染进行管控，但是上述几部法都未涉及碳法律制度的相关内容。1978 年，美国国会通过了《国家气候计划法》，开始展开对气候变化问题的研究，并制定气候影响评估的《国家气候计划》。1989 年通过《全球气候变化预防法》，1990 年通过《全球变化研究法》，并发布"美国全球气候变化研究计划"，授权联邦机构制定和协调全面综合的气候变化研究计划。[2] 1992 年，《能源政策法》生效，该法重点在于增加美国清洁能源的使用并提高整体能源效率。[3] 2005 年《能源政策法》修改后，将"气候变化"独立成编，要求提高能源利用效率，大力发展可续技术，促进对发展中国家技术的出口贸易。2005 年，美国对《清洁空气法》进行了修改，建立了排污交易制度，为碳交易法律制度的构建提供了理论和实践经验。[4]

美国是一个判例法国家，在温室气体控制这一领域，有两个案例具有里程碑式的意义。首先是 2002 年判决的"地球之友诉美国联邦政府案"，在该案中，原告认为联邦机构下属的"美国进出口银行"和"美国政府海外私人投资公司"提供的贷款、保险等用于石油开采、化石燃料计划将导

---

[1] 王泽邦：《美国清洁空气立法对我国大气污染防治立法的启示分析》，硕士学位论文，清华大学法学院，2015，第 15-17 页。

[2] 何秋：《美国气候变化法律制度研究》，博士学位论文，中南财经政法大学法学院，2018，第 45-46 页。

[3] US Department of Energy: "Energy Policy Act of 1992", https://www.energy.gov/management/october-24-1992-energy-policy-act-1992, accessed August 1st, 2024.

[4] 郭红岩：《美国联邦应对气候变化立法所涉重点问题研究》，《中国政法大学学报》2013 年第 5 期。

致大量二氧化碳气体排放，其产生的温室气体加剧了全球气候变化，损害了美国的环境，美国联邦政府（本案的被告）需要对其进行环境影响评估。但是因为被告未对该行为进行环境影响评价，因此原告认为被告的不作为违反了美国的《国家环境政策法》，原告的这一诉讼请求得到了联邦最高法院的支持。该案实际上确定了这样的规则：企业的生产经营活动凡是涉及二氧化碳等温室气体排放的，联邦政府应当对该行为开展环境影响评价，从而将二氧化碳等温室气体排放纳入环境影响评价体系进行管理。

其次是"马萨诸塞州诉美国环境保护署案"，2007年由联邦最高法院对该案作出判决，认定二氧化碳属于《清洁空气法》中对污染物的定义，美国环境保护署有权对二氧化碳等温室气体是否具有危害进行判断，如果有害，则美国环境保护署有权管理该气体。❶ 该案始于1999年，多个州和环境组织共同向美国环境保护署请愿，要求将温室气体列入空气污染物行列，但是该请愿于2003年被美国环境保护署拒绝，于是原告将美国环境保护署诉至法庭，直至2007年，联邦最高法院才对该案作出判决，此判决实际上赋予了美国环境保护署对二氧化碳等温室气体的行政管制权。❷ 2009年，美国环境保护署发布了一份名为"危害发现"的裁定，认为包括二氧化碳在内的六种温室气体是造成全球气候变暖的主要原因，有可能对当代人和后代人的公共健康与福利造成威胁，应当属于《清洁空气法》所管制的"污染物"；同年还发布了另一份名为"温室气体原因发现"的裁定，认为新机动车排放的温室气体混合物会对公共健康和福利造成威胁，美国环境保护署开始正式对碳排放进行行政监管。❸ 随后，美国环境保护署颁布了一系列减少来自移动源和固定源的碳排放规定，并调整了新机动车、新建和现有化石燃料发电厂等温室气体排放源的规范，例如，2010年

---

❶ 张梓太、沈灏：《全球因应气候变化的司法诉讼研究——以美国为例》，《江苏社会科学》2015年第1期。

❷ 何秋：《美国气候变化法律制度研究》，博士学位论文，中南财经政法大学法学院，2018，第45–46页。

❸ 何秋：《美国气候变化法律制度研究》，博士学位论文，中南财经政法大学法学院，2018，第46–47页。

发布《防止空气显著恶化许可程序下温室气体排放许可权授予规则》。❶ 2015年，美国环境保护署出台《清洁电力计划》，明确到2030年发电企业碳排放量较在2005年基础上下降32%。❷

虽然美国联邦层面的应对气候变化立法活动始于1978年，但迄今为止尚未通过针对温室气体排放和应对气候变化的联邦概括性立法，参众两院已提出若干立法草案，如《利伯曼-麦凯恩法案》（Lieberman-McCain法案）（S.280）、《利伯曼-沃纳法案》（Lieberman-Warner法案）（S.2191）、《瓦克斯曼法案》（Waxman法案）（H.R.1590）等，其中以2009年众议院通过的Waxman-Markey法案（H.R.2454），即《美国清洁能源与安全法》和2010年《美国能源法案》最为著名。❸《美国清洁能源与安全法》旨在实现能源独立，削减美国温室气体排放，实现清洁能源经济的转型。该法总共分为五篇，提出主要采取"总量限额与交易制度"来对企业的碳排放进行管理，该法最终未能获得参议院通过。❹《美国能源法案》规定，相对于2005年，2013年实现减排4.5%，2020年减排17%，2030年减排至少42%，2050年减排至少83%，但是这一目标远远低于《京都议定书》对发达国家的减排要求。❺两部法案的比较，参见表4-2。

表4-2 《美国清洁能源与安全法》与《美国能源法案》的内容比较

比较内容	《美国清洁能源与安全法》	《美国能源法案》
减排目标	以2005年为基准，2012年减少3%，2020年减少17%，2030年减少42%，2050年减少83%	以2005年为基准，2013年减少4.5%，2020年减少17%，2030年减少42%，2050年减少83%

---

❶ 袁振华、温融:《气候变化背景下美国温室气体排放许可立法的最新实施规则论析》，《经济问题探索》2012年第5期。

❷ 张焕波:《全球应对气候变化政策趋势与分析》，社会科学文献出版社，2016，第377页。

❸ 夏梓耀:《碳排放权研究》，中国法制出版社，2016，第9-10页。

❹ 郭红岩:《美国联邦应对气候变化立法所涉重点问题研究》，《中国政法大学学报》2013年第5期。

❺ 郭红岩:《美国联邦应对气候变化立法所涉重点问题研究》，《中国政法大学学报》2013年第5期。

续表

比较内容	《美国清洁能源与安全法》	《美国能源法案》
监管对象	每年碳排放量超过2.5万吨的大型静止排放源，所有化石燃料的生产和进口企业以及向居民等配送天然气的企业、含氟气体的生产商	发电、工业排放源、天然气和化石燃料企业
碳额度的分配	开始阶段，拍卖额度为20%左右；到2030年，该比例逐步提高大约达到70%	开始阶段，部分排放额度用于拍卖，并逐步过渡到将所有额度进行拍卖
碳排放额度的价格	—	设置价格上下限制度和排放额度的储备制度
市场监管	联邦能源监管委员会对排放额度和抵偿排放量的现金市场进行监管，授权商品期货交易委员会对各种衍生品进行监管，并禁止衍生品的场外交易	授权商品期货交易委员会监管操纵或者欺诈行为
碳排放监管范围	二氧化碳、甲烷、一氧化二氮、氢氟碳化物、全氟碳化物、六氟化硫和三氟化氮	
监管方式	兼采上游监管和下游监管相结合的方式	

资料来源：① "H.R.2454 – American Clean Energy and Security Act of 2009"，https://www.congress.gov/bill/111th-congress/house-bill/2454，accessed May 15, 2023.

② John Larsen, James Bradbury, Alexia Kelly, Allison Bishins and Micah Ziegler: "WRI Summary of The American Power Act (Kerry-Lieberman Discussion Draft)"，http://pdf.wri.org/wri_summary_american_power_act_2010-06-07.pdf，accessed May 15, 2023.

总体来看，在联邦层面，美国对温室气体的管制主要通过判例和完善已有的污染防治法律来推动，体现了大气污染和温室气体协同监管的理念。

（二）地方的立法进程

尽管联邦政府层面的应对气候变化立法停滞不前，但在地方层面，半数以上的州已经进行地方立法，具有较大影响力的是美国东北部及中大西洋地区11个州缔结的《区域温室气体行动倡议》（Regional Greenhouse

Gas Initial，简称 RGGI）、《加利福尼亚州温室气体总量控制与交易计划》（California Cap-and-Trade Program，简称 CCTP）等。美国各州采取的措施大致包含以下几个方面：第一是制定专门立法，第二是声明减排目标和计划，第三是设计碳排放市场交易机制，第四是依托能源法并重点对机动车排放进行管控，第五是积极参加各州之间的区域计划。❶ 在控制碳排放问题的态度上，各州层面的积极性高于联邦层面，甚至因为不愿在这一问题上比相邻州落后而开展合作与良性竞争，取得的成果也更加瞩目，其中加利福尼亚州和华盛顿州的立法较为突出。

1. 加利福尼亚州

加利福尼亚州于 2006 年通过《加利福尼亚州全球变暖解决方法法案》（简称 AB 32 法案），这是美国第一部应对气候变化的地方性立法，概述了为减少气候变化和温室气体排放应采取的措施。❷ 该法案共有七个章节，分别是"总则""温室气体排放强制报告""全州温室气体排放限制""减缓温室气体排放""以市场为基础的履约机制""执行"和"其他规定"。❸ 该法案建立了控制碳排放的三大机制：一是碳排放总量控制和交易机制。《加利福尼亚州全球变暖解决方法法案》提出从 2012 年开始启动碳排放的总量控制和交易制度，然而因为该部立法是美国首部地方性立法，缺少实践经验，对碳排放权交易的设计较为粗糙。但在最近的十年，加利福尼亚州一直在创新，于 2014 年通过《美加西部气候倡议》（Western Climate Initiative，简称 WCI）将自己的总量控制与交易计划与加拿大魁北克省的项目关联起来，并于 2018 年又与加拿大安大略省的项目关联起来。此外，加利福尼亚州还与外国司法管辖区签订了一些抵销协议。二是碳排放报告制度和目标倒逼机制。《加利福尼亚州全球变暖解决方法法案》明确提出

---

❶ 曹明德、刘明明、崔金星等：《中国碳排放交易法律制度研究》，中国政法大学出版社，2016，第 168–169 页。

❷ 田丹宇、郑文茹：《国外应对气候变化的立法进展与启示》，《气候变化研究进展》2020 年第 4 期。

❸ "Assembly Bill No. 32"，http://www.leginfo.ca.gov/pub/05–06/bill/asm/ab_0001—0050/ab_32_bill_20060927_chaptered.pdf，accessed May 15，2023.

加利福尼亚州的减排目标为"在2020年将温室气体排放总量降低到1990年水平"。三是监督管理机制。《加利福尼亚州全球变暖解决方法法案》明确由加利福尼亚州空气资源委员会主管温室气体减排事务,设定并督促落实减排目标。❶

此后,加利福尼亚州又陆续通过了《可持续社区发展及气候保护法》(SB 375)、《清洁能源和减排法》(SB 350)等二十多部应对气候变化的地方性立法,为碳减排提供了法律保障。

2. 华盛顿州

2020年,华盛顿州立法机构通过了一项限制该州温室气体排放的规定,以符合联合国气候变化专门委员会的建议,将全球气温上升限制在1.5摄氏度以内。

2021年5月,华盛顿州立法机构通过了《气候承诺法案》(Climate Commitment Act,简称CCA),该法案规定从2023年1月1日开始实施可强制执行的总量控制与投资系统,其宗旨在于限制和减少碳排放,并鼓励各类绿色投资,帮助华盛顿州于2050年成为"零碳"社会。目前,华盛顿州是美国第二个在经济范围内对气候污染实施限制的州,而且是目前唯一有长期限制计划的州。《气候承诺法案》构建的总量控制与投资计划有五个关键词,分别是"总量""减缓""恢复""投资"和"履约"。该法案为该州近四分之三的温室气体排放量设定上限,并逐年降低该上限。具体而言,以1990年的排放量为基准,到2030年减少45%,到2040年减少70%,到2050年减少95%,最后实现净零排放。目前,大约有100个覆盖的实体,横跨四个主要领域:公共电力(占所覆盖基线排放的23%)、公共天然气(占所覆盖基线排放的13%)、排放密集型暴露贸易实体(占所覆盖基线排放的13%)以及所有其余所覆盖的实体,其中最大的一类是公

---

❶ 于文轩、田丹宇:《美国和墨西哥应对气候变化立法及其借鉴意义》,《江苏大学学报(社会科学版)》2016年第2期,第3页。

路运输燃料（占所覆盖基线排放的51%）。[1]

二、美国的涉碳法律制度

美国暂未在联邦层面建立全国碳排放权交易市场，碳排放权交易主要在各州之间开展合作，笔者将对美国四个较为重要的区域性碳排放权交易场域进行介绍。

（一）芝加哥气候交易所

芝加哥地区创建的芝加哥气候交易所（Chicago Climate Exchange，简称CCX）于2003年开始正式运营，是世界上第一个具有法律约束力的自愿减排综合贸易系统，通过全球范围内的抵销项目，减少所有六种主要温室气体的排放。

芝加哥气候交易所实行会员制，涉及电力、航空、交通、环境等十多个行业，参与企业位于美国、加拿大等多个国家。加入芝加哥气候交易所的会员必须是年排放量超过1万吨二氧化碳当量的实体，据估算该计划的总基线覆盖了大约7亿吨二氧化碳，大约相当于欧洲总量控制与交易计划的1/3。[2] 芝加哥气候交易所对其会员的减排量设定了最低要求，以各自在1998—2001年的平均排放量为基准，自2003年起每年至少减排1%；自2006年，在2003年的基础上到2010年减少6%。[3] 2004年，芝加哥气候期货交易所（CCFE）成立。

在配额分配的规则上，芝加哥气候交易所结合其会员的历史排放基准

---

[1] Kevin Tempest, Katelyn Roedner-Sutter, Kjellen Belcher: "Policy Brief: Washington State's Climate Commitment Act", https://www.cleanprosperouswa.com/wp-content/uploads/2021/09/CaPWA-Policy-Brief-%E2%80%93-Washington-States-Climate-Commitment-Act.pdf, accessed May 15, 2023.

[2] Chicago Climate Exchange 2011: "Fact Sheet（December 2011）", https://www.theice.com/publicdocs/ccx/CCX_Fact_Sheet.pdf, accessed May 15, 2023.

[3] 孙悦：《欧盟碳排放权交易体系及其价格机制研究》，博士学位论文，吉林大学东北亚研究院，2018，第33页。

线和各自承诺的减排计划分配相应的碳排放配额,没有完成减排承诺的会员可通过购买碳金融工具(Carbon Financial Instrument,简称 CFI)来抵销其未完成的减排[1];如果会员的实际减排量超过其承诺减排量,则可以将超出部分在芝加哥气候交易所中交易或者储存,所有交易都通过芝加哥气候交易所网上交易平台进行。交易类型分为碳排放配额和碳抵销两类,其中碳抵销具有公益性质,主要用于农业、森林、水管理和再生能源等行业。此外,芝加哥气候交易所也接受清洁发展机制项目。[2]

因为芝加哥气候交易所本身是自愿性交易平台,其核心理念便是完全依靠市场的调节作用、充分发挥市场机制来实现减排目标,这就难以避免其在运行后期面临价格剧烈波动、交易冷清等局面,无法从根本上保障气候安全,但是在其运行的七年时间里,会员总共减排 4.5 亿吨,依旧是一个不错的成绩。[3] 2010 年,洲际交易所(Intercontinental Exchange,简称 IE)收购了芝加哥气候交易所及其全球分支机构。

(二)《美加西部气候倡议》

2007 年 2 月,美国亚利桑那州、加利福尼亚州、新墨西哥州、俄勒冈州和华盛顿州的州长联合创建了《美加西部气候倡议》,该倡议旨在设计一种区域性的、以运用市场手段为基础的减少温室气体排放的方法。2014 年以 2015 年的排放量为基准,《美加西部气候倡议》的具体目标是帮助整个计划覆盖的地区完成到 2020 年减排 15% 的目标。到 2008 年 7 月,该倡议已扩大到美国蒙大拿州、犹他州和加拿大 4 个省,因此在该计划影响最大的时候,共有 11 个成员。从组织架构的角度来看,《美加西部气候倡议》可归类为两地政府间发布的行动倡议文件。它的成立文件是五位发起成员

---

[1] 孙悦:《欧盟碳排放权交易体系及其价格机制研究》,博士学位论文,吉林大学东北亚研究院,2018,第 33 页。

[2] 温岩、刘长松、罗勇:《美国碳排放权交易体系评析》,《气候变化研究进展》2013 年第 2 期,第 145 页。

[3] 孙悦:《欧盟碳排放权交易体系及其价格机制研究》,博士学位论文,吉林大学东北亚研究院,2018,第 33 页。

之间的简单协议，该文件没有赋予《美加西部气候倡议》任何法律身份，因此《美加西部气候倡议》决策权由参与成员的政府代表行使。

2008年9月，《美加西部气候倡议》正式发布了《美加西部气候倡议区域总量管制与交易计划设计建议》（Design Recommendations for the WCI Regional Cap-and-Trade Program，2008 Design Recommendations，以下简称2008建议），并于2009年对其进行了修改，修改前后的两份文件共同完成了对该倡议的所有设计与落实。❶ 从该倡议覆盖的范围来看，美国另一个气候倡议，即《区域温室气体行动倡议》的总量控制与交易计划仅限于发电厂的排放，相比之下《美加西部气候倡议》的覆盖范围则更大一些，其减排的目标是所有行业。❷《美加西部气候倡议》以三年作为一个履约期，碳交易市场于2012年开始运作，初始阶段的参与者主要是一些大型工业和发电行业；自2015年起，增加了交通、住宅等其他行业和部门，其行业覆盖范围大于《区域温室气体行动倡议》。❸

从制度设计目标来看，这样一个跨区域的倡议是为了创建一个相对统一的碳排放配额市场，从而促进市场的流动性和效率，更为重要的是解决不同辖区范围市场的协调与互联问题，而在市场链接方面，《美加西部气候倡议》提供了一些有价值的参考。2008建议中确定了必须通过协调机制设定相同的机制要素，包括碳排放量的某些计算和报告方式、向被覆盖实体分配碳排放配额的时间表、履约期限、从其他交易项目接受抵销的比例等。同时，2008建议也确定了以下特征不需要完全一致，如分配碳排放配

---

❶ "Western Climate Initiative, Design Recommendations for the WCI Regional Cap-and-Trade Program", https://www.environnement.gouv.qc.ca/changements/carbone/documents-WCI/modele-recommande-WCI-en.pdf, accessed May 15, 2023.

❷ "Western Climate Initiative, Design Recommendations for the WCI Regional Cap-and-Trade Program", https://www.environnement.gouv.qc.ca/changements/carbone/documents-WCI/modele-recommande-WCI-en.pdf, accessed May 15, 2023.

❸ 王慧：《美国地方气候变化立法及其启示》，《中国地质大学学报（社会科学版）》2017年第1期，第59页。

额的方式等。❶ 因此，《美加西部气候倡议》下的协调机制取决于相同和非相同两种要素的组合，具体的组合将根据涉及的区域而有所不同。在这样的框架下，经历一番努力，美国加利福尼亚州与加拿大魁北克省于2013年达成共同认可的协调机制，签订了《加利福尼亚-魁北克联动协议》，细化实施《美加西部气候倡议》，之后，不断创新，加利福尼亚州于2014年将自己的总量控制与交易计划与加拿大魁北克省的项目关联起来，后于2018年将这一双边协议拓展为三边协议，即《加利福尼亚-魁北克-安大略联动协议》。❷ 如此一来，若将这三个碳排放交易市场视为一个统一的市场，那么这便是北美目前最大的碳交易市场。

尽管《美加西部气候倡议》取得了一定成就，但该倡议的执行似乎还存在一定困难，从参与成员的更迭与执行倡议的力度便可见一斑。2010年，亚利桑那州宣布不会实施本州的总量控制与交易计划，特别是在经济低迷时期，但仍保持其作为合作伙伴的《美加西部气候倡议》成员身份。❸ 2011年11月18日，亚利桑那州、蒙大拿州、新墨西哥州、俄勒冈州、犹他州和华盛顿州正式退出《美加西部气候倡议》。2018年，加拿大安大略省和不列颠哥伦比亚省也正式退出了《美加西部气候倡议》。❹ 截至2021年8月，该倡议仅存美国的加利福尼亚州、加拿大的新斯科舍和魁北克省三个成员。

（三）《区域温室气体行动倡议》

2003年，纽约州等美国东北部九个州共同签订了一个为限制和减少电

---

❶ "Western Climate Initiative, Design Recommendations for the WCI Regional Cap-and-Trade Program", https://www.environnement.gouv.qc.ca/changements/carbone/documents-WCI/modele-recommande-WCI-en.pdf, accessed May 15, 2023.

❷ 佚名：《加利福尼亚-魁北克碳市场》，http://m.tanpaifang.com/article/86603.html，访问日期：2024年8月30日。

❸ "Executive Order 2010-06 Governor's Policy on Climate Change", https://digital.library.unt.edu/ark:/67531/metadc226777/m2/1/high_res_d/eo-2010-06.pdf, accessed August 1st, 2024.

❹ "Western Climate Initiative", https://www.britannica.com/topic/Western-Climate-Initiative, accessed August 1st, 2024.

力行业二氧化碳排放的《区域温室气体行动倡议》。该倡议是美国第一个强制性的区域性市场计划。截至2021年12月，该倡议参与的州有康涅狄格州、特拉华州、缅因州、马里兰州、马萨诸塞州、新罕布什尔州、新泽西州、纽约州、罗得岛州、佛蒙特州和弗吉尼亚州，共11个成员州。❶

根据《区域温室气体行动倡议》，每三年为一个管控期，现在正经历第六个"三年管制期"，如表4-3所示。《区域温室气体行动倡议》设定的碳排放总量下降率为每年下降2.5%，从2014年到2019年，《区域温室气体行动倡议》的基础碳排放总量每年都在下降，而从2020年到2023年，因为新泽西州的加入排放量有所起伏，如表4-4所示。

表4-3 《区域温室气体行动倡议》实施阶段

阶段	时间段
第1个三年管制期	2009.1.1—2011.12.31
第2个三年管制期	2012.1.1—2014.12.31
第3个三年管制期	2015.1.1—2017.12.31
第4个三年管制期	2018.1.1—2020.12.31
第5个三年管制期	2021.1.1—2023.12.31
第6个三年管制期	2024.1.1—2026.12.31

资料来源：RGGI Inc: "Elements of RGGI"，https://www.rggi.org/program-overview-and-design/elements，访问日期：2024年8月2日。

表4-4 2014—2023年《区域温室气体行动倡议》的基础碳排放总量

年份	基础减排总量/二氧化碳吨数
2014	91 000 000
2015	88 725 000
2016	86 506 875
2017	84 344 203
2018	82 235 598

---

❶ "The Reginal Greenhouse Gas Initiative, Materials on New Participation", https://www.rggi.org/program-overview-and-design/new-participation, accessed August 1st, 2024.

续表

年份	基础减排总量/二氧化碳吨数
2019	80 179 708
2020	96 175 215
2021	119 767 784
2022	116 112 784
2023	112 457 784

资料来源：RGGI Inc: "Elements of RGGI", https://www.rggi.org/program-overview-and-design/elements, 访问日期：2024 年 8 月 2 日。

《区域温室气体行动倡议》覆盖的排放主体为 25 兆瓦及以上的化石燃料发电厂。截至 2021 年，共囊括 203 个符合门槛的发电厂。截至 2021 年 4 月，已有 97.5% 受覆盖的发电厂履行了第四个管制期的履约义务。[1]

《区域温室气体行动倡议》设立的碳排放交易体系与欧盟成立的总量控制与交易模式较为相似。《区域温室气体行动倡议》首先确定一个碳排放配额总量，基于各州的历史碳排放量并综合相关因素将碳排放配额分配给各成员州，各州在其地域范围内则采用拍卖的方式分配。排放实体获得配额后，可根据具体的排放情况将其投入二级市场进行流通交易，实现灵活履约。《区域温室气体行动倡议》设置了严格的监测与报告制度，排放实体必须按照《区域温室气体行动倡议》的规定安装必要的监测系统，并按季度向《区域温室气体行动倡议》监管机构报告排放数据。[2] 至最后履约期届满，由监管机构对排放实体的实际排放量与碳排放配额进行考核比对，对超额排放者予以处罚。[3]《区域温室气体行动倡议》允许使用碳

---

[1] RGGI Inc: "RGGI States Release Fourth Control Period Compliance Report", https://www.rggi.org/sites/default/files/Uploads/Press-Releases/2021_04_02_FoCP_Compliance.pdf, accessed May 15, 2023.

[2] 温岩、刘长松、罗勇：《美国碳排放权交易体系评析》，《气候变化研究进展》2013 年第 2 期，第 145 页。

[3] 孙悦：《欧盟碳排放权交易体系及其价格机制研究》，博士学位论文，吉林大学东北亚研究院，2018，第 33-34 页。

抵销配额来履行其减排义务，但是通常抵销的比例不得超过其减排义务的3.3%。❶

《区域温室气体行动倡议》建立了国际上首个完全以拍卖方式进行碳排放配额分配的碳排放交易体系，其成功的原因在于《区域温室气体行动倡议》仅涉及电力部门的碳减排，实行全部有偿取得并不会减损产业的国际竞争力，同时无须较多考虑对新设企业获取碳排放权的照顾，故无须渐进式实现从无偿取得向有偿取得的转变。❷

（四）《加利福尼亚州温室气体总量控制与交易计划》

加利福尼亚州于2013年启动碳排放总量管制与排放交易计划，即《加利福尼亚州温室气体总量控制与交易计划》，它是该州为减少温室气体排放而采取的一系列主要政策之一。加利福尼亚州的碳排放交易计划是世界上第四大的，仅次于中国、欧盟和韩国的排放交易计划。❸

（1）覆盖范围。2013—2014年，该计划所涵盖的实体为每年排放25 000吨以上二氧化碳当量的工厂。2015年起，覆盖范围扩大到25 000吨的石油和天然气分销商，总计约450家企业，能够覆盖加利福尼亚州温室气体排放总量的85%。

（2）配额拍卖收入。除了分配给发电厂、工厂和天然气设施的配额是免费的，加利福尼亚州的大部分配额都是拍卖出售的，拍卖收入存入温室气体减排基金（Greenhouse Gas Reduction Fund，简称GGRF）。该州2012年出台的两部法律确立了如何支付这一收入的原则。这两部法律没有明确指出具体项目，但提供了一个框架，说明州政府应如何将总量控制与排放交易的收入用于各类项目。加利福尼亚州议会第1532号法案（AB 1532法

---

❶ 温岩、刘长松、罗勇：《美国碳排放权交易体系评析》，《气候变化研究进展》2013年第2期，第145页。

❷ 夏梓耀：《碳排放权研究》，中国法制出版社，2016，第143-144页。

❸ Center for Climate and Energy Solutions：" California Cap and Trade"，https://www.c2es.org/content/california-cap-and-trade/，accessed May 15, 2023.

案)要求拍卖收入用于保护环境目的的项目,重点是改善空气质量。❶ 加利福尼亚州参议院第 535 号法案(SB 535 法案)则要求至少 25% 的收入用于有利于弱势社区的项目,这些社区往往遭受严重的空气污染影响,后来这一标准被加利福尼亚州议会第 1150 号法案(AB 1150 法案)修订为 35%。❷

(3)抵销机制。该计划允许使用自愿减排量进行抵销,但规定了抵销额度的上限。2020 年前,最多不得超过其配额的 8%,2021—2025 年,则不能超过 4%,2026—2030 年不能超过 6%。

(4)惩罚机制。如果排放实体没有按时履约,那么每违约一吨二氧化碳当量就必须上交四份碳排放配额。❸

(5)信息披露和监督制约机制。加利福尼亚州空气资源委员会建立了"上限-贸易项目"平台,发布关于碳交易运行的所有信息。同时,加利福尼亚州还定期发布《温室气体排放数据报告》和《履约报告》,披露企业的年度温室气体排放量和履约信息。此外,加利福尼亚州还通过"公开会议"的形式开展公众监督,确保公众充分参与相关法律政策的制定和调整,并及时将会议内容、各方意见以及立法提案与修正案在委员会网站上公布。❹

---

❶ "Assembly Bill No.1532", http://www.leginfo.ca.gov/pub/11-12/bill/asm/ab_1501—1550/ab_1532_bill_20120930_chaptered.pdf, accessed May 15, 2023.

❷ "Senate Bill No. 535", http://www.leginfo.ca.gov/pub/11-12/bill/sen/sb_0501—0550/sb_535_bill_20120930_chaptered.pdf, accessed May 15, 2023; "Assembly Bill No.1150", https://leginfo.legislature.ca.gov/faces/billTextClient.xhtml?bill_id=201520160AB1150, accessed May 15, 2023.

❸ "Unoffical Electronic Version of the Regulation for the California Cap on Greenhouse Gas Emissions and Market-Based Compliance Mechanisms", https://ww2.arb.ca.gov/sites/default/files/2021-02/ct_reg_unofficial.pdf, accessed May 15, 2023.

❹ 刘海燕、郑爽:《温室气体排放信息披露经验借鉴与政策建议》,《气候变化研究进展》2021 年第 5 期,第 572 页。

第二节　欧盟的碳法律制度

欧盟高度重视气候变化问题，从 20 世纪 90 年代开始，便积极呼吁控制温室气体排放，并重点关注温室气体减排与大气污染物减排的协同效益。从排放源来看，欧盟一半以上的排放量来自电力、热力工业和交通运输业，另外私人家庭活动的二氧化碳排放量也很大，其中家庭交通占比最高。❶

一、欧盟碳法律制度回顾与梳理

欧盟根据温室气体的不同来源，采取了多维度管控的立法模式。

在大气污染防治领域，1996 年制定并于 2008 年修改的《污染防治综合指令》（Directive 2008/1/EC），受监管的污染物就包括二氧化碳等温室气体。❷ 2010 年，《工业污染物排放指令》取代《污染防治综合指令》，但是"污染物"范围未变，二氧化碳等温室气体依旧是受监管的污染物。❸ 在大气污染防治领域，欧盟并未形成单独的碳法律制度，而是强调将温室气体与大气污染物进行协同控制，并就大气污染物综合防治与碳排放交易进行衔接。

在能源领域，欧盟陆续颁布了《促进利用可再生能源发电的指令》（Directive 2001/77/EC）、《关于征收能源税的指令》（Directive 2003/96/

---

❶ 刘蕊、张明顺：《欧盟 CO_2 排放现状及我国开展碳排放计算统计工作的建议》，《中国人口·资源与环境》2015 年第 S1 期，第 528 页。

❷ 刘晶：《温室气体减排的法律路径：温室气体和大气污染物协同控制——评〈大气污染防治法〉第 2 条第 2 款》，《新疆大学学报（哲学·人文社会科学版）》2019 年第 6 期，第 53 页。

❸ 刘晶：《温室气体减排的法律路径：温室气体和大气污染物协同控制——评〈大气污染防治法〉第 2 条第 2 款》，《新疆大学学报（哲学·人文社会科学版）》2019 年第 6 期，第 53 页。

EC)、《促进可再生能源利用的指令》(Directive 2009/28/EC)、《关于提高能源效率的指令》(Directive 2012/27/EC),明确欧盟到 2020 年实现能源效率提高 20% 的目标。❶ 2020 年,欧盟提出《能源系统一体化战略》(Energy Systems Integration Strategy)和《欧洲氢能战略》(EU Hydrogen Strategy),重点推进能源体系转型和扶持氢能等战略性新兴产业。❷ 能源法与控制温室气体排放之间也有密切联系,中长期气候和能源发展目标是欧盟碳排放权交易市场发展的基石,而碳排放交易市场则是实现欧盟中长期气候和能源发展目标的重要手段。❸

在应对气候变化和控制温室气体排放领域,1998 年,欧盟颁布《气候变化:后京都议定书的欧盟策略》,建议开展碳排放交易。2000 年,颁布《温室气体绿皮书》,将碳排放交易纳入治理气候问题的政策体系。2003 年,颁布《排放交易条例》(Directive 2003/87/EC),明确碳排放交易的法律地位,并创立"欧盟排放许可"(European Union Allowance,简称 EUA),将其作为法律保护的资产。❹ 2009 年,通过"能源气候一揽子计划",提出了明确的气候目标,通过法律表明达成气候中和的决心。❺ 同年,通过《欧盟 2020 年气候和能源发展计划》,明确到 2020 年,欧盟碳排放相对于 1990 年下降 20%,碳排放交易市场覆盖欧盟碳排放规模的 45%,被覆盖行业碳排放量比 2005 年降低 21%。2011 年,制定《欧盟 2050 年低碳经济发展目标》。2014 年,通过《欧盟 2030 年气候和能源发展框架》。❻

---

❶ 李艳芳、张忠利:《欧盟温室气体排放法律规制及其特点》,《中国地质大学学报(社会科学版)》,2014 年第 5 期。

❷ 王优西、张晓通、邹磊等:《欧盟碳税新政:内容、影响及应对》,《国际经济合作》2021 年第 5 期,第 17 页。

❸ 王文举、李峰:《碳排放权初始分配制度的欧盟镜鉴与引申》,《改革》2016 年第 7 期,第 72 页。

❹ 孙悦:《欧盟碳排放权交易体系及其价格机制研究》,博士学位论文,吉林大学东北亚研究院,2018,第 36 页。

❺ 兰莹、秦天宝:《〈欧洲气候法〉:以"气候中和"引领全球行动》,《环境保护》2020 年第 9 期。

❻ 王文举、李峰:《碳排放权初始分配制度的欧盟镜鉴与引申》,《改革》2016 年第 7 期。

2018年，欧盟颁布《努力分担条例》（Effort Sharing Regulation，简称ESR）。2019年，颁布《欧洲绿色协议》（European Green Deal），即欧洲绿色新政，该协议包括总体目标、八个领域的具体行动目标和政策措施，以及用于支持目标实现的资金、技术和确保所有成员共同参与的保障措施。在应对气候变化问题上，该协议指出欧盟应在2050年实现"碳中和"，并提出"碳边境调节机制"（Carbon Border Adjustment Mechanism，简称CBAM）。❶ 2020年，欧洲议会和欧盟理事会提交《欧洲气候法》的提案。2021年，《欧洲气候法》（EU 2018/1999 European Climate Law）正式出台，这部法律共有14个条款，第一条便开门见山地阐明了这部法律旨在建立一个逐步减少来自人为排放的温室气体并逐步达成碳中和的行动框架。除此之外，这部法律包含了"气候中和目标""关于气候变化的科学建议""欧盟的气候中期目标""适应气候变化""欧盟的进展和措施的评估""国家措施的评估""关于委员会评估的一般性规定""公众参与""行业路线"等内容。这部法律彻底明晰了欧盟2030年和2050年的减排目标与路线，即2030年欧盟至少减排55%，而到2050年后实现"负排放"。❷

然而，欧盟显然并没有满足于此，2021年7月，欧盟委员会总共提交了13项相关的立法草案，这些被命名为"Fit for 55"的一揽子提案，"55"代表他们希望在2030年实现比1990年减排55%温室气体的目标。这一减排目标是欧盟各成员国2020年12月便制定的，现在欧盟气候保护专员迪默曼斯（Timmermans）意图将这一目标在市场机制、税务、尾气和建筑规范等方面进行具体化和细节化处理，例如，收紧现有的碳排放交易体系、增加可再生能源的使用、减少对化石能源的依赖、提高能源效率、尽快推

---

❶ 庄贵阳、朱仙丽：《〈欧洲绿色协议〉：内涵、影响与借鉴意义》，《国际经济评论》2021年第1期。

❷ EUR-Lex: "Regulation（EU）2021/1119 of the European Parliament and of the Council of 30 June 2021 Establishing the Framework for Achieving Climate Neutrality and Amending Regulations（EC）No. 401/2009 and（EU）2018/1999（'European Climate Law'）", https://eur-lex.europa.eu/legal-content/EN/TXT/?uri=CELEX:32021R1119, accessed August 1th, 2024.

出低碳运输方式以及与之相配套的基础设施和燃料等。❶

二、欧盟碳法律制度的主要内容

《欧洲绿色协议》的核心是减排目标，具体是到2030年，在1990年的水平基础上减排50%～55%，到2050年实现"碳中和"。推动减排目标完成的手段主要是欧盟碳排放交易体系。

（一）碳排放交易体系

1. 概述

2003年，欧盟通过《排放交易条例》，决定设立碳排放交易体系（EU Emissions Trading System，简称EU-ETS），以期实现《京都议定书》的减排承诺。欧盟碳排放交易体系基于"总量控制与交易"的原则运作，它对碳排放实体每年可以排放的碳总量设定了一个绝对"上限"，且该上限会逐年减少，如此便能达到总排放量减少的效果。欧盟碳排放交易体系共分为四个阶段：第一阶段为2005—2007年；第二阶段为2008—2012年；第三阶段为2013—2020年，第四阶段为2021—2030年。

在第一阶段，纳入管制范围的排放源为热输入功率超过20兆瓦的燃烧装置、每小时产能大于2.5吨的生铁或钢铁生产装置、日产能超过500吨的水泥旋转窑、日产能超过20吨的造纸厂等，这些排放源集中在电力生产、钢铁、造纸等行业，❷覆盖27个成员国的11 500家公司，其二氧化碳排放量占欧盟总体排放量的40%以上。❸在配额的分配上，各成员国采取"祖父法"制订本国的"国家分配计划"（National Allocation Plan，简

---

❶ 许季刚、张玮、孙彦寅：《欧盟最新低碳发展政策"Fit for 55"一揽子计划解读》，https://www.ciaps.org.cn/news/show-htm-itemid-39304.html，访问日期：2024年8月1日。

❷ 夏梓耀：《碳排放权研究》，中国法制出版社，2016，第93-94页。

❸ 杜莉、张云：《我国碳排放总量控制交易的分配机制设计——基于欧盟排放交易体系的经验》，《国际金融研究》2013年第7期。

称 NAP），在欧盟委员会审核通过后，以其为基准向各国分配碳排放配额，有偿取得的配额不超过总量的 5%，这其实是一种自上而下的总量设定，在一定的限制框架内给予成员国自由。❶ 在第一期，仅有 11% 的碳排放配额进入市场交易，成交量为 6.5 亿单位，成交额为 52 亿欧元。❷

在第二阶段，欧盟通过《欧盟航空碳排放交易指令》（Directive 2008/101/EC）将民航业纳入欧盟碳排放交易体系。通过拍卖取得配额的上限提升至 10%，并且扩大了温室气体种类，增加了对氮氧化物排放的限制。第二阶段即为《京都议定书》履约期，欧盟碳排放交易体系允许成员国适用核证减排量来抵充欧盟碳排放额，每年可使用的核证减排量总共为 2.74 亿吨。❸ 此外，因为在第一期与第二期的交接阶段，第一期的碳排放配额不能储存用于第二期，导致第一期结束前的碳排放权成交均价跌至 0。❹ 基于第一期的经验，欧盟允许将第二期的配额无限地储存到第三期使用，给企业更大的跨期使用其碳排放配额的自由，也增加了市场碳排放权供给的自我调节功能。❺

从第三阶段开始，欧盟又循序渐进地将化工、炼铝等行业纳入总量控制范围，并且碳排放配额的有偿取得将逐渐替代无偿取得，但仍然是渐进式替代，2013 年可无偿取得的碳排放配额为 80%，该比例到 2020 年下降至 30%，2027 年实现 100% 有偿取得。但是并非所有行业都需要经过拍卖取得碳排放权，一些国际竞争性强的行业仍可以无偿取得。而后《欧盟气候与能源包容指令》（Directive 2009/29/EC）对《排放交易条例》的附件一进行了修正，扩大了原附件列出的欧盟碳排放交易计划范围内的活动

---

❶ 孙悦：《欧盟碳排放权交易体系及其价格机制研究》，博士学位论文，吉林大学东北亚研究院，2018，第 37 页。

❷ 杜莉、张云：《我国碳排放总量控制交易的分配机制设计——基于欧盟排放交易体系的经验》，《国际金融研究》2013 年第 7 期。

❸ 杜莉、张云：《我国碳排放总量控制交易的分配机制设计——基于欧盟排放交易体系的经验》，《国际金融研究》2013 年第 7 期。

❹ 王文举、李峰：《碳排放权初始分配制度的欧盟镜鉴与引申》，《改革》2016 年第 7 期。

❺ 王文举、李峰：《碳排放权初始分配制度的欧盟镜鉴与引申》，《改革》2016 年第 7 期。

类别。

从2021年开始，欧盟的碳交易制度便进入第四阶段。早在2014年10月24日，欧洲理事会的结论（EUCO 169/14）便阐述了欧盟2020年后低碳框架的主要指标，即到2030年欧盟国家的温室气体须比1990年至少减少40%，因为欧盟碳排放制度目前涵盖的排放实体约占欧盟总排放量的41%，所以它们的贡献对实现欧盟的总体减排目标至关重要。2015年7月，欧盟委员会提议对2021—2030年的欧盟碳排放交易体系进行改革，该提议对碳交易体系覆盖下的温室气体排放提出了新的上限要求，并提出了解决碳泄漏的新规则，以及为能源部门的创新提供资金支持的规定。结合2015年5月达成的市场稳定储备机制，改革列出了到2030年的欧盟排放交易体系规则，为行业和投资者提供了更大的确定性。据此，2018年3月欧洲议会和理事会通过对《排放交易条例》和《欧盟市场稳定储备指令》（Directive 2015/1814/EC）的修订，以适应第四阶段的减排需求，欧盟的碳排放交易体系第四阶段的减排目标为比2005年减少43%，碳排放配额总量的发放也从以往每年减少1.74%提高至每年减少2.2%。

2. 行政管理结构

参与欧盟碳排放交易体系的国家安排自己本国负责实施主管部门的方法各有不同。在一些国家，有几个地方政府参与其中，而在另一些国家则更加集中。根据2017年各国提交的报告，平均每个国家有5个主管部门参与欧盟碳排放交易体系的实施。政府各部门之间的协调也各有千秋，包括中央管理监测计划或排放报告的立法文书（12个国家），由中央政府向地方政府提供有约束力的指示和指导（10个国家），政府部门之间定期工作组或会议（15个国家），以及联合IT平台（13个国家）的使用等。总体而言，成员国的行政管理结构在很大程度上是有效的，因为它们与各国的行政组织保持一致。欧盟碳排放交易体系也一直在加强和鼓励分享最佳做法，包括开展合规论坛的活动。

3. 配额分配与收入

目前，欧盟碳交易制度兼采了免费分配与拍卖两种模式进行碳排放配额的初次分配，而大部分的拍卖收入将用于各成员国应对气候变化。根据欧盟现有的碳排放交易体系，成员国被要求将至少一半的拍卖收入用于支持温室气体减排、可再生能源利用和碳捕获与储存等。自2018年以来，现有欧盟碳排放交易体系中的碳价格不断上涨，拍卖收入也不断增加。2013—2020年，有57%的碳排放配额在定期拍卖中被出售，43%的碳排放配额则被免费分配。值得注意的是，2020年以后，欧盟碳排放交易体系仍然有大量的碳排放配额将继续免费分配，但需要受到以下两方面限制：其一，电力行业不再获得任何免费配额；其二，免费分配将以绩效为基准，以加强对温室气体减排的激励，并将奖励最高效的排放设备。更重要的是，工业排放实体仍然能获得免费分配，主要是为了避免潜在的碳泄漏风险。❶

2018—2020年，欧盟每年的收入达到140亿～160亿欧元，其中约有70%与气候和能源有关。❷每个国家所获得的拍卖收入的分配有所区别：首先，88%的拍卖收入将按照各国第一期排放量占比分配给成员国；其次，10%的拍卖收入将以促进内部团结和经济发展为目标而分配给特定成员国；最后，剩余2%的拍卖收入将奖励给比《京都议定书》基准年排放量低20%以上的成员国。❸

此外，为扶持新企业发展，欧盟碳排放交易体系为其预留配额，且以无偿取得为主。❹前两期中，欧盟各成员国在总排放量的确立上具有较大自主权，可各自规定本国内的排放总量，并且向欧盟委员会报告。实践证明，此方式容易导致各国为了使本国利益最大化而相互博弈，造成不公平

---

❶ European Parliament: "Briefing: EU Legislation in Progress, Post-2020 Reform of the EU Emissions Trading", https://www.europarl.europa.eu/RegData/etudes/BRIE/2016/579092/EPRS_BRI（2016）579092_EN.pdf, accessed May 14, 2023.

❷ European Commission: "Questions and Answers: Emissions Trading–Putting a Price on Carbon", https://ec.europa.eu/commission/presscorner/detail/en/qanda_21_3542, accessed May 14, 2023.

❸ 王文举、李峰：《碳排放权初始分配制度的欧盟镜鉴与引申》，《改革》2016年第7期，第67页。

❹ 夏梓耀：《碳排放权研究》，中国法制出版社，2016，第142-143页。

的竞争环境以及"囚徒困境",出现配额总量过剩的局面,引致碳排放交易价格的巨大波动。❶ 于是,第三期在总量控制的原则下进行改革,采用排放总量上限逐步递减的方式由欧盟委员会统一设定碳排放控制总量,在充分协调的基础上分配给各成员国。❷ 2013年的总配额为20.39亿吨,随后再逐年下调。❸

在第四阶段,减排总目标是到2030年覆盖行业的排放量相对于2005年减少43%,碳排放配额总量将由第三阶段的"每年下降1.74%"提高至"每年下降2.2%",预计欧盟碳排放交易体系在2021—2030年将会有61亿吨碳排放配额用于分配,总价值相当于1600亿欧元。❹

4. 监测、报告、核查制度

《排放贸易指令》规定了监测、报告、核查（monitoring, reporting, verification,简称MRV）制度,该制度是获取配额数据的重要来源,也是维护整个欧盟碳排放交易体系有效运作的基础与支撑。欧盟碳排放交易体系的监测、报告、核查制度被设计成一种类似"积木"的方法,为排放实体提供了高度的灵活性,在实现成本效益的同时也能保证监测排放数据的可靠性。❺ 控排企业需要针对自身一年排放量进行监测,并在此基础上将相关信息及情况汇总成碳排放报告,由第三方机构核查后方可在碳排放交易市场上进行交易。此外,成员国有义务报告本国温室气体排放数据、临时排放数据,以及有关土地利用的变化和林业等活动导致的排放数据。❻

---

❶ 孙悦:《欧盟碳排放权交易体系及其价格机制研究》,博士学位论文,吉林大学东北亚研究院,2018,第39-41页。

❷ 王文举、李峰:《碳排放权初始分配制度的欧盟镜鉴与引申》,《改革》2016年第7期,第73页。

❸ 杜莉、张云:《我国碳排放总量控制交易的分配机制设计——基于欧盟排放交易体系的经验》,《国际金融研究》2013年第7期。

❹ 王文举、李峰:《碳排放权初始分配制度的欧盟镜鉴与引申》,《改革》2016年第7期。

❺ European Parliament: "Briefing: EU Legislation in Progress, Post-2020 Reform of the EU Emissions Trading", https://www.europarl.europa.eu/RegData/etudes/BRIE/2016/579092/EPRS_BRI（2016）579092_EN.pdf, accessed May 14, 2023.

❻ 廖斌、崔金星:《欧盟温室气体排放监测管理体立法经验及其借鉴》,《当代法学》2012年第4期。

5. 碳披露制度

欧盟碳市场目前已覆盖30多个国家，为统一披露碳排放信息，欧盟在欧盟委员会官方网站上建立了披露平台，对外公布碳交易法律政策、碳市场运行、企业履约等信息；欧洲能源交易所和欧洲期货交易所对外公布有关配额的拍卖、交易等信息。[1]此外，欧盟还建立了反馈机制，公众可就相关法律政策的制定提出建议，提高公众参与的积极性，并发挥其监督作用。[2]

6. 履约与惩罚制度

欧盟碳排放交易制度还规定了严格的履约与惩罚制度。根据欧盟《排放交易指令》，企业的实际排放量如超出其配额，该企业会受到相应的处罚，处罚形式主要有抵销和罚款两种，从而实现灵活履约。就罚款的数额来说，第一期罚款40欧元每吨，第二期上升至100欧元每吨。此外，超额排放者必须从下一年度的配额中提取相应数量冲抵当年度超额部分。[3]还有另外一些惩罚措施，例如，只要企业所配备的设施不符合该指令的要求，就可能被禁止出售津贴，并公布不符合要求的企业名单。然而，迄今为止这些惩罚措施很少被实施，根据2014年的欧盟碳交易市场的报告，仅有6个成员国对约0.1%的排放实体采取了"超量排放惩罚"。[4]而在2017年11月时，欧盟委员会提交给欧洲议会和理事会的关于欧洲碳市场运作情况报告也提到了"2016年受管制的排放实体中只有不到1%的装置在截止日期2017年4月30日之前没有按时履约（这些排放实体通常体量也很

---

[1] 刘海燕、郑爽:《温室气体排放信息披露经验借鉴与政策建议》,《气候变化研究进展》2021年第5期, 第572页。

[2] 刘海燕、郑爽:《温室气体排放信息披露经验借鉴与政策建议》,《气候变化研究进展》2021年第5期, 第572页。

[3] 夏梓耀:《碳排放权研究》, 中国法制出版社, 2016, 第112页。

[4] "EU ETS Directive", https://www.emissions-euets.com/directive-200387ec-of-the-european-parliament-and-of-the-council-of-13-october-2003-establishing-a-scheme-for-greenhouse-gas-emission-allowance-trading, accessed May 14, 2023.

小，约占欧盟碳排放交易计划排放量的0.4%）"。❶

总体来看，欧盟碳排放交易体系一直是欧盟以市场手段应对气候变化的主要工具。自2013年第三阶段启动以来，该系统的排放减少了2.9%，标志着排放量呈下降趋势，而碳市场的剩余配额降至当前交易期开始以来的最低水平。在这方面，2017年5月首次发布的市场稳定储备盈余指标，为2019年市场稳定储备的开始运行奠定了基础。市场稳定储备是欧盟碳排放交易体系为中期稳定欧洲碳市场提供的结构性解决方案。

（二）《努力分担条例》

2018年5月，欧盟颁布《努力分担条例》，该条例适用于联合国气候变化专门委员会确定的温室气体来源类别，但不包括《排放贸易指令》附件一所列活动的温室气体排放，也不包括之后列入欧盟碳排放交易体系的民用航空器等行业企业的温室气体排放。《努力分担条例》的减排目标是约束性减排目标，即在1990年排放基础上减少40%。❷《努力分担条例》设定了2021—2030年的气候目标，其前身是努力共享决策（Effort Sharing Decision，简称ESD），该决策对2013—2020年不受欧盟碳排放交易体系管控的排放进行监管，《努力分担条例》与努力共享决策非常相似，只在部分细节上有些许区别。❸

根据《努力分担条例》，欧盟范围内的温室气体减排工作由所有欧盟成员国共同承担。因此，《努力分担条例》的重点和关键是确定各成员国的减排目标，主要根据人均国内生产总值和各国行动能力差异来分配减排

---

❶ "EU Carbon Market Report: Driving Emission Reductions and Enabling Climate and Energy Investment", https://climate.ec.europa.eu/news-your-voice/news/eu-carbon-market-report-driving-emission-reductions-and-enabling-climate-and-energy-investment-2022-12-14_en, accessed August 1st, 2024.

❷ 马亮：《欧盟气候治理〈减排分担条例〉研究及其借鉴意义——以欧盟2030年减排目标为背景》，《鄱阳湖学刊》2021年第2期，第79页。

❸ "Carbon Market Watch, A Guide to European Climate Policy: Vol. 2 - EU's Effort Sharing Regulation", https://carbonmarketwatch.org/wp-content/uploads/2017/01/European-Climate-Policy-Guide-VOL2-ENGLISH-WEB-SINGLE_.pdf, accessed May 14, 2023.

目标。最富裕的成员国需要在 2030 年之前将其排放量在 2005 年的基础上减少 40%，而最贫穷的成员国则可以在 2030 年之前将其 2005 年的排放量保持稳定。这些国家目标加在一起，相较于 2005 年《努力分担条例》将在 2030 年再减少 30%。《努力分担条例》和欧盟碳排放交易体系的共同目的都是实现欧盟的总体气候目标，即到 2030 年国内排放量比 1990 年的水平至少减少 40%。

《努力分担条例》是 2020 年后欧盟最大的气候工具，因为它监管约 60% 的温室气体排放总量。其中，约 35% 的排放来自交通运输，包括汽车、卡车、国内航运、非电动火车和其他运输形式的温室气体排放。约 25% 的排放来自建筑，《努力分担条例》只涵盖与建筑供暖和制冷相关的温室气体排放。建筑物的用电量不包括在《努力分担条例》中，因为它被排放交易系统所覆盖。约 17% 的排放来自农业，《努力分担条例》只涵盖农业的非二氧化碳排放，这些排放与畜牧业（如奶牛打嗝释放甲烷）和化肥的使用有关。剩余的 16% 来自小型工业，5% 来自废物管理活动，还有 2% 的其他活动。❶

为了降低实现这些气候目标的成本，《努力分担条例》设置了几种可供会员国利用的灵活履约机制，该灵活履约机制具体包括存储、借用和转让。❷ 存储是成员国可以将本年度盈余的排放量存储起来供以后使用，《努力分担条例》规定了存储上限，如 2022—2029 年最多存储 30%。借用是成员国从下一年度借用配额来抵销本年度的超额排放量，同样借用也有上限，如 2021—2025 年最多借入 10%。❸ 转让是成员国之间相互交易配额，完成本年度减排目标的国家可以将其盈余的配额转让给另一个成员国，而

---

❶ European Commission: "Effort Sharing 2021-2030: Targets and Flexibilities", https://climate.ec.europa.eu/eu-action/effort-sharing-member-states-emission-targets/effort-sharing-2021-2030-targets-and-flexibilities_en, accessed August 1st, 2024.

❷ 马亮:《欧盟气候治理〈减排分担条例〉研究及其借鉴意义——以欧盟 2030 年减排目标为背景》，《鄱阳湖学刊》2021 年第 2 期，第 83 页。

❸ 马亮:《欧盟气候治理〈减排分担条例〉研究及其借鉴意义——以欧盟 2030 年减排目标为背景》，《鄱阳湖学刊》2021 年第 2 期，第 83 页。

不受数量限制。但初始配额转让将受到比例限制,如2021—2025年各国最多转让5%,2026—2030年各国最多转让10%,转让额度需在指定年份或截至2030年前使用。❶

除了以上三种履约机制外,《努力分担条例》规定,如果成员国每年从大气中吸收的碳比排放的多,则允许它们使用数量有限的林业和土地利用信用额(forestry and land use credits),即种树或妥善管理农田和草地所得的碳减排量可用于抵销排放。❷

如果一个成员国未能达到其气候目标,它将自动面临惩罚。考虑到推迟减排的环境成本,这一惩罚的惩罚额为超额排放乘以1.08,再加上下一年的排放量,这使达成这一目标变得更加严格。每隔五年,欧盟委员会会检查成员国是否遵守其年度目标,否则会受到罚款等惩罚。❸《努力分担条例》以立法的形式将整体减排目标分解给各成员国,使其具有强制性,未完成减排目标则会受到惩罚或欧盟法院的制裁。❹

(三)碳金融市场

欧盟的碳交易系统中,有很大一部分是以衍生品(期货、远期、期权、掉期)的形式进行的,这些衍生品已经受到欧盟金融市场监管。监管的方式被规定在新的《金融市场指令》(Markets in Financial Instruments Directive,简称MiFID)里,也被称为"MiFID2一揽子计划"(简称MiFID2 Package),该指令于2018年1月生效。根据这项新指令,碳排放配额被归

---

❶ 马亮:《欧盟气候治理〈减排分担条例〉研究及其借鉴意义——以欧盟2030年减排目标为背景》,《鄱阳湖学刊》2021年第2期,第83页。

❷ "Carbon Market Watch, A Guide to European Climate Policy: Vol. 2 - EU's Effort Sharing Regulation", https://carbonmarketwatch.org/wp-content/uploads/2017/01/European-Climate-Policy-Guide-VOL2-ENGLISH-WEB-SINGLE_.pdf, accessed May 14, 2023.

❸ "Carbon Market Watch, A Guide to European Climate Policy: Vol. 2 - EU's Effort Sharing Regulation", https://carbonmarketwatch.org/wp-content/uploads/2017/01/European-Climate-Policy-Guide-VOL2-ENGLISH-WEB-SINGLE_.pdf, accessed May 14, 2023.

❹ 马亮:《欧盟气候治理〈减排分担条例〉研究及其借鉴意义——以欧盟2030年减排目标为背景》,《鄱阳湖学刊》2021年第2期,第90页。

类为金融工具，适用于传统金融市场的规则将适用于二级碳市场的现货市场，使碳排放配额在透明度方面与衍生品市场处于同等地位。此外，参照《金融市场指令》对金融工具的定义，其他金融市场法规也将适用，这就意味着《市场滥用行为监管条例》（Market Abuse Regulation，简称 MAR❶）将涵盖一级和二级市场上涉及碳排放配额的交易行为。同样，在《反洗钱指令》（Anti-Money Laundering Directive❷）中对《金融市场指令》的交叉引用，将触发《金融市场指令》许可的碳交易主体在二级现货市场对其客户的碳排放配额进行强制性客户尽职调查。

欧洲投资银行（European Investment Bank，简称 EIB）的董事会于 2019 年 12 月 14 日通过了一项新的能源贷款政策，以推动清洁能源的使用。新的能源贷款政策主要有六项原则：（1）为了支持《欧盟能效指令》（EU Energy Efficiency Directive）下的新目标，将优先考虑投资项目的能效；（2）通过推广低碳或零碳技术使可再生能源占比在 2030 年达到 32%；（3）增加的目标是，到 2030 年在整个欧盟达到 32% 的可再生能源份额；（4）增加对分散能源生产、创新能源储存和电子移动的融资；（5）确保对风能和太阳能等间歇性新能源的电网投资，同时加强跨境互联；（6）加强对欧洲以外的能源转型事业的投资影响。❸

---

❶ "Regulation（EU）No. 596/2014 of the European Parliament and of the Council of 16 April 2014 on Market Abuse（Market Abuse Regulation）and Repealing Directive 2003/6/EC of the European Parliament and of the Council and Commission Directives 2003/124/EC", 2003/125/EC and 2004/72/EC, https://eur-lex.europa.eu/legal-content/EN/TXT/?uri=CELEX%3A32014R0596&qid=1682599773076, accessed May 14, 2023.

❷ "Directive（EU）2015/849 of the European Parliament and of the Council of 20 May 2015 on the Prevention of the Use of the Financial System for the Purposes of Money Laundering or Terrorist Financing, Amending Regulation（EU）No. 648/2012 of the European Parliament and of the Council, and Repealing Directive 2005/60/EC of the European Parliament and of the Council and Commission Directive 2006/70/EC", https://eur-lex.europa.eu/legal-content/EN/TXT/PDF/?uri=CELEX:32015L0849, accessed August 1st, 2024.

❸ European Investment Bank: "EIB Energy Lending Policy", https://www.eib.org/attachments/strategies/eib_energy_lending_policy_en.pdf, accessed May 14, 2023.

第三节　英国的碳法律制度

随着"低碳经济"的提出，英国积极应对气候变化问题，并且专门为此构建了较为完善的法律体系。英国作为发达国家，目前已经较好地实现了经济低碳转型。而英国之所以在低碳经济方面走在世界各国前列，与其特定的经济产业结构有着密切联系。首先，英国经济对煤炭和石油等化石燃料的依赖程度并不高，但是其相对匮乏的资源禀赋导致能源消耗对外部供给的依赖性很强，低碳发展无疑能够保障英国的能源安全问题；其次，英国制造业从20世纪50年代开始衰退，服务业成为国民经济的支柱产业，英国发展低碳经济具有先天优势；❶ 最后，制造业的萎缩致使英国逐渐失去老牌工业强国的先发优势，但英国也不甘心在国际舞台上被边缘化，发展低碳经济便是英国提高国际地位、重拾国际话语权的机会。❷

低碳经济能够较大缓解英国的减排压力。英国碳排放具有两高一低的特点，即历史排放总量高、现实人均排放高和减排潜力低，自1971年以来单位国内生产总值的碳排放量逐年递减，其间，2013—2018年降幅较为明显，而2018年之后的降幅趋于平缓。因为英国的产业结构已经比较优化，服务业是英国的支柱产业，❸ 通过调整产业结构进行减排的空间有限，所以能够实现大幅减排的实际措施便是发展低碳经济。❹ 与日本相似，

---

❶ 刘倩、赵普生：《十五个主要碳排放国碳排放与经济增长实证分析与比较研究》，《经济问题探索》2012年第2期。

❷ 孟浩、陈颖健：《英国能源与 CO_2 排放现状、应对气候变化的对策及启示》，《中国软科学》2010年第6期，第29页。

❸ 中华人民共和国商务部欧洲司：《英国经济及产业情况》，http://www.mofcom.gov.cn/article/tongjiziliao/sjtj/xyfzgbqk/201905/20190502866379.shtml，accessed May 14, 2023.

❹ 王文军：《英国应对气候变化的政策及其借鉴意义》，《现代国际关系》2009年第9期，第32页。

英国也是受气候变化影响较为严重的岛国，因此英国政府和民众都普遍关心气候变化问题，支持国际国内在该领域作出的努力。下面笔者梳理英国碳法律制度，并介绍英国碳法律制度的主要内容。

一、英国碳法律制度回顾与梳理

2000年，英国发布《英国气候变化国家方案》。该方案针对电力、工业、民用、交通等不同行业制定了减排激励措施，如气候变化税、国内排放贸易体系、政府与企业间气候变化协议、碳基金等。❶ 2003年，英国发布《我们的能源未来：创造低碳经济》（以下简称《2003能源白皮书》），期望在2050年减排60%，❷ 并首次提出"低碳经济"这一概念。❸ 2006年，英国发布年度回顾报告《能源回顾：能源挑战》（以下简称《2006能源回顾》），进一步明确《2003能源白皮书》的减排目标。❹ 2007年，发布《迎接能源挑战》（以下简称《2007能源白皮书》），确定中期减排目标，即2020年比1990年减排26%~32%，同时制定了相应的能源战略，基本上与《2006能源回顾》保持一致。❺ 2009年，发布《低碳转型发展规划》（以下简称《2009年能源白皮书》），该白皮书将减排目标分解到各部门，主要的政策工具有气候变化税、碳排放交易和碳基金。❻

---

❶ 王文军：《英国应对气候变化的政策及其借鉴意义》，《现代国际关系》2009年第9期，第32页。

❷ 龙英锋、丁鹤：《英国气候变化税与碳排放权交易综合运用的经验及借鉴》，《税务研究》2020年第1期，第82页。

❸ 孟浩、陈颖健：《英国能源与CO_2排放现状、应对气候变化的对策及启示》，《中国软科学》2010年第6期。

❹ 朱松丽、徐华清：《英国的能源政策和气候变化应对策略——从2003版到2007版能源白皮书》，《气候变化研究进展》2008年第5期，第274页。

❺ 王文军：《英国应对气候变化的政策及其借鉴意义》，《现代国际关系》2009年第9期，第32页。

❻ 王文军：《英国应对气候变化的政策及其借鉴意义》，《现代国际关系》，2009年第9期，第32页。

英国于2008年颁布应对气候变化的综合立法《气候变化法》（Climate Change Act，简称CCA），它是英国采取行动应对气候变化的主要立法，也是世界上首个国家层面的"框架型立法"。该法系统地规定了英国应对气候变化的法律制度框架，内容涵盖2050年排放目标、气候变化风险评估、碳预算、气候变化委员会、交易机制、气候变化影响与适应等，明确2050年将二氧化碳的排放量相对于1990年削减80%。[1]《气候变化法》明确要求建立全国碳排放交易体制，通过市场机制控制碳排放总量，但该法没有具体的、可操作性的规定。[2] 2019年，该法进行了修订，明确到2050年实现温室气体"净零排放"的目标，突出强调碳汇和碳捕捉等抵销碳排放的功能与作用。

2020年12月18日，英国政府发布了《为我们的净零未来提供动力》（Powering our net zero future）（以下简称《2020年能源白皮书》）。[3] 该白皮书制定了未来十年的战略目标，提出到2050年实现净零排放，并承诺将清洁氢气作为未来的重要燃料来源。[4]

英国三个地方政府[5]各自拥有不同的权力和政策范围。农业和林业、交通和住房等由地方政府管辖，而其他政策领域，尤其是能源供应和贸易仍由英国政府管辖。虽然这三个地方政府的排放量都涵盖在英国《气候变化法》的目标范围内，但地方立法机构已经制定自己的气候框架法律，并由气候变化委员会提供独立建议。2009年，苏格兰出台平行立法《气候变

---

[1] "Climate Change Act", https://www.legislation.gov.uk/ukpga/2008/27/contents, accessed August 1st, 2024.

[2] 兰花:《2008年英国〈气候变化法〉评介》,《山东科技大学学报》2010年第3期。

[3] Department for Business, Energy & Industrial Strategy, Energy White Paper: "Powering Our Net Zero Future（accessible HTML version）", https://www.gov.uk/government/publications/energy-white-paper-powering-our-net-zero-future/energy-white-paper-powering-our-net-zero-future-accessible-html-version, accessed May 14, 2023.

[4] James Green, Francis Iyayi, Alexander Woolley: "Powering Our Net Zero Future – Implications for the UK Hydrogen Sector", https://www.jdsupra.com/legalnews/powering-our-net-zero-future-89404/, accessed May 14, 2023.

[5] 即苏格兰、威尔士和北爱尔兰政府。

化（苏格兰）法案》，该法案遵循与英国法案类似的四大框架（最终目标、中期目标、政策和独立评估）。根据气候变化委员会的建议，该法案于2019年进行修订，确立了到2045年实现净零排放的目标。苏格兰法案与英国法案略有不同，如制定的是年度目标，而不是五年的碳预算。《2016年环境（威尔士）法案》与英国法案相似，包括长期目标、临时排放预算和政策要求，以及气候变化委员会的建议和评估。根据委员会的建议，威尔士政府将2050年的减排目标提高到减少95%，以保证英国于2050年实现净零排放，并表示将在未来设定净零排放目标。北爱尔兰目前没有专门的气候变化立法。考虑到相对于英国而言，北爱尔兰畜牧业的排放量占比很大，气候变化委员会就其占英国整体排放预算的减排份额向北爱尔兰政府提出了建议。气候变化适应在很大程度上被下放给地方政府管理，由国家和地方政府共同编制气候变化风险评估。❶

总体上，英国的碳法律制度在宏观层面以《气候变化法》为统领，构建综合应对气候变化的法律框架，协调和整合现有政策体系的各项气候变化应对政策；在中观层面发表能源白皮书，确定碳减排路线图；在具体操作层面，则通过碳排放交易制度、碳税制度、碳基金制度等政策工具推动碳减排目标的实现。

二、英国碳法律制度的主要内容

（一）碳排放交易制度

1. "脱欧"前

英国参加两个碳排放权交易体系，一是英国国内碳排放交易体系（United Kingdom Emissions Trading Scheme，简称UK-ETS），于2002年启

---

❶ 英国气候变化委员会：《英国气候变化委员会洞察报告（一）：英国气候变化法案》，https://www.theccc.org.uk/wp-content/uploads/2020/10/CCC-Insights-Briefing-1_CN.pdf，访问日期：2023年4月20日。

动；二是欧盟碳排放交易体系，于 2005 年启动。两个体系存在一定差别，英国企业必须参与欧盟碳排放交易体系，选择性地参与英国国内碳排放交易体系。但是为了协调运行，欧盟规定，参与英国国内碳排放交易体系的企业，可以在第一阶段暂时退出欧盟碳排放交易体系。❶

2000 年《英国气候变化国家方案》提出设立英国国内碳排放交易体系，该体系于 2002 年 4 月正式启动。英国国内碳排放交易体系涵盖《京都议定书》中的六种温室气体，第一期计划运行五年，到 2007 年结束，企业可以自愿参与减排，政府对自愿参加的企业给予资金奖励。英国国内碳排放交易体系参与者主要有四种类型：（1）直接参与者，指自愿承诺绝对减排目标的企业，政府向该类企业提供 2.15 亿英镑的奖励资金；（2）协议参与者，指参加气候变化协议（Climate Change Agreements，简称 CCA）且设定了相对减排目标的企业，政府减免其 80% 的气候变化税；（3）项目参与者，即没有设定绝对或相对减排目标的企业，在投资某个项目且该项目实现了碳减排时，该企业可以取得减排信用并在英国国内碳排放交易体系市场上出售；（4）没有减排目标和减排项目的个人和组织。❷

在配额的分配方面，直接参与者每年的配额等于基线减去企业每年自愿承诺的减排量，基线通过祖父原则❸确定，即 1998—2000 年的平均排放量。而协议参与者的目标则是降低排放强度，不需要分配配额，但是如果他们超额完成了排放强度目标，可以申请配额转换。❹

英国国内碳排放交易体系有严格的信息披露制度，所有参与者在进入英国国内碳排放交易体系前，必须测算和报告排放情况，并由有认证资格

---

❶ 王文军：《英国应对气候变化的政策及其借鉴意义》，《现代国际关系》2009 年第 9 期，第 33 页。

❷ 吴向阳：《英国温室气体排放贸易制度的实践与评价》，《气候变化研究进展》2007 年第 1 期，第 59 页。

❸ 祖父原则，代表一种允许在旧有建制下已存的事物不受新通过条例约束的特例。简言之，它允许现有事物"被祖父化"，即受到保护，不被新规影响。

❹ 吴向阳：《英国温室气体排放贸易制度的实践与评价》，《气候变化研究进展》2007 年第 1 期，第 59 页。

的独立第三方核实机构核实,后再向管理机构报告。英国国内碳排放交易体系以灵活的市场机制和经济激励措施吸引了很多企业参与,市场规模不断扩大,排放贸易的成本效率特性得到很好的发挥,每年英国国内碳排放交易体系的减排参与者都能完成其减排目标。❶

2."脱欧"后

2020年11月,英国通过了《2020年温室气体排放交易计划令》,建立了英国自己的碳排放交易框架,取代了英国原来参加欧盟碳排放交易的计划。英国政府目前已经制订完这项计划,以提高英国碳定价政策在应对气候变化的影响力,同时保护英国企业的竞争力。英国碳排放交易计划将适用于能源密集型行业、发电行业和航空业。英国的碳排放交易体系仍然是建立在"总量控制与交易"原则的基础上,其设计、目的与欧盟碳排放交易体系十分相似,然而英国的碳排放交易体系的碳排放配额总量比在欧盟时减少了5%。

2021年3月公布的《工业脱碳战略》(Industrial De-Carbonization Strategy)提供了英国碳排放交易体系的更多细节。2021年5月19日,英国国内碳排放交易体系启动了首笔碳排放配额许可证拍卖交易,这标志着英国彻底离开欧盟碳排放交易体系,结束了在英国国内欧盟碳排放交易体系与英国国内碳排放交易体系并存的局面,未来将着力发展英国国内碳排放交易体系。

(二)碳金融市场

英国一直致力于通过设计和提供更好、更创新、更高效的金融服务,成为绿色金融的全球领导者。由于拥有深厚的金融业基础,绿色金融服务体系对英国来说是一个机遇,有助于加速转型达成绿色经济的理想模式。2019年7月,英国制定了一项《绿色金融战略》(The UK's Green Finance

---

❶ 吴向阳:《英国温室气体排放贸易制度的实践与评价》,《气候变化研究进展》2007年第1期,第60页。

Strategy），该战略旨在将金融行业的发展与环境可持续发展相结合，厘清国家和私营主体各自的作用与责任，建立一个健全、透明和一致的绿色金融市场框架，进一步加强英国金融行业的竞争力。❶ 这项绿色金融战略指出了三个核心支持机制，分别是金融绿化、绿色金融和紧握机遇。

在这些核心支持机制的框架下，投资绿化（Greening Investment）进一步细化了绿色金融战略的内容，其旨在争取将气候和环境因素可能造成的风险或机会纳入金融决策的考量范围。这不仅确保了金融系统的稳定性，还推动了整体经济向可持续发展方向转型。投资绿化认识到，向绿色金融体系过渡将需要对经济和决策过程进行根本改革，并指出，所有金融部门都需要纳入这些来自环境和气候的金融风险或机会。金融绿化的实现有赖于以下三项行动：一是在2022年之前确保所有的上市公司和大型资产所有者都能按照气候相关财务披露工作组（Task Force on Climate-related Financial Disclosures，简称TCFD）的建议披露环境和气候变化信息；二是建立一个信息披露特别工作小组以支持各类信息披露工作，并与英国标准机构（The British Standards Institution，简称BSI）合作，制定可持续投资标准；三是界定英国审慎监管局（Prudential Regulation Authority）、金融行为监管局（Financial Conduct Authority）、金融政策委员会（Financial Policy Committee）和养老金监管机构（Pensions Regulator）的职责。❷

绿色金融的目的则在于加快对绿色项目的投资，以支持英国更好地实现碳排放目标。绿色金融的直接目标就是采取具体行动，使更多的私人资本流向环境友好型的行业或项目。绿色金融的实现有四个基本要素：（1）建立强有力的长期政策实施框架；（2）扩宽绿色投资的融资渠道；（3）解决市场现存的壁垒以及对市场进行相应的能力建设；（4）探索创新

---

❶ HM Government: "Green Finance Strategy: Transforming Finance for a Greener Future", https://assets.publishing.service.gov.uk/government/uploads/system/uploads/attachment_data/file/820284/190716_BEIS_Green_Finance_Strategy_Accessible_Final.pdf, accessed May 14, 2023.

❷ HM Government: "Green Finance Strategy: Transforming Finance for a Greener Future", https://assets.publishing.service.gov.uk/government/uploads/system/uploads/attachment_data/file/820284/190716_BEIS_Green_Finance_Strategy_Accessible_Final.pdf, accessed May 14, 2023.

的方法促进绿色金融。❶

在此基础上,"紧握机遇"意在确保英国的金融服务行业能够及时地利用绿色金融所带来的商业机会,以巩固英国作为全球绿色金融中心的地位。要达成这一目标,"紧握机遇"提出了以下行动要求:(1)建立绿色金融研究所,以加强公私部门之间的合作;(2)加强与气候和环境有关的数据整理与分析;(3)提高绿色金融的接受度并使其主流化;(4)推出绿色家庭融资基金,包括绿色抵押贷款在内的私营部门试点项目提供500万美元资金;(5)通过绿色金融教育宪章等举措,提高绿色投资的能力,将绿色金融和气候相关的知识纳入未来金融课程。❷

总体来看,该战略总结了英国现有绿色金融政策和工作,制定了雄心勃勃的政策建议,助力实现净零排放目标,发挥英国在世界绿色金融舞台上的领先作用。

2021年10月18日,英国政府发布了一份题为《绿色金融:可持续投资路线图》(Greening Finance: Roadmap to Sustainable Investing)的报告,旨在鼓励英国企业和投资者在决策过程中考虑气候、环境、社会等因素,该报告是英国政府在2019年发布的《绿色金融战略》中所提出的"金融绿化"任务的细化。该报告认为,金融绿化由三个阶段组成,该路线图仅涉及第一阶段的主要目标,即向投资者和消费者告知相关情况,并解决企业和投资者之间在环境和可持续问题方面的信息不对称。值得注意的是,该报告还为英国公司引入了可持续性披露制度,并揭示英国绿色分类法的进一步发展。此外,该报告还确定了这些制度进一步发展的拟议时间框架。

其中,最受关注的可持续性披露制度涵盖三种类型,分别是公司信息

---

❶ HM Government: "Green Finance Strategy: Transforming Finance for a Greener Future", https://assets.publishing.service.gov.uk/government/uploads/system/uploads/attachment_data/file/820284/190716_BEIS_Green_Finance_Strategy_Accessible_Final.pdf, accessed May 14, 2023.

❷ HM Government: "Green Finance Strategy: Transforming Finance for a Greener Future", https://assets.publishing.service.gov.uk/government/uploads/system/uploads/attachment_data/file/820284/190716_BEIS_Green_Finance_Strategy_Accessible_Final.pdf, accessed May 14, 2023.

披露、资产经理和资产所有者披露以及投资产品信息披露。❶据此，资产经理和资产所有者将需要披露他们在作出投资决策时对于"可持续性"的考虑，而投资产品的创造者将面临报告"可持续性影响、风险和机会"的新要求，这是构成可持续性披露制度的基础。除此之外，绿色分类法也备受瞩目，分类法是一套用来确定一项经济活动在英国是否可以算作"可持续"的标准，该分类法包括六个环境目标，与欧盟分类法中的目标相同，其中包括减缓和适应气候变化，旨在通过为公司和投资者提供一个与可持续性相关的共同判断方法，打击绿色清洗（green washing）。因为绿色清洗是指公司或投资者通过误导性宣传来夸大其产品或投资的环境友好性，打击绿色清洗有助于保障投资者的利益、增强市场信任，并促进真正的可持续发展。❷

（三）碳税制度

英国并行使用碳排放权交易制度和控制温室气体排放的财税政策来协调控制碳排放。碳税控制的是特定能源消费，从而避免对温室气体排放的二次重复管控，与碳排放权交易制度一起促进碳减排目标的实现。❸目前，英国的碳税主要包括气候变化税、碳排放价格支持机制与碳价格下限机制、气候变化协议三种。

1. 气候变化税

从2001年开始，英国所有工业、商业和公共部门都要缴纳气候变化税（climate change levy，简称CCL），但纳入气候变化税管控范围的产品

---

❶ HM Government: "Greening Finance: A Roadmap to Sustainable Investing", https://assets.publishing.service.gov.uk/government/uploads/system/uploads/attachment_data/file/1031805/CCS0821102722-006_Green_Finance_Paper_2021_v6_Web_Accessible.pdf, accessed May 14, 2023.

❷ HM Government: "Greening Finance: A Roadmap to Sustainable Investing", https://assets.publishing.service.gov.uk/government/uploads/system/uploads/attachment_data/file/1031805/CCS0821102722-006_Green_Finance_Paper_2021_v6_Web_Accessible.pdf, accessed May 14, 2023.

❸ 张芃、段茂盛：《英国控制温室气体排放的主要财税政策评述》，《中国人口·资源与环境》2015年第8期，第104页。

仅包括电力、煤炭和焦炭、液化石油气和天然气四类能源产品，❶ 计征的依据是高碳能源的使用量，生物能源、清洁能源或可再生能源免征税。❷ 气候变化税并不直接针对碳排放征税，而是通过提高能源利用率来达到减排目的。因为气候变化税能够使企业能源成本平均提高 10%～15%，促使企业不得不提高能效和使用低碳能源。❸

2. 碳排放价格支持机制与碳价格下限机制

2013 年 4 月，为推动低碳发电行业发展，英国政府引入碳排放价格支持机制（Carbon Price Support，简称 CPS），激励发电行业积极减排。碳排放价格支持机制针对电力生产企业的能源产品环节征税，与此同时该产品免征气候变化税，但是该能源产品的碳排放已经纳入欧盟碳排放交易体系管控，❹ 这也就意味着该类电力生产企业消耗的化石燃料将受到碳排放交易制度和碳排放价格支持机制的双重调控。碳排放价格支持机制是英国实现 2025 年逐步淘汰煤炭承诺的关键因素，因为通过碳排放价格支持机制，化石燃料电厂每排放一吨二氧化碳就需要缴纳 18 英镑的费用，以弥补部分外部成本。

碳价格下限机制（Carbon Price Floor，简称 CPF）是英国政府为支持欧盟碳排放交易体系而实施的一项政策，属于碳排放价格支持机制的一部分。碳价格下限机制于 2013 年 4 月 1 日推出，目的是将碳价格维持在一个能够起到促进低碳投资的水平上，这是欧盟碳排放交易体系未能实现的。碳价格下限机制通过在气候变化税下设定的碳价格支持率，向用于发电的化石燃料征税。最低价格由两个部分组成：一是欧盟碳排放交易体系

---

❶ 张芃、段茂盛:《英国控制温室气体排放的主要财税政策评述》，《中国人口·资源与环境》2015 年第 8 期，第 101 页。

❷ 王文军:《英国应对气候变化的政策及其借鉴意义》，《现代国际关系》2009 年第 9 期，第 32 页。

❸ 符冠云、郁聪:《英国节能和应对气候变化政府监管体系与模式对我国的启示》，《中国能源》2014 年第 10 期，第 14 页。

❹ 张芃、段茂盛:《英国控制温室气体排放的主要财税政策评述》，《中国人口·资源与环境》2015 年第 8 期，第 102 页。

的限额价格,二是碳排放价格支持机制支持的价格,从而将欧盟碳排放交易体系配额价格推高至政府预期的最低价格目标。财政部在每个预算交付前三年确认目标碳价格和碳排放价格支持机制费率,所有来自碳价格下限机制的收入都由财政部保留。2017年,财政部收回了10亿英镑的公积金税收收入。

碳价格下限机制的初衷在于鼓励整个经济向低碳经济转型,自该制度实施以来,煤炭发电的比例显著下降,这在一定程度上归功于该制度。碳价格下限机制的额外费用最终由国内和企业消费者承担,由于担心能源密集型产业的竞争力,英国政府引入了补偿措施,旨在减轻欧盟碳排放交易体系和碳价格下限机制的成本。

3. 气候变化协议

气候变化协议的本质为气候变化税的一类灵活履行机制,或者直接认为它是气候变化税的一个辅助工具。[1]由于气候变化税会提高企业用能成本,为保护企业竞争力,英国政府于2001年出台了气候变化协议,允许企业在2013年前通过与英国政府主动签订协议,以减免其部分气候变化税。气候变化协议共有两种协议形式:基础协议和伞形协议。基础协议指政府与特定企业签署的协议,该协议仅在政府与签署协议的特定企业间有效;伞形协议指政府与特定行业签署的协议,当行业协会全部会员整体达到协议要求时,该行业协议下属的所有企业都将享受减免气候变化税。[2]

(四)碳基金制度

碳基金制度规定了提高能源效率和加强碳管理的短期目标和投资低碳技术的中长期规划。碳基金公司由政府投资,以企业模式运作,公司运行的资金主要来自气候变化税,该运行模式有着严格的管理和制度保证。公

---

[1] 张芃、段茂盛:《英国控制温室气体排放的主要财税政策评述》,《中国人口·资源与环境》2015年第8期,第102页。

[2] 张芃、段茂盛:《英国控制温室气体排放的主要财税政策评述》,《中国人口·资源与环境》2015年第8期,第102页。

司内部设立碳基金董事会，其成员来自政府部门、企业界、工会、学术界、非政府组织等社会各界，具有广泛的代表性。❶

碳基金公司在获得拨款前，须向政府提交工作计划，并且聘请独立机构进行评估，一方面确保资金使用效率，另一方面加强政府指导。❷碳基金主要用于促进低碳技术研究与开发的投资性项目，❸并且主要选择年能源成本高、排放量大的大企业。❹

第四节　日本的碳法律制度

日本是世界上海岸线较长的国家之一，大部分人口、工业产值和商业销售额都集中在沿海地带，如果海平面上升，那么日本将失去许多土地资源，也会更容易受到气候变化的影响。随着日本工业化的快速发展，能源消费量与碳排放量同步上升。由于其特殊的地理位置和能源结构，日本高度重视气候变化问题。❺在格拉斯哥气候谈判大会上，日本承诺将2030年的减排目标从2013年的26%提高到46%。❻

---

❶ 张艳、刘瀚聪:《浅谈我国应对气候变化的法律措施碳基金——以英国为借鉴》，2009年全国环境资源法研讨会（年会）论文集，昆明，第1452页。

❷ 张艳、刘瀚聪:《浅谈我国应对气候变化的法律措施碳基金——以英国为借鉴》，2009年全国环境资源法研讨会（年会）论文集，昆明，第1452页。

❸ 王文军:《英国应对气候变化的政策及其借鉴意义》，《现代国际关系》2009年第9期，第33页。

❹ 张艳、刘瀚聪:《浅谈我国应对气候变化的法律措施碳基金——以英国为借鉴》，2009年全国环境资源法研讨会（年会）论文集，昆明，第1452页。

❺ 王焱侠:《日本应对气候变化的行业减排倡议和行动——以日本钢铁行业为例》，《中国工业经济》2010年第1期。

❻ Prime Minister's Office of Japan: "COP 26 World Leaders Summit Statement by Prime Minister KISHIDA Fumio", https://japan.kantei.go.jp/100_kishida/statement/202111/_00002.html, accessed August 1st, 2024.

一、日本碳法律制度回顾与梳理

与国际社会有关气候变化的行动几乎同步的是，日本于1989年就设立了"保护地球环境阁僚会议（部长会议）"，任命环境厅长官兼任地球环境问题担当大臣，建立了应对气候变化的国内体制，并于1990年制定了《防止全球变暖行动计划》。❶

1993年颁布的《环境基本法》以"保护地球环境"为基本理念，将应对全球变暖的措施纳入环境法律体系。根据《环境基本法》第15条的规定，1994年制定的《环境基本计划》需要把"应对全球变暖"置于核心位置，且明确规定应当开展国际合作，实现《联合国气候变化框架公约》规定的"减少温室气体排放，减少人类活动对气候系统的危害，缓解气候变化"的目标，并考虑"提高生态系统对气候变化的适应性""确保粮食生产和经济可持续发展"等。❷

京都会议召开之后，日本政府于1997年设立了"全球变暖抵制措施促进总部"（以下简称促进总部）。该机构由内阁部长组成，负责协调和执行应对气候变化的政策，以落实《京都议定书》的规定。❸ 1998年6月，该机构制定了《应对全球变暖的促进对策计划》，针对《京都议定书》所规定的"日本减排6%"的目标进行细致分类，以便采取更精准、全面的措施。❹ 同年10月，日本出台了《全球变暖对策促进法》，作为世界上第一部力图减缓全球气候变暖的法律，该法展示了日本应对全球气候问题的

---

❶ 染野宪治：《日本实现2050年脱碳社会的政策动向》，《世界环境》2021年第1期，第42页。

❷ 韦大乐、马爱民、马涛：《应对气候变化立法的几点思考与建议——日本、韩国应对气候变化立法交流启示》，《中国发展观察》2014年第7期。

❸ 杨巍、宋雨桐、王伶：《日本应对气候变化的做法及对我国的启示》，《经济研究参考》2013年第69期。

❹ 冷罗生：《日本温室气体排放权交易制度及启示》，《法学杂志》2011年第1期。

积极态度。❶ 该法于 1999 年 4 月正式生效，其中包含了减少温室气体排放的基本措施，例如，实行温室气体核定、报告、公布制度，同时也包含了为了吸收二氧化碳而保护森林等自然资源的制度，构建了较为完善的应对气候变化法律体系，具体包括三个减排目标和三项减排机制。其中，中期减排目标是 2020 年日本温室气体排放量需要相较于 1990 年的水平减少 25%，可再生能源在一次能源消费中的比例需达到 10%；长期目标则是到 2050 年比 1990 年水平减排 80% 以上。三项减排机制则包括建立国内排放交易制度、设立碳税和能源进口关税。❷ 但是《全球变暖对策促进法》，没有涉及《气候变化公约》和《京都议定书》要求发达国家控制温室气体排放总量的条款，也没有涉及气候变化之减缓与适应等具体措施，只是从宏观层面确立了应对气候变化的基本政策。❸

2001 年 1 月，日本的行政系统进行了重组，目的是使政策协调和部门间合作更加顺畅与灵活。新成立的环境省取代了自 1971 年以来一直负责环境事务的环境部，其职责之一便是确定温室气体减排有关的标准、指令、指导方针、计划等政策。❹ 在环境省支持下，国家环境研究所设立了温室气体监测办公室，主要职责是对温室气体排放进行监测、分析、汇总和报告。❺ 2004 年 1 月，在《京都议定书》第二阶段国际气候变化框架谈判上，促进总部成立了"国际气候变化战略调查委员会"，该委员会拟定了《未来国际应对气候变化基本思路》草案，同年 9 月正式提交了《国际气候变化战略》报告，成为日本在国际气候变化谈判中科学和政策方向的

---

❶ 王灿发、刘哲：《论我国应对气候变化立法模式的选择》，《中国政法大学学报》2015 年第 6 期。

❷ "Japanese Law Translation, Act on Promotion of Global Warming Countermeasures", https://www.japaneselawtranslation.go.jp/en/laws/view/4479/en, accessed August 1st, 2024.

❸ 李艳芳：《各国应对气候变化立法比较及其对中国的启示》，《中国人民大学学报》2010 年第 4 期，第 61 页。

❹ 韦大乐、马爱民、马涛：《应对气候变化立法的几点思考与建议——日本、韩国应对气候变化立法交流启示》，《中国发展观察》2014 年第 7 期。

❺ 杨巍、宋雨桐、王伶：《日本应对气候变化的做法及对我国的启示》，《经济研究参考》2013 年第 69 期。

主要依据。❶

2016 年，日本修订了《全球变暖对策促进法》，添加了有关对策的细节，并在完善了国内的应对举措之后，于同年 11 月签订了《巴黎协定》。2021 年 5 月 26 日，日本国会参议院再次通过《全球变暖对策促进法》的修正案，明确 2050 年实现碳中和的目标。

应对气候变化，减缓措施固然重要，适应策略也应该同步跟进，以应对气候变化可能造成的自然灾害和对社会经济生产活动所带来的各种不利影响。因此，日本于 2018 年制定了《气候变化适应法》，规定了主体责任、适应计划、措施推进、国际合作等多方面。

二、日本的碳交易法律制度

1997 年，日本启动了《自愿环境行动计划》，旨在减少工业和能源部门的二氧化碳排放量。企业可以自愿地选择加入行动计划，自行设定各类减排目标，政府不强制实施减排限制。❷ 从时间顺序来看，日本进行碳排放权交易的尝试可以分为"自愿性碳排放交易制度"（Japan's Voluntary Emission Trading Scheme，简称 JVETS）、"抵销信用体系即认证减排量制度体系"（Japan's Verified Emissions Reduction，简称 JVER）、"东京都温室气体排放总量削减义务和排放量交易制度"（Tokyo Metropolitan Government Cap-and-Trade Program，简称东京都 ETS）。

2021 年 8 月，日本经济产业省制定了在 2022 年 4 月至 2023 年 3 月建立全国示范性碳信用市场的目标，该市场将结合日本现有的碳交系统开展，如联合认证机制、自愿性排放交易机制❸等。

日本自愿性排放交易机制于 2005 年开始施行，止于 2012 年。该机制

---

❶ 冷罗生：《日本温室气体排放权交易制度及启示》，《法学杂志》2011 年第 1 期，第 65 页。

❷ 任维彤：《日本碳排放交易机制的发展综述》，《现代日本经济》2017 年第 2 期，第 3 页。

❸ Ministry of the Environment: "Market Mechanisms", https://www.env.go.jp/en/earth/ets/mkt_mech.html, accessed August 1st, 2024.

旨在实现低成本高效率的温室气体减排,并积累国内碳排放交易制度方面的经验。在自愿性排放交易机制框架下,自愿参加的企业必须通过改善设备能源效率或者参加该交易机制,实现自主设定的二氧化碳减排目标。[1]

为了让日本碳交易法律制度能够顺利运行,日本环境省建立了相关系统。其中,注册系统、碳交易管理系统以及交易配对系统较为重要,相关内容和主要贡献如表4-5所示。

表4-5 日本碳交易法律制度梳理

主要系统	主要内容	主要目的
注册系统	1. 管理初期碳排放配额,碳排放权交易管理与碳权回收。 2. 管理所有自愿性排放交易机制中的配额。	1. 确保没有重复计算碳排放量。 2. 建立网络注册系统
碳交易管理系统	1. 依照碳排放检验与核算机制,计算所有工厂的排碳基准与实际排放量。 2. 数据主要由第三方认证使用	1. 整合排碳计算方法。 2. 碳排放计算与验证的过程更流畅。 3. 建立完整的关系资料库
交易配对系统	1. 刺激市场的碳交易量。 2. 要求交易前先签订契约。 3. 定期更新交易额度与交易金额	为市场主体提供找到碳交易对象的途径,加速碳排放权的流动性

为了提高市场主体的积极性,日本还设立了境外碳权转换机制。例如,如果日本甲企业参与了清洁发展机制的相关计划,因而取得的碳减排凭证(Certified Emission Reductions,简称CERs),能够转换为日本境内的碳减排凭证(Japanese Certified Emission Reductions,简称JCERs),并且能够将该碳减排凭证存入甲企业在自愿性排放交易机制下的注册账号。[2]

在该机制的实行期间(2006—2012财年)共计389家公司参与,并累计实现碳减排22.17亿吨二氧化碳当量。这一数字超过了所涵盖企业的

---

[1] 任维彤:《日本碳排放交易机制的发展综述》,《现代日本经济》2017年第2期,第3页。

[2] World Resources Institute:"GHG Mitigation in Japan: An overview of the Current Policy Landscape", Working Paper from the Institute for Global Environmental Strategies,2014.

12.45 亿吨二氧化碳当量的减排承诺，平均价格为 810 日元。❶ 自愿性排放交易机制的一个重要作用是发展了日本在碳排放监测、报告和第三方核查上的能力，并且建立了一个完整的碳排放交易登记系统。

（一）东京都温室气体排放总量控制与交易计划

自从 2007 年 6 月东京都政府（Tokyo Metropolitan Government，简称 TMG）宣布东京气候变化战略以来，就一直在研究应对全球变暖的方法。根据一项为期一年的深入研究，时任东京都知事在 2008 年 6 月向东京都议会第二次定例会提交了一份法案，其中提出了对主要碳排放主体设定强制性的温室气体减排目标，即《东京都温室气体排放总量控制与交易计划》（Japan-Tokyo Cap-and-Trade Program，简称 JTCTP）。东京都议会一致通过了这项法案，从此日本第一个碳排放总量控制与交易计划便诞生了。这项计划也是自欧盟引入总量控制与交易计划以来，在亚洲实施的第一个类似项目，还是日本第一个强制性的碳排放交易机制。

2010 年 4 月，日本东京都政府正式启动了东京都总量控制与交易计划，与日本埼玉县的碳排放交易体系（Japan-Saitama Target Setting Emissions Trading System，简称 J-S TSETS）❷ 相关联。该计划采取了限制总量交易的模式，即先设定排放的总量限额，根据这一限额确定排放权总量，再以一定的分配方式分配加入该机制的排放主体，排放主体获得配额后便可以按需交易。

该计划建立了全球首个以城市商业建筑和工厂作为主要市场主体的碳市场类型，即东京碳交易系统（Tokyo-Emission Trading System，简称 Tokyo ETS）。东京都地区的大型机构，例如，大型办公大楼、每年使用 150 万升

---

❶ World Resources Institute: "GHG Mitigation in Japan: An overview of the Current Policy Landscape", Working Paper from the Institute for Global Environmental Strategies, 2014.

❷ 日本埼玉县的碳排放交易体系建立于 2011 年 4 月，是《埼玉县全球变暖战略促进条例》的一部分。该体系参考了东京都总量控制与交易计划，覆盖埼玉县内的大型建筑和工厂。每个设施的减排目标根据其预期的能源效率收益和消耗其他设施提供的能源程度来分配，能效高和能源消耗少的设施目标较低，反之则较高。

原油当量以上的工厂，都必须参与这一计划，截至 2023 年已经覆盖 1400 个建筑，包含 1100 座商业建筑与 300 家工厂。❶ 针对东京都辖区范围内直接排放源少而间接排放源多的特点，该计划以规制能源消费端的设施层面排放为主要特色，因此属于典型的能源需求端下游交易类型。东京碳交易系统由工商业部门组成，商业部门是东京都地区最大的温室气体排放源，包括办公楼宇、公共建筑、商业建筑和供热设施等，工业部门则包括废水管理与工业制造等其他设施。❷ 履行减排义务的主体为建筑物所有权人，但较大的租户（楼面面积超过 5000 平方米或每年超过 600 万千瓦时的用电量）可以共同承担义务或代替建筑物所有权人承担义务。❸

2020 年 3 月，日本东京都政府在第二个履约期内（2015—2019 财年），市场覆盖的排放主体的排放量较基准年度总体减少了 27%，超额完成为该期设定的 15% ~ 17% 的目标。❹ 其中，引进节能热源、照明设备等措施是减少建筑行业排放的关键。尽管建筑面积有所增加，但建筑的排放仍在继续减少，这表明该行业的排放强度有所下降。2020 年 4 月，该交易机制开始了第三个履约期（2020—2024 财年），要求各个排放实体在基准年排放的基础上减少 25% 或 27% 的排放量。第三个履约期还旨在扩大低碳和可再生能源的使用和生产，为覆盖的实体提供额外的激励措施，使其通过改用更清洁的电力减少减排量。❺

---

❶ International Carbon Action Partnership：" Emissions Trading Worldwide: 2023 ICAP Status Report"，https://icapcarbonaction.com/en/publications/emissions-trading-worldwide-2023-icap-status-report, accessed August 1st, 2024.

❷ 潘晓滨：《日本碳排放交易制度实践综述》，《资源节约与环保》2017 年第 9 期，第 112 页。

❸ World Resources Institute：" GHG Mitigation in Japan: An Overview of the Current Policy Landscape"，Working Paper from the Institute for Global Environmental Strategies，2014.

❹ 该制度设定三个履约期：第一个履约期（2010—2014 财年）实现 6% ~ 8% 的减排目标，第二个履约期（2015—2019 财年）实现 15% ~ 17% 的减排目标，第三个履约期（2020—2024 财年）实现 25% 或 27% 的减排目标。

❺ International Carbon Action Partnership：" Tokyo Sets Targets for 2020-24, Expands Low-Carbon Incentives"，https://icapcarbonaction.com/en/news/tokyo-sets-targets-2020-24-expands-low-carbon-incentives, accessed August 1st, 2024.

尽管东京都的中小企业不需要参与该碳排放总量控制与交易计划，但是东京都政府也采取以下措施尽可能减少其温室气体的排放：（1）能源使用3000公秉油当量以上的机器设备，必须向政府报告针对全球暖化所采取的措施；（2）检查中小企业潜在节约能源程度；（3）提供中小企业节约能源投资的低利率贷款；（4）中小企业投资于节能减碳设备，若符合东京都政府规定，则可享受营业税的抵减；（5）中小企业的减碳额度，也可被转换成碳交易额度转卖给东京碳交易系统，让中小企业有动力减少碳排放。

（二）联合认证机制

日本的联合认证机制（Joint Crediting Mechanism，简称JCM）于2013年8月启动，该机制通过输出日本的低碳技术、产品、系统、服务和基础设施以及日本在发展中国家投资的减排项目，并以量化的方式适当评价日本对减排或中和温室气体的贡献，从而帮助实现日本的减排目标。该机制覆盖了众多行业，如电力、交通、工业和废物处理等。同时，该机制也覆盖了如能源利用效率、可再生能源和避免毁林等活动。2013年1月，日本与蒙古国签署了第一份双边协议，2014年10月在印度尼西亚注册了第一个项目。截至2024年8月，日本已与29个国家签署了联合司法委员会双边文件。❶

为了确保该机制的有效实行，由日本和东道国政府代表所组成的联合委员会（Joint Committee，简称JC）共同制定具体规则和指导方针、制定和批准拟议的联合认证机制方法、指定第三方机构（需要验证项目和核实温室气体的减少或中和）、登记联合认证机制项目并决定要发放的抵销额度。该机制所有的参与国都设有登记机构，对减少和发放的碳排放额度进行核算。

联合认证机制下的减排量是按照"项目二氧化碳排放量"与"参考二氧化碳排放量"之间的差额进行计算。项目的实际二氧化碳排放量是指引

---

❶ "The Joint Crediting Mechanism (JCM)", https://www.jcm.go.jp/, accessed August 1st, 2024.

进由联合认证机制项目资助的设备或技术之后的排放量，而参考的二氧化碳排放量是指在不执行减排措施的情况下以保守方式确定的排放量。因此，联合认证机制通过将排放减少量计算为"参考排放量"与"项目排放量"之间的差值来实现排放量的净减少。

企业所获得的联合认证机制碳排放额度将用于实现日本政府的温室气体减排目标，并且该机制允许企业根据温室气体的计算、报告和公告制度调整其排放量，或抵销其自身的排放量。❶

第五节　韩国的碳法律制度

2002 年，韩国作为《联合国气候变化框架公约》中《京都议定书》的非附件一国家批准了该议定书，这意味着彼时韩国仍属于发展中国家，因此并不承担发达国家需要承担的温室气体强制减排义务。虽然韩国政府一直倡导"绿色增长"的概念，认为这是建设国家经济的一种方式，同时也有利于环境，但是韩国的经济发展高度依赖化石能源进口，并且韩国的产业结构以能源密集型产业为主，转变经济发展方式、提高能源利用率是韩国提高经济竞争力的关键。因此，韩国自 1999 年成立气候变化应对委员会以来，便根据《联合国气候变化框架公约》的要求，一直在实施应对气候变化的政策。

一、韩国碳法律制度回顾与梳理

2008 年，韩国首先提出《应对气候变化基本法案》，并随后于 2010

---

❶ Ministry of the Environment Government of Japan: "Carbon Markets Express", http://carbon-markets.env.go.jp/, accessed May 14, 2023.

年公布实施《气候变化对策基本法》,❶这是韩国第一部完整的应对气候变化的法律。该法共 7 章 31 条,主要内容有"气候变化应对综合计划的建立""气候变化对策委员会的设置""温室气体减排措施""其他措施""基金设置及运用"以及"罚则"。❷首先,就行政管理机构的设置而言,该法在第 11 条规定气候变化对策委员会的委员长为总统,副委员长为国务总理,由总统任命具有气候变化领域学识和经验丰富的专家为委员。其次,该法第 20 条规定碳排放交易是主要的政策工具,并在第 28 条决定设立气候变化基金。❸

2010 年,韩国《低碳绿色增长基本法》正式生效,该法成为韩国在应对气候变化和控制碳排放领域的第一部综合性立法,吸收了已有的《能源基本法》《可持续发展基本法》《气候变化对策基本法》的相关内容,为气候政策的颁布和行动提供法律依据。该法采取了经济发展优先于环境保护的立法理念,将气候变化、低碳社会、绿色经济三个范畴实现统一立法,避免分别立法可能带来的重叠与交叉问题,通过绿色发展来解决气候变化和建设低碳社会,提高绿色经济的法律地位。❹其中,该法第 15 条规定,绿色发展委员会的委员长由国务总理与总统令委任的人员共同担任。该法第 28 条规定,政府应当实施绿色金融政策,包括优先投资绿色产业和绿色技术、对绿色基础建设融资施以优惠、创设绿色金融市场等。该法还引入了三大机制,分别是:应对气候变化与能源管理机制、碳税和碳排放交

---

❶ "Climate Change Laws of the World, Carbon Neutral and Green Growth Framework Act to Tackle the Climate Crisis", https://climate-laws.org/document/carbon-neutral-green-growth-framework-act-to-tackle-the-climate-crisis_fb15, accessed August 1st, 2024.

❷ 王灿发、刘哲:《论我国应对气候变化立法模式的选择》,《中国政法大学学报》2015 年第 6 期,第 113-121 页。

❸ 王冬、权赫凡、王荻:《韩国〈绿色增长基本法〉立法过程研究》,《价值工程》2013 年第 13 期。

❹ 李艳芳:《各国应对气候变化立法比较及其对中国的启示》,《中国人民大学学报》2010 年第 4 期。

易机制。❶该法第 42 条规定，政府应当在 2050 年全面减少温室气体排放量，设定中长期和年度国家减排目标。具体来说，在能源利用方面，政府需要就提高能源自主性、使用效率、可再生能源的普及利用程度等分别确定中长期和年度目标并进行管理。此外，政府在设定国家目标时，应当按照不同对象分别设定目标，并且为了发挥政府的示范作用，应当对中央与地方政府等机构实行"能源诊断"，按照机关类别的不同设定相应的能源节约和温室气体排放目标，并长期监督其实施。❷由于《低碳绿色增长基本法》规定，政府每五年制订和实施一个绿色增长五年计划和国家气候变化适应计划，作为应对气候变化的国家中长期计划，因此，在《低碳绿色增长基本法》之后，韩国政府各部门采取了一系列重要措施，包括 2012 年建立了碳排放目标管理制度（Target Management System，简称 TMS），2014 年制定了《国家温室气体减排路线图》（2018 年 6 月修订），2015 年正式启动了碳排放交易市场，2016 年公布了《第一个应对气候变化基本计划》，2019 年公布了《第二个应对气候变化基本计划》等。❸

《低碳绿色增长基本法》和《碳中和与绿色增长基本法》（Carbon Neutrality and Green Growth Act）均涵盖了应对气候变化对策与能源政策两方面，较为全面。《碳中和与绿色增长基本法》授权总统有权直接命令与管理气候变化的相关政策，并明确各政府部门减排的责任，强调政府的能力建构与示范责任，这是较有特色的一点。

2012 年 5 月，韩国国会通过了《温室气体排放配额分配和交易法》，并于同年 11 月制定了《温室气体排放配额分配和交易法实施法令》，基本建立了韩国碳排放配额交易制度，明确韩国将在 2015 年 1 月 1 日起正

---

❶ Eun-sung Kim：" The Politics of Climate Change Policy Design in Korea "，*Environmental Politics*，2016（25）：3，454.

❷ 王冬、权赫凡、王荻：《韩国〈绿色增长基本法〉立法过程研究》，《价值工程》2013 年第 13 期。

❸ " Climate Change Laws of the World, 2nd Basic Plan for Climate Change Response "，https://climate-laws.org/document/2nd-basic-plan-for-climate-change-response_60b1, accessed August 1st, 2024.

实施碳排放交易机制。❶

韩国在2021年5月设立隶属于总统下的碳中和委员会作为领导韩国迈向碳中和社会的核心机构，其主要职能为执行碳中和主要政策与计划的审议和评估，以及负责与社会各界沟通。就政策措施层面而言，韩国政府先于2020年12月发表《2050年碳中和促进战略》，尔后陆续于2021年公布《2050碳中和战略》❷及《2030年国家温室气体减量目标上调案》❸。韩国碳中和委员会不仅设置了两种碳中和情境，还上调了国家自定贡献减量目标。随即，韩国在《联合国气候变化框架公约》第二十六次缔约方大会上发表其国家温室气体减量目标，并宣示加入全球甲烷承诺。

2021年8月31日，韩国通过了《碳中和与绿色增长基本法》，使韩国成为第14个将2050年碳中和愿景及其实施机制写入法律的国家。该法于2022年3月25日生效，要求韩国政府在2030年将温室气体排放量比2018年减少35%以上，这是韩国解决气候问题和实现2050年碳中和的法律基础。该法共11章83条，主要内容分别为"总则""国家愿景和温室气体减排目标""国家碳中和绿色发展框架规划的制定""2050碳中和绿色发展委员会""温室气体减排措施""气候危机适应措施""气候正义转型""绿色发展措施""碳中和社会过渡与推广绿色发展""气候应对基金的设立和运用""补则"等。该法明确规定2050年碳中和为韩国的国家愿景，并规定了实现这一愿景所需的步骤，主要涉及制定国家战略、中长期温室气体减排目标、框架计划以及审查执行情况的细节。该法还规定了气候影响评估、气候应对基金、参与性治理与公正过渡的各种政策。该法提议将应对

---

❶ "Act on the Allocation and Trading of Greenhouse-Gas Emission Permits", https://elaw.klri.re.kr/eng_mobile/viewer.do?hseq=24561&type=new&key=, accessed August 1st, 2024.

❷ UNFCCC: "2050 Carbon Neutral Strategy of the Republic of Korea", https://unfccc.int/documents/267683, accessed August 1st, 2024.

❸ UNFCCC: "Submission under the Paris Agreement, The Republic of Korea's Enhanced Update of its First Nationally Determined Contribution", https://unfccc.int/sites/default/files/NDC/2022-06/211223_The%20Republic%20of%20Korea%27s%20Enhanced%20Update%20of%20its%20First%20Nationally%20Determined%20Contribution_211227_editorial%20change.pdf#:~:text=URL%3A%20https%3A%2F%2Funfccc.int%2Fsites%2Fdefault%2Ffiles%2FNDC%2F2022, accessed August 1st, 2024.

气候变化的机制从集中过渡到分散，该法将地方计划和委员会列为地方执行机制的组成部分。中央政府和地方政府之间还将建立一个互动和协作系统，以进一步分享信息和反馈。该法案规定了支持措施的细节，例如，支持当地排放数据的收集以及建立碳中和支持中心。此外，该法规定将建立碳中和城市联盟等地方政府之间的合作机制。❶

二、韩国碳法律制度的主要内容

（一）碳排放目标管理制度

在启动碳市场之前，韩国政府便先建立了碳排放目标管理制度，即为了降低碳排放量和能源使用量，政府每年制定一定水平的减排目标，并将工业、发电等领域排放温室气体或能源消费量较大的企业和公共部门指定为受控对象，并为这些受控对象制定碳减排目标和能源节约目标，由韩国环境部总管，农林畜产食品部、产业通商资源部、国土交通部等分管。❷这是典型的、由政府主导的"命令-控制"型政策工具，由于韩国工业超过半数的碳排放量主要由几家大型企业贡献，因此碳排放目标管理制度首先对这几家大型工业企业规定了减排目标，以便让其适应碳排放约束管理。❸

监测、报告、核查制度是碳排放目标管理制度的核心内容，政府根据企业的排放量或排放设施的规模大小将企业分为不同等级，按不同等级监测排放量。目前，参与碳排放目标管理制度的绝大多数企业，根据《温室气体排放配额分配和交易法》将会成为温室气体配额的分配对象，有义务

---

❶ "Carbon Neutrality Act Passed by National Assembly Heralding Economic and Social Transition Towards 2050 Carbon Neutrality"，http://eng.me.go.kr/eng/web/board/read.do?menuId=461&boardMasterId=522&boardId=1473610，accessed May 14，2023.

❷ 李继鬼:《韩国温室气体减排制度安排对我国的启示》，《经济纵横》2015年第6期，第116页。

❸ 潘晓滨:《韩国碳排放交易制度实践综述》，《资源节约与环保》2018年第6期，第130页。

参与排放权交易制度。那么，通过碳排放目标管理制度，监测、报告、核查制度与碳排放交易体系相连，进行相关信息共享，将会对排放权交易制度的稳定实施产生积极影响。❶

（二）碳排放交易制度

自 2005 年以来，政府一直在运营一个名为"韩国认证减排市场"（Korea Certified Emissions Reductions，简称 KCER）的自愿碳市场，该市场面向那些通过提高能源效率、生产工艺和可再生能源开发投资而达到每年减排 500 吨以上二氧化碳的企业。企业自愿进行温室气体减排项目，就可以获得韩国认证减排市场的认证。认证后就可以在市场上交易，或以每吨约 5000 韩元的价格购买。在实践中，由于缺乏国内减排义务，很少会有买家。因此，政府购买了大多数韩国认证减排市场，以促进和补偿减少温室气体排放的措施。截至 2009 年底，287 个项目产生了 560 万份韩国认证减排市场，其中 470 万个已被政府以 230 亿韩元购买。政府还于 2007 年通过民间资金的参与，设立了 1050 亿韩元的碳基金，用于投资清洁发展机制项目与购买核证减排量。❷

早在 2008 年，韩国环境部就开始在公共机关中进行碳排放权交易试点。❸ 2010 年通过的《低碳绿色增长基本法》的第 45 条规定，韩国要迅速发展碳排放交易体系，以顺利实现国家的减排目标。2015 年，韩国正式启动了全国碳排放交易市场，该市场是亚洲首个全国性碳排放交易市场。❹

---

❶ 刘雅君:《韩国低碳绿色经济发展研究》，博士学位论文，吉林大学东北亚研究院，2015，第 70 页。

❷ Randall S. Jones, Byungseo Yoo, OECD: "Korea's Green Growth Strategy: Mitigating Climate Change and Developing New Growth Engines", https://dx.doi.org/10.1787/5kmbhk4gh1ns-en, accessed May 14, 2023.

❸ 孙秋枫、张婷婷、李静雅:《韩国碳排放交易制度的发展及对中国的启示》，《武汉大学学报》2016 年第 2 期。

❹ 刘洪岩:《生态法治新时代：从环境法到生态法》，社会科学文献出版社，2019，第 330 页。张忠利:《韩国碳排放交易法律及其对我国的启示》，《东北亚论坛》2016 年第 5 期。

该市场具有以下特点：

（1）覆盖范围广。韩国的碳交易制度覆盖工业、建筑、交通、能源和废物管理五个领域，年排放总量高于 125 000 吨二氧化碳当量的公司或年排放量高于 25 000 吨二氧化碳当量的排放源都被纳入计划管制的范围。❶到目前为止，超过 70% 的温室气体排放量受制于该计划。

（2）配额分配各阶段有所不同。第一承诺期（2015—2017 年）配额分配采取全部免费发放的方式，分配依据是历史排放记录、基准线排放量或者新建、改建、扩建排放设施的预期排放等因素。如果在碳排放交易体系正式启动之前，被监管实体已经开始自愿减排，那么在第一承诺期的第 3 年度政府将会向其分配额外配额。在第二承诺期（2018—2020 年），免费发放配额的数量为总量的 97%。在第三承诺期（2021—2025 年），免费发放的配额不得超过配额总量的 90%。对于出口导向型企业和能源密集型行业采取 100% 免费发放的方式，以保障这些行业和领域企业的国际竞争力。❷可见，拍卖的配额数量正在上升，以确保碳定价真正发挥作用。

（3）履约有严格的时限要求。在每个履约年度内，被监管实体应当按照监测、报告、核查制度的要求，就其在该年度所排放的温室气体编制排放报告，并在该履约年度结束后 3 个月内提交相关有权机关。在配额清缴方面，在某一履约年度结束后的 6 个月内，被监管实体应当按照总统法令的要求，向有关机关提交与其依法确认的碳排放量相等的排放配额。❸

（4）罚则明确。被监管的实体持有或取得依据国际标准由碳排放交易制度之外的项目产生的温室气体减排量时，可要求有权机关将这些温室气体减排量转为排放配额。被监管实体可以用在抵销信用注册登记簿中登记

---

❶ International Carbon Action Partnership：" South Korea Approves Initial Wave of Near-Term ETS Reforms"，https://icapcarbonaction.com/en/news/south-korea-approves-initial-wave-near-term-ets-reforms, accessed August 1st, 2024.

❷ 张忠利：《韩国碳排放交易法律及其对我国的启示》，《东北亚论坛》2016 年第 5 期，第 54 页。

❸ 张忠利：《韩国碳排放交易法律及其对我国的启示》，《东北亚论坛》2016 年第 5 期，第 56 页。

的排放配额来履行其依法提交配额的义务。在履约义务方面,如果任何被监管实体依法提交的配额低于依法核证后的排放量,那么有权机关可按最高至该相关履约年度平均碳价格的 3 倍但不得超过 10 000 韩元的标准,对于不足部分按吨收取罚款。如果被监管实体逾期不支付上述罚款的,则应当自支付罚款截止日期次日起加收滞纳金。❶

(5)具有灵活机制。除了抵销机制,韩国碳交易制度还允许两类灵活机制介入市场,促进市场活力,便利企业融资。第一类是银行业务,在市场的第一承诺期内该业务不受任何限制,到了第二承诺期时,银行业务持有的碳排放配额最高不得超过"第一阶段所有实体平均限额10% +20 000 吨二氧化碳当量",当银行业务超过许可范围持有限额时将会产生一定不利后果。第二类为借用,第一承诺期时,受管控实体借用的配额额度不能超过自身排放义务的 20%;到了第二承诺期则下降到 15%,并且在之后的每个承诺期都要逐步降低该比例。❷

有学者指出,韩国虽然实现了碳排放交易配额市场的开放,但政策措施方面还存在很大的问题。从政府的立场上看,碳排放交易的实施需要交易双方缴纳手续费,其实也是扩大税收的一种手段。决策者首先应适当调整减排的目标,在机制设计上加大非贸易行业的减排任务。其次,要适度放宽抵销信用的使用额度,建立一种在不改变减排目标的情况下,用抵销信用使用额度的方式有效降低企业履约的成本。最后,建立与其他交易市场对接的平台,或者允许第三方参与交易。❸

碳排放目标管理制度和碳排放权交易体系有相同点,两者都强调碳排放的总量控制。但是,碳排放目标管理制度没有引入市场机制,如果企业

---

❶ 张忠利:《韩国碳排放交易法律及其对我国的启示》,《东北亚论坛》2016 年第 5 期,第 57 页。

❷ Minho Lee: "Korea's Policies on Climate Change", https://sustainabledevelopment.un.org/content/unosd/documents/4464[03]Korea's%20Policies%20on%20Climate%20Change%20(PRINTING%20MATERIAL).pdf, accessed May 14, 2023.

❸ 孙秋枫、张婷婷、李静雅:《韩国碳排放交易制度的发展及对中国的启示》,《武汉大学学报》2016 年第 2 期,第 76 页。

无法完成减排目标则需要向政府交罚款。碳排放目标管理制度自2012年生效，纳入碳排放目标管理制度监管的部分企业被允许进入碳排放权交易体系的碳排放权交易市场进行交易。企业更愿意接受碳排放目标管理制度机制，虽然碳排放目标管理制度设置了更严苛的减排目标，但是碳排放权交易体系对他们来说有太多的不确定性，最主要的是碳排放权价格受市场波动影响大，而碳排放目标管理制度罚款的设置更为确定。[1]

第六节　印度的碳法律制度

印度是仅次于中国和美国的第三大二氧化碳排放国，[2]作为一个新兴的庞大经济体，印度正面临着与能源和气候变化相关的巨大挑战。一方面，印度仍然有相当一部分地区缺少电力供应，需要更多的能源供应来推动经济发展，这意味着未来印度的能源使用和温室气体排放仍然会大幅增长；另一方面，印度十分容易受到气候变化的影响，特别是受到水资源紧缺、农业收成不良和一些极端自然灾害的影响。

尽管作为一个发展中国家，印度没有解决温室气体排放问题的义务，但是印度正在致力于制定协调整个经济领域的综合政策，包括减少温室气体排放和适应气候变化。迄今为止，印度的做法一直是政策性的，而不是全面的气候变化立法。

---

[1] Eun-sung Kim: "The Politics of Climate Change Policy Design in Korea", *Environmental Politics*, 2016（25）：3, 463-464.

[2] ICOS: "Data Supplement to the Global Carbon Budget 2020", https://www.icos-cp.eu/science-and-impact/global-carbon-budget/2020, accessed May 14, 2023.

一、印度碳法律制度及相关政策

2001年，印度通过了《节约能源法》。由于提高工业部门的能源效率是实现减排政策目标的一个重要方面，《节约能源法》将能源密集型产业确定为指定消费者（designed consumer，简称 DC），此后便围绕指定消费者开展了一系列政策管制。该法还设立了能源效率局（Bureau of Energy Efficiency，简称 BEE），作为负责提高能源效率的监管机构。❶

2008年6月30日，印度通过了《国家气候变化行动计划》（National Action Plan on Climate Change，简称 NAPCC），概述了八项关于气候变化的国家使命，包括"太阳能国家使命""提高能源效率国家使命""可持续生境国家使命""水资源国家使命""维持喜马拉雅生态系统国家使命""绿色印度国家使命""可持续农业国家使命""气候变化战略知识国家使命"。❷ 其中，根据"提高能源效率国家使命"目标，印度政府制定了一项多管齐下的措施。首先，建立执行、实现和交易（perform, achieve and trade，简称 PAT）机制，这是一个以市场为基础的机制，以提高工业工厂能效改进的成本效益。这一计划的目标是制订能源效率指标，并发放市场可交易的许可证，以证明节约能源，这类似于其他国家的总量控制与交易计划。其次，推动电器市场转型，通过产品标识和宣传计划，使消费者更加倾向购买节能电器。再次，建立能效项目融资平台，通过估算企业未来节约的能源，促进对提高能效项目的融资。最后，加强国家机构的能力，使它们可以负责能源节约、能源数据库的维护以及通过审计准确监测和核查能源使用情况。

---

❶ "The Energy Conservation Act. No. 52 of 2001", https://powermin.gov.in/sites/default/files/uploads/ecact2001.pdf, accessed August 1st, 2024.

❷ "Ministry of Environment, Forest and Climate Change, National Action Plan on Climate Change", https://pib.gov.in/PressReleaseIframePage.aspx?PRID=1810566, accessed August 1st, 2024.

二、印度的碳交易法律制度

执行、实现和交易机制是印度为了实现提高能源效率目标的一个核心机制，印度在《联合国气候变化框架公约》第二十一次缔约方会议上承诺，到2030年将国内生产总值的排放强度在2005年的基础上降低45%，[1] 执行、实现和交易机制被认为是印度降低能源消耗的一个关键因素。

2009年7月，印度宣布通过执行、实现和交易机制计划，这项计划具有一定的市场机制，旨在帮助印度的主要工业，如铝业、水泥业、发电厂、造纸业、纺织业和铁路业等提高能源利用效率，减少碳排放，该计划于2011年正式生效。那些被纳入计划的能源密集型企业又被称为"指定消费者"。执行、实现和交易机制实现交易的核心机制是可交易的节能证书（energy saving certificates，简称 ES Certs），这也是印度采取的、鼓励企业达到或超过强制性目标的激励措施，一份可交易的节能证书相当于1吨油当量的节能量。可交易的节能证书在指定消费者超过其减排目标后颁发，它可以被出售给另一个未能实现其目标的企业，其价格通过市场供需决定。可交易的节能证书还可以存入各个指定消费者的账户，以便跨履约周期交易。目前，执行、实现和交易机制分为三个履约周期，每个履约周期为三年，每个周期的目标和方式各有不同。

（一）覆盖范围

第一周期（2012—2015年）为"目标设定"阶段，这一阶段计划将来自八个工业部门的478个指定消费者的能源消耗降低5.3%，这八个部门分别是铝、水泥、钢铁、氯碱、火电厂、造纸厂、化肥和纺织。第二周期（2016—2019年）将包括另外143个指定消费者，且再多覆盖三个工业部门——炼油厂、铁路和数字通信。

---

[1] Government of India: "India's Updated First Nationally Determined Contribution Under Paris Agreement (2021–2030)", https://unfccc.int/sites/default/files/NDC/2022-08/India%20Updated%20First%20Nationally%20Determined%20Contrib.pdf, accessed August 1st, 2024.

（二）监测与核查

在每个履约期内，指定消费者都需要提交年度报告，这些报告被称为"执行、实现和交易机制评估报告"，这些报告将由受认可的指定独立能源审计员进行核对。每个指定消费者须指定一名能源经理，负责提交执行、实现和交易机制评估文件。独立能源审计员将在履约期届满时，对指定消费者的履约情况进行核查，并对节约的能源进行事后评估。❶

（三）节能证书交易

节能证书交易必须在指定的电力交易平台——印度能源交易所（Indian Energy Exchange，简称 IEX）和印度电力交易所（Power Exchange Industry Ltd，简称 PXIL）上进行。❷ 印度政府维持一个节能证书的数据库，供指定消费者查看、使用。证书的价格由市场决定，证书的购买者是没有达到减排目标的指定消费者，证书的销售者是超额完成减排目标并且获得超额证书指定消费者。节能证书的交易目前只能在指定消费者之间，且没有带有金融属性的二级市场进行。

（四）罚则

根据《节约能源法》，如果指定消费者多次履约失败，将受到能源效率局处罚，处罚的金额不能超过十万卢比，并且还会受到不低于每吨油当量的能源价格的额外处罚。❸ 这样的处罚预计将高于节能证书的交易价格，以达到惩戒的作用。

放眼全球，能源效率的限额和交易计划并不是全新的一种政策工具，

---

❶ Divita Bhandari, Gireesh Shrimali: "The Perform, Achieve and Trade Scheme in India: An Effectiveness Analysis", Renewable and Sustainable Energy Reviews, 2018 (81): 1286-1295.

❷ Ministry of Power: "The Energy Conservation Act (Amendment) 2010", New Delhi, India, 2010.

❸ "The Energy Conservation Act. No. 52 of 2001", https://powermin.gov.in/sites/default/files/uploads/ecact2001.pdf, accessed August 1st, 2024.

但印度的执行、实现和交易机制不同于欧盟实施的白色证书计划[1]，因为执行、实现和交易机制只针对工业部门，而不是直接面向电力和天然气供应商。因此，更确切来说，执行、实现和交易机制是一个以市场为基础的计划，目标是在工业部门内实现能源效率。

---

[1] 白色证书计划首先在法国、意大利和英国三国实施，该制度将能源效率义务与可交易的能源效率证书相结合，激励企业达成提高能效的目标。

第五章

国际碳法律制度的历史演进

第一节 概述

国际碳法律制度经历了从萌芽到缓慢发展再到停滞继而重启的过程，中间经历了各种波折，但总体来看各项碳法律制度仍在不断发展完善。国际碳法律制度起源于《联合国气候变化框架公约》，该公约的目标是"将大气中温室气体的浓度稳定在防止气候系统受到危险的人为干扰的水平上"，并明确规定发达国家和发展中国家之间负有"共同但有区别的责任"。[1] 自 1992 年各国在巴西里约热内卢达成《联合国气候变化框架公约》

---

[1] 王谋、吉治璇、陈迎：《格拉斯哥会议后全球气候治理格局、特征与趋势——兼议对我国气候治理的影响及其策略选择》，《治理现代化研究》2022 年第 2 期，第 90 页。

以来，[1]国际社会围绕细化和执行《联合国气候变化框架公约》中的碳法律制度开展了持续谈判，大体可以分为1995—2005年、2006—2012年、2013—2015年、2016—2020年、2021年至今几个阶段，达成了《京都议定书》《巴厘岛路线图》《坎昆协议》《巴黎协定》《格拉斯哥协议》等标志性成果，这些国际文件对国际碳法律制度的形成和发展具有重要意义，如表5-1所示。

表5-1 国际碳法律制度相关国际文件梳理

文件名称	意义
《联合国气候变化框架公约》	国际碳法律制度的萌芽
《京都议定书》	国际碳法律制度的重大进展
《巴厘岛路线图》	国际碳法律制度的进一步发展
《哥本哈根协议》	国际碳法律制度的重大挫折
《坎昆协议》	国际碳法律制度的重新整合
《巴黎协定》	国际碳法律制度的再度发展
《格拉斯哥协议》	国际碳法律制度的最新进展

1995—2005年，《京都议定书》谈判、签署、生效阶段。《京都议定书》是《联合国气候变化框架公约》通过后的第一个阶段性执行协议。由于《联合国气候变化框架公约》只是约定了全球合作行动的总体目标和原则，并未设定全球和各国不同阶段的具体行动目标，因此1995年缔约方大会授权开展《京都议定书》谈判，明确阶段性的全球减排目标以及各国承担的任务和国际合作模式。《京都议定书》作为《联合国气候变化框架公约》第一个执行协议，从谈判到生效经历的时间较长，经历了美国签约、退约，俄罗斯等国在排放配额上高要价等波折，最终于2005年正式生效，明确了2008—2012年《联合国气候变化框架公约》下各方承担的阶段性减排任务和目标。《京都议定书》将《联合国气候变化框架公约》附件一

---

[1] United Nations: "United Nations Framework Convention on Climate Change", https://unfccc.int/sites/default/files/resource/docs/1992/a/eng/l14.pdf, accessed April 22, 2023.

国家分为不同类型,由此产生发达国家、发展中国家和经济转轨国家三大阵营。❶

2006—2012年,谈判确立了2013—2020年国际气候制度。2007年在印度尼西亚巴厘岛举行的联合国气候变化大会通过了《巴厘岛路线图》,❷开启了后《京都议定书》国际气候制度谈判进程,覆盖执行期为2013—2020年。根据《巴厘岛路线图》授权,应在2009年缔约方大会结束谈判,但在当年的大会上未能全体通过《哥本哈根协议》,❸而在次年2010年坎昆大会上,将《哥本哈根协议》的主要共识写入2010年大会通过的《坎昆协议》。❹其后两年,通过缔约方大会"决定"的形式,逐步明确各方的减排责任和行动目标,从而确立2012年后的国际气候制度。《哥本哈根协议》《坎昆协议》等不再区分附件一和非附件一国家,并且由于欧盟的东扩,经济转轨国家的界定也基本取消。

2013—2015年,谈判达成《巴黎协定》,基本确立2020年后的国际气候制度。根据美国奥巴马政府在《哥本哈根协议》谈判中确立的"自下而上"的行动逻辑,2015年《巴黎协定》不再强调区分南北国家,法律表述一致为"国家自主决定贡献",仅能通过贡献值差异看出国家间自我定位的差异,形成所有国家共同行动的全球治理范式。根据《巴黎协定》第4条,各缔约国应尽快在21世纪下半叶实现温室气体的人为排放与汇的清除之间的平衡,即碳中和。❺

---

❶ United Nations:"Kyoto Protocol to the United Nations Framework Convention on Climate Change", https://unfccc.int/sites/default/files/resource/docs/cop3/l07a01.pdf, accessed April 22, 2023.

❷ United Nations:"Long-term Cooperative Action under the Convention", https://unfccc.int/sites/default/files/resource/docs/2007/cop13/eng/l07r01.pdf, accessed April 22, 2023.

❸ 叶海英:《〈哥本哈根协议〉草案未获通过》,http://www.weather.com.cn/index/lssj/12/375604.shtml,访问日期:2023年4月22日。

❹ United Nations:"Consideration of Further Commitments for Annex I Parties Under the Kyoto Protocol", https://unfccc.int/sites/default/files/resource/docs/2010/awg15/eng/crp04r04.pdf, accessed April 22, 2023.

❺ United Nations:"Paris Agreement", https://unfccc.int/sites/default/files/english_paris_agreement.pdf, accessed April 22, 2023.

2016—2020年，主要就细化和落实《巴黎协定》的具体规则开展谈判。其间，国际气候治理进程再次经历美国、巴西等政府更迭产生的负面影响，艰难前行。2018年，在联合国气候变化卡托维兹大会上，缔约方就《巴黎协定》关于自主贡献、减缓、适应、资金、技术、能力建设、透明度、全球盘点等内容涉及的机制、规则达成基本共识，并对落实《巴黎协定》、加强全球应对气候变化的行动力度作出进一步安排。❶

2021年至今，全球正迈入碳中和时代。2021年11月13日晚间，延时了一天的格拉斯哥气候大会终于落下帷幕，随着大会主席阿洛克·夏尔马（Alok Sharma）敲响木槌，来自全球197个国家的外交官正式达成一项旨在加强气候行动的重要协议——《格拉斯哥协议》。《格拉斯哥协议》最重要的成果，首先是让1.5℃的可能性"活了下来"，全球正在加快提出碳中和的承诺和执行工作，以积极的姿态迎接全新的碳中和时代。❷ 截至2021年4月23日，已有80个国家向《联合国气候变化框架公约》提交了新的或更新的国家自主贡献，涵盖超过了40%的全球二氧化碳排放量，如图5-1所示。❸ 其中，大多数国家预计到2050年实现碳中和，瑞典、芬兰等少数国家预计在2035年实现碳中和，我国将实现碳中和的时间确定在2060年。

---

❶ 宋蕙：《中国外交部：中方为联合国气候变化卡托维兹会议取得成功作出关键贡献》，https://www.ccchina.org.cn/Detail.aspx?newsId=71225&TId=251，访问日期：2023年4月22日。

❷ United Nations: "Glasgow Climate Pact", https://unfccc.int/sites/default/files/resource/cop26_auv_2f_cover_decision.pdf, accessed April 22, 2023.

❸ IEA: "Taking Stock: A Global Assessment of Net Zero Targets", https://ca1-eci.edcdn.com/reports/ECIU-Oxford_Taking_Stock.pdf?v=1616461369, accessed April 22, 2023.

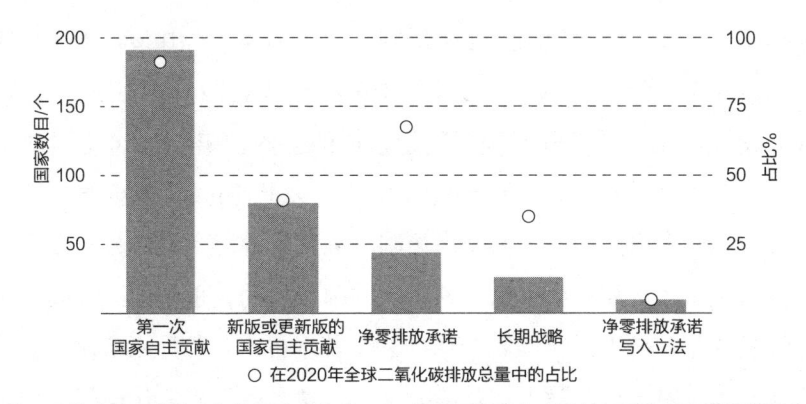

注：已批准《巴黎协定》的国家中约有 40% 更新了国家自主贡献，但净零承诺涵盖了全球约 70% 的二氧化碳排放量。

图 5-1　有国家自主贡献、长期战略和净零承诺的国家数目，以及它们在 2020 年全球二氧化碳排放量中的占比

资料来源：国际能源署：《全球能源部门 2050 年净零排放路线图》，https://iea.blob.core.windows.net/assets/f4d0ac07-ef03-4ef7-8ad3-795340b37679/NetZeroby2050-ARoadmapfortheGlobalEnergySector_Chinese_CORR.pdf，访问日期：2023 年 4 月 21 日。

综上所述，碳法律制度在国际层面的发展总体可以分为四大时代，即联合国气候变化框架公约时代、京都议定书时代、巴黎协定时代和引领碳中和发展方向的格拉斯哥时代。在这四大时代的总体发展脉络中，穿插着很多曲折和反复的国际会议和事件，但是总体来看，国际碳法律制度在曲折中发展，凸显了事物在曲折中不断发展壮大的基本规律，也说明在碳中和引领时代的大背景下，有必要仔细研究梳理国际碳法律制度，为国内碳法律制度的建设和发展提供有益经验。

第二节　《联合国气候变化框架公约》：共同但有区别的责任原则

全球气候治理以《联合国气候变化框架公约》为核心制度，通过科学界提供科学论证，以主权国家多边谈判与合作为主体，其他行为体广泛参与的治理过程。❶《联合国气候变化框架公约》是1992年5月22日联合国气候变化专门委员会就气候变化问题达成的公约，于1992年6月4日在巴西里约热内卢举行的联合国环境与发展大会上通过。《联合国气候变化框架公约》是世界上第一个为全面控制二氧化碳等温室气体排放以应对全球变暖给人类经济和社会带来不利影响的国际公约，也是国际社会在应对全球气候变化问题上进行国际合作的一个基本框架。❷具体来说，全球气候治理的最主要渠道实际上就是各方参与《联合国气候变化框架公约》缔约方大会的气候谈判与国际合作，而这一过程构成了《联合国气候变化框架公约》体系运行的核心。后来国际社会在气候变化领域中形成的《京都议定书》《巴黎协定》《格拉斯哥协议》等制度规范以及它们所代表的不同气候治理模式，都属于《联合国气候变化框架公约》进程的一部分，是全球气候治理的不同阶段。❸

《联合国气候变化框架公约》第2条规定："本公约以及缔约方会议可能通过的任何相关法律文书的最终目标是：根据本公约的各项有关规定，将大气中温室气体的浓度稳定在防止气候系统受到危险的人为干扰的水平上。这一水平应当在足以使生态系统能够自然地适应气候变化、确保粮食生产免受威胁并使经济发展能够可持续地进行的时间范围内实现。"《联合国气候变化框架公约》没有对个别缔约方规定需承担的具体义务，也未规定实施机制，缺少法律上的约束力。但是《联合国气候变化框架公约》规定可在后续从属的议定书中设置强制排放限制。❹这其中主要的议定书为《京都议定书》，后者甚至已经比《联合国气候变化框架公约》更加有名。

---

❶ 刘鸣：《中国国际关系与外交理论前沿》，上海社会科学院出版社，2016，第103–106页。

❷ 计军平、马晓明：《碳排放与碳金融》，科学出版社，2018，第5页。

❸ 翟大宇：《中美双边气候关系与〈联合国气候变化框架公约〉进程的相互影响研究》，《太平洋学报》2022年第3期，第1页。

❹ United Nations: "United Nations Framework Convention on Climate Change", https://unfccc.int/sites/default/files/resource/docs/1992/a/eng/l14.pdf, accessed April 22, 2023.

《联合国气候变化框架公约》的目标是减少温室气体排放，减少人为活动对气候系统的危害，减缓气候变化，增强生态系统对气候变化的适应性，确保粮食生产和经济可持续发展。为了实现上述目标，《联合国气候变化框架公约》确立了五项基本原则：（1）"共同但有区别"的原则，要求发达国家应当率先采取措施，应对气候变化；（2）要考虑发展中国家的具体需要和国情；（3）各缔约方应当采取必要措施，预测、防止和减少引起气候变化的因素；（4）尊重各缔约方的可持续发展权；（5）加强国际合作，应对气候变化的措施不能成为国际贸易的壁垒。❶ 由于《联合国气候变化框架公约》仅是一般性地确定了全球温室气体减排的浓度目标，没有明确不同阶段的实施目标，需要就不同阶段设定更加具体的目标来开展谈判。❷ 因此，在《联合国气候变化框架公约》开启气候变化减缓应对进程后，可以根据缔约方大会考量气候变化减缓的重要性程度，划分为京都议定书时代、巴黎协定时代和格拉斯哥协议时代。

第三节 《京都议定书》：履约机制与德班平台

1997年，在日本东京召开的《联合国气候变化框架公约》缔约国第三次会议通过了在国际气候变化法发展历程中具有重要历史意义的《京都议定书》，首次提出了碳交易三大机制，即联合履行机制、排放交易机制和清洁发展机制。它是当今世界唯一具有法律强制约束力的国际气候变化法，是国际气候变化法发展过程中的一个里程碑，体现了国际社会协同应

---

❶ United Nations: "United Nations Framework Convention on Climate Change", https://unfccc.int/sites/default/files/resource/docs/1992/a/eng/l14.pdf, accessed April 22, 2023.

❷ 王谋、吉治璇、陈迎：《格拉斯哥会议后全球气候治理格局、特征与趋势——兼议对我国气候治理的影响及其策略选择》，《治理现代化研究》2022年第2期。

对气候变化挑战的决心和努力。❶但是，在1997年到2011年的这段时间，全球气候变化应对陷入停滞和摇摆，直至2011年的德班会议才取得了历史性的成果，大会最后达成一揽子协议，决定建立"德班增强行动平台特设工作组"，对《京都议定书》第二承诺期作出安排，同时宣布启动旨在帮助发展中国家应对气候变化的绿色气候基金。❷拒不签署《京都议定书》的美国同意加入这个新协议。部分发展中国家和小岛屿国家联盟（Alliance of Small Island States，简称AOSIS）对此十分不满，认为即便达成新协议，仍然是"象征意义大于实际意义"，目前的减排措施根本不足以扭转全球气候变暖的趋势。在德班会议之后，直至《巴黎协定》出台之前，全球变化领域逐渐陷入僵局，并基本结束了《京都议定书》确立的强制碳减排模式。以德班会议这一事件为分界点，可以将整个京都议定书时代界分为前德班会议时代和后德班会议时代。

一、前德班会议时代

在德班会议召开之前，《京都议定书》为各国的二氧化碳排放量规定了标准，即在2008—2012年，全球主要工业国家的工业二氧化碳排放量比1990年的排放量平均要低5.2%。《京都议定书》通过后，于1998年3月16日—1999年3月15日开放签字，当时共有84个国家签署了《京都议定书》，《京都议定书》于2005年2月16日开始强制生效，到2009年2月，共有183个国家通过了《京都议定书》（超过全球排放量的61%），但值得关注的是美国并没有签署《京都议定书》。❸

《京都议定书》是人类历史上首次以法律的形式限制温室气体排放的

---

❶ United Nations: "Kyoto Protocol to the United Nations Framework Convention on Climate Change", https://unfccc.int/sites/default/files/resource/docs/cop3/l07a01.pdf, accessed April 22, 2023.

❷ United Nations: "National Adaptation Plans", https://unfccc.int/sites/default/files/resource/docs/2011/cop17/eng/l08a01.pdf, accessed April 22, 2023.

❸ 计军平、马晓明：《碳排放与碳金融》，科学出版社，2018，第5–6页。

举措。为了促进各国完成温室气体减排目标,该议定书允许采取以下四种减排方式:(1)两个发达国家之间可以进行排放额度购买的"排放权交易",即难以完成削减任务的国家,可以花钱从超额完成任务的国家买进超出的额度。(2)以"净排放量"计算温室气体减排量,即从本国实际排放量中扣除森林所吸收的二氧化碳的数量。(3)可以采用绿色开发机制,促使发达国家和发展中国家共同减排温室气体。(4)可以采用"集团方式",即欧盟内部的许多国家可视为一个整体,采取有的国家削减、有的国家增加的方法,在总体上完成减排任务。从《京都议定书》创设的具体法律机制来看,《京都议定书》要求发达国家在 2008—2012 年的这一段时间里实现其承诺的减排目标,并且建立条约遵循机制和专门的条约遵循委员会来确保缔约国达到其减排目标。除了强制规定缔约国的温室气体减排目标外,《京都议定书》的一个重要特点或是一个伟大创新就是把二氧化碳减排量变成能在碳交易市场上交易的商品,❶ 开启了碳交易市场化的时代。基于这样一个碳交易构想,《京都议定书》建立了三种以市场为基础的灵活机制,即排放交易机制、联合履约机制和清洁发展机制。这三大机制的主要目的就是帮助《京都议定书》的签约国低成本地实现其规定的减排目标,帮助发展中国家吸引资金开展碳减排项目,走上低碳化的发展道路。❷

2007 年,在印度尼西亚巴厘岛上召开的《联合国气候变化框架公约》第十三次缔约方会议上达成的《巴厘行动计划》(也称《巴厘岛路线图》),勾画了 2012 年后国际气候制度的路线图和基本框架,也将游离于国际合作之外的美国拉回谈判轨道。《巴厘岛路线图》主要内容包括以下几个方面:(1)确认为阻止人类活动加剧气候变化必须"大幅度减少"温室气体排放。文件援引科学研究建议,2020 年前将温室气体排放量相对于 1990 年排放量减少 25% ~ 40%。但文件本身没有量化减排目标。(2)为应对气

---

❶ Stripple J. & Falaleeva M:"CDM Post-2012: Practices, Possibilities, Politics", Workshop Report, Palaestra, Lund University, Sweden, 2008 (28).

❷ 黄永富:《〈京都议定书〉的命运和我国的战略》,社会科学文献出版社,2015,第 440 页。

候变化新安排举行谈判，谈判期为两年，应于 2009 年前达成新协议，以便为新协议在 2012 年底生效前预留足够时间。2008 年计划举行四次有关气候变化的大型会议。(3) 谈判应考虑为工业化国家制定温室气体减排目标，发展中国家应采取措施控制温室气体排放增长。比较发达的国家向落后的国家转让环境保护技术。(4) 谈判应考虑向比较穷的国家提供紧急支持，帮助他们应对气候变化带来的不可避免的后果，如帮助他们修建防波堤等。(5) 谈判应考虑"正向激励"的措施，鼓励发展中国家保护环境，减少森林砍伐等。❶《巴厘岛路线图》共有 13 项内容和 1 个附录，其中亮点如下：(1) 明确规定《联合国气候变化框架公约》的所有发达国家缔约方都要履行可监测、可报告、可核查的温室气体减排责任，这把美国纳入其中；(2) 除减缓气候变化外，还强调另外三个不同程度受到忽视的问题，即适应气候变化问题、技术开发和转让问题以及资金问题；(3) 为下一步落实《联合国气候变化框架公约》设定了时间表。然而，在巴厘岛的联合国气候大会上，发达国家与发展中国家之间、发达国家之间、发展中国家之间纷繁复杂的对立局面也逐渐开始形成。❷

2009 年 12 月，作为旨在探讨 2012 年以后《京都议定书》未来前景的哥本哈根大会出于种种原因，特别是发达国家和发展中国家在减排目标等问题上存在严重分歧，并没有达成预定目标，国际气候变化应对遭遇重大挫折。❸ 这使国际社会对 2012 年以后的国际应对气候变化的前景产生了极大的忧虑。所幸 2010 年 11 月 29 日—12 月 11 日在墨西哥旅游胜地坎昆举行的联合国气候变化会议重新凝聚共识。会前，国际社会普遍预期坎昆会议能就技术、资金、适应、森林等取得较多共识，在分歧较小的问题上达成平衡的一揽子协议，在分歧较大的问题上缩小分歧，为 2011 年南非气

---

❶ United Nations: "Long-term Cooperative Action under the Convention", https://unfccc.int/sites/default/files/resource/docs/2007/cop13/eng/l07r01.pdf, accessed April 22, 2023.

❷ 计军平、马晓明：《碳排放与碳金融》，科学出版社，2018，第 7 页。

❸ 黄永富：《〈京都议定书〉的命运和我国的战略》，社会科学文献出版社，2015，第 440-441 页。

候变化会议奠定良好基础。❶

二、后德班会议时代

在德班会议召开之后,由于确定了德班平台,要求《联合国气候变化框架公约》执行机构定期开展评估。因此,到 2012 年时,在卡塔尔多哈召开的《联合国气候变化框架公约》第十八次缔约方会议明确了执行《京都议定书》第二承诺期,包括美国在内的所有缔约方就 2020 年前减排目标、适应机制、资金机制以及技术合作机制达成共识,并形成长期合作行动工作组决议文件。多哈会议确定了《京都议定书》第二承诺期由 2013 年 1 月 1 日起实行,到 2020 年 12 月 31 日截止,但没有就发达国家减排指标作出具体规定。日本、俄罗斯、新西兰拒绝第二承诺期,美国、加拿大则游离于《京都议定书》之外,欧盟则宣称将加入第二承诺期,但拒绝上调承诺到 2020 年在 1990 年水平上减排 20% 的减排力度。多哈会议专门成立了资金问题常务委员会,但由于该机构不是所有缔约方都参加,其权限和职能不甚清楚,反而为发达国家推诿责任提供了条件。不过《联合国气候变化框架公约》第十八次缔约方会议在气候资金问题方面还是取得了一些进展,德国、英国、瑞典、丹麦等欧洲国家已经承诺向绿色气候基金注资,并已为此编列预算。❷ 至此,《京都议定书》已经基本完成它的时代使命,紧随其后的是以国家自主贡献为主要时代特征的巴黎协定时代。

---

❶ 王奉安:《坎昆会议:从前景渺茫到凝聚共识》,《环境保护与循环经济》2011 年第 1 期,第 29 页。

❷ 夏堃堡:《联合国气候变化框架公约 23 年》,《世界环境》2015 年第 4 期。

第四节 《巴黎协定》：国家自主贡献

2015年12月12日，《联合国气候变化框架公约》近200个缔约方联合签署通过《巴黎协定》，❶ 确定了保护环境、合作共赢的多边机制，增强了推进全球气候治理的信心。《巴黎协定》的内容涵盖2020年起的温室气体减排、气候变化适应以及国际资金机制。它是继1992年达成的《联合国气候变化框架公约》、1997年达成的《京都议定书》之后，国际社会应对气候变化实现人类可持续发展目标的第三个里程碑式的国际条约。《巴黎协定》的长远目标是将全球相对于工业革命前温度水平的平均气温升高控制在远低于2℃，并努力将升温控制在1.5℃以内，从而大幅度降低气候变化的风险和危害。《巴黎协定》是在变化的国际政治经济格局下，为实现气候公约目标而缔结的针对2020年后国际气候制度的法律文件。《巴黎协定》所通过的协议内容具有法律约束力，但相关决议和各国减排目标不具备法律约束力。针对各国承诺的调整机制是具有法律约束力的，目的是保证《巴黎协定》得到履行。《巴黎协定》确立的制度框架主要包括以下几点：(1) 继续肯定发达国家在国际气候治理中的主要责任，保持发达国家和发展中国家责任和义务的区分，发展中国家行动力度和广度显著上升。(2) 采取自下而上的承诺模式，确保最大的参与度。(3) 构建义务和自愿相结合的出资模式，有利于拓展资金渠道并孕育更加多元化的资金治理机制。(4) 确立符合国际政治现实的法律形式，既体现约束，也兼顾灵活。(5) 建立全球盘点机制，为动态更新和提高减排努力。❷

---

❶ United Nations: "Paris Agreement", https://unfccc.int/sites/default/files/english_paris_agreement.pdf, accessed April 22, 2023.

❷ 庄贵阳、周宏春：《碳达峰碳中和的中国之道》，中国财政经济出版社，2021，第263-266页。

《巴黎协定》的签署，将确保 2020 年以后，各国将以"国家自主贡献"（national determined contributions，简称 NDC）的方式参与全球应对气候变化行动。国家自主贡献是指批准《巴黎协定》的国家为实现协定而提出的全球气候行动目标。根据自身情况确定的参与国际合作应对气候变化行动目标，包括温室气体控制目标、适应目标、资金和技术支持等。新的或更新的国家自主贡献于 2020 年提交，此后每五年提交一次。《巴黎协定》建立了自 2023 年起每五年对各国行动效果进行一次全球盘点的机制，要求各缔约方主动汇报和评估应对气候变化行动进展，以帮助各国提高行动力度、加强国际合作来实现应对全球气候变化的长期目标。也就是说，《巴黎协定》实际创设了"国家自主贡献+盘点"的国际气候新体制。"国家自主贡献+盘点"是《巴黎协定》及其实施细则确立的全球减排行动框架，通过国家自主贡献及公布各自的排放量以确保"透明度"，利用全球盘点促进日益深化的"行动力度"。目前，已有 193 个缔约方提交了形式多样的自主贡献报告。为增强国家自主贡献可比性，实施细则约定缔约方遵循联合国气候变化专门委员会的排放报告指南测算各自行动排放量，并在 2024 年共同启动透明度机制，实施细则还细化了盘点的信息政策、技术评估、产出情况等重要环节，以便评估各国在减缓、适应、执行手段和资助等领域应对气候变化的集体进展。各国自主贡献目标和力度也采取"只进不退"的工作机制，各缔约方将按不同国情，每五年更新当前的国家自主贡献，鼓励各国基于新情况、新认识不断加大行动力度，兑现全球应对气候变化长期目标。❶

《巴黎协定》为全球碳交易打开了新局面。2016 年 4 月 22 日，175 个国家在纽约联合国总部《巴黎协定》高级别签署仪式上签署协定。作为一项具有法律约束力的国际条约，《巴黎协定》丰富和发展了以《联合国气候变化框架公约》为基础的国际气候治理体系。承载着全球合作应对气候

---

❶ 刘焰真、李路路、张斌亮：《〈巴黎协定〉的由来与发展》，《世界环境》2019 年第 1 期。

变化挑战的意愿和共识，国际气候治理开启了新征程。❶《巴黎协定》第6条第2款和第4款继承并发展了《京都议定书》的国际碳交易机制，并为碳交易的全球协同提供了新的制度框架。根据《巴黎协定》第6条第2款和第4款，"缔约方如果在自愿的基础上采取合作方法，并使用国际转让的减缓成果来实现国家自主贡献，就应促进可持续发展，确保环境完整和透明，包括在治理方面，并应依作为本协定缔约方会议的《联合国气候变化框架公约》缔约方会议通过的指导运用稳健的核算，除其他外，确保避免双重核算。""兹在作为本协定缔约方会议的《联合国气候变化框架公约》缔约方会议的授权和指导下，建立一个机制，供缔约方自愿使用，以促进温室气体排放的减缓，支持可持续发展。它应受作为本协定缔约方会议的《联合国气候变化框架公约》指定的一个机构监督，应旨在：(1) 促进减缓温室气体排放，同时促进可持续发展；(2) 奖励和便利缔约方授权下的公私实体参与减缓温室气体排放；(3) 促进东道缔约方减少排放量，以便从减缓活动导致的减排中受益，这也可以被另一缔约方用来履行其国家自主贡献；(4) 实现全球排放的全面减缓。"❷ 由上可知，《巴黎协定》为全球碳交易设定了双层框架，在此框架下，国际碳交易有两种具体形态，即以国际转让减缓成果作为客体的国家主体之间的交易和以碳排放配额或碳信用为客体的以非国家行为体作为主要参与者的交易。然而，从目前国际碳市场链接的实践来看，因实质性的技术障碍、道德困境和政治阻碍的存在，碳交易全球协同的实现仍有较大的不确定性。❸

在资金方面，《巴黎协定》指出，发达国家应出资帮助发展中国家减缓和适应气候变化，鼓励其他有经济条件的国家也作出自主贡献，且出资的意图应在资金转交两年前通报。从2020年起，发达国家每年应出资至

---

❶ 刘振民:《〈巴黎协定〉引领全球合作 中国行动助推绿色发展》,《光明日报》2016年11月4日第12版。

❷ United Nations: "Paris Agreement", https://unfccc.int/sites/default/files/english_paris_agreement.pdf, accessed April 22, 2023.

❸ 王云鹏:《论〈巴黎协定〉下碳交易的全球协同》,《国际法研究》2022年第3期,第91页。

少 1000 亿美元来支持发展中国家减缓和适应气候变化，并从 2025 年起进一步增加这一金额的支出。《巴黎协定》及其实施细则明确了"共同但有区别的责任"和"平等以及各自能力原则"，强调所有缔约方均有全球减排的责任与义务，同时发达国家与发展中国家在具体减排、资金、技术方面负有不同责任。减排方面，发达国家与发展中国家分别实现与逐步实现绝对减排目标，为发展中国家平衡减排与经济转型赢得时间，为发达国家带头减排增添动力与支持。资金援助方面，发达国家承诺在 2020 年之前实现每年向发展中国家提供 1000 亿美元的目标，并进一步提高资金的"可预测性"，强调发达国家在帮助发展中国家减缓与适应气候变化过程中发挥主导作用，同时鼓励其他国家在自愿基础上提供援助，这反映了资金援助不再只是发达国家的责任，既动员了所有国家又兼顾了公平。在技术方面，实施细则强调要创新应对气候变化技术，培育技术创新的有利环境，并且重申发达国家应通过多种方式向发展中国家提供技术支助，加强技术开发和转让方面的合作，以提高国际社会有效应对气候变化的能力。❶

鉴于《京都议定书》的明显不足，《巴黎协定》取代《京都议定书》具有历史的必然性和进步性。无论从治理机制、法律形式、基本原则、法律履约机制还是市场机制等方面，《巴黎协定》都与《京都议定书》有着本质的区别。《巴黎协定》灵活的制度设计虽然在最大程度上吸引了各个国家广泛参与和支持，淡化了发展中国家与发达国家间的对立，却又由于强制履约机制的缺失而使国际条约履约充满风险和不确定性。如何通过构建有效的履约透明度框架来实现条约的灵活性和有效性双重目标，如何通过降低履约成本提升履约积极性，是国际社会在《巴黎协定》之后亟待解决的棘手问题。❷ 由此可见，巴黎协定时代开启了新的纪元，但是真正让《巴黎协定》大放异彩的是《格拉斯哥协议》，《格拉斯哥协议》之后，世界进入了格拉斯哥协议时代，开启了全球碳中和合作与竞争的全新格局，

---

❶ 刘焰真、李路路、张斌亮：《〈巴黎协定〉的由来与发展》，《世界环境》2019 年第 1 期。
❷ 何晶晶：《从〈京都议定书〉到〈巴黎协定〉：开启新的气候变化治理时代》，《国际法研究》2016 年第 3 期，第 77 页。

让"国家自主贡献+盘点"获得了全球共识，中国的"双碳"承诺则进一步推动全球迈向碳中和新纪元。

第五节 《格拉斯哥协议》：碳中和目标

进入21世纪第三个十年，全球气候变暖日趋严峻，气候变化危机加剧。世界气象组织发布的《2021年后未来五年全球气温预测评估》称，自2021年之后的未来五年，全球一个或多个月份的平均气温高于工业化前平均温度1.5℃的概率大约为93%，全球平均气温超过工业化前平均气温1.5℃的概率大约为50%。❶虽然世界各国都在努力减少二氧化碳，但全球气温仍在上升。面对这一问题，世界各国在《京都议定书》《巴黎协定》后开始将碳减排视为共同使命，但是《京都议定书》在发达国家与发展中国家间无休止的争论中难以落实，《巴黎协定》生效不久就遭遇了美国退出的巨大挫折，直到2021年1月美国重返《巴黎协定》后，各国才开始重新重视气候变化减缓以及碳减排这一议题，并逐步取得共识。❷ 2021年10月31日至11月13日期间召开的《联合国气候变化框架公约》第二十六次缔约方会议在格拉斯哥举行，即格拉斯哥会议。这次会议是新型冠状病毒感染疫情发生以来全球最大规模的多边会议，吸引了近200个国家的领导人和2万多名代表参会，引起国际社会的广泛关注。格拉斯哥气候大会就《联合国气候变化框架公约》及其《京都议定书》《巴黎协定》的落实和治理事项通过了50多项决议，其中，1号决议是《格拉斯哥协议》。该协议重申多边主义，强调了气候危机的紧迫性，对减缓、适应、资金、技术转

---

❶ WMO: "State of the Global Climate 2021", https://library.wmo.int/doc_num.php?explnum_id=11178, accessed April 22, 2023.

❷ 赵斌、谢淑敏：《重返〈巴黎协定〉：美国拜登政府气候政治新变化》，《和平与发展》2021年第3期。

移、能力建设等诸多事项进行了具体安排。可以说，该协议的通过标志着全球进入全新的格拉斯哥协议时代，开启了全球碳中和的竞争与合作，在此之后，各国抓紧在碳中和这一领域宣布更多承诺，采取更多措施，客观上促进了全球应对气候变化的治理进程。❶

《格拉斯哥协议》是格拉斯哥气候大会通过的主要法律文件，该文件汇集了各缔约方正式谈判商定的内容，为后疫情时代全球气候治理奠定了重要的基础，其内容主要体现在五个方面：（1）明确承认增温1.5℃及以上的气候变化影响的严重程度，决心努力实现1.5℃的温控目标。根据联合国气候变化专门委员会的评估报告，要实现1.5℃的温控目标，需要快速、深入和持续的减排，包括到2030年时比2010年减少45%的二氧化碳排放等。《格拉斯哥协议》对1.5℃的温控目标的强调是迄今为止全球气候谈判中对此目标重要性最有力的承认。（2）《格拉斯哥协议》注意到，尽管各国制定并提交了国家自主贡献，但是全球排放量与2010年相比仍上升了10%以上。因此，《格拉斯哥协议》制定了一项工作计划以提振雄心，要求所有国家重新审视其国家自主贡献，以确保它们在2022年底前与《巴黎协定》提出的温控目标保持一致，并且每年召开一次高级别部长级会议，讨论2030年前的气候目标。（3）呼吁各缔约方加快技术研发、应用和传播，并制定相应的政策，向低排放能源系统过渡，努力减少有增无减的煤电和低效的化石燃料补贴。这是全球气候谈判30年来首次在正式法律文件中特别提到要减少煤炭的使用，向全球发出了清晰的信号。（4）首次明确承认，向发展中国家承诺的到2020年提供1000亿美元的融资目标尚未实现，强调国际社会要在2025年之前实现这一目标，然后进一步提供实现《巴黎协定》目标所需的资金，并开始讨论2025年之后的融资目标。（5）明确承认损失和损害问题的重要性，明确承认增强应对该问题的行动和支持具有迫切性，通过圣地亚哥网络（the Santiago Network）的运作

---

❶ 肖兰兰、孙晓凤：《格拉斯哥气候大会对全球气候治理的影响及中国应对》，《阅江学刊》2022年第3期。

（和资助）来提供技术援助。同时，《格拉斯哥协议》还发起了格拉斯哥对话，将缔约方、民间社会和技术人员聚集在一起，讨论如何增加解决损失和损害问题的资金，有需要的缔约方如何获得这些资金。❶然而，国际社会中针对碳领域也出现了一些不和谐的声音，如欧盟从 2021 年 3 月开始推动欧盟碳边境调节机制的制定，并在 2023 年 10 月 1 日正式实施，下面将以专栏方式进行具体介绍。

【专栏 5-1】

欧盟碳边境调节机制介绍及应对策略*

>>> 时间线梳理

2019 年 12 月公布的《欧洲绿色协议》，除了将 2050 年欧洲地区实现碳中和写入外，还提出建立欧盟"碳边境调节机制"（Carbon Border Adjustment Mechanism，实为碳边境税或碳关税，简称 CBAM）。

2020 年 1 月，欧盟委员会主席乌尔苏拉·冯德莱恩（Ursula von der Leyen）在达沃斯世界经济论坛上宣布，欧盟将从 2021 年开始建立"碳边境调节机制"，并在 2023 年前开始征收。

2021 年 3 月，欧洲议会投票通过了支持设立"碳边境调节机制"的决议，虽然该决议不具有法律效力，但是表明欧洲议会在设立碳边境税这个方向上高度一致。

2023 年 2 月 9 日，欧洲议会环境、公共卫生和食品安全委员会正式通过了欧盟碳边境调整机制协议，获得 63 票赞成，7 票反对。2023

---

❶ United Nations: "Glasgow Climate Pact", https://unfccc.int/sites/default/files/resource/cop26_auv_2f_cover_decision.pdf, accessed April 22, 2023.

* 郭敏平、周杰俣等:《欧盟碳边境调节机制的应对之策：具体内容、实施影响和政策启示》, http://iigf.cufe.edu.cn/info/1012/5592.htm, 访问日期：2023 年 5 月 15 日。

年 5 月 16 日，欧盟碳边境调节机制在欧盟公报上正式发布，5 月 17 日正式生效。❶

>>> 内容解读

欧盟碳边境调节机制的出台将深刻影响国际贸易格局，从国际法角度分析并不符合国际贸易的基本准则，有以下三方面原因：

一是基于非歧视原则和国民待遇原则，欧盟碳边境调节机制的出台并不符合世界贸易组织的相关规定。非歧视原则要求"各国对来自世界贸易组织不同成员方的进口产品一视同仁"，国民待遇原则规定"不能把国外产品置于国内产品的劣势"。欧盟在碳边境调节机制草案中指出，如果进口商品已在原产国内支付碳成本，则在碳边境调节机制的支付中可以扣除这部分成本。但草案尚未对可抵扣的碳成本予以更详细的说明，这将加剧国际贸易的不平等，也会在各国之间逐渐形成碳贸易壁垒。

二是基于约束税率限制，国际碳价将逐渐向有利于欧盟的方向倾斜。世界贸易组织对其成员方进出口产品设定了约束税率限制，实际征收税率不得超过约束税率。在现有欧盟碳排放交易体系之下，欧盟碳价居高不下，2021 年 12 月拍卖价格达到 80 欧元、期货市场价格也达到 75 欧元，碳边境调节机制的证书价格与碳排放交易体系碳价总体挂钩，未来随着碳边境调节机制正式落地，碳价或将再一步飙升。由此存在碳关税超过世界贸易组织对欧盟约束税率的可能性，这也从实质上说明碳边境调节机制是欧盟采取的一种贸易保护措施。

三是基于豁免条款适用性，碳边境调节机制能否适用于贸易关税豁免存在疑问。世界贸易组织在关税及贸易总协定中提到，缔约国对"同类产品"的关税不能以任何直接或间接的方式高于国内税。但这

---

❶ European Union："Official Journal of the European Union"，https://eur-lex.europa.eu/legal-content/EN/TXT/PDF/?uri=OJ:L:2023:130:FULL，accessed May 16, 2023.

一规定在两种情况下能得到豁免：一是该措施是维护人类、动物、植物生命或健康的必要措施；二是为了保护未来可能枯竭的资源，必须采取措施对相关生产和消费作出限制。问题的重点随之转向碳边境调节机制是否适用于该豁免条款，目前对这一问题的解释尚处于争议状态，需要开展更为深入的分析研究。

>>> 应对策略

面对欧盟碳边境调节机制和美国通胀削减法案的双重夹击，未来我国有必要针对逐渐形成的国际碳壁垒开展针锋相对的策略研究，以形成一套符合自身利益和国际贸易规则的对策。分析来看，主要可以采取包括以下四个方面的对策：

一是加强我国与欧盟应对气候变化对话交流机制，深化国际低碳发展合作。具体而言，就是要坚持共同但有区别责任的原则，与欧盟在应对气候变化方面保持紧密对话磋商，避免碳边境调节机制成为中欧之间的绿色贸易壁垒。重点围绕欧盟碳边境调节机制的核心工作机制，如贸易产品隐含碳核算、碳排放基准值设定、豁免条款等方面积极开展双边对话，争取构建中欧双边互认的碳核算体系。同时，加强中欧之间在低碳技术开发部署方面的合作，妥善解决贸易分歧，避免我国气候政策与欧盟气候政策的潜在冲突。此外，须警惕欧盟打着全球环境治理的名义，实则采取单边贸易保护行为，因此，必要时我国可采取对等的贸易反制措施。

二是加快推进全国碳市场建设，推动我国与欧盟的碳市场项目互认。未来我国应当加快推进完善全国碳市场建设，积极推动国内碳市场项目与欧盟碳边境调节机制项目互认，提升我国碳价的国际认可度。通过进一步完善碳市场的法制基础建设，推进碳排放权交易管理条例等更高层级法律法规出台。同时，扩大碳市场覆盖的行业范围，扩大至欧盟碳边境调节机制所覆盖的行业。此外，还应当在碳配额免费分配的基础上适时引入拍卖机制，在兼顾经济平稳运行与碳市场有效性的前提下逐步提高拍卖比例，直至全部碳配额实现有偿分配，让碳价更好地反映市场供需，提高企业的碳减排意识。

三是适时开征碳税，与碳市场协同助力国内碳减排。未来可以利用国际贸易中的"避免双重征税"原则，适时在国内征收碳税，减少企业因碳边境调节机制产生的出口压力，推动企业转向清洁低碳的生产方式，从而减弱碳边境调节机制带来的不利影响。同时，在国内征收碳税可以让碳税收入留在国内用于支持国内的低碳发展。

四是积极推进低碳技术的研发推广，构建低碳发展产业体系。一方面，充分发挥低碳技术的支撑作用，推动零碳、低碳技术在重点排放领域的研发和推广，同时提升生态碳汇和碳捕获、利用与封存技术等负碳技术能力增加碳吸收，增强应对欧盟碳边境调节机制的能力，助力中国"双碳"目标的实现；另一方面，大力发展数字产业、高新技术产业和现代服务业，控制煤电、钢铁、水泥等高耗能、高排放产业盲目扩张，推动高耗能、高排放产业由清洁生产向低碳生产甚至零碳生产转型。

>>> 思考题

为应对欧盟碳关税，我国应当如何形成一套符合自身利益和国际贸易规则的对策，在"一带一路"倡议下实现更高国际话语权的绿色贸易规则？

综上所述，国际碳法律制度的历史演变以《联合国气候变化框架公约》为始，到目前为止可以分为联合国气候变化框架公约时代、京都议定书时代、巴黎协定时代和正在展开的格拉斯哥协议时代。目前，格拉斯哥气候大会已经将世界各国的经济社会发展纳入碳中和（净零排放）的发展框架。对此，中国有重要贡献并发挥了积极的推动作用，是全球碳中和潮流中的关键力量。实现碳中和，不仅是中国为应对气候变化作出的庄严承

诺，也是积极推动生态文明建设、建设美丽中国的必然要求。尽管目前还有很多不尽如人意之处，但是从全球气候治理的整个历史进程来看，格拉斯哥气候大会无疑取得了积极的预期成果，历史将证明这一会议的伟大之处，即该会议开创了全球碳中和的全新局面，人类在经历巴黎协定时代的摇摆之后，全球气候治理的行动转向已经开始并进入全面实施的阶段。面对全球气候变化的严峻局势及全球气候治理的新进展，中国要站在构建人类命运共同体的战略高度，统筹国内国际两个大局，为推动全球气候治理新时代的全面行动转向作出更积极的贡献。

第六章

碳交易法律制度

  习近平总书记提出的 2030 年前实现碳达峰、2060 年前实现碳中和的战略目标,是一场广泛而深刻的经济社会系统性变革,它对中国未来的经济社会发展将会产生巨大影响。实现"双碳"目标涉及多元利益主体,需要系统的碳交易法律制度来规范各方行为,明确相关主体的法律责任和行为准则。❶目前,中国的碳交易法律制度体系已初步形成,基于不同的定位和发展方式,我们可以将碳市场分为以配额为基石的强制市场和以自愿减排为基石的自愿市场,由此可以将碳交易法律制度分为强制碳交易法律制度和自愿碳交易法律制度。

---

  ❶ 黄政、席一心:《构建促进碳中和实现的法律制度体系》,《中国环境报》2021 年 12 月 9 日第 3 版。

第一节　强制碳交易法律制度

一、配额分配法律制度

（一）配额分配法律制度的实践现状

在 2014 年 11 月签署的《中美气候变化联合声明》中，中国计划 2030 年左右二氧化碳排放达到峰值且将努力早日达峰，并计划到 2030 年非化石能源占一次能源消费比重提高到 20% 左右。❶ 自 2011 年 10 月中国确定首批碳排放权交易试点以来，我国碳排放权交易规模已相当庞大，并呈现出继续攀升的发展趋势。❷ 2020 年 12 月，生态环境部颁布了《碳排放权交易管理办法（试行）》，明确了抵销机制、参与门槛、配额分配方式、注册登记系统和处罚规则等细则。❸ 2020 年 12 月，生态环境部颁布了《2019—2020 年全国碳排放权交易配额总量设定与分配实施方案（发电行业）》《纳入 2019—2020 年全国碳排放权交易配额管理的重点排放单位名单》（国环规气候〔2020〕3 号），初步纳入全国碳排放权交易市场覆盖行业的为电力行业，2225 家发电企业被列入重点排放单位，第一个履约周期

---

❶ 《中美气候变化联合声明》，http://www.gov.cn/xinwen/2014-11/13/content_2777663.htm，访问日期：2023 年 4 月 22 日。

❷ 国家发展和改革委员会：《关于开展碳排放权交易试点工作的通知》，https://zfxxgk.ndrc.gov.cn/web/iteminfo.jsp?id=1349，访问日期：2023 年 4 月 22 日。

❸ 生态环境部：《碳排放权交易管理办法（试行）》，http://www.gov.cn/zhengce/zhengceku/2021-01/06/content_5577360.htm，访问日期：2023 年 4 月 22 日。

自2021年1月1日起至2021年12月31日止。[1] 2021年3月，生态环境部起草的《碳排放权交易管理暂行条例（草案修改稿）》（环办便函〔2021〕117号）于3月30日再次向社会公开征求意见。[2]《碳排放权交易管理暂行条例》于2024年1月经国务院通过。相较于以部门规章形式出台的《碳排放权交易管理办法（试行）》，《碳排放权交易管理暂行条例》在经国务院立法程序审议通过并作为行政法规正式发布后，填补了全国碳市场领域高层级立法的空白，成为全国碳市场建设运营的纲领性规范。

针对碳交易法律制度的学术研讨，可以追溯至2012年的"排放权交易问题"国际研讨会，该研讨会首次提出碳排放权交易法律问题，定义了碳排放权交易市场，即在温室气体排放目标总量控制的前提下，各相关主体依法通过市场对碳排放配额进行公开交易的行为。[1] 根据该定义可以看出，碳排放权交易市场是在总量控制的前提下运作的，具有典型的命令控制属性，属于强制市场。因此，配额分配法律制度是强制碳交易制度中最基础也是最重要的子制度。配额分配制度明确各主体之间的权利义务，它是指依照一定的方法和标准对碳排放控制义务的分配和碳排放权利的分配。通过配额分配明确主体应履行的义务和享有的权利。配额分配制度是总量控制制度的延伸和权利义务的具体化。配额分配的合理性和科学性决定了碳排放权交易体系的合理性和科学性，配额分配制度是碳排放权交易体系的核心。

配额分配的制度安排直接决定了强制碳市场的运行效果，基于过去部分地方强制碳市场的试点和当前全国碳市场的实践，笔者系统整理了强制碳市场配额分配法律制度安排的相关经验，如表6-1所示。

---

[1] 生态环境部：《关于印发〈2019—2020年全国碳排放权交易配额总量设定与分配实施方案（发电行业）〉〈纳入2019—2020年全国碳排放权交易配额管理的重点排放单位名单〉并做好发电行业配额预分配工作的通知》，https://www.mee.gov.cn/xxgk2018/xxgk/xxgk03/202012/t20201230_815546.html，访问日期：2022年4月22日。

[2] 生态环境部：《关于公开征求〈碳排放权交易管理暂行条例（草案修改稿）〉意见的通知》，https://www.mee.gov.cn/xxgk2018/xxgk/xxgk06/202103/t20210330_826642.html，访问日期：2022年4月22日。

[1] 张梓太、曹树青：《"排放权交易问题"国际研讨会综述》，《江淮论坛》2012年第4期，第15页。

表 6-1　全国和部分地方强制碳市场配额分配覆盖范围和方式

分布范围	覆盖范围	方式
全国	发电行业年度排放达到 2.6 万吨二氧化碳当量（综合能源消费量约 1 万吨标准煤）及以上的企业或者其他经济组织为重点排放单位。年度排放达到 2.6 万吨二氧化碳当量及以上的其他行业自备电厂视同发电行业重点排放单位管理。在此基础上，逐步扩大重点排放单位范围①	免费分配：对 2019—2020 年配额实行全部免费分配，并采用基准法核算重点排放单位所拥有机组的配额量。重点排放单位的配额量为其所拥有各类机组配额量的总和②
北京	本办法所称碳排放单位是指本市行政区域内年综合能源消费量 2000 吨标准煤（含）以上，且在本市注册登记的企业、事业单位、国家机关等法人单位。其中，固定设施和移动设施年度二氧化碳直接排放与间接排放总量达到 5000 吨（含）以上的单位，且属于本市碳排放权交易市场覆盖行业的，为重点碳排放单位；其他的为一般报告单位③	免费分配：根据重点排放企业（单位）历史排放水平、行业先进排放水平、行业技术发展趋势、经济结构调整及节能减排淘汰落后产能整体安排等因素制定④
上海	钢铁、石化、化工、有色、电力、建材、纺织、造纸、橡胶、化纤等工业行业年二氧化碳排放量 2 万吨及以上（包括直接排放和间接排放）的重点排放企业，及航空、港口、机场、铁路、商业、宾馆、金融等非工业行业年二氧化碳排放量 1 万吨及以上的重点排放企业⑤	免费分配：对电力、航空、港口和机场采取行业基准线法分配，其他行业均采用历史法，全部免费分配，一次发放三年配额⑥

续表

分布范围	覆盖范围	方式
天津	钢铁、化工、电力热力、石化、油气开采等五大重点排放行业和民用建筑领域中年二氧化碳排放2万吨以上的企业[7]	免费分配为主，历史法和基准法相结合分配配额，电力行业为基准法，其他行业采用历史法[8]
重庆	年度二氧化碳当量直接排放或间接排放1.3万吨以上的工业企业[9]	免费分配为主，适时引入有偿分配：以历史排放中最高年度排放量为基准排放量，设定动态基准线并应用多种调整方法[10]
深圳	基准碳排放筛查年份期间内任一年度碳排放量达到3000吨二氧化碳当量以上的碳排放单位[11]	免费分配：根据行业基准强度法、历史产量强度法、历史排放法、历史增加值强度法确定[12]
广东	年排放二氧化碳1万吨及以上的工业行业企业，年排放二氧化碳5000吨以上的宾馆、饭店、金融、商贸、公共机构等单位为控制排放企业和单位；年排放二氧化碳5000吨以上1万吨以下的工业行业企业为要求报告的企业[13]	部分免费发放和部分有偿发放：钢铁、石化、水泥、造纸控排企业免费配额比例为96%，民航控排企业免费配额比例为100%，陶瓷（建筑、卫生）、交通（港口）、数据中心控排企业和自愿纳入的企业免费配额比例为97%，新建项目企业有偿配额比例为6%。主要采用基准线法、历史强度法和历史排放法[14]
湖北	本省行政区域内年温室气体排放达到1.3万吨二氧化碳当量的工业企业[15]	碳排放配额总量包括年度初始配额、新增预留配额和政府预留配额。主要采用标杆法、历史强度法和历史法。在完成企业碳排放量核查后，根据企业年度实际生产情况核定实际应发配额，通过注册登记系统发放给企业[16]

续表

分布范围	覆盖范围	方式
福建	温室气体年排放量达2.6万吨二氧化碳当量（综合能源消费量约1万吨标准煤）及以上的发电行业企业（含有自备电厂的非发电行业企业）。电力、石化、化工、建材、钢铁、有色、造纸、航空、陶瓷等9个行业，温室气体年排放量达1.3万吨二氧化碳当量（综合能源消费量约5000吨标准煤）及以上的重点排放单位[17]	配额总量由既有项目配额、新增项目配额和市场调节配额三部分构成。其中，既有项目配额、新增项目配额根据本方案确定的配额计算方法进行核定；市场调节配额为既有项目配额与新增项目配额之和的5%，用于市场灵活调节。采用基准线法和历史强度法进行分配[18]

资料来源：①《全国碳排放权交易市场建设方案（发电行业）》。
②《2019—2020年全国碳排放权交易配额总量设定与分配实施方案（发电行业）》。
③《北京市碳排放权交易管理办法》。
④《北京市重点碳排放单位配额核定方案》。
⑤《上海市纳入2023年度碳排放配额管理单位名单》。
⑥《上海市2023年度碳排放配额分配方案》。
⑦《天津市2023年度碳排放配额分配方案》。
⑧《天津市2023年度碳排放配额分配方案》。
⑨《重庆市2021、2022年度碳排放配额分配实施方案》。
⑩《重庆市碳排放配额管理细则》。
⑪《深圳市碳排放权交易管理办法》。
⑫《深圳市2024年度碳排放配额分配方案》。
⑬《广东省碳排放管理试行办法》。
⑭《广东省2023年度碳排放配额分配方案》。
⑮《湖北省碳排放权交易管理暂行办法》。
⑯《湖北省2022年度碳排放权配额分配方案》。
⑰《福建省生态环境厅关于做好2023—2025年企业温室气体排放报告管理相关工作的通知》。
⑱《福建省2022年度碳排放配额分配实施方案》。

从表6-1中也可以看出，过去八省市碳排放配额交易试点以及当前全国碳市场的实践均重点关注三大问题：(1)纳入碳排放控制行业的范围；(2)纳入排放控制主体的范围；(3)分配方式。❶

---

❶ 郑爽：《七省市碳交易试点调研报告》，《中国能源》2014年第2期。

（二）配额分配法律制度存在的问题

1. 纳入碳排放控制行业范围过窄

目前，纳入碳排放控制的行业范围仍然较小。纳入的行业在很大程度上决定了配额的总量，纳入的行业越多，配额的总量也就越大。目前，碳排放控制并不是全行业覆盖，而是部分行业纳入，部分行业不纳入。对于纳入的行业来说，率先纳入碳排放控制，额外增加了该行业的负担，对其而言是不公平的。特别是对于相近行业或者有竞争关系的行业，纳入控制范围的行业相比未纳入控制范围的行业，将处于竞争劣势。在碳排放权交易市场启动初期，都是将直接排放的行业纳入控制范围，如电力行业，而间接排放的行业则根据具体情况来确定。这就产生了行业之间的利益是否需要到法律层面解决的问题。

我国自2021年7月碳市场正式启动上线交易以来，第一个履约周期纳入发电行业重点排放单位2162家，年覆盖约45亿吨二氧化碳排放量。❶ 截至2021年12月15日，上海纳入全国碳市场发电行业重点排放单位已全部完成第一个履约周期配额清缴工作。❷ 对于"其他行业何时纳入全国碳市场"，生态环境部曾作出规划：在"十四五"时期，除发电行业外，应把石油、化工、建材、钢铁、有色金属、造纸和国内民用航空等八大行业逐步纳入全国碳市场。❸ 但是，目前尚没有出台扩大碳排放控制行业的政策文件。

2. 纳入碳排放控制主体范围过窄

目前，纳入碳排放控制的主体范围较为单一。同一行业的不同主体存在着直接竞争关系。无论是欧盟碳交易市场还是美国的各个交易市场，都

---

❶ 沈丹琳、姚兵：《赵英民：中国将逐步扩大碳市场覆盖行业范围》，https://www.gov.cn/xinwen/2022-11/16/content_5727160.htm，访问日期：2023年4月22日。

❷ 佚名：《八大电力能源集团已完成全国碳市场首年碳配额清缴》，https://finance.sina.com.cn/esg/investment/2021-12-30/doc-ikyakumx7219899.shtml，访问日期：2024年8月26日。

❸ 宋薇萍：《生态环境部：进一步扩大碳市场覆盖行业范围》，https://baijiahao.baidu.com/s?id=1706397265295312389，访问日期：2023年4月22日。

要求碳排放量达到一定数量以上的企业才纳入控制范围。这就意味着未纳入排放控制企业相比纳入排放控制企业将少支出生产成本。因此，纳入行业中全部或部分企业，以及多少排放规模以上的企业纳入控制范围，这些是否属于碳交易制度规制的范畴，也是亟待解决的问题。

目前，全国碳市场运行过程中，只纳入了重点排放单位，机构和个人暂时还不能进入全国碳市场，这样做的依据是《碳排放权交易管理办法（试行）》第8条，即目前生态环境部将列入温室气体重点排放单位名录的排放控制主体纳入全国碳市场。而根据《碳排放权交易管理办法（试行）》第13条❶的反面解释可以得出，目前机构和个人可以在地方试点碳市场进行交易。具体来说，支持个人碳交易的碳交易平台分别有广东碳排放权交易所、海峡股权交易中心、四川联合环境交易所、重庆碳排放交易中心、湖北碳排放权交易中心等。❷此外，根据目前的碳交易法律制度，金融机构尚不能直接参与全国碳市场交易，也不能代理客户进行交易。尽管如此，目前上海环境能源交易所正尽快引入合格投资人入市。市场试点有1～2家金融机构在参与。希望金融主管部门能够积极支持金融机构参与碳市场，利用金融机构市场成熟的经验和风险管理能力，参与碳市场。❸从这一趋势可以看出，未来地方试点能够循序渐进地允许金融机构特别是银行机构进入碳市场，首先可以允许银行进行碳资产质押的平仓交易和代客交易。❹因此，未来全国碳市场会继续扩大行业范围和主体。在整个交易体系规则方面，后续全国碳交易平台还将推出一系列的交易细则，内容涉及对整个交易体系的管理和重点排放单位的管理，以及风控制度等，最

---

❶ 纳入全国碳排放权交易市场的重点排放单位，不再参与地方碳排放权交易试点市场。

❷ 佚名：《中国九大碳排放交易所开户概览：现状与信息获取指南》，https://baijiahao.baidu.com/s?id=1794549224248824755，访问日期：2024年8月20日。

❸ 佚名：《上海环交所赖晓明：全国碳市场将尽快引入金融机构等合格投资人入市》，http://www.nbd.com.cn/articles/2021-08-13/1875418.html，访问日期：2023年4月22日。

❹ 佚名：《全国碳市场"开张" 地方金融机构如何参与其中》，https://baijiahao.baidu.com/s?id=1706623059424413520&wfr=spider&for=pc，访问日期：2023年4月22日。

终实现全国碳市场的平稳运行。❶

3.分配方式不科学

（1）无偿分配为主。在当前的强制碳交易实践中，仍然以无偿分配为主，较大地限制了碳市场的流动性。在大多数情况下，政府对企业年度碳排放初始配额和企业新增预留配额实行无偿分配，主要是基于对碳排放权属性的考虑。碳排放权是民事主体与生俱来的权利，属于"环境权"的范畴，兼具人身与财产属性。然而，过度地行使该权利必然会对公共环境造成危害。因此，碳排放权理应受到公权力的监督。碳排放权的行政监督体现为对排放的配额化管理，配额范围内的排放行为属于行使自身权利行为；超配额范围排放的，则应当以经济补偿的方式获得。通过购买获得的碳排放权不再是一般意义上的环境权（过往环境权过于强调人身属性），而转变为一种新型的财产权（或称环境财产权），虽然具有财产属性，却与人身属性并存。年度碳排放配额总量中，企业年度碳排放初始配额和企业新增预留配额属于应当无偿获取的权利。因此，政府通常才设定对其实行无偿分配。❷ 无偿分配可以分为历史排放法和基准线法两种方法，历史排放法是基于历史排放原则产生的分配方式，而基准线法是基于鼓励先进原则产生的分配方式。

首先，在无偿分配时应考虑历史排放原则。在分配资源和负担时应考虑温室气体的历史排放量。发达国家承担着大部分减排义务，是因为地球的温室气体主要是由发达国家的历史排放所引起的，发展中国家历史排放在整个排放量中占比例很少。在国内立法中进行配额分配时，也须考虑企业的历史排放水平和数据，依照历史法进行配额分配。❸

其次，在无偿分配时应考虑鼓励先进原则。在对配额分配方式进行立法时，应采用基准线法分配，鼓励先进企业。基准线法是以行业中先进企

---

❶ 喻莎、胡金华：《全国碳市场上线近百日：总成交额超8亿元，下一步将稳步扩大交易主体范围》，https://www.chinatimes.net.cn/article/111561.html，访问日期：2023年4月22日。

❷ 张绍明：《〈湖北省碳排放权管理和交易暂行办法〉解读》，http://www.hubei.gov.cn/zwgk/zcsd/201404/t20140423_497497.shtml，访问日期：2023年4月22日。

❸ 刘明明：《论我国气候变化立法中碳排放配额的初始分配》，《中国政法大学学报》2016年第3期。

业的排放值为基准线来分配配额。采用基准线法分配,将会使行业内大部分落后企业欠缺配额,而先进企业将会富余配额,从而起到鼓励先进,淘汰落后的效果。

在无偿分配时,适用历史排放法还是基准线法要视情况而定。总结来看,数据基础较好的行业采用基准线法为宜,数据基础较差的行业采用历史排放法为宜,但是实际也可能采取基准线法和历史排放法相结合的方式进行分配。

(2)有偿分配偏少。目前,强制碳市场中较少适用有偿分配的配额分配方式。由于碳排放权兼具人身与财产属性,属于一种特殊的环境财产权,因此碳排放配额的有偿分配可以在其财产属性的框架下进行延展。碳排放配额的有偿分配方式主要有政府定价和拍卖两种。

第一,政府定价。政府定价的分配方式,是指由碳排放权交易主管机关综合考虑温室气体排放活动的外部成本、温室气体减排平均成本、行业企业减排潜力、温室气体减排目标、经济和社会发展规划以及碳排放权交易的行政成本等因素,制定碳排放配额的价格并公开出售给纳入碳排放权交易体系的排放主体。政府定价的配额分配方式比免费分配有所进步,但是由于政府很难完全准确掌握碳排放配额定价所需要的信息以及在定价过程中容易受利益集团影响或发生权力寻租等政府失灵现象,从而导致政府定价的分配方式受到诸多诟病。此外,如果政府定价过分高于温室气体减排的平均社会成本,则会对社会经济造成过大压力;反之,如果政府定价过分低于温室气体减排的平均成本,就会造成碳排放配额垄断或者减排成本低的企业减排动力不足。鉴于政府定价存在上述缺陷,在当前国外实施的碳交易计划中,很少有选择政府定价的方式进行配额分配。从前述表6-1中可以看出,广东省在碳排放交易第一阶段有3%的配额采取政府定价的方式出售。

第二,拍卖。通过拍卖方式分配碳排放配额,是指碳排放权交易主管部门通过公开或者密封竞价的方式将碳排放配额分配给出价最高的买方,即"由市场来决定由谁并且以什么样的价格获得碳排放配额,从而使政府摆脱了无偿分配方式下做出分配决定的责任"❶。目前，欧盟从第二个碳排放交易阶段开始，大部分碳排放配额的分配采取拍卖方式。美国的区域温室气体行动在碳排放交易的第二阶段，全部配额采取拍卖方式分配。❷ 中国是否需要采取拍卖的方式进行分配，其中存在哪些风险，均需要进一步研究。

（三）配额分配法律制度的完善建议

未来针对配额分配法律制度完善的核心在于厘清配额分配法律关系。具体来说，碳交易主管部门与控排单位之间是一种行政法律关系，即行政许可法律关系。碳交易主管部门（行政主体）对某一控排单位（行政相对人）分配配额不公的行为，属于具体行政行为；同时根据《碳排放权交易管理办法（试行）》第6条、第14条，❸ 该行为是由省级以上碳交易主管部门作出，符合行政复议前置情形。因此，若控排单位对具体行政行为不服，在寻求法律救济时，应先向碳交易主管部门的本级人民政府复议，而非直接向人民法院提起行政诉讼。对行政复议决定不服的，可以向人民法院提起行政诉讼。❹ 然而，2024年5月1日起施行的《碳排放权交易管理暂行条例》回避了配额分配法律关系的行政许可属性，没有给出相应的配额分配纠纷解决方案。据此分析，建议未来修改《碳排放权交易管理暂行条例》时可增设一条，表述如下："控排单位对省级碳交易主管部门的配额分配行为不服时，应先向省级人民政府申请行政复议。对行政复议决定不服的，可以向人民法院提起行政诉讼。"

---

❶ 刘明明：《论温室气体排放配额的初始分配》，《国际贸易问题》2012年第8期，第123页。

❷ Jonathan L.Ramseur: "Emission Allowance Allocation in a Cap-and-Trade Program:Options and Considerations", https://digital.library.unt.edu/ark:/67531/metadc94149/m1/1/high_res_d/RL34502_2008Jun02.pdf, accessed April 22, 2023.

❸ 生态环境部：《碳排放权交易管理办法（试行）》，http://www.gov.cn/zhengce/zhengceku/2021-01/06/content_5577360.htm，访问日期：2023年4月22日。

❹ 吕忠梅、王国飞：《中国碳排放市场建设：司法问题及对策》，《甘肃社会科学》2016年第5期，第166页。

二、注册登记法律制度

（一）注册登记法律制度中的纠纷类型

2021年12月，湖北省高级人民法院印发《关于充分发挥审判职能服务保障碳达峰碳中和目标实现的实施意见》，要求妥善处理登记主体与碳排放权注册登记机构产生的纠纷。[1]在强制碳市场中，注册登记是进行配额管理的重要步骤，其关系到后续配额交易以及履约清缴的有效性、真实性、合法性。因此，深入分析注册登记法律制度对于厘清强制碳交易制度中登记主体与注册登记机构之间的法律关系具有重要意义。就目前来看，登记主体与注册登记机构之间可能存在三个方面的纠纷：一是交易变更权属登记纠纷，二是非交易变更权属登记纠纷，三是配额状态变更纠纷。

1. 交易变更权属登记纠纷

注册登记机构应当对因交易导致的配额权属变更予以登记。也就是说，注册登记机构具有协助登记主体变更配额权属登记的义务。参照《中华人民共和国民法典》（以下简称《民法典》）第509条中协助义务的规定，如果注册登记机构未履行或不合理履行协助变更登记的义务，造成登记主体损失的，应当承担相应的赔偿责任。

2. 非交易变更权属登记纠纷

注册登记机构对因下列任一情形导致的配额非交易权属变更予以登记：（1）重点排放单位碳排放权的清缴履约；（2）继承、捐赠、依法进行的财产分割；（3）法人合并、分立，或因解散、破产、被依法责令关闭等丧失法人资格；（4）司法扣划；（5）实施碳中和；（6）重点排放单位、机构和个人自愿注销碳排放权；（7）法律、行政法规及生态环境部规定的其他情形。以上情形的特点在于，配额权属的变更登记并非交易导致，而是因交易以外的可能导致配额权属变更登记的情形，其中实现碳中和属于较为特殊的

---

[1] 佚名：《湖北率先出台审判涉碳纠纷案件实施意见》，https://www.hbfy.gov.cn/DocManage/ViewDoc?docId=50b748d6-7ce6-4717-9f7d-03a74f9acac9，访问日期：2023年4月22日。

非交易权属变更登记。以实现碳中和为例，何为实现碳中和，怎么实现碳中和，这里容易在登记主体与注册登记机构之间发生司法纠纷，而上述七种情形产生的司法纠纷如何去解决，需要进一步的司法实践经验总结和分类梳理，并形成具有可操作性的规则。

3. 配额状态变更登记纠纷

碳排放配额因冻结、解冻等导致其持有人权利受到限制的，注册登记机构应当对此部分加以标记。具体来说，由于注册登记机构持有碳排放配额时，证明其权属的外观在于配额的登记，表现在注册登记机构的系统中，因此当司法机关要求冻结登记主体碳排放配额时，注册登记机构应当予以配合；涉及司法扣划时，注册登记机构应当根据人民法院的生效裁判，对涉及登记主体被扣划部分的碳排放配额进行核验，配合办理变更登记并公告。❶在涉及上述冻结和司法扣划的情形中，注册登记机构应当对该部分进行标记，如果不进行标记会导致权属不清，引发权属争议纠纷。

（二）注册登记法律制度的实践经验总结

结合全国碳市场和地方试点碳市场的实践经验，笔者总结强制碳市场注册登记法律制度的内容如表 6-2 所示。

表 6-2　全国和部分地方强制碳市场注册登记法律制度

范围	法律规范	注册登记主体	注册登记内容
全国	《碳排放权交易管理办法（试行）》 《碳排放权登记管理规则（试行）》 《碳排放权交易管理暂行条例》	重点排放单位以及符合规定的机构和个人	重点排放单位应当在全国碳排放权注册登记系统开立账户，进行相关业务操作。 注册登记机构根据生态环境部制定的碳排放配额分配方案和省级生态环境主管部门确定的配额分配结果，为登记主体办理初始分配登记

---

❶ 佚名：《碳排放权管理规则来了！如何登记、交易、结算？一文读懂》，http://www.jwview.com/jingwei/html/05-19/401241.shtml，访问日期：2023 年 4 月 22 日。

续表

范围	法律规范	注册登记主体	注册登记内容
北京	《北京市碳排放权交易管理办法》	重点排放单位	市生态环境部门通过管理平台进行配额的发放及清缴管理等。注册登记机构负责配额及碳减排量的注册登记,通过管理平台记录配额及碳减排量的持有、变更、清缴、抵销、注销等信息。重点碳排放单位及自愿参与交易的单位应进行注册登记,并通过管理平台管理本单位的碳排放配额及碳减排量
上海	《上海市碳排放管理试行办法》	年度碳排放量达到规定规模且纳入配额管理的排放单位	本市建立碳排放配额登记注册系统,对碳排放配额实行统一登记。配额的取得、转让、变更、清缴、注销等应当依法登记,并自登记日起生效
天津	《天津市碳排放权交易管理暂行办法》	年度碳排放量达到一定规模的排放单位	市生态环境局通过配额登记注册系统,向纳入企业发放配额。登记注册系统中的信息是配额权属的依据。配额的发放、持有、转让、变更、注销和结转等自登记日起发生效力;未经登记,不发生效力。 纳入企业应于每年6月30日前,通过其在登记注册系统所开设的账户,注销至少与其上年度碳排放量等量的配额,履行遵约义务
重庆	《重庆市碳排放权交易管理办法(试行)》	年碳排放量达到规定规模纳入配额管理的排放单位	注册登记机构根据本办法制定本市碳排放权注册登记规则,报市生态环境局审核。通过注册登记系统记录碳排放配额的持有、变更、清缴、注销等信息。注册登记系统记录的信息是判断碳排放配额归属的最终依据

续表

范围	法律规范	注册登记主体	注册登记内容
深圳	《深圳市碳排放权交易管理办法》	符合下列条件之一的单位，应当根据管理实际列入重点排放单位名单，参加本市碳排放权交易：（1）基准碳排放筛查年份期间内任一年度碳排放量达到3000吨二氧化碳当量以上的碳排放单位；（2）市生态环境主管部门确定的其他碳排放单位。纳入全国温室气体重点排放单位名录的单位，不再列入本市重点排放单位名单，按照规定参加全国碳排放权交易	重点排放单位应当在碳排放权注册登记系统开立账户，进行相关业务操作。碳排放权注册登记系统记录碳排放配额和核证减排量的签发、持有、转移、质押、履约、抵销、注销和结转等信息，作为判断碳排放配额和核证减排量持有的依据。以配额或者核证减排量设定质押的应当办理质押登记，并向市生态环境主管部门提交下列材料：（1）质押登记申请书；（2）申请人的身份证明；（3）质押合同；（4）主债权合同；（5）交易机构出具的质押见证书。申请人提交的申请材料齐全的，市生态环境主管部门应当自收到质押登记申请之日起十个工作日内，完成质押登记工作，并发布质押公告；申请人提交的申请材料不齐全的，应当一次性书面告知需要补齐的材料
广东	《广东省碳排放管理试行办法》	控排企业和单位、新建项目企业	实行配额登记管理，建立广东省碳排放配额登记系统。配额的分配、变更、清缴、注销等应依法在配额登记系统登记，并自登记日起生效
湖北	《湖北省碳排放权交易管理暂行办法》	纳入碳排放配额管理的企业	主管部门建立碳排放权注册登记系统，用于管理碳排放配额的分配、变更、缴还、注销的录入，并定期发布相关信息
福建	《福建省碳排放权交易管理暂行办法》	纳入碳排放配额管理的重点排放单位	碳排放配额属无形资产，其权属通过省级注册登记系统确认

如表 6-2 所示,全国和各试点地方基本已经厘清登记主体与碳排放权注册登记机构之间的法律关系,包括注册登记主体与注册登记内容两个方面。注册登记主体主要包括重点排放单位(年度碳排放量达到一定标准的排放单位)、新建项目企业、符合规定的机构和个人。注册登记内容主要包括开立账户、初始登记、变更登记、注销登记等。

(三)注册登记法律制度的未来展望

未来在强制碳市场中,注册登记法律制度发展趋势如下:首先,登记方式遵循集中统一原则,即在规定时间内,通过注册登记机构管理全国碳排放权注册登记系统,实现全国碳排放权持有、转移、清缴履约和注销的登记。注册登记系统中的信息是判断全国碳排放权权属和内容的依据。其次,登记账户开户遵循功能分层与资料审核原则,即注册登记结算系统分别为生态环境部、省级生态环境主管部门、重点排放单位、符合规定的机构和个人等设立具有不同功能的登记账户。重点排放单位、机构和个人向注册登记结算机构提出开户申请并提交开户资料,注册登记结算机构审核通过后在注册登记系统开立登记账户。再次,登记账户管理遵循登记生效与账户保管原则,即重点排放单位、机构和个人通过登记账户持有全国碳排放权,该账户用于记录全国碳排放权的持有、转移、清缴履约和注销等情况以及其他依法应当登记的事项信息。注册登记结算机构应妥善保存登记账户中的有关信息,保存期限不得少于二十年。最后,配额登记遵循省级以上(含省级)管理原则,即生态环境部和省级生态环境主管部门按照规定,通过注册登记结算系统将排放配额分配至重点排放单位的登记账户。❶

---

❶ 生态环境部:《全国碳排放权登记交易结算管理办法(试行)(征求意见稿)》,http://www.gov.cn/xinwen/2020-11/05/5557519/files/81423d582efe4279a8da202a2ffbf63f.pdf,访问日期:2023 年 4 月 22 日。

三、配额交易法律制度

（一）配额交易法律制度的实践现状

配额交易是强制碳交易法律制度的核心，目前我国已经初步建立全国性的碳排放配额交易市场，市场化机制逐渐发挥作用。[1] 配额交易法律制度试点运行起步较早，2011 年至今已陆续有八省市开展配额交易法律制度试点运行工作，表 6-3 具体阐述了全国和各地方试点配额交易法律制度的实践经验。配额交易法律规范体系虽已基本形成，但仍需继续完善。

表 6-3　全国和部分地方强制碳市场配额交易法律制度

范围	法律规范	配额交易主体	配额交易平台	配额交易内容
全国	《碳排放权交易管理办法（试行）》《碳排放权交易管理规则（试行）》	重点排放单位以及符合规定的机构和个人	全国碳排放权交易机构	碳排放权交易应当通过全国碳排放权交易系统进行，可以采取协议转让、单向竞价或者其他符合规定的方式
北京	《北京市碳排放权交易管理办法》	重点排放单位	北京绿色交易所	交易应当采用公开竞价、协议转让、有偿竞价以及符合规定的其他方式进行，探索开展区域交易
上海	《上海市碳排放管理试行办法》	年度碳排放量达到规定规模且纳入配额管理的排放单位	上海环境能源交易所	配额交易应当采用公开竞价、协议转让以及符合国家和本市规定的其他方式进行。碳排放配额的交易价格，由交易参与方根据市场供需关系自行确定。任何单位和个人不得采取欺诈、恶意串通或者其他方式，操纵碳排放交易价格

---

[1] 张黎黎：《透视我国碳市场发展》，《中国金融》2021 年第 5 期。

续表

范围	法律规范	配额交易主体	配额交易平台	配额交易内容
天津	《天津市碳排放权交易管理暂行办法》	年度碳排放量达到一定规模的排放单位	天津排放权交易所	交易机构的交易系统应及时记录交易情况，通过登记注册系统进行交割。碳排放权交易纳入全市统一公共资源交易平台。本市碳排放权交易采用符合法律、法规和国家及本市规定的方式进行
重庆	《重庆市碳排放权交易管理办法（试行）》	年碳排放量达到规定规模纳入配额管理的排放单位	重庆联合产权交易所	碳排放权交易应当通过交易系统进行，也可采取协议转让、公开竞价或者符合有关规定的其他方式
深圳	《深圳市碳排放权交易管理办法》	符合下列条件之一的单位，应当根据管理实际列入重点排放单位名单，参加本市碳排放权交易：（1）基准碳排放筛查年份期间内任一年度碳排放量达到3000吨二氧化碳当量以上的碳排放单位；（2）市生态环境主管部门确定的其他碳排放单位。纳入全国温室气体重点排放单位名录的单位，不再列入本市重点排放单位名单，按照规定参加全国碳排放权交易	深圳排放权交易所	交易机构负责制订交易方式、交易服务费等交易规则，报市生态环境主管部门审核并报市地方金融监管部门备案后发布实施。碳排放权交易应当采用单向竞价、协议转让或者其他符合规定的方式进行。碳排放权交易主体不得交易非法取得的配额或者核证减排量，不得通过欺诈、恶意串通、散布虚假信息等方式操纵碳排放权交易市场，不得从事其他相关主管部门、交易机构禁止的交易活动。市生态环境主管部门及其他部门、交易机构、第三方核查机构及其工作人员，不得持有、买卖碳排放配额；已持有碳排放配额的，应当依法予以转让或者注销

续表

范围	法律规范	配额交易主体	配额交易平台	配额交易内容
广东	《广东省碳排放管理试行办法》	控排企业和单位、新建项目企业	广州碳排放权交易所	配额交易采取公开竞价、协议转让等国家法律法规、标准和规定允许的方式进行。配额交易价格由交易参与方根据市场供需关系确定，任何单位和个人不得采取欺诈、恶意串通或者其他方式，操纵交易价格
湖北	《湖北省碳排放权交易管理暂行办法》	纳入碳排放配额管理的企业	湖北碳排放权交易中心	省碳排放权交易机构应当制定交易规则，明确交易参与方的权利义务、交易程序、交易方式、信息披露及争议处理等事项。碳排放权交易应当在省碳排放权交易机构，采取协议转让、单向竞价等公开竞价方式或者其他符合规定的交易方式进行
福建	《福建省碳排放权交易管理暂行办法》	纳入碳排放配额管理的重点排放单位	海峡股权交易中心	碳排放权交易应当采用公开竞价、协议转让或者符合国家和本省规定的其他方式进行。碳排放配额的交易价格由交易参与方根据市场供求关系确定，禁止通过操纵供求和发布虚假信息等方式扰乱碳排放权交易市场秩序

由表6-3可知，目前地方各试点强制碳市场的配额交易主体主要是纳入配额管理的重点排放单位。而配额交易平台分别有北京绿色交易所、上海环境能源交易所、天津排放权交易所、重庆联合产权交易所、深圳排放

权交易所、广州碳排放权交易所、湖北碳排放权交易中心、海峡股权交易中心等，而全国强制碳市场则暂时安排上海环境能源交易所作为全国碳排放权交易机构，未来地方试点强制碳市场与全国强制碳市场的衔接将成为重要问题。《碳排放权交易管理办法（试行）》第13条规定，纳入全国碳市场的重点排放单位，不再参与地方碳排放权交易试点市场。同时《碳排放权交易管理暂行条例》第29条进一步规定："对本条例施行前建立的地方碳排放权交易市场，应当参照本条例的规定健全完善有关管理制度，加强监督管理。本条例施行后，不再新建地方碳排放权交易市场，重点排放单位不再参与相同温室气体种类和相同行业的地方碳排放权交易市场的碳排放权交易。"由此可见，在全国强制碳市场正式启动后，强制碳市场的工作重点是从地方试点逐渐转向全国。不过，由于全国强制碳市场的建设是一个长期、持续的过程，因此当前已经建立的各试点强制碳市场将与全国强制碳市场并行一段时间，再在未来有计划地纳入全国强制碳市场。地方强制碳市场如何逐步纳入全国强制碳市场，其具体步骤和办法还将由生态环境部另行制定，目前尚不清晰。例如，从试点转入全国强制碳市场后，结合碳排放配额是否结转至全国强制碳市场，如果结转，如何确定碳排放配额价格等问题，都还未有结论。在《全国碳排放权交易市场建设方案（发电行业）》的指导下，试点强制碳市场会与全国强制碳市场逐步对接，平稳过渡。[1]在并行期间，全国强制碳市场应当借鉴地方试点经验，在全国强制碳市场确定覆盖的行业中，符合全国强制碳市场交易门槛的企业将纳入全国强制碳市场，不再参加地方强制碳市场交易。

目前，配额交易的主要方式有单项竞价、协议转让或其他符合规定的方式。单项竞价是指交易主体向交易机构提出卖出或买入申请，多个意向受让方或者出让方按照规定报价在约定时间内成交；各个地方强制碳市场的交易方式与全国的基本相同。协议转让则是指买卖双方不通过碳排放权

---

[1] 生态环境部：《全国碳排放权交易市场建设方案（发电行业）》，https://zfxxgk.ndrc.gov.cn/web/fileread.jsp?id=2573，访问日期：2023年4月22日。

交易系统进行线上交易，而是通过线下签署协议的方式进行碳排放配额交易，即碳排放配额的场外交易。但是，碳排放配额作为一种虚拟产品，其交易系统是记录其权属及其变动的唯一场所。故在协议生效后，双方必须在交易所办理碳排放配额的交割与资金结算。在场外进行碳排放配额交易不受碳排放权交易所交易时限、竞价机制、匿名交易等方面的限制，双方能够就购买价格、先决条件等进行直接磋商。目前，已有多个地方强制碳市场开发碳排放配额的场外交易，但应严格遵守各地的相关条件。以北京为例，根据《北京市碳排放配额场外交易实施细则》（京发改规〔2016〕15号），两个及以上具有关联关系的交易主体之间的交易行为，以及单笔配额申报数量超过1万吨的交易行为必须采取场外交易方式。该实施细则还规定，交易双方应在交易协议生效后到北京环境交易所办理碳排放配额交割与资金结算手续。❶

（二）配额交易法律制度存在的问题

目前，国内碳排放配额交易过程中，司法纠纷尚不多见，现行立法对司法纠纷的处理也未作规定。❷但在欧盟碳市场，配额盗窃、诈骗、市场滥用等案例已经屡见不鲜，实际上已经威胁到配额交易的正常运行。借鉴欧盟碳市场，配额交易中应当防范四类风险，包括碳交易欺诈、配额盗窃、碳交易市场操纵和碳交易内幕交易等类型，❸这些碳市场风险产生了各式各样的司法纠纷。具体来说，随着交易覆盖范围的扩大、交易主体的增加、交易商品的多样，配额交易中会出现一系列司法纠纷，贯穿于配额交易的全过程。例如，若一方交易主体占有配额不合法，如盗窃配额、操

---

❶ 北京市发展和改革委员会、北京市金融工作局：《关于印发〈北京市碳排放配额场外交易实施细则〉的通知》，http://fgw.beijing.gov.cn/fgwzwgk/zcgk/bwgfxwj/201912/t20191227_1522168.htm，访问日期：2023年4月22日。

❷ 吕忠梅、王国飞：《中国碳排放市场建设：司法问题及对策》，《甘肃社会科学》2016年第5期，第165页。

❸ 王遥、王文涛：《碳金融市场的风险识别和监管体系设计》，《中国人口·资源与环境》2014年第3期。

作指令失误多出配额等，那么交易双方合同是否有效、是否可撤销？若交易主体交易行为不符合交易规则、未经交易所确认，那么交易合同是否有效、是否可撤销？若交易主体不按照规定缴纳交易手续费，碳交易所可否请求法院强制其缴纳？若交易主体不遵守大户报告制度❶，危及碳市场秩序与安全时，碳交易所又是否可以请求法院强制其履行报告义务？

（三）配额交易法律制度的完善建议

1.配额交易的司法完善建议

针对前文分析，配额交易法律制度运行过程可能出现交易主体四种类型的司法纠纷，对此应当有针对性地完善配额交易司法制度。首先，针对配额交易过程中因交易主体盗窃配额、操作指令失误多出配额、散布虚假信息导致的碳交易合同效力纠纷，会产生碳交易合同无效的后果。根据《民法典》第153条，违反法律、行政法规的强制性规定的民事法律行为无效。在确认合同无效后，根据《民法典》第157条，配额交易主体因前述情形取得的配额，应当予以返还；不能返还或者没有必要返还的，应当折价补偿。

其次，针对交易主体进行的违规交易行为，应当根据具体情形对合同效力进行认定。如果配额交易主体对另一方实施了欺诈、胁迫、重大误解等行为或者合同显失公平，根据《民法典》第148条，应当认定配额交易合同属于可撤销合同，受欺诈方有权请求人民法院或者仲裁机构予以撤销。如果配额交易主体双方恶意串通，根据《民法典》第154条，因双方订立的合同损害了实现"双碳"目标的国家利益，通过串联欺骗生态环境部门操纵配额交易，应认定该配额交易合同无效，配额交易主体因前述情形取得的配额，应当予以返还；不能返还或者没有必要返还的，应当折价补偿。

再次，碳交易所请求法院强制配额交易主体缴纳应缴而未缴的交易手

---

❶ 大户报告制度是与限仓制度紧密相关的另外一个控制交易风险、防止大户操纵市场行为的制度。

续费时，配额交易主体应当予以缴纳。根据各试点碳市场分别规定的交易收费标准可以看出，《天津市发展改革委关于碳排放权交易手续费收费标准的通知》《广州碳排放权交易中心交易及碳金融服务收费标准》《重庆市物价局关于重庆联合产权交易所集团股份有限公司碳排放权交易手续费正式收费标准的通知》等各地文件将交易手续费上升为应当缴纳的交易所收费标准，因此碳交易所和配额交易主体均应当遵守手续费收费标准，如果配额交易主体拒不缴纳，碳交易所有权请求法院强制配额交易主体缴纳。

最后，若配额交易主体违反大户报告义务，危及配额交易市场秩序安全和稳定，碳交易所可以请求法院强制配额交易主体履行大户报告义务。根据《碳排放权交易管理规则（试行）》第22条，交易机构实行大户报告制度。交易主体的持仓量达到交易机构规定的大户报告标准的，交易主体应当向交易机构报告。❶ 具体来说，交易机构具有定期报告义务和发现重大风险或重大变化时及时报告的义务，应当及时向生态环境部报告交易价格出现连续涨跌停或者大幅波动、发现重大业务风险和技术风险、重大违法违规行为或者涉及重大诉讼、交易机构治理和运行管理等出现重大变化等事项。❷

2. 配额交易的立法完善建议

未来强制碳市场配额交易法律制度的完善重点在于交易方式、风险管理、非交易异常情况处置、信息管理等四个方面。首先，从交易方式来看，未来除单项竞价和协议转让外，还应适当引入有偿竞买的交易方式，有偿竞买是指以公开竞价的形式将配额公开出售的交易方式。交易机构根据生态环境部及其他有关单位的委托统一组织有偿竞买。其次，从风险管理来看，交易机构实行涨跌幅限制制度、最大持有量限制制度、大户报告制度、风险警

---

❶ 生态环境部：《关于发布〈碳排放权登记管理规则（试行）〉〈碳排放权交易管理规则（试行）〉和〈碳排放权结算管理规则（试行）〉的公告》，https://www.mee.gov.cn/xxgk2018/xxgk/xxgk01/202105/t20210519_833574.html，访问日期：2023年4月22日。

❷ 全国能源信息平台：《碳排放权登记、交易、结算管理规则解读及企业发展建议》，http://www.yidianzixun.com/article/0XRXuPLH，访问日期：2023年4月22日。

示制度、异常交易监控制度、风险准备金制度等风险管理制度。在进行风险管理制度设计的时候，应当充分考虑配额交易主体的风险识别能力和风险承受能力，其中风险识别能力是指关涉配额交易主体交易能力的因素，风险承受能力是指会受到配额交易主体自身条件以及各种社会条件约束的能力。再次，从非交易异常情况处置来看，基于不可抗力、意外事件或系统技术故障等不可归责于交易机构的原因导致部分或全部交易无法正常进行时，交易机构可以对某个交易产品或整个交易系统进行暂停交易。基于上述原因造成严重后果的交易，交易机构可以采取适当措施或认定无效并公告。交易机构在暂停交易、交易恢复以及进入异常情况时均应当进行公告。因异常情况及交易机构采取相应的应对措施造成的损失，交易机构不承担责任。最后，从信息管理来看，交易机构在每个交易日发布全国碳排放权交易行情等公开信息，定期编制并发布反映市场成交情况的各类报表。根据市场发展需要，经报生态环境部备案，交易机构可以调整信息发布的具体方式和相关内容。此外，还应当细化信息使用、免责事项、禁止虚假误导信息、禁止泄漏商业秘密等规定。❶ 根据最新的实践来看，目前已经出现碳排放配额场外交易引发的纠纷，下面将结合案例 6-1 进行具体分析。

【案例 6-1】

北京首例碳排放配额纠纷案开庭，原告索赔近 300 万元 *

【基本案情】

近日，北京市朝阳区人民法院公开开庭审理了四川某发电公司诉北京

---

❶ 生态环境部：《全国碳排放权登记交易结算管理办法（试行）（征求意见稿）》，http://www.gov.cn/xinwen/2020-11/05/5557519/files/81423d582efe4279a8da202a2ffbf63f.pdf，访问日期：2023 年 4 月 22 日。

* 佚名：《北京首例碳排放配额交易纠纷案宣判 违约方被判担责》，http://www.legaldaily.com.cn/Company/content/2023-08/16/content_8888546.html，访问日期：2024 年 8 月 20 日。

某环保公司合同纠纷一案。这是北京市首例碳排放配额交易纠纷案。

原告四川某发电公司因生产经营需要，欲采购碳排放配额。2021年12月，该公司发出"全国碳排放权交易市场配额第二次比选公告"，就碳排放配额采购项目进行比选。

同年12月14日，该公司收到北京某环保公司的报价文件，文件中写明提供全国碳排放权交易市场配额数量为46万吨，含税单价为44.7元/吨，交割时间为2021年12月16日前，并承诺如无法完成文件中所说的配额交易，则发电公司可在市场上按商业合理的方式购买与合同交易标的等量的全国碳排放权交易市场配额，如有差价，由环保公司补足。

同年12月15日，发电公司向环保公司送达了中标通知书，确定其为前述碳排放配额采购项目的中标单位。

据双方案件代理人陈述，环保公司中标后，多次致函发电公司，提出推迟碳排放配额交割时间、修改碳排放配额交易中标价格的要求。发电公司同意交割时间延后，但不同意修改中标价格。

2021年12月22日，环保公司致函发电公司，明确拒绝按照含税单价44.7元/吨向发电公司提供碳排放配额46万吨。为保证自身生产经营的正常开展，发电公司向某石化公司采购了碳排放配额459023吨，含税单价为51元/吨，该交易已经履行完毕。

发电公司认为，环保公司的行为属于违约行为，应承担违约责任，支付碳排放配额采购差价289万余元及利息。被告代理人辩称，北京某环保公司无国家规定的碳排放配额交易资格，仅提供咨询服务。原告没有按照国家招投标规定进行采购，也不符合国家规定碳排放交易必须在相应平台进行的具体要求。合同违反国家禁止性规定，应属无效，请求法院驳回原告的诉讼请求。

【法律分析】

经过原告、被告举证质证、法庭调查，本案有四个争议焦点：一是原告以比选方式进行碳排放配额采购是否受招标投标法或者有关部门规章的约束，本案中的合同是否成立并有效；二是被告报送报价表的行为是根据原告要求进行的配合行为，还是正常的交易行为；三是被告是否具备全国碳排放权交易主体资格，对本案合同的成立、效力、履行是否有影响；四是原告主张的损失请求数额及计算方式是否有依据。

法院经审理认为，原告发布"比选公告"采购碳排放配额，不属于工程建设项目及与工程建设相关的重要设备、材料等的采购，并非依法必须进行招标的项目，因此原告的行为不违反法律法规的强制性规定。

被告虽不具备全国碳排放权交易主体资格，但有获取可支配碳排放配额的途径，履约方式是原告、被告的真实意思表示，且不违反法律法规的强制性规定。因此，双方合同关系合法有效。然而，因被告根本违约，导致原告在采购碳排放配额过程中较为被动，同时，被告未能举证证明原告的后续采购过程有违商业合理方式、采购价格明显过高。最终，法院判决支持了原告要求被告支付采购差价及利息的诉求。

值得注意的是，本案法官指出：民事主体不能唯商业利益回避社会责任。《民法典》规定，民事主体从事民事活动，应当有利于节约资源、保护生态环境。碳排放配额交易，是利用市场机制控制和减少温室气体排放的一种手段，也是落实我国碳达峰目标、碳中和愿景的重要方式。民事主体在碳排放配额交易中应遵守国家相关法律规定和产业政策，依法依约履行义务，这不仅体现契约精神，更是社会主义核心价值观的生动实践。如果民事主体只唯商业利益回避社会责任，碳排放配额交易市场容易出现阶段性供需失衡、价格大幅波动等问题，不利于节能降碳工作的稳步推进。

四、履约清缴法律制度

（一）履约清缴法律制度的实践现状

履约清缴是强制碳交易法律制度的最终环节，也是强制碳交易法律制度不同于一般交易法律制度的典型特征。确保控排单位按时履约是碳交易管理的归宿。目前，虽然各试点地区最后的履约率都超过了95%，但这实际上是政府依靠延长交易时间、周末临时开市、推迟履约期等"非正式制度"予以推动的结果。实践中，在法定期限外推迟履约期的状况十分普遍。2021年10月26日，生态环境部发布《关于做好全国碳排放权交易市场第一个履约周期碳排放配额清缴工作的通知》（环办气候函〔2021〕492号）。该通知主要提出两方面要求：(1) 抓紧完成本行政区域发电行业重点排放单位2019—2020年度配额核定及清缴配额量确认，报送生态环境部并抄送全国碳排放权注册登记机构（湖北碳排放权交易中心）；(2) 督促发电行业重点排放单位尽早完成全国碳市场第一个履约周期配额清缴。❶ 具体来说，履约清缴是指纳入配额管理的重点排放单位应在规定期限内通过注册登记系统向其生产经营场所所在地省级生态环境主管部门清缴不少于经核查排放量的配额量，履行配额清缴义务。❷ 根据生态环境部通知，各省市要确保12月15日17时前本行政区域95%的重点排放单位完成履约，12月31日17时前全部重点排放单位完成履约。12月7日，海南省纳入全国首批碳排放权交易市场的七家发电行业重点排放单位完成第一个履约周期配额清缴，成为全国首个实现履约率100%的省份。❸ 截至2021年12月15日，上海纳入全国碳市场发电行业重点排放单位已全部完成第一个履约周期配额清缴工作。❹ 此外，2021年12月2日，吉林省生态环境厅完成了全国碳市场第一个履约周期重点排放单位碳排放配额分配和履约通知书发放工作；12月3日，宁夏回族自治区生态环境厅全面开展全国碳市场

---

❶ 生态环境部：《关于做好全国碳排放权交易市场第一个履约周期碳排放配额清缴工作的通知》，http://www.mee.gov.cn/xxgk2018/xxgk/xxgk06/202110/t20211026_957871.html，访问日期：2023年4月22日。

❷ 生态环境部：《关于印发〈2019—2020年全国碳排放权交易配额总量设定与分配实施方案（发电行业）〉〈纳入2019—2020年全国碳排放权交易配额管理的重点排放单位名单〉并做好发电行业配额预分配工作的通知》，https://www.mee.gov.cn/xxgk2018/xxgk/xxgk03/202012/t20201230_815546.html，访问日期：2023年4月22日。

❸ 张淑贤：《各地开展全国碳市场首个履约期配额清缴工作 海南率先实现100%履约》，https://news.stcn.com/news/202112/t20211208_3948909.html，访问日期：2023年4月22日。

❹ 佚名：《上海顺利完成全国碳市场第一个履约周期清缴履约工作》，https://baijiahao.baidu.com/s?id=1719292560692427399&wfr=spider&for=pc，访问日期：2023年4月22日。

第一个履约周期数据质量自查工作；12月6日，山西省生态环境厅组织召开推进碳市场履约工作部署会，推动电力行业重点排放单位完成全国碳市场履约清缴工作。❶ 山东省是履约任务最繁重的省份，共有330家重点排放单位纳入全国首批碳排放权交易市场，也是全国唯一拥有超过300家控排单位的省份。截至2022年1月10日，山东省共有305家重点排放单位顺利完成第一个履约周期配额清缴，应履约总量11.54亿吨，实际履约量11.52亿吨，履约率为99.82%。❷

笔者将目前全国以及八个试点省市的履约清缴法律制度进行梳理，重点整理违约处罚的规定，如表6-4所示。

表6-4　全国和部分地方强制碳市场履约清缴法律制度

范围	法律规范	履约清缴主体	违约处罚
全国	《碳排放权交易管理办法（试行）》	重点排放单位以及符合规定的机构和个人	重点排放单位未按时足额清缴碳排放配额的，由其生产经营场所所在地设区的市级以上地方生态环境主管部门责令限期改正，处2万元以上3万元以下的罚款；逾期未改正的，对欠缴部分，由重点排放单位生产经营场所所在地的省级生态环境主管部门等量核减其下一年度碳排放配额

---

❶ 佚名：《成交额近29亿元！各地开展全国碳市场首个履约期配额清缴工作，碳交易市场破局仍是关键》，https://finance.sina.cn/2021-12-13/detail-ikyakumx3851831.d.html，访问日期：2023年4月22日。

❷ 张金秋：《山东圆满完成全国碳市场第一个履约周期碳排放配额清缴工作》，http://sthj.shandong.gov.cn/dtxx/hbyw/202201/t20220118_3842145.html，访问日期：2024年8月25日。

续表

范围	法律规范	履约清缴主体	违约处罚
北京	《北京市碳排放权交易管理办法》 《关于北京市在严格控制碳排放总量前提下开展碳排放权交易试点工作的决定》	重点排放单位	重点排放单位应上缴与市生态环境部门确认的年度碳排放量相等的配额，履行碳排放控制责任。 重点排放单位超出配额许可范围进行排放的，由市人民政府应对气候变化主管部门责令限期履行控制排放责任，并可根据其超出配额许可范围的碳排放量，按照市场均价的3~5倍予以处罚
上海	《上海市碳排放管理试行办法》	年度碳排放量达到规定规模且纳入配额管理的排放单位	纳入配额管理的单位未履行配额清缴义务的，由市发展改革部门责令履行配额清缴义务，并可处以5万元以上10万元以下罚款
天津	《天津市碳排放权交易管理暂行办法》	年度碳排放量达到一定规模的排放单位	纳入企业未履行遵约义务，差额部分在下一年度分配的配额中予以双倍扣除
重庆	《重庆市碳排放权交易管理办法（试行）》	年碳排放量达到规定规模纳入配额管理的排放单位	重点排放单位应当在规定时间内，通过注册登记系统提交与市生态环境局核查结果确认的年度温室气体排放量相当的碳排放配额，履行清缴义务。 重点排放单位的碳排放配额不足以履行清缴义务的，可以购买碳排放配额用于清缴；碳排放配额有结余的，可以在后续年度使用或者用于交易。 重点排放单位须保证其履行清缴义务前在注册登记系统中保留的碳排放配额数量不少于其免费获得的年度碳排放配额数量的50%

续表

范围	法律规范	履约清缴主体	违约处罚
深圳	《深圳市碳排放权交易管理办法》	符合下列条件之一的单位，应当根据管理实际列入重点排放单位名单，参加本市碳排放权交易： （1）基准碳排放筛查年份期间内任一年度碳排放量达到3000吨二氧化碳当量以上的碳排放单位； （2）市生态环境主管部门确定的其他碳排放单位。 纳入全国温室气体重点排放单位名录的单位，不再列入本市重点排放单位名单，按照规定参加全国碳排放权交易	有下列情形之一的，由市生态环境主管部门按照下列规定处理： （1）违反本办法第16条第2款的规定，重点排放单位未按时将超出的预分配配额退回的，责令限期改正；逾期未改正的，处超额排放量乘以履约当月之前连续6个月配额平均价格3倍的罚款； （2）违反本办法第25条第1款、第2款的规定，重点排放单位未按时将合并或者分立情况报市生态环境主管部门备案的，责令限期改正；逾期未改正的，处5万元罚款，并依法没收违法所得； （3）违反本办法第26条第2款的规定，重点排放单位被移出重点排放单位名单后预分配配额不足以收缴的，责令限期改正；逾期未改正的，处10万元罚款，并依法没收违法所得； （4）违反本办法第31条第1款的规定，碳排放权交易主体违法从事交易活动的，责令停止违法行为，依法没收违法所得，并处5万元罚款，情节严重的，并处10万元罚款；造成损失的，依法承担赔偿责任； 违反本办法第31条第2款的规定，交易机构、第三方核查机构及其工作人员持有、买卖碳排放配额的，依法没收违法所得，并对单位处10万元罚款，对个人处5万元罚款；

续表

范围	法律规范	履约清缴主体	违约处罚
深圳	《深圳市碳排放权交易管理办法》	符合下列条件之一的单位，应当根据管理实际列入重点排放单位名单，参加本市碳排放权交易： （1）基准碳排放筛查年份期间内任一年度碳排放量达到3000吨二氧化碳当量以上的碳排放单位； （2）市生态环境主管部门确定的其他碳排放单位。 纳入全国温室气体重点排放单位名录的单位，不再列入本市重点排放单位名单，按照规定参加全国碳排放权交易	（5）违反本办法第36条的规定，碳排放单位未按要求在温室气体排放信息报送系统申报年度碳排放量等信息的，责令限期改正；逾期未改正的，处1万元罚款； （6）违反本办法第37条第1款、第38条第3款的规定，重点排放单位虚报、瞒报、漏报年度碳排放报告或者生产活动产出数据报告的，责令限期改正，处5万元罚款，情节严重的，处10万元罚款；对虚报、瞒报、漏报部分，等量核减其下一年度碳排放配额； （7）违反本办法第39条的规定，重点排放单位未按时足额履约的，责令限期补足并提交与超额排放量相等的配额或者核证减排量；逾期未补足并提交的，强制扣除等量配额，不足部分从其下一年度配额中直接扣除，处超额排放量乘以履约当月之前连续6个月配额平均价格3倍的罚款； （8）违反本办法第45条第1款、第2款的规定，第三方核查机构、专业机构弄虚作假、篡改、伪造相关数据或者报告的，或者开展核查工作违反独立、客观、公正原则或者未履行保密义务的，责令限期改正，处5万元罚款，情节严重的，处10万元罚款；造成损失的，依法承担赔偿责任

续表

范围	法律规范	履约清缴主体	违约处罚
广东	《广东省碳排放管理试行办法》	控排企业和单位、新建项目企业	未足额清缴配额的企业，由省生态环境部门责令履行清缴义务；拒不履行清缴义务的，在下一年度配额中扣除未足额清缴部分2倍配额，并处5万元罚款
湖北	《湖北省碳排放权交易管理暂行办法》	纳入碳排放配额管理的企业	重点排放单位未按时足额缴还碳排放配额的，由省人民政府生态环境主管部门责令限期改正，并处2万元以上3万元以下的罚款；逾期未改正的，对欠缴部分，由省人民政府生态环境主管部门等量核减其下一年度碳排放配额。重点排放单位虚报、瞒报温室气体排放报告，或者拒绝履行温室气体排放报告义务的，由省人民政府生态环境主管部门责令限期改正，并处1万元以上3万元以下的罚款。逾期未改正的，由省人民政府生态环境主管部门测算其温室气体实际排放量，并将该排放量作为碳排放配额缴还的依据；对虚报、瞒报部分，等量核减其下一年度碳排放配额
福建	《福建省碳排放权交易管理暂行办法》	纳入碳排放配额管理的重点排放单位	重点排放单位未足额清缴配额的，由设区的市人民政府碳排放权交易主管部门责令其履行清缴义务；拒不履行清缴义务的，在下一年度配额中扣除未足额清缴部分2倍配额，并处以清缴截止日前一年配额市场均价1~3倍的罚款，但罚款金额不超过3万元

由表6-4可知，目前各试点主要依靠财产罚确保履约。然而，在不完全信息条件下，财产罚无法保证控排单位缴纳的罚金大于其违约成本。在

履约成本高于边际罚金的情况下，财产罚就失去了威慑力。就《碳排放权交易管理办法（试行）》的尝试来看，在进行财产罚后，如逾期未改正的，对欠缴部分，由重点排放单位生产经营场所所在地的省级生态环境主管部门等量核减其下一年度碳排放配额。但是仅进行这样的规定不足以威慑控排单位，违约成本仍然过低。因此，《碳排放权交易管理暂行条例》在《碳排放权交易管理办法（试行）》的基础上，在第 22～25 条等条款中设置了行为罚，还针对控排单位的性质和特点，创新多样化的实效性保障手段来强化履约机制的约束力，未来有必要在《碳排放权交易管理暂行条例》中进一步增设行为罚相关内容。

（二）履约清缴法律制度中存在的问题

由于我国碳排放权交易市场建设起步较晚，现阶段我国试点地区碳交易市场仍由政府主导，依赖于政策，立法严重滞后。在碳排放权交易的各个环节中，履约是极为重要的一环，也是保障"双碳"目标实现的基础，然而我国现阶段碳排放市场建设中履约机制仍不完善。就交易状况而言，我国试点地区碳交易市场呈现出明显的履约驱动特点，在非履约期的成交量相对较少，碳交易市场以履约为驱动也易造成碳价格不稳定；另外，各试点地区的履约率虽然逐年增加，部分地区履约率已经达到100%，但是存在政府周末开市、推迟履约期等现象，高履约率的出现主要在于政府推动。就立法层面而言，尽管生态环境部于 2021 年 5 月 14 日印发《碳排放权结算管理规则（试行）》，对碳排放权履约清缴结算作出了一些规定，同时各试点地区均制定了未按时履约的处罚措施等规定，但是仍然没有统一的、可操作性强的执行标准。因此，在推进全国碳排放权交易市场进程中，如何吸收借鉴试点地区实践经验和国外运行多年的碳交易体系的成功经验来完善现有的履约机制是一个亟待解决的问题。❶

---

❶ 杨柳：《我国碳排放权交易市场履约机制问题研究》，硕士学位论文，华侨大学法学院，2020，第 1 页。

（三）履约清缴法律制度的完善建议

未来针对强制碳市场履约清缴法律制度，可以完善强制碳市场履约清缴阶段违约的行政处罚力度；同时完善纠纷解决机制，明确因控排单位过错导致的"能而不履约"或"履约不能"均属于违约行为，其可采取调解、仲裁、诉讼等纠纷解决方式。❶具体而言，首先可以通过增加声誉罚、行为罚、追究行政责任的方式，加大违约的行政处罚力度：（1）声誉罚不直接影响控排单位的权利义务，其独特作用机制在于通过展现企业的环境表现信息来影响其声誉和社会评价，以此来促成企业自发的反思和调整。通过建立碳排放信用档案和拓展信息传播渠道的方式，督促企业履约清缴。（2）对于企业类的相对人而言，行为罚意味着一定业务资质或从业许可的丧失，具有较大威慑力。根据目前各地碳交易试点经验总结，可以设定取消政策优惠和限制项目审批的行为罚来督促企业履约清缴。（3）我国的控排单位中包括私营企业和国有企业两类。财产罚、声誉罚和行为罚等履约保障措施主要适用于私营企业。但基于国有企业的"软预算约束"，仅依靠以上处罚方式恐怕效果并不理想。在我国现行体制下，国有企业监管具有鲜明的行政色彩，其约束主要来自体制内部，即由国有资产监督管理机构代表国家履行出资人的职权，对企业负责人进行任免、考核并根据其绩效进行奖惩。针对国有企业的这种特点，可通过行政责任的方式约束其履约，如将履约情况通报国有资产管理机构并纳入国有企业绩效考核评价体系、取消违约先进评优资格、对违约国有企业主要责任人给予人事处分等。❷

---

❶ 吕忠梅、王国飞：《中国碳排放市场建设：司法问题及对策》，《甘肃社会科学》2016年第5期，第165页。

❷ 谭冰霖：《碳交易管理的法律构造及制度完善——以我国七省市碳交易试点为样本》，《西南民族大学学报（人文社科版）》2017年第7期，第77–78页。

五、强制碳交易的阶段性特征

前述四项法律制度实质上是根据强制碳市场配额交易的运行阶段进行的划分，它们作为碳排放管理过程的有机组成部分，各阶段间具有密切的关联。具体而言，它们之间的关联性表现为：(1) 依据关系，即强制碳交易管理过程中的前一阶段行为是后续行为的依据或标准。其中，配额分配作为交易规则制定行为的依据体现在三个方面：一是配额分配拟制了碳交易规则调整的对象——控排单位；二是配额分配行为拟制了碳交易规则适用的权利客体——碳排放配额；三是配额分配还是信息披露行为的实施标准，信息披露则是履约清缴的事实依据。(2) 顺序关系，即强制碳交易管理过程中的各阶段性行为在作出时间上具有先后顺序。顺序关系是依据关系的自然延伸，基于前后行为之间的依据关系，后续行为必须以前行为作为前提，故各行为之间呈现出时间上的接续性关系。❶

第二节 自愿碳交易法律制度

一、自愿碳交易法律制度的实践现状

自愿碳交易法律制度是指温室气体国家核证自愿减排量交易法律制度。国家核证自愿减排量是我国目前碳排放权交易的重要产品之一，是经国家发展和改革委员会备案并在国家注册登记系统中登记的温室气体自愿减排量，单位是"吨二氧化碳当量"。国家核证自愿减排量主要来源于我国境内节能减排环保项目，每年重点排放企业可以使用国家核证的自愿减

---

❶ 谭冰霖：《碳交易管理的法律构造及制度完善——以我国七省市碳交易试点为样本》，《西南民族大学学报（人文社科版）》2017 年第 7 期，第 71 页。

排项目减排量抵销一定比例（不超过 5%）的碳排放配额的清缴。与碳排放配额强制性减排措施不同，开发并管理国家核证自愿减排量项目属于自愿减排，国家核证自愿减排量项目地域限制较小，形式较为灵活，交易价格较低，因此给碳市场参与者提供了一个新的潜在的获取收益的方式。国务院于 2011 年 12 月 1 日印发《"十二五"控制温室气体排放工作方案》（国发〔2011〕41 号），提出探索建立碳排放交易市场，建立自愿减排交易机制。包括制定温室气体自愿减排交易管理办法，确立自愿减排交易机制的基本管理框架。交易流程和监管办法，建立交易登记注册系统和信息发布制度，开展自愿减排交易活动。❶ 国家发展和改革委员会于 2012 年印发《温室气体自愿减排交易管理暂行办法》，推动国内温室气体自愿减排项目的发展。但从实际效果来看，由于我国未对碳排放实行强制性约束，因而致使自愿碳交易制度发展内生动力不足，国内温室气体自愿减排项目的发展受到限制。❷ 2017 年 3 月，国家发展和改革委员会发布公告暂缓受理温室气体自愿减排交易备案申请，重新开放受理需等待至相关法规修订完成后。截至 2021 年 4 月，我国国家核证自愿减排量审定项目共 2871 个，已备案项目共 861 个，获得减排量备案并挂网公示的项目共 254 个。❸ 自国家核证自愿减排量相关工作暂停后，未有新的国家核证自愿减排量签发出来，市面上所能交易的都是之前已经签发的存量，随着首个履约期的到来，国家核证自愿减排量市场供给逐步趋紧。在碳排放配额发放政策逐渐趋紧的背景下，国家核证自愿减排量将成为碳市场参与者竞相争取的重要资源。随着市场上国家核证自愿减排量存量的逐年减少，近两年国家核证自愿减排量的价格呈现上涨的趋势。在国家加快推动应对气候变化相关立法和全国碳市场建立的大背景下，国家核证自愿减排量项目审批工作已于

---

❶ 国务院：《国务院关于印发"十二五"控制温室气体排放工作方案的通知》，https://www.gov.cn/zwgk/2012-01/13/content.2043645.htm，访问日期：2023 年 4 月 22 日。

❷ 曹明德：《中国碳排放交易面临的法律问题和立法建议》，《法商研究》2021 年第 5 期，第 34 页。

❸ 佚名：《CCER：核心机制与收入测算——碳中和碳达峰带来的投资机会》，https://baijiahao.baidu.com/s?id=1697726748457252264&wfr=spider&for=pc，访问日期：2024 年 8 月 25 日。

2024年1月22日重启。❶

二、自愿碳交易法律制度存在的问题

目前，自愿碳交易法律制度面临法律层级不高、制度供给不足的问题。国家核证自愿减排量交易直接依据的特别法律渊源是生态环境部和国家市场监督管理总局于2023年10月19日公布的《温室气体自愿减排交易管理办法（试行）》，该办法属于部门规章，包括总则、项目审定与登记、减排量核查与登记、减排量交易、审定与核查机构管理、监督管理、罚则、附则共8章51条，对保障自愿减排交易活动有序开展，调动全社会自觉参与碳减排活动的积极性，发挥了重要作用。然而，国家核证自愿减排量交易是一项全新的交易模式，其涉及面广、操作环节多、程序复杂，《温室气体自愿减排交易管理办法（试行）》毕竟层级较低，作为过渡性法律文件，其内容并不完善全面。囿于部门规章的限制，《温室气体自愿减排交易管理办法（试行）》仅能设定警告、通报批评或者一定数额罚款的行政处罚，无法充分满足行政监管的需求，依然面临上位法缺失的困境。好在《碳排放权交易管理暂行条例》已于2024年1月25日作为行政法规正式发布，成为我国碳市场领域统领全局的最高层级的法规。下面以《温室气体自愿减排交易管理办法（试行）》的内容为参照文本，比对《碳排放权交易管理暂行条例》中涉及国家核证自愿减排量交易的内容，如表6-5所示。

---

❶ 林水静、苏南：《完善我国碳市场体系 CCER 时隔七年正式重启》，《中国能源报》2024年1月29日第9版。

表 6-5 《温室气体自愿减排交易管理办法（试行）》与
《碳排放权交易管理暂行条例》对比

对比项	《温室气体自愿减排交易管理办法（试行）》	《碳排放权交易管理暂行条例》
总则	生态环境部按照国家有关规定，组织建立统一的全国温室气体自愿减排注册登记机构（以下简称注册登记机构），组织建设全国温室气体自愿减排注册登记系统（以下简称注册登记系统）。 注册登记机构负责注册登记系统的运行和管理，通过该系统受理温室气体自愿减排项目和减排量的登记、注销申请，记录温室气体自愿减排项目相关信息和核证自愿减排量的登记、持有、变更、注销等信息。注册登记系统记录的信息是判断核证自愿减排量归属和状态的最终依据。 注册登记机构可以按照国家有关规定，制定温室气体自愿减排项目和减排量登记的具体业务规则，并报生态环境部备案。 生态环境部按照国家有关规定，组织建立统一的全国温室气体自愿减排交易机构（以下简称交易机构），组织建设全国温室气体自愿减排交易系统（以下简称交易系统）。 交易机构负责交易系统的运行和管理，提供核证自愿减排量的集中统一交易与结算服务。 交易机构应当按照国家有关规定采取有效措施，维护市场健康发展，防止过度投机，防范金融等方面的风险。 交易机构可以按照国家有关规定，制定核证自愿减排量交易的具体业务规则，并报生态环境部备案	重点排放单位应当根据省级人民政府生态环境主管部门对年度排放报告的核查结果，按照国务院生态环境主管部门规定的时限，足额清缴其碳排放配额。 重点排放单位可以通过全国碳排放权交易市场购买或者出售碳排放配额，其购买的碳排放配额可以用于清缴。 重点排放单位可以按照国家有关规定，购买经核证的温室气体减排量用于清缴其碳排放配额

续表

对比项	《温室气体自愿减排交易管理办法（试行）》	《碳排放权交易管理暂行条例》
项目审定与登记	申请登记的温室气体自愿减排项目应当具备下列条件： （1）具备真实性、唯一性和额外性； （2）属于生态环境部发布的项目方法学支持领域； （3）于2012年11月8日之后开工建设； （4）符合生态环境部规定的其他条件。 属于法律法规、国家政策规定有温室气体减排义务的项目，或者纳入全国和地方碳排放权交易市场配额管理的项目，不得申请温室气体自愿减排项目登记。 申请温室气体自愿减排项目登记的法人或者其他组织（以下简称项目业主）应当按照项目方法学等相关技术规范要求编制项目设计文件，并委托审定与核查机构对项目进行审定。 项目业主申请温室气体自愿减排项目登记前，应当通过注册登记系统公示项目设计文件，并对公示材料的真实性、完整性和有效性负责。 项目业主公示项目设计文件时，应当同步公示其所委托的审定与核查机构的名称。 项目设计文件公示期为20个工作日。公示期间，公众可以通过注册登记系统提出意见。 审定与核查机构应当按照国家有关规定对申请登记的温室气体自愿减排项目的以下事项进行审定，并出具项目审定报告，上传至注册登记系统，同时向社会公开： （1）是否符合相关法律法规、国家政策； （2）是否属于生态环境部发布的项目方法学支持领域； （3）项目方法学的选择和使用是否得当； （4）是否具备真实性、唯一性和额外性；	—

续表

对比项	《温室气体自愿减排交易管理办法（试行）》	《碳排放权交易管理暂行条例》
项目审定与登记	（5）是否符合可持续发展要求，是否对可持续发展各方面产生不利影响。 项目审定报告应当包括肯定或者否定的项目审定结论，以及项目业主对公示期间收到的公众意见处理情况的说明。 审定与核查机构应当对项目审定报告的合规性、真实性、准确性负责，并在项目审定报告中作出承诺。 审定与核查机构出具项目审定报告后，项目业主可以向注册登记机构申请温室气体自愿减排项目登记。 项目业主申请温室气体自愿减排项目登记时，应当通过注册登记系统提交项目申请表和审定与核查机构上传的项目设计文件、项目审定报告，并附具对项目唯一性以及所提供材料真实性、完整性和有效性负责的承诺书	—
减排量核查与登记	经注册登记机构登记的温室气体自愿减排项目可以申请项目减排量登记。申请登记的项目减排量应当可测量、可追溯、可核查，并具备下列条件： （1）符合保守性原则； （2）符合生态环境部发布的项目方法学； （3）产生于2020年9月22日之后； （4）在可申请项目减排量登记的时间期限内； （5）符合生态环境部规定的其他条件。 项目业主可以分期申请项目减排量登记。每期申请登记的项目减排量的产生时间应当在其申请登记之日前5年以内。 项目业主申请项目减排量登记的，应当按照项目方法学等相关技术规范要求编制减排量核算报告，并委托审定与核查机构对减排量进行核查。项目业主不得委托负责项目审定的审定与核查机构开展该项目的减排量核查。	—

续表

对比项	《温室气体自愿减排交易管理办法（试行）》	《碳排放权交易管理暂行条例》
减排量核查与登记	减排量核算报告所涉数据和信息的原始记录、管理台账应当在该温室气体自愿减排项目最后一期减排量登记后至少保存10年。项目业主应当加强对温室气体自愿减排项目实施情况的日常监测。鼓励项目业主采用信息化、智能化措施加强数据管理。项目业主申请项目减排量登记前，应当通过注册登记系统公示减排量核算报告，并对公示材料的真实性、完整性和有效性负责。项目业主公示减排量核算报告时，应当同步公示其所委托的审定与核查机构的名称。减排量核算报告公示期为20个工作日。公示期间，公众可以通过注册登记系统提出意见。审定与核查机构应当按照国家有关规定对减排量核算报告的下列事项进行核查，并出具减排量核查报告，上传至注册登记系统，同时向社会公开：（1）是否符合项目方法学等相关技术规范要求；（2）项目是否按照项目设计文件实施；（3）减排量核算是否符合保守性原则。减排量核查报告应当确定经核查的减排量，并说明项目业主对公示期间收到的公众意见处理情况。审定与核查机构应当对减排量核查报告的合规性、真实性、准确性负责，并在减排量核查报告中作出承诺。审定与核查机构出具减排量核查报告后，项目业主可以向注册登记机构申请项目减排量登记；申请登记的项目减排量应当与减排量核查报告确定的减排量一致。项目业主申请项目减排量登记时，应当通过注册登记系统提交项目减排量申请表和审定与核查机构上传的减排量核算报告、减排量核查报告，并附具对减排量核算报告真实性、完整性和有效性负责的承诺书	—

续表

对比项	《温室气体自愿减排交易管理办法（试行）》	《碳排放权交易管理暂行条例》
减排量交易	全国温室气体自愿减排交易市场的交易产品为核证自愿减排量。生态环境部可以根据国家有关规定适时增加其他交易产品。 从事核证自愿减排量交易的交易主体，应当在注册登记系统和交易系统开设账户。 核证自愿减排量的交易应当通过交易系统进行。 核证自愿减排量交易可以采取挂牌协议、大宗协议、单向竞价及其他符合规定的交易方式。 注册登记机构根据交易机构提供的成交结果，通过注册登记系统为交易主体及时变更核证自愿减排量的持有数量和持有状态等相关信息。 注册登记机构和交易机构应当按照国家有关规定，实现系统间数据及时、准确、安全交换。 交易主体违反关于核证自愿减排量登记、结算或者交易相关规定的，注册登记机构和交易机构可以按照国家有关规定，对其采取限制交易措施。 核证自愿减排量按照国家有关规定用于抵销全国碳排放权交易市场和地方碳排放权交易市场碳排放配额清缴、大型活动碳中和、抵销企业温室气体排放等用途的，应当在注册登记系统中予以注销。 鼓励参与主体为了公益目的，自愿注销其所持有的核证自愿减排量。 核证自愿减排量跨境交易和使用的具体规定，由生态环境部会同有关部门另行制定	—

续表

对比项	《温室气体自愿减排交易管理办法（试行）》	《碳排放权交易管理暂行条例》
审定与核查机构管理	审定与核查机构纳入认证机构管理，应当按照《中华人民共和国认证认可条例》《认证机构管理办法》等关于认证机构的规定，公正、独立和有效地从事审定与核查活动。审定与核查机构应当具备与从事审定与核查活动相适应的技术和管理能力，并且符合以下条件： （1）具备开展审定与核查活动相配套的固定办公场所和必要的设施； （2）具备10名以上相应领域具有审定与核查能力的专职人员，其中至少有5名人员具有2年及以上温室气体排放审定与核查工作经历； （3）建立完善的审定与核查活动管理制度； （4）具备开展审定与核查活动所需的稳定的财务支持，建立与业务风险相适应的风险基金或者保险，有应对风险的能力； （5）符合审定与核查机构相关标准要求； （6）近5年无严重失信记录。 开展审定与核查机构审批时，市场监管总局会同生态环境部根据工作需要制定并公布审定与核查机构需求信息，组织相关领域专家组成专家评审委员会，对审批申请进行评审，经审核并征求生态环境部同意后，按照资源合理利用、公平竞争和便利、有效的原则，作出是否批准的决定。 审定与核查机构在获得批准后，方可进行相关审定与核查活动。	—

续表

对比项	《温室气体自愿减排交易管理办法（试行）》	《碳排放权交易管理暂行条例》
审定与核查机构管理	审定与核查机构应当遵守法律法规和市场监管总局、生态环境部发布的相关规定，在批准的业务范围内开展相关活动，保证审定与核查活动过程的完整、客观、真实，并做出完整记录，归档留存，确保审定与核查过程和结果具有可追溯性。鼓励审定与核查机构获得认可。 审定与核查机构应当加强行业自律。审定与核查机构及其工作人员应当对其出具的审定报告与核查报告的合规性、真实性、准确性负责，不得弄虚作假，不得泄露项目业主的商业秘密。 审定与核查机构应当每年向市场监管总局和生态环境部提交工作报告，并对报告内容的真实性负责。 审定与核查机构提交的工作报告应当对审定与核查机构遵守项目审定与减排量核查法律法规和技术规范的情况、从事审定与核查活动的情况、从业人员的工作情况等作出说明。 市场监管总局、生态环境部共同组建审定与核查技术委员会，协调解决审定与核查有关技术问题，研究提出相关工作建议，提升审定与核查活动的一致性、科学性和合理性，为审定与核查活动监督管理提供技术支撑	—
监督管理	生态环境部负责指导督促地方对温室气体自愿减排交易及相关活动开展监督检查，查处具有典型意义和重大社会影响的违法行为。 省级生态环境主管部门可以会同有关部门，对已登记的温室气体自愿减排项目与核证自愿减排量的真实性、合规性组织开展监督检查，受理对本行政区域内温室气体自愿减排项目提出的公众举报，查处违法行为。	—

续表

对比项	《温室气体自愿减排交易管理办法（试行）》	《碳排放权交易管理暂行条例》
监督管理	设区的市级生态环境主管部门按照省级生态环境主管部门的统一部署配合开展现场检查。 省级以上生态环境主管部门可以通过政府购买服务等方式，委托依法成立的技术服务机构提供监督检查方面的技术支撑。 市场监管部门依照法律法规和相关规定，对审定与核查活动实施日常监督检查，查处违法行为。结合随机抽查、行政处罚、投诉举报、严重失信名单以及大数据分析等信息，对审定与核查机构实行分类监管。 生态环境主管部门与市场监管部门建立信息共享与协调工作机制。对于监督检查过程中发现的审定与核查活动问题线索，生态环境主管部门应当及时向市场监管部门移交。 生态环境主管部门对项目业主进行监督检查时，可以采取下列措施： （1）要求被检查单位提供有关资料，查阅、复制相关信息； （2）进入被检查单位的生产、经营、储存等场所进行调查； （3）询问被检查单位负责人或者其他有关人员； （4）要求被检查单位就执行本办法规定的有关情况作出说明。 被检查单位应当予以配合，如实反映情况，提供必要资料，不得拒绝和阻挠。 生态环境主管部门、市场监管部门、注册登记机构、交易机构、审定与核查机构及其相关工作人员应当忠于职守、依法办事、公正廉洁，不得利用职务便利牟取不正当利益，不得参与核证自愿减排量交易以及其他可能影响审定与核查公正性的活动。	—

续表

对比项	《温室气体自愿减排交易管理办法（试行）》	《碳排放权交易管理暂行条例》
监督管理	审定与核查机构不得接受任何可能对审定与核查活动的客观公正产生影响的资助，不得从事可能对审定与核查活动的客观公正产生影响的开发、营销、咨询等活动，不得与委托的项目业主存在资产、管理方面的利益关系，不得为项目业主编制项目设计文件和减排量核算报告。 交易主体不得通过欺诈、相互串通、散布虚假信息等方式操纵或者扰乱全国温室气体自愿减排交易市场。 注册登记机构和交易机构应当保证注册登记系统和交易系统安全稳定可靠运行，并定期向生态环境部报告全国温室气体自愿减排登记、交易相关活动和机构运行情况，及时报告对温室气体自愿减排交易市场有重大影响的相关事项。相关内容可以抄送省级生态环境主管部门。 注册登记机构和交易机构应当对已登记的温室气体自愿减排项目建立项目档案，记录、留存相关信息。 市场监管部门、生态环境主管部门应当依法加强信用监督管理，将相关行政处罚信息纳入国家企业信用信息公示系统。 鼓励公众、新闻媒体等对温室气体自愿减排交易及相关活动进行监督。任何单位和个人都有权举报温室气体自愿减排交易及相关活动中的弄虚作假等违法行为	—

续表

对比项	《温室气体自愿减排交易管理办法（试行）》	《碳排放权交易管理暂行条例》
罚则	违反本办法规定，拒不接受或者阻挠监督检查，或者在接受监督检查时弄虚作假的，由实施监督检查的生态环境主管部门或者市场监管部门责令改正，可以处1万元以上10万元以下的罚款。 项目业主在申请温室气体自愿减排项目或者减排量登记时提供虚假材料的，由省级以上生态环境主管部门责令改正，处1万元以上10万元以下的罚款；存在篡改、伪造数据等故意弄虚作假行为的，省级以上生态环境主管部门还应当通知注册登记机构撤销项目登记，3年内不再受理该项目业主提交的温室气体自愿减排项目和减排量登记申请。 项目业主因实施前款规定的弄虚作假行为取得虚假核证自愿减排量的，由省级以上生态环境主管部门通知注册登记机构和交易机构对该项目业主持有的核证自愿减排量暂停交易，责令项目业主注销与虚假部分同等数量的减排量；逾期未按要求注销的，由省级以上生态环境主管部门通知注册登记机构强制注销，对不足部分责令退回，处5万元以上10万元以下的罚款，不再受理该项目业主提交的温室气体自愿减排量项目和减排量申请。 审定与核查机构有下列行为之一的，由实施监督检查的市场监管部门依照《中华人民共和国认证认可条例》责令改正，处5万元以上20万元以下的罚款，有违法所得的，没收违法所得；情节严重的，责令停业整顿，直至撤销批准文件，并予公布： （1）超出批准的业务范围开展审定与核查活动的； （2）增加、减少、遗漏审定与核查基本规范、规则规定的程序的。	重点排放单位有下列情形之一的，由生态环境主管部门责令改正，处5万元以上50万元以下的罚款；拒不改正的，可以责令停产整治： （1）未按照规定制定并执行温室气体排放数据质量控制方案； （2）未按照规定报送排放统计核算数据、年度排放报告； （3）未按照规定向社会公开年度排放报告中的排放量、排放设施、统计核算方法等信息； （4）未按照规定保存年度排放报告所涉数据的原始记录和管理台账。 重点排放单位有下列情形之一的，由生态环境主管部门责令改正，没收违法所得，并处违法所得5倍以上10倍以下的罚款；没有违法所得或者违法所得不足50万元的，处50万元以上200万元以下的罚款；对其直接负责的主管人员和其他直接责任人员处5万元以上20万元以下的罚款；拒不改正的，按照50%以上100%以下的比例核减其下一年度碳排放配额，可以责令停产整治： （1）未按照规定统计核算温室气体排放量；

续表

对比项	《温室气体自愿减排交易管理办法（试行）》	《碳排放权交易管理暂行条例》
罚则	审定与核查机构出具虚假报告，或者出具报告的结论严重失实的，由市场监管部门依照《中华人民共和国认证认可条例》撤销批准文件，并予公布；对直接负责的主管人员和负有直接责任的审定与核查人员，撤销其执业资格。 审定与核查机构接受可能对审定与核查活动的客观公正产生影响的资助，或者从事可能对审定与核查活动的客观公正产生影响的产品开发、营销等活动，或者与项目业主存在资产、管理方面的利益关系的，由市场监管部门依照《中华人民共和国认证认可条例》责令停业整顿；情节严重的，撤销批准文件，并予公布；有违法所得的，没收违法所得。 交易主体违反本办法规定，操纵或者扰乱全国温室气体自愿减排交易市场的，由生态环境部给予通报批评，并处1万元以上10万元以下的罚款。 生态环境主管部门、市场监管部门、注册登记机构、交易机构的相关工作人员有滥用职权、玩忽职守、徇私舞弊行为的，由其所属单位或者上级行政机关责令改正并依法予以处分。 前述单位相关工作人员有泄露有关商业秘密或者其他构成违反国家交易监督管理规定行为的，依照其他有关法律法规的规定处理。 违反本办法规定，涉嫌构成犯罪的，依法移送司法机关	（2）编制的年度排放报告存在重大缺陷或者遗漏，在年度排放报告编制过程中篡改、伪造数据资料，使用虚假的数据资料或者实施其他弄虚作假行为； （3）未按照规定制作和送检样品。 技术服务机构出具不实或者虚假的检验检测报告的，由生态环境主管部门责令改正，没收违法所得，并处违法所得5倍以上10倍以下的罚款；没有违法所得或者违法所得不足2万元的，处2万元以上10万元以下的罚款；情节严重的，由负责资质认定的部门取消其检验检测资质。 技术服务机构出具的年度排放报告或者技术审核意见存在重大缺陷或者遗漏，在年度排放报告编制或者对年度排放报告进行技术审核过程中篡改、伪造数据资料，使用虚假的数据资料或者实施其他弄虚作假行为的，由生态环境主管部门责令改正，没收违法所得，并处违法所得5倍以上10倍以下的罚款；没有违法所得或者违法所得不足20万元的，处20万元以上100万元以下的罚款；情节严重的，禁止其从事年度排放报告编制和技术审核业务。

续表

对比项	《温室气体自愿减排交易管理办法（试行）》	《碳排放权交易管理暂行条例》
罚则	—	技术服务机构因本条第1款、第2款规定的违法行为受到处罚的，对其直接负责的主管人员和其他直接责任人员处2万元以上20万元以下的罚款，5年内禁止从事温室气体排放相关检验检测、年度排放报告编制和技术审核业务；情节严重的，终身禁止从事前述业务。重点排放单位未按照规定清缴其碳排放配额的，由生态环境主管部门责令改正，处未清缴的碳排放配额清缴时限前1个月市场交易平均成交价格5倍以上10倍以下的罚款；拒不改正的，按照未清缴的碳排放配额等量核减其下一年度碳排放配额，可以责令停产整治。操纵全国碳排放权交易市场的，由国务院生态环境主管部门责令改正，没收违法所得，并处违法所得1倍以上10倍以下的罚款；没有违法所得或者违法所得不足50万元的，处50万元以上500万元以下的罚款。单位因前述违法行为受到处罚的，对其直接负责的主管人员和其他直接责任人员给予警告，并处10万元以上100万元以下的罚款。

续表

对比项	《温室气体自愿减排交易管理办法（试行）》	《碳排放权交易管理暂行条例》
罚则	—	扰乱全国碳排放权交易市场秩序的，由国务院生态环境主管部门责令改正，没收违法所得，并处违法所得1倍以上10倍以下的罚款；没有违法所得或者违法所得不足10万元的，处10万元以上100万元以下的罚款。单位因前述违法行为受到处罚的，对其直接负责的主管人员和其他直接责任人员给予警告，并处5万元以上50万元以下的罚款
附则	本办法中下列用语的含义： 温室气体，是指大气中吸收和重新放出红外辐射的自然和人为的气态成分，包括二氧化碳（CO_2）、甲烷（CH_4）、氧化亚氮（N_2O）、氢氟碳化物（HFCs）、全氟化碳（PFCs）、六氟化硫（SF_6）和三氟化氮（NF_3）。 审定与核查机构，是指依法设立，从事温室气体自愿减排项目审定或者温室气体自愿减排项目减排量核查活动的合格评定机构。 唯一性，是指项目未参与其他温室气体减排交易机制，不存在项目重复认定或者减排量重复计算的情形。	本条例下列用语的含义： （1）温室气体，是指大气中吸收和重新放出红外辐射的自然和人为的气态成分，包括二氧化碳、甲烷、氧化亚氮、氢氟碳化物、全氟化碳、六氟化硫和三氟化氮。 （2）碳排放配额，是指分配给重点排放单位规定时期内的二氧化碳等温室气体的排放额度。1个单位碳排放配额相当于向大气排放1吨的二氧化碳当量。 （3）清缴，是指重点排放单位在规定的时限内，向生态环境主管部门缴纳等同于其经核查确认的上一年度温室气体实际排放量的碳排放配额的行为

续表

对比项	《温室气体自愿减排交易管理办法（试行）》	《碳排放权交易管理暂行条例》
附则	额外性，是指作为温室气体自愿减排项目实施时，与能够提供同等产品和服务的其他替代方案相比，在内部收益率财务指标等方面不是最佳选择，存在融资、关键技术等方面的障碍，但是作为自愿减排项目实施有助于克服上述障碍，并且相较于相关项目方法学确定的基准线情景，具有额外的减排效果，即项目的温室气体排放量低于基准线排放量，或者温室气体清除量高于基准线清除量。 保守性，是指在温室气体自愿减排项目减排量核算或者核查过程中，如果缺少有效的技术手段或者技术规范要求，存在一定的不确定性，难以对相关参数、技术路径进行精准判断时，应当采用保守方式进行估计、取值等，确保项目减排量不被过高计算	—

三、自愿碳交易法律制度的完善建议

未来应当将自愿碳市场与强制碳市场逐步融合，完善全国碳市场，并将区域碳市场纳入全国碳市场监管范围。目前，自愿碳市场已经重启，《温室气体自愿减排交易管理办法（试行）》已经生效，《碳排放权交易管理暂行条例》也已公布实施。根据《碳排放权交易管理暂行条例》第29条，该条例施行后，未来我国不再新建地方碳排放权交易市场，重点排放单位不再参与相同温室气体种类和相同行业的地方碳排放权交易市场的碳排放权交易。笔者建议，未来主管部门应当积极推动自愿碳市场与强制碳市场逐步融合，以及加强区域性碳市场与全国碳市场的协同监管。

此外，笔者于2022年5月8日就国家核证自愿减排量交易相关纠纷在北大法宝官网进行了司法案例检索，发现公示的司法文书并不多，经历再审的只

有一个案例。❶ 国家核证自愿减排量交易作为与碳排放配额交易并行的温室气体自愿减排交易，相关法规规定和商事实践均较为有限。依据现有规定，国家核证自愿减排量必须符合温室气体品种、项目类别以及项目备案和自愿减排量备案的双重备案等法定要求和程序，并纳入国家登记簿登记、在备案的交易所内进行交易。国家对重点排放单位实施碳排放配额管理，国家核证自愿减排量可以由重点排放单位按规定用于抵销部分碳排放量。政策性是国家核证自愿减排量的明显特点之一，国家核证自愿减排量的交易风险与法规政策变动具有密切关联，尤其是关于国家核证自愿减排量用于抵销碳排放量的政策，直接影响国家核证自愿减排量交易的市场及价格。❷ 在 2020 年 12 月最高人民法院通过的《最高人民法院关于修改〈民事案件案由规定〉的决定》(法〔2020〕346 号)第三部分修改第三级案由 88 个中，第二级案由"十、合同纠纷"项下：增加"100. 碳排放权交易纠纷""101. 碳汇交易纠纷"，这表明最高人民法院希望充分发挥审判职能的作用为推进碳达峰、碳中和作出必要贡献的决心。下面将对案例 6-2 中涉及的国家核证自愿减排量合同纠纷进行具体分析，以便读者更为直观地理解实践中国家核证自愿减排量交易存在的法律问题。

【案例 6-2】

北京天擎动力国际清洁能源咨询有限公司诉顺风光电投资（中国）有限公司服务合同纠纷案[*]

【基本案情】

2014 年 7 月 4 日，北京天擎动力国际清洁能源咨询有限公司（以下简

---

❶ 南宁广发重工集团有限公司、南宁发电设备总厂等与南宁广发重工集团有限公司、南宁发电设备总厂等买卖合同纠纷申请案，最高人民法院（2015）民提字 143 号民事判决书。

❷ 黄瑞：《某核证自愿减排量（CCER）购买权协议争议仲裁案例述评——仲裁员办案札记》，《北京仲裁》2017 年第 3 期，第 117 页。

[*] 最高人民法院：《司法积极稳妥推进碳达峰碳中和典型案例》，https://www.court.gov.cn/zixun/xiangqing/389341.html，访问日期：2023 年 4 月 22 日。

称天擎动力）与顺风光电投资（中国）有限公司（以下简称顺风光电）签订"中国温室气体自愿减排项目开发服务协议"（以下简称服务协议），约定顺风光电委托天擎动力负责清洁能源四个项目的温室气体自愿减排项目交易的专业咨询服务，顺风光电于每个项目的每一阶段任务完成后分别支付相应合同价款等。服务协议签订后，天擎动力完成了部分项目国家核证自愿减排量的备案审核，并向顺风光电请款、催款，但顺风光电未支付合同款项。天擎动力诉请人民法院判令解除案涉合同，并由顺风光电按合同约定支付服务费用及逾期付款利息。

【裁判结果】

江苏省无锡市新吴区人民法院一审认为，天擎动力与顺风光电签订的服务协议合法有效，现因双方均有解除合同的意思表示，故对于服务协议未履行部分予以解除。虽天擎动力未能在约定期限完成全部项目的备案审核，但因双方在服务协议中约定，要在经友好协商后判定天擎动力无能力继续履行协议时才终止协议，再结合天擎动力已履行部分合同且已向顺风光电交付审定报告，顺风光电也予以接受并未提出异议的情形，一审法院判决顺风光电支付天擎动力已完成项目的服务费用及逾期付款利息。宣判后，各方均未上诉。

【典型意义】

国家核证自愿减排量是指对我国境内特定项目的温室气体减排效果进行量化核证，并在国家温室气体自愿减排交易注册登记系统中登记的温室气体减排量。国家核证自愿减排量相关项目具有投资回收周期较长、技术服务专业化程度较高、程序较为复杂等特点。温室气体重点排放单位购买国家核证自愿减排量，可用于抵销碳排放配额的清缴。为了确保所交易的国家核证自愿减排量基于具体项目，并具备真实性、可测量性和额外性，减排项目业主就其获得批准、备案的项目产生减排量之后，可以在碳市场交易。本案中，人民法院区分技术服务机构已完成项目和未完成项目，依法对提供技术服务的第三方提出的已完成国家核证自愿减排量的项目服务费及利息的诉讼请求予以支持，较好地平衡了项目各方主体的利益，对鼓励温室气体自愿减排交易，引导碳市场交易活动有序开展，发挥了有力的司法保障作用。

第七章

碳金融法律制度

2020年9月22日，习近平主席在第七十五届联合国大会一般性辩论上不但提出碳达峰、碳中和目标，更进一步指出：各国要树立创新、协调、绿色、开放、共享的新发展理念，抓住新一轮科技革命和产业变革的历史性机遇，推动疫情后世界经济"绿色复苏"，汇聚起可持续发展的强大合力。❶由此，经济复苏、金融稳定成为实现"双碳"目标的重要内容，在"双碳"目标的指引下，碳金融的发展至关重要。2022年4月，证监会发布《碳金融产品》(JR/T 0244—2022)标准，❷通过引入碳金融产品降低参与门槛和交易成本，吸引多样化的市场主体参与碳交易，从而提升碳市场的价格发现效率和资源配置效率，而这一实践已经如火如荼地开展。截至2023年2月，累计有八家券商获证监会批准参与碳市场，拉开了机构投资者参与碳市

---

❶ 习近平:《在第七十五届联合国大会一般性辩论上的讲话》, http://www.xinhuanet.com/politics/leaders/2020–09/22/c_1126527652.htm，访问日期：2023年4月23日。

❷ 中国证券监督管理委员会:《碳金融产品》, http://www.csrc.gov.cn/csrc/c101954/c2334725/2334725/files/%E9%99%84%E4%BB%B2%EF%BC%9A%E7%A2%B3%E9%87%91%E8%9E%8D%E4%BA%A7%E5%93%81.pdf, 访问日期：2023年4月23日。

场的序幕，碳金融进入高速发展期。❶ 因此，碳金融是碳交易发展的必然产物，对于两者的关系探讨应当基于不同的经济发展阶段。虽然两者确实存在交叉，但是碳交易侧重于市场运转，碳金融侧重于资金融通，两者统一于实现"双碳"目标这一重大战略。碳金融的本质属性是支持和服务碳市场，应防止碳金融衍生品出现投机因素。❷ 因此，进一步发挥碳市场的金融属性将成为我国金融体系建设的重要组成部分和风向标，引领绿色金融体系进一步完善和发展，为实现人与自然和谐发展、建设社会主义生态文明提供资金支持。但是，我们必须清醒地认识到，在碳金融法律制度尚不完善的背景下，我国碳金融发展仍然面临诸多投融资方面的挑战，与国家"双碳"目标的实施要求存在较大差距。目前，有关碳金融法律制度进行全面梳理的成果尚付阙如，针对目前绿色技术和应对气候变化投融资普遍存在的缺少相关标准、缺少激励创新机制、融资难等系列问题，❸ 结合实践经验以及学界探索，笔者尝试将碳金融领域基本法律制度分为碳质押法律制度、碳期货法律制度、碳债券法律制度、碳保险法律制度、碳票据法律制度、碳基金法律制度、碳披露法律制度、碳信托法律制度，下面分别论述之。

第一节 碳质押法律制度

一、碳质押的特殊性

碳质押是在为推进二氧化碳等温室气体减排而实施碳排放权交易的过

---

❶ 饶红浩、刘威魁：《8家券商获准入场！碳排放权交易朋友圈再扩容，碳期货还有多远》，https://www.stcn.com/article/detail/789954.html，访问日期：2023年4月23日。

❷ 刘诗萌：《碳金融即将步入"快车道"专家：防止碳金融衍生品出现投机因素》，https://finance.eastmoney.com/a/20210816204754 2185.html，访问日期：2023年4月23日。

❸ 安国俊：《碳中和目标下的绿色金融创新路径探讨》，《南方金融》2021年第2期。

程中发展起来的。20世纪末，因过量人为温室气体排放引发的气候变化成为世界关注的热点问题。为减少温室气体排放，1997年《京都议定书》创造性地引入了碳排放权交易机制，即将排放温室气体界定为一种以碳排放配额或碳信用为凭证的量化权利，进而通过碳排放配额或碳信用的交易为碳排放主体创造减排经济诱因，促使其减少排放。[1] 研究碳质押制度的核心在于剖析碳排放权的特殊性，正是碳排放权的可交易性衍生出碳质押的交易实践。

碳排放权是权利主体向大气排放二氧化碳等温室气体的权利，是对环境资源中的大气容量的一种依法占有、使用、收益和处分的权利，有学者认为它是一种特殊的用益物权，[2] 但无论是传统的用益物权，还是准物权（民法学者提出的特殊用益物权），均无法解释当前碳排放权既可以交易处分，又可以进行融资担保的现象。因此结合实践来看，碳排放权是一种新型财产权，不可直接将其纳入传统用益物权以及准物权之列。根据传统理论，用益物权是用益物权人对他人所有的动产与不动产所享有的占有、使用和收益的权利。与传统用益物权相比，碳排放权的特殊性主要体现在权利客体及其使用情况。一方面，作为权利客体的大气环境容量难以归入传统的动产或不动产；另一方面，排放主体对大气容量的使用方式主要是排放污染气体，而具体的使用情况，亦即排放量的测量很复杂，一般不能直接测量，其准确计算有赖于可靠的检测数据以及科学严谨的计算模型，即方法学体系。当然，碳排放权虽然也呈现出物权所具有的绝对性、排他性、可支配性、可转让性等物权特征，但是仅运用物权理论解释碳排放权难免忽视了其可以质押融资担保的金融属性，同时也忽视了其公权力介入的特殊属性，完全不同于传统的物权。从具体表现来看，碳排放权的权利主体经行政机关许可，在法律规定的范围内可以自由行使权利，可以自由对碳排放权进行使用和支配，权利主体以外的其他主体无权干涉碳排放权

---

[1] 夏梓耀：《碳排放权担保融资法律问题研究》，《金融法苑》2016年第1期，第96—97页。

[2] 邓敏贞：《我国碳排放权质押融资法律制度研究》，《政治与法律》2015年第6期，第102页。

主体对碳排放权的使用和收益等。但是公权力主体需要对交易过程进行备案审查,对涉及交易的标的进行真实性审查,从这些现象来看,碳排放权实质上是一种新的金融形式,不仅具有金融资产属性,而且具有金融资源属性和金融功能属性,❶对碳排放权交易的监管类似于证券交易、债券交易等虚拟金融产品交易的监管。

二、碳质押的分类

目前,碳质押可以分为碳排放配额质押和国家核证自愿减排量质押两大类,分别对应强制碳市场中的质押和自愿碳市场中的质押,两者既有联系又有区别。

(一)碳排放配额质押

碳排放配额质押,是指为担保债务的履行,符合条件的配额合法所有人将配额出质给符合条件的质权人,并通过交易所办理登记的行为。简言之,就是企业利用自有的碳排放配额获得银行质押贷款。银行以生态环境部门核发的碳排放权配额为质押物,根据全国碳市场交易价格、企业自身生产经营情况等因素,为企业发放的贷款,提供一条低成本市场化减排道路,从而帮助企业盘活碳排放配额资产,降低中小企业授信门槛,解决节能减排中小企业担保难、融资难问题。同时,该业务根据项目运行、减排量产出等具体情况灵活设置还款期和贷款额度,有效缓解企业还款压力,充分发挥了碳交易在金融资本和实体经济之间的联通作用,通过金融资源配置以及价格杠杆引导实体经济绿色发展。❷根据公开信息,2014年9月,湖北宜化集团有限责任公司以210万吨碳排放配额作为质押担保,获得兴业银行4000万元的贷款,成为国内首笔碳排放配额质押贷款业务。随后,

---

❶ 乔海曙、刘小丽:《碳排放权的金融属性》,《理论探索》2011年第3期。

❷ 佚名:《什么是碳排放权(碳配额)质押融资?》,https://baijiahao.baidu.com/s?id=1710777331488625487&wfr=spider&for=pc,访问日期:2023年4月23日。

中国建设银行、上海银行等其他商业银行陆续推出以碳排放权作为担保的信贷产品，碳排放权担保融资业务呈现方兴未艾之势。❶笔者依据公开渠道能够查询到的碳排放配额质押贷款指引文件，进行了相应的整理，如表7-1所示。

表 7-1 碳排放配额质押贷款操作

文件名称	贷款条件	碳排放权价值评估	碳排放权登记	贷后处置
《上海市碳排放权质押贷款操作指引》	（1）为出质人依法所有或有权处分。（2）可以流通交易，不存在司法或行政强制措施等导致权利受到限制的情形。（3）不存在质押、抵押或其他在先担保权利。（4）可以办理质押登记。（5）贷款人要求的其他条件。（6）借款人获得的碳排放权质押贷款，承诺优先用于绿色和环保领域，不得违规流入房地产市场或其他限制性领域	应参照碳排放权取得的成本、市场价格及政府拍卖价格等因素，在贷款人的组织下合理确定评估价值与质押率	（1）通过中国人民银行征信中心动产融资统一登记公示系统自主办理质押登记，也可以通过上海环境能源交易所等其他双方认可的方式办理质押登记手续。（2）办理登记的当事人对登记内容的真实性、完整性和合法性负责	（1）质押登记后，出质人不得未经质权人同意，通过转让、设定担保等方式处置已质押的碳排放权。（2）借款人到期足额清偿债务，贷款人应及时办理出质登记注销。（3）借款人未能按期偿还债务，贷款人有权按照合同约定处置质押的碳排放权。（4）处置方式包括：①通过碳排放权交易市场进行转让，可以采取协议转让、单向竞价或其他符合规定的方式；②通过协议拍卖、变卖；③通过司法途径拍卖、变卖

---

❶ 夏梓耀：《碳排放权担保融资法律问题研究》，《金融法苑》2016年第1期，第97-98页。

续表

文件名称	贷款条件	碳排放权价值评估	碳排放权登记	贷后处置
《绍兴市碳排放权抵押贷款业务操作指引（试行）》	（1）经依法设立，相关证照齐备、合法、有效。 （2）所属行业或产业符合国家产业政策，安全生产和环保管理良好。 （3）依法拥有碳排放配额的使用权，且在使用期内不存在被注销、查封、冻结、清算、强制执行等情形。 （4）近一年内未发生环境违法行为。 （5）企业和经营者个人信用记录良好。 （6）产权清晰，经营稳定，能按期还本付息。 （7）贷款人要求的其他条件。 （8）鼓励将获得的贷款优先用于企业节能、低碳、清洁生产和污染防治等技术提升和改造，也可用于实际生产经营，但不得用于国家禁止生产、经营的领域和用途以及通过各种形式违规流入股市、房地产等非实体经济领域	仅提及碳排放权价值评估这一表述	（1）双方签订抵押贷款合同，明确双方权利义务。 （2）向借款人注册所在地生态环境分局提交《绍兴市碳排放权抵押（变更）登记表》、借贷双方主体资格证明文件、借贷双方委托代理人的委托授权书、碳排放权评估作价协议、借款人股东会决议和公司章程等材料。 （3）所在地生态环境分局按规定办理抵押登记	（1）处置条件：①还款期限届满，借款人未按期履行还款义务；②抵押期间借款人宣告破产或者被撤销；③当事人约定的实现抵押权的情形；④严重影响债权实现的其他情形。 （2）处置方式：①通过全国碳交易平台交易转让；②贷款人申请法院拍卖、变卖；③以公开竞价、协议转让等方式转让

由表 7-1 可知，目前碳排放配额质押的主要内容包括贷款条件、碳排放配额价值评估、碳排放配额登记以及贷后处置四个部分。从内容来看，碳排放配额质押与银行的其他财产质押在形式上具有相似性，但不同

的是碳排放配额价值评估这一步。碳排放配额价值评估是碳质押流程中较为特殊的步骤，由于碳排放配额具有附期限性、可交易性、生态属性、公私融合性等特征，使碳排放配额质押不同于普通质押，因此针对碳排放配额质押需要制定特殊的质押流程。根据表7-1的内容，碳排放配额质押获得贷款应当优先用于企业的节能和低碳技术，不得以违法方式让资金流入非低碳领域，如股市、房地产等。结合碳排放配额的特征，我们可以有针对性地对碳排放配额质押进行研究。首先，碳排放配额的附期限性决定了碳排放配额质押的时效性。从碳排放配额质押的时效性来看，目前上海环境能源交易所已经制定《上海碳排放配额质押登记业务规则》（沪环境交〔2020〕47号），对碳排放配额质押的时效性进行了规范，即"出质人质押的标的如果为当年用于履约的配额，质押到期日不应晚于当年清缴截止日"❶。也就是说，超过清缴截止日的，以清缴日作为质押到期日。其次，碳排放配额的可交易性决定了碳排放配额质押的流动性。正是因为碳排放配额具有财产属性，可以进行交易，碳排放配额质押可以帮助碳排放配额更方便流动，但是碳排放配额质押的流动性是有限制的流动，与普通的财产质押并不相同，碳排放配额质押的流动受到大气容量控制和公权介入的双重限制。再次，碳排放配额的生态属性决定了碳排放配额质押的管控性。由于碳排放配额质押的最终目的是实现碳达峰、碳中和服务，因而碳排放配额质押仍然要遵循总量控制与交易的基本原理，碳排放配额质押最终要实现总量的动态控制，即总体来看二氧化碳排放量处于可控水平。最后，碳排放配额的公私融合性决定了碳质押的程序复杂性。正是因为碳质押建立在碳排放配额这一公私融合的权利基础上，碳排放配额质押的程序是需要体现公权力的介入和审查。笔者结合碳排放配额质押实践和《碳排放权交易管理办法（试行）》的相关规定，❷整理了碳排放配额质押融资流

---

❶ 上海环境能源交易所：《上海碳排放配额质押登记业务规则》，http://www.cneeex.com/c/2020-12-31/490696.shtml，访问日期：2023年5月10日。

❷ 生态环境部：《碳排放权交易管理办法（试行）》，http://www.gov.cn/zhengce/zhengceku/2021-01/06/content_5577360.htm，访问日期：2023年5月10日。

程，如图 7-1 所示。

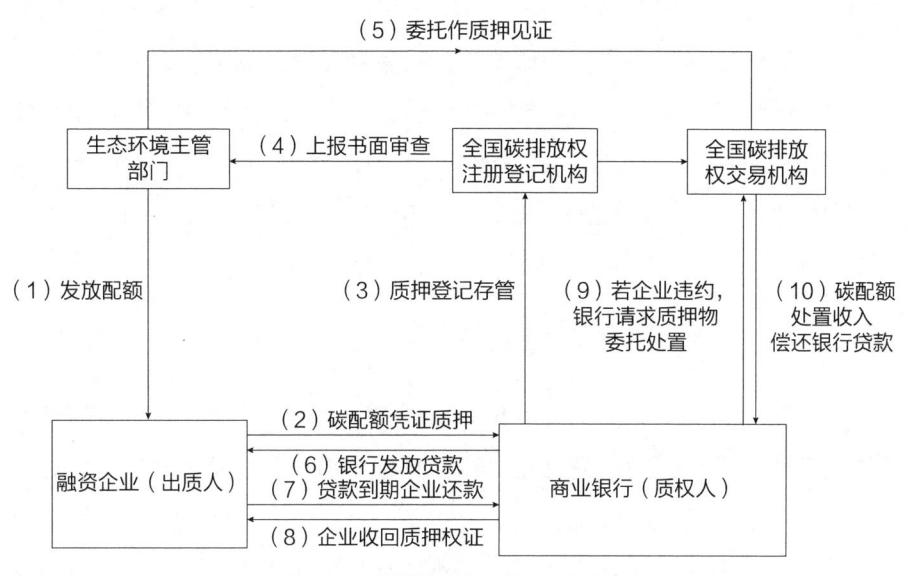

```
                    （5）委托作质押见证
    ┌──────────────────────────────────────────────────┐
    ↓                                                  │
┌─────────┐                ┌─────────┐           ┌─────────┐
│生态环境  │ （4）上报书面审查│全国碳排放│           │全国碳排放│
│主管      │←───────────────│权注册登记│           │权交易机构│
│部门      │                │机构      │           │         │
└─────────┘                └─────────┘           └─────────┘
    │                           │                      │
（1）发放配额              （3）质押登记存管    （9）若企业违约，  （10）碳配额
    │                           │              银行请求质押物       处置收入
    │                           │              委托处置             偿还银行贷款
    ↓                           │                      │               │
┌─────────┐   （2）碳配额凭证质押                    ┌─────────┐
│融资企业  │←───────────────────────────────────────→│商业银行  │
│（出质人）│   （6）银行发放贷款                       │（质权人）│
│         │   （7）贷款到期企业还款                   │         │
│         │   （8）企业收回质押权证                   │         │
└─────────┘                                          └─────────┘
```

图 7-1 碳排放配额质押融资流程

结合图 7-1 来看，碳排放配额质押融资需要注意三个方面：一是生态环境主管部门应当对质押流程进行审查。根据《碳排放权交易管理办法（试行）》第 5 条，全国碳排放权注册登记机构和全国碳排放权交易机构应当定期向生态环境部报告全国碳排放权登记、交易、结算等活动和机构运行有关情况。其中的碳排放权交易应当包括碳排放配额质押，且全国碳排放权注册登记系统记录的信息是判断碳排放配额归属的最终依据。因此，生态环境主管部门应当在碳排放配额质押过程中，对全国碳排放权注册登记机构和全国碳排放权交易机构进行审核，同时授权两机构针对碳排放配额质押制定具体的交易规则。二是全国碳排放权注册登记机构与全国碳排放权交易机构的关系。两个机构管理的是碳排放配额质押的不同阶段，但是两者须向生态环境部门上报碳排放配额的登记、交易、结算的具体情况，对两者的职能交叉部分，目前尚没有很好的规范，可以预见在质押过程中必然会出现程序烦琐的情况，因此有必要对两机构的关系进行进一步梳理，同时对职能进行进一步的整合分配。三是生态环境主管部门委

托全国碳排放权交易机构作质押见证，体现公权力介入的特征。生态环境主管部门委托全国碳排放权交易机构进行质押见证的模式起源于深圳市的碳排放权交易试点，《深圳市碳排放权交易管理暂行办法》第 45 条规定，出质人与质押人应向主管部门提供质量监管见证书。2022 年《深圳市碳排放权交易管理办法》出台，其中第 23 条规定，设定碳排放配额质押需要出具质押见证书，❶ 这是基于碳排放配额质押公权力介入特性的有益探索和实践。

（二）国家核证自愿减排量质押

与碳排放配额类似，国家核证自愿减排量也可以用于控排企业质押融资。与碳排放配额质押融资相比，国家核证自愿减排量质押融资主要有以下特点：

第一，质押的主体范围更广。碳排放配额的质押主体一般仅为碳排放配额的所有者，即控排企业。而国家核证自愿减排量的质押主体既可以为国家核证自愿减排量业主也可以为专门经营此类业务的碳资产公司。

第二，质押物价值评估的难度更大。碳排放配额直接根据既有的配额市场价格进行评估，而国家核证自愿减排量资产价值评估较为复杂，一方面目前没有公开透明的国家核证自愿减排量市场价格；另一方面由于各个试点地区对国家核证自愿减排量使用政策的区别，导致不同项目类型的国家核证自愿减排量的价格差异较大。

第三，国家核证自愿减排量的质押风险更大。碳排放配额质押的风险较为单一，主要来自碳排放配额的价格，取决于试点市场供需情况。国家核证自愿减排量的风险则来自项目类型、国家核证自愿减排量价格、试点和国家政策等多方面，所面临风险更为复杂。因此，在现阶段，碳排放配额质押比国家核证自愿减排量质押风险小，且操作简单，可复制性强，是

---

❶ 深圳市人民政府：《深圳市碳排放权交易管理办法》，http://www.sz.gov.cn/gkmlpt/content/10/10038/mpost_10038558.html#748，访问日期：2023 年 5 月 10 日。

更适合企业使用的质押融资方式。

三、碳排放权作为质权的设立

（一）碳排放权质押的法律依据

质权，是指债务人或第三人将特定的财产交由债权人占有，或以财产权利为标的，作为债权的担保，在债务人不履行债务时，或者发生当事人约定的实现质权的情形时，债权人有权以该财产折价或以拍卖、变卖所得价款优先受偿的权利。❶ 根据《民法典》第425条、第440条，符合法律、行政法规规定的财产权利可以出质。据此，应当分析碳排放权是否属于法律、行政法规规定的财产权利。根据《碳排放权交易管理暂行条例》第30条，结合《碳排放权交易管理办法（试行）》第42条，碳排放权被解释为分配给重点排放单位的规定时期内的碳排放额度。首先，从这一解释可以看到碳排放权被定义为权利。也就是说，碳排放配额是碳排放权的具体承载，只有确立碳排放配额之后碳排放权才能发挥具体的作用，没有碳排放配额就没有碳排放权。因此，碳排放权就是主体对碳排放配额所享有的权利。其次，碳排放权具有可交易性。碳排放权是一种虚拟的凭证，引入市场化交易是对其进行价值评估的过程。正因为允许碳排放权的交易所以才会使碳排放权可以进行价值确定，从而使其变成一种财产，但是这种财产并不是完全的财产，也应当受到一定的限制和管理。现代金融的发展已经赋予许多虚拟物以财产属性，各种金融票证通过各种方式和货币实现兑换，实现用货币价格对金融衍生品的价值衡量。但是，碳排放权的价值并不是仅仅从获利角度进行衡量，而是衡量减少碳排放的其他方式的支出成本，其价值可以算是一种绿色成本。综上所述，碳排放权可以成为权利质押的标的，可见碳排放权质押既有实践可能性，也有理论可行性。

---

❶ 杨立新：《物权法（第8版）》，中国人民大学出版社，2020，第887页。

（二）出质人的确定

结合现行立法与实践，获得碳排放权处分权的主体大体可分为以下几类：第一，纳入碳排放配额管理的，且名下登记有碳排放配额的控排企业，当然随着碳排放权交易市场的发展，控排企业的范围会逐渐发生调整；第二，减排项目经备案登记后获得的经核证的自愿减排量，即国家核证自愿减排量的项目业主；第三，基于交易获得碳排放配额或者国家核证自愿减排量的各类主体，这些主体可能是控排企业，也可能是中间机构，如碳资产管理公司或者其他企业与个人；第四，基于赠与、继承等途径获得碳排放权的主体；第五，因公司合并、分立导致的转移而取得的主体；第六，基于人民法院判决或者仲裁机构裁定的强制性转移而获得碳排放权的主体；第七，依据法律、法规规定作出的其他强制性转移而获取碳排放权的主体。

（三）质押登记与公示

可以设置质押的权利必须通过登记予以公示。设定权利质权所需的公示，是指以一定的方式将质权存在的事实表现于外部而使他人可以知晓，以防止第三人承受不知情的不利后果。这是担保物权对抗第三人的必要条件。法律、行政法规明确规定的新型权利质押必须采取规定的方式公示。权利公示一般表现为交付权利凭证或者进行登记。对于碳排放权而言，如果需要作为保障债权的措施，适宜采取"登记的方式"进行公示。

无论是碳排放配额还是国家核证自愿减排量，其获取都是需要主管部门的核准并予以登记。其中，碳排放配额的登记部门是碳排放配额发放的主管部门。如深圳地区的立法要求主管部门建立碳排放配额注册登记簿作为确定配额权利归属和内容的依据。该登记簿一般载明下列内容：配额持有人的姓名或者名称；配额的权属性质、签发时间和有效期限；权利内容范围及其变化情况；与配额以及持有人有关的其他信息。登记簿的日常管理可以委托专门机构。温室气体自愿减排交易活动的主管部门是国家发展和改革委员会,参与自愿减排交易的项目及其所产生的减排量,要在国家主管部门备案和登记,并在经国家主管部门备案的交易机构内交易。无论以碳排放配额还是以核证自愿减排量设定质押,出质人与质权人应当办理质押登记,并向主管部门提交质押登记申请书、申请人的身份证明、质押合同、主债权合同以及质押监管见证书等资料。一般来说,如果申请人提交的申请材料齐全、符合规定,主管部门应当当场作出书面的审查决定,并尽快完成配额或者核证自愿减排量的质押登记工作,同时应当对质押当事人、质押的配额或者核证自愿减排量数量及其序列号和质押的时间期限等信息予以公告。碳排放权出质后,原则上不得转让,但经出质人与质权人协商同意的除外。出质人转让碳排放权所得的价款,应当向质权人提前清偿债务或者提存。

四、碳排放权设立质权的实现

(一)实现的时间

控排单位所取得的碳排放配额乃因国家对碳排放量的总量控制而分配的,其本身具有控排的义务。为此,控排单位基于原始取得(主管部门直接分配而取得的碳排放配额)获取的碳排放配额,需要在履约期届满时履约,亦即要在规定的截止日期前向主管部门提交等同于其上一年度实际碳排放量的配额以抵销其上一年度碳排放的行为。当前,我国碳排放配额的试点省、市所规定的履约期都是一个自然年。若实际产生的碳排放量少于控排企业所被分配的配额,那么本年度未使用的配额可留存至后续年份用于抵销排放行为。这意味着,如果是由控排企业以其所有的碳排放配额设置质权,由于其本身有控排的义务,其名下登记所有的碳排放配额需要在履约期届满前拿出与上年度实际碳排放量等同的配额来抵销上年度的碳排放量,而抵销的碳排放配额将会被主管部门注销。这些被注销的碳排放配额就无法拿来交易实现其财产价值。申言之,控排企业以其碳排放配额向债权人设立质权时，质权人若要实现质权，应当在履约期届满之前完成。至于项目业主以其经备案自愿减排项目产生的碳排放量，即国家核证自愿减排量作为质押标的，是否存在实现时间限制问题，则取决于项目业主本身是否有控排义务。如果有控排义务，那么在履约期届满时，项目业主是需要以等同于当年实际碳排放量的碳排放配额或者国家核证自愿减排量来抵销碳排放量的，一旦国家核证自愿减排量被用来抵销实际碳排放，也就失去交换价值。为此，质权的实现也应当在履约期届满之前，反之，则不存在时间的限制。

（二）实现的方式

债务人履行债务或者出质人提前清偿所担保的债权的，质权人应当返还质押的碳排放权。如果债务人不履行到期债务或者发生当事人约定的实现质权的情形，质权人可以与出质人协议以质押的碳排放权折价，也可以就拍卖、变卖碳排放权所得的价款优先受偿。碳排放权的拍卖可以通过碳交易市场进行。碳排放权的折价或者变卖，应当参照市场价格。质押的碳排放权折价、变卖或者拍卖后，其价款超过债权数额的部分归出质人所有，不足部分由债务人清偿。出质人可以请求质权人在债务履行期届满后及时行使质权，质权人不行使的，出质人可以请求人民法院拍卖、变卖质押的碳排放权。出质人请求质权人及时行使质权，因质权人怠于行使权利造成损害的，由质权人承担赔偿责任。需要注意的是，碳排放配额或者国家核证自愿减排量因折价、变卖或者拍卖转移的，应当及时办理转移登记。❶ 在以下专栏中，笔者整理了各省市碳质押融资实践案例，以观察各地方碳质押的实践进展情况。

---

❶ 邓敏贞：《我国碳排放权质押融资法律制度研究》，《政治与法律》2015 年第 6 期，第 104–105 页。

【专栏 7-1】

各省市碳质押融资案例梳理

1. 湖北省

湖北省作为碳交易试点区域之一，早在 2014 年就落地了全国首单碳排放权质押贷款项目。2014 年 9 月 9 日，兴业银行武汉分行、湖北碳排放权交易中心和湖北宜化集团三方签署了碳排放权质押贷款和碳金融战略合作协议，宜化集团获得兴业银行 4000 万元质押贷款，成为国内首笔碳配额质押贷款业务。❶2021 年 8 月 27 日，中国农业银行湖北省分行为湖北三宁化工股份有限公司成功发放碳排放权质押贷款 1000 万元。❷

2. 浙江省

2021 年 10 月 29 日，工商银行乐清支行与省属国企浙能集团所属乐清发电有限责任公司签订碳排放配额抵押贷款协议，抵押贷款金额 1 亿元，并于当日立刻放款 3652 万元。❸2021 年 7 月 16 日，兴业银行杭州分行为浙江某环保能源公司成功办理全国首笔碳排放权质押贷款业务，金额 1000 万元。❹2021 年 8 月 16 日，工商银行瑞安支行与浙江华峰新材料有限公司签订碳排放配额贷款协议，根据全国碳排放

---

❶ 徐海波：《全国首单碳资产质押贷款项目成功签约》，https://www.rmzxb.com.cn/c/2014-09-15/376695.shtml，访问日期：2024 年 8 月 25 日。

❷ 佚名：《中国农业银行湖北分行落地全国碳交易市场碳排放权质押贷款》，http://finance.people.com.cn/n1/2021/0902/c1004-32215381.html，访问日期：2024 年 8 月 25 日。

❸ 佚名：《浙江省属国企首笔碳排放权质押贷款落地浙能集团》，http://www.sasac.gov.cn/n2588025/n2588129/c21520303/content.html，访问日期：2024 年 8 月 25 日。

❹ 陈文婧、刘轩昊：《1000 万元！全国碳市场启动，首单碳排放配额质押贷款业务落地浙江》，https://ori.hangzhou.com.cn/ornews/content/2021-07/17/content_8010118.htm，访问日期：2024 年 8 月 25 日。

权交易市场的交易额，对该公司持有的碳排放权配额进行估算，仅 1 个工作日便成功完成 500 万元贷款。❶

3. 上海市

2021 年 5 月，交行上海市分行携手上海环境能源交易所、申能碳科技有限公司共同完成长三角地区首笔碳配额质押融资。该笔业务是基于上海环境能源交易所碳排放配额系统发放的首笔融资，也是长三角地区首笔以碳排放权质押作为增信措施的贷款。❷

4. 江苏省

2021 年 12 月 8 日，昆山金改区首笔碳排放权质押贷款成功落地，昆山农商银行以碳排放权为质押物，向江苏正源创辉燃气热电公司发放 1000 万元贷款。该笔贷款的成功落地得益于 2021 年 11 月完善的"昆绿贷"支持政策，昆山市金融办与财政局积极探索"绿色＋金融"模式，对《昆山市绿色金融风险补偿资金实施细则》完成修订，增加了碳排放权质押贷款方式，支持企业盘活碳配额资产。❸

5. 山东省

2021 年 8 月 13 日，沂水农商银行根据企业生产经营和碳排放权配额实际情况，以 70 余万吨碳排放配额为质押物，为山东玻纤集团股份有限公司量身设计了碳排放配额质押的绿色融资方案，并发放碳排放权质押贷款 2000 万元。❹ 2021 年 7 月 21 日，日照银行针对山东煦国能源公司的 61 万吨碳排放配额，制定了以碳排放配额质押进行

---

❶ 卢丽平：《工行发放温州首笔"碳排放权配额抵押贷款"》，https://finance.66wz.com/system/2021/08/23/105396127.shtml，访问日期：2024 年 8 月 25 日。

❷ 佚名：《聚焦"双碳"目标，推动绿色发展，交通银行用行动守护绿水青山》，https://bank.hexun.com/2021-11-24/204804269.html，访问日期：2024 年 8 月 25 日。

❸ 王超：《昆山金改区首笔碳排放权质押贷款落地》，https://www.ksrmtzx.com/news/detail/76269，访问日期：2024 年 8 月 25 日。

❹ 杜辉升、田宝宗、神祥文：《临沂首笔碳排放权质押贷款发放》，http://www.shandong.gov.cn/art/2021/8/20/art_116200_426805.html，访问日期：2024 年 8 月 25 日。

融资支持的服务方案，并成功办理发放"绿碳贷"3000万元。❶

6. 天津市

2021年8月26日，工商银行天津市分行创新碳资产押品管理模式，采取人民银行征信系统和排放权交易所系统"双质押登记"风控模式，成功为天津首批碳排放权交易试点企业——大沽化工股份有限公司发放碳配额质押贷款1000万元，帮助企业盘活了碳资产，拓宽了融资渠道，提高了金融机构授信管理对碳资产作为有效质押物的认可度。❷

7. 贵州省

2021年8月，民生银行与国家电投贵州金元黔西电厂，依托全国碳排放权注册登记结算系统，结合黔西电厂融资需求、配额情况、履约需求及市场预判，迅速完成碳排放配额查询评估，成功发放2800余万元碳排放权抵押贷款。❸

8. 江西省

2021年8月7日，九江银行参考全国碳排放权交易市场价格，核准企业授信额度，以赣州华劲纸业有限公司的碳排放权配额为质押担保，开立银行承兑汇票500万元，实现全省首单碳排放权配额质押融资业务落地。2021年8月9日，建设银行江西省分行为神华国华九江发电有限责任公司发放1亿元碳排放权配额质押贷款。❹

9. 福建省

2021年，兴业银行三明分行通过海峡资源环境交易中心办理质

---

❶ 吴宝书、丁兆霞、贾艳锋：《日照银行发放山东首笔碳排放配额质押贷款》，https://finance.sina.com.cn/roll/2021-07-24/doc-ikqcfnca8756299.shtml，访问日期：2024年8月25日。

❷ 佚名：《天津落地"双质押登记"碳配额质押贷款》，http://tianjin.pbc.gov.cn/fzhtianjin/113678/4326215/index.html，访问日期：2024年8月25日。

❸ 翟培声：《黔西电厂用碳排放权抵押成功贷款2817万元》，https://baijiahao.baidu.com/s?id=1714913114107841516&wfr=spider&for=pc，访问日期：2024年8月25日。

❹ 佚名：《碳交易开市满月 江西碳金融产品创新取得突破》，https://www.yudu.gov.cn/ydxxxgk/c100264csdt/202108/379d6dfc8cbf46fda8b33f84b59231e7.shtml，访问日期：2024年9月1日。

押登记，帮助企业有效盘活碳配额资产，并向福建华电永安发电有限公司成功发放碳配额质押贷款1000万元用于企业节能低碳工程建设，是三明市投放的首笔碳配额质押贷款。❶

10. 四川省

2021年11月18日，进出口银行四川省分行向四川省乐山市福华通达农药科技有限公司发放1.2亿元碳排放权质押贷款，该笔贷款是进出口银行在党中央提出"双碳"目标后发放的首笔碳排放权质押贷款。贷款的成功落地，既帮助企业盘活了碳配额资产，也为进出口银行探索绿色金融服务新模式提供了实践经验。❷

第二节　碳期货法律制度

碳期货以碳排放配额及项目减排量等现货合约为标的物，基本要素包括交易平台、合约规模、保证金制度、报价单位、最小交易规模、最小或最大波幅、合约到期日、结算方式、清算方式等。碳期货作为典型的跨期投资商品，具有管控交易风险、价格发现、套期保值等优势，能够以公开、连续、前瞻性的价格引导碳排放主体，经由任意性规范交易合约，利用未来的碳交易收入，通过金融市场转变为当前的碳减排技术投资，实现绿色低碳转型。而金融监管服务将碳金融商品、投资服务作为规制对象，强制性规范作为调整各方利益的工具之一，在确保企业可持续发展的同时，亦能为投资者获取稳定收益提供法律保障。

---

❶ 乐欣媛：《兴业银行三明分行成功落地全国首单碳质押风险缓释工具贷款》，《三明日报》2024年1月9日第2版。

❷ 佚名：《进出口银行发放首笔碳排放权质押贷款》，https://new.qq.com/rain/a/20211119A02PE800，访问日期：2024年8月26日。

一、碳期货法律制度的实践现状

中国期货业协会认为,期货是由交易所统一制定的、在将来某一特定时间和地点交割一定数量标的物的标准化合约。从实践经验来看,流动性最强、市场份额最大的交易产品就是碳期货,与碳现货共同成为市场参与者进行套期保值、建立投资组合的关键金融工具。❶在碳金融市场上,碳期货能够解决市场信息的不对称问题,引导碳现货价格,有效规避交易风险。

目前,我国碳金融市场发展迅速,碳期货产品呼之欲出。2021年4月,广州期货交易所(以下简称广期所)在广州成立。2021年6月18日,在证监会例行新闻发布会上,证监会新闻发言人表示,证监会将进一步指导广期所开展广泛的调研论证,完善碳排放权合约的规则设计,在条件成熟时,研究推出碳排放权相关期货品种。❷2021年11月5日,工业和信息化部、人民银行、银保监会、证监会联合发布《关于加强产融合作推动工业绿色发展的指导意见》(工信部联财〔2021〕159号),在指导意见中,四部门表示,鼓励金融机构开发气候友好型金融产品,支持广州期货交易所建设碳期货市场,规范发展碳金融服务。❸碳期货试点的效果包括交易量、交易对象、参与机构和流动性四个方面。从交易量来看,2021年底全国碳市场累计成交额已超18亿元,成为世界第一大市场,各方专家均呼吁早日开发碳期货产品。从交易对象来看,碳化物占了很大比例,其中二氧化碳和甲烷就占了一半以上。从参与机构来看,备案机构中的大多数都已开展碳交易,还有很多未获得资格的机构也在积极争取获取此项资格。从流动性来看,随着碳交易市场规模的扩大,碳排放权进一步衍生为具有

---

❶ 王苏生、常凯:《碳金融产品与机制创新》,海天出版社,2014,第1—19页。

❷ 佚名:《证监会回应五大市场热点 在条件成熟时推出碳排放权相关期货》,https://m.chinairn.com/hyzx/20210619/175201198.shtml,访问日期:2023年5月10日。

❸ 佚名:《四部门发布指导意见 支持广州期货交易所建设碳期货市场》,https://www.ndrc.gov.cn/xwdt/ztzl/ygadwqjs1/202112/t20211226_1309838.html?code=&state=123,访问日期:2023年4月23日。

投资价值和流动性的金融资产。2022年8月1日,《中华人民共和国期货和衍生品法》（以下简称《期货和衍生品法》）正式生效施行，由于《期货和衍生品法》并未就碳期货进行特别规定，现有期货法律制度并不能有效应对碳期货这一新兴期货品种，因而未来碳期货法律实践中可能会出现不少问题，亟待深入分析。

二、碳期货法律制度存在的问题

（一）碳期货专门立法缺失

2022年8月1日，《期货和衍生品法》正式施行。《期货和衍生品法》凝结了中国期货市场30多年探索发展的实践经验和制度精华，有效填补了期货和衍生品领域的基本法空白，标志着我国期货和衍生品市场发展进入新的法治化轨道，是新时代资本市场法治建设的重要成果。然而，不管是2022年《期货法（草案）》一审稿，还是变更名称后的《期货和衍生品法（草案）》二审稿，❶以及最终通过的《期货和衍生品法》，均缺失了对碳期货的专门规定。其中，一审稿对期货交易和其他衍生品交易的标的物进行了列举，但是并没有明确碳排放权是否可以成为期货交易的标的物。而二审稿和《期货和衍生品法》则删去了一审稿中对标的物的列举式规定。对此有两种解释：一种是期货交易的标的物不限于一审稿列举的那些，期货交易本质就是各种合约的交易，因此碳排放权可以作为期货交易的标的物；另一种则是碳排放权作为新型权利，学术界和实务界尚未厘清该权利的属性和样态，因此对于碳期货这一特殊的期货产品进行统一监管不利于碳期货发挥其本质属性。总之，尽管目前已有《期货和衍生品法》这一总揽全局的上位法，但是该法并未明确碳排放权是否可以作为期货交易的标

---

❶ 中国人大网:《中华人民共和国期货法（草案）》，http://www.npc.gov.cn/flcaw/flca/ff80818178f9100801791b69a3425052/attachment.pdf；中国期货业协会:《关于征求〈中华人民共和国期货和衍生品法（草案二次审议稿）〉意见的通知》，http://www.cfachina.org//index/zygx/202110/t20211026_23988.html，访问日期：2023年4月23日。

的物,这使碳期货法律制度发展处于法律供给不足、发展无序的状态。

(二)碳期货信息披露不足

由于《期货和衍生品法》中缺乏对碳期货法律制度的专门阐述,因而碳期货交易过程中信息披露制度的保障不足。碳期货交易过程应当首先着力解决信息披露不足的问题,因为信息披露不足引发的信息不对称会导致不法交易者利用内幕信息获取不正当利益,损害其他交易者利益。碳期货市场中的信息不对称是指期货发行方与交易方之间在获取信息的来源、时间、数量、质量上不对称,一方无法观察到另一方的行为也无法获得另一方行动的完整信息,信息不对称贯穿整个碳期货市场。

在碳期货市场中,如果不对信息不对称问题加以遏制,会导致逆向选择和道德风险。"逆向选择"是指发行方相较于交易方掌握更多的信息,在信息不对称的情况下,交易方所获得的发行方的信息有限,无法根据自身所掌握的有限信息对投资风险进行判断从而作出理性的投资决策,形成所谓的"柠檬市场"[1],从而导致市场的整体质量下降。"道德风险"是指交易参与方往往有着这样的动机,即交易参与方不作为,但不用承担最终的不利后果。[2]发行方内部人员基于种种原因,往往会压制坏的消息,在此种情况下,如果市场中没有传播与期货真实价值相关的信息,则会扭曲资本的分配效率。[3]综上所述,信息披露不足导致了信息不对称的巨大鸿沟,可能会引发市场的逆向选择以及期货发行方的道德风险,不利于期货市场的健康发展和繁荣。因此,碳期货中的信息披露制度亟待完善。

---

[1] "柠檬"在美国俚语中表示"次品"或"不中用的东西",所以柠檬市场也称次品市场,是指信息不对称的市场,即在市场中,产品的卖方对产品的质量拥有比买方更多的信息。柠檬市场效应则是指在信息不对称的情况下,往往好的商品遭受淘汰,而劣等品会逐渐占领市场,从而取代好的商品,导致市场中都是劣等品。

[2] Christine Hurt: "Moral Hazard and The Initial Public Offering", *Cardozo Law Review*, 2005(26).

[3] 莱纳·克拉克曼:《公司法剖析:比较与功能的视角》,罗培新译,法律出版社,2012,第10页。

（三）缺乏投资者适当性分级

碳期货交易投资者适当性分级是指碳期货公司基于自身信赖领域，对碳期货交易投资者进行分级，并针对不同的投资者类别进行推荐服务，它是碳期货公司必须履行的法定职责。从《期货交易管理条例》和《证券期货投资者适当性管理办法》的规定来看，我国目前将期货交易仅划分为普通投资者和专业投资者两个类别，并没有依据风险识别能力和风险承受能力进一步细分，导致碳期货交易投资者适当性分级不足，难以为未来的碳期货发展提供良好的制度供给。

首先，风险识别能力缺乏分级。风险识别能力是关涉投资者投资能力的因素，根据风险识别能力的不同，可以将投资者分为专业机构投资者和普通投资者。《证券期货投资者适当性管理办法》第 10 条规定，专业投资者之外的投资者为普通投资者。但该条规定并没有明确划分专业投资者与普通投资者，仅以资产衡量并不合理，忽视了投资者的投资经验、投资年限等因素。且碳期货是一个新兴事物，兼具环境、气候、行政和金融属性，因此目前针对碳期货投资者的风险识别能力分级尚不清晰，仍待进一步研究探索。其次，风险承受能力缺乏分级。对普通投资者的风险承受能力也并非完全没有限制，事实证明风险承受能力必然会受到投资者自身条件以及各种社会条件的约束。就不同普通投资者来看，承受碳期货交易投资者适当性的程度也各不相同，碳期货投资者的投资目的、投资意愿和投资风险是碳期货交易投资者适当性的重要影响因素，但是《证券期货投资者适当性管理办法》中并未予以细化，因此，碳期货交易投资者适当性中普通投资者的风险承受能力应当进一步细化。

三、碳期货法律制度的完善建议

（一）开展碳期货专门立法

未来应当在《期货和衍生品法》的基础上，开展碳期货专门立法，对这一领域进行细化规范。具体来说，立法机关应以《期货和衍生品法》作为碳期货交易的上位法，并制定专门的碳期货交易管理行政法规和部门规章。首先，采纳《期货和衍生品法》中关于期货标的物不采用列举式规定的思路，但可以在司法适用时出台相关司法解释，明确碳期货是《期货和衍生品法》第3条中规定的标的物类型，积累碳期货适用《期货和衍生品法》的司法案例。其次，制定碳排放权期货交易管理条例，将国内现行期货交易制度引入碳期货交易法律制度，可以包括保证金制度、当日无负债结算制度、涨跌停板制度、持仓限额制度、大户报告制度、交割制度、强行平仓制度等具体碳期货法律制度。❶

（二）完善碳期货信息披露制度

在碳期货交易中，应当遵循公平、公开、公正的原则，逐渐完善碳期货信息披露制度。具体来说，要求碳期货交易所应当及时公布碳期货合约的有关信息及其他应当公布的信息，并保证信息的真实、准确。这样所有交易者才能在公平、公开的基础上接收真实、准确的信息，从而根据所获信息作出正确决策。为此，必须实现碳期货信息披露类别化监管，即不同类型的期货发行方可以根据期货业的情况披露特定的信息，这些信息披露要求通常都是由监管机构根据期货业的情形予以明确规定，期货发行方对监管机构要求期货行业需要披露的信息必须予以完整、全面、及时地披露。在碳期货信息披露中，必须遵循重点信息披露、简化信息披露和层级信息披露的原则，在披露不省略重要信息的同时，避免信息冗余，并结合不同期货投资者的情况进行针对性披露。❷

（三）完善投资者适当性分级制度

在碳期货交易中，由于投资者之间存在差异，因而必须有针对性地对

---

❶ 袁杜鹃、朱伟国：《碳金融：法律理论与实践》，法律出版社，2012，第81页。

❷ Paula J. Dalley: "The Use and Misuse of Disclosure as a Regulatory System", *Fla. St. U. L. Rev.*, 2007（34）.

碳期货投资者进行层级分类，以更加科学有效地进行碳期货交易，稳定市场秩序。对投资者风险识别能力和风险承受能力保护的有机结合是投资者适当性分级制度的应有之义。从内容上看，既要重视通过具体规定有效规范投资者风险识别能力，又要注意对投资者风险承受能力的限制。目前，《证券期货投资者适当性管理办法》关于投资者适当性的规定体现了对风险承受能力的一定约束，但仍然不够细化。未来制定碳排放权期货交易管理条例时，应当注意增设具有碳期货本身特色的投资者适当性制度，结合碳期货兼具气候市场、环境市场、金融市场的特点，探索量化投资者准入门槛的标准，不仅可以资金参与市场的年限作为标准，还可以引入投资者的环境风险理解能力、气候风险理解能力、金融风险理解能力以及投资碳市场经验等标准，综合进行考量。

综上所述，未来在我国尚无碳期货高层级立法的情形下，可遵循政策先行，立法逐步完善的思路，通过开展碳期货专门立法，完善碳期货信息披露制度，并完善投资者适当性分级制度，构建兼具系统性、融合性、专业性的碳期货法律体系和裁判规则，以发挥碳期货商品的定价作用，推动尽快建立碳价格体系，有利于解决绿色溢价，推动实现碳达峰、碳中和目标。

第三节　碳债券法律制度

碳债券是指债券的发行方为筹集低碳经济项目所需资金而向投资者发行的债券，是碳金融创新的一种形式。碳债券的核心特点是债券利率与清洁发展机制的收入相关联，侧重温室气体排放量的控制。碳债券的发行主体可以分为企业和政府，企业发行的碳债券称为碳企业债，政府发行的碳债券称为碳国债。本节通过梳理碳债券法律制度的实践现状，总结碳债券法律制度运行中存在的问题，并提出未来完善碳债券法律制度的相关建议。

一、碳债券法律制度的实践现状

作为碳金融体系的重要组成部分，碳债券市场的发展取得了显著成效。自 2021 年开始，碳债券创新产品不断丰富，中国人民银行、国家发展和改革委员会、证监会三部委联合发布的《绿色债券支持项目目录（2021 年版）》（以下简称《绿债目录》），将传统化石能源的生产、消费类项目移出支持范围，增加气候友好型项目，彰显了我国支持履行减排承诺的担当和决心，碳债券市场迎来了全新的发展机遇。[1] 碳债券作为一种新兴的债券工具，是气候变化融资的重要实践，也是当前碳金融的重大创新发展。碳债券的实践主要有以下两个典型案例。

2014 年 5 月 12 日，中广核风电有限公司、中广核财务有限责任公司、上海浦东发展银行股份有限公司、国家开发银行股份有限公司及深圳排放权交易所在深圳共同宣布，中广核风电附加碳收益中期票据（中市协注〔2013〕MTN347 号）在中国银行间市场交易商协会成功发行。这是我国首支碳债券，债券收益由固定收益和浮动收益两部分构成，固定收益与基准利率挂钩，以风电项目投资收益为保障，浮动收益为碳资产收益，与已完成投资的风电项目产生的国家核证自愿减排量挂钩。碳资产收益将参照兑付期的市场碳价，且对碳价设定了上下限区间，这部分国家核证自愿减排量将优先在深圳碳市场出售。该笔债券为 5 年期，发行规模 10 亿元，募集资金将用于投资新建的风电项目，利率为 5.65%，发行价格比定价中枢下移了 46 个基点，大大降低了融资成本。[2] 碳债券目前最新的形式是碳中和债，为响应碳达峰、碳中和的目标而开始发行。2021 年 9 月 23 日，中国农业发展银行在中央结算公司通过公开招标方式，面向全球投资者成功发行国内首单用于森林碳汇的碳中和债券 36 亿元，发行期限为 2 年，发

---

[1] 范彬彬、温婧:《碳中和目标下绿色债券市场发展》,《中国金融》2021 年第 19 期,第 36 期。

[2] 上海清算所:《中广核风电有限公司 2014 年度第一期中期票据发行披露材料》,https://www.shclearing.com.cn/xxpl/fxpl/mtn/201405/t20140505_37981.html，访问日期：2023 年 4 月 23 日。

行利率为 2%，认购倍率为 8.61 倍，募集资金将全部用于支持造林及再造林等森林碳汇项目的贷款投放。❶

　　由前述案例可知，碳债券核心特点是将低碳项目的减排收入与债券利率水平挂钩，通过碳资产与金融产品的嫁接，降低融资成本，实现融资方式的创新。碳债券依托项目基础资产的收益，附带通过在交易所出售实现的碳资产收益发行债券，将碳交易的经济收益与社会引领示范效应结合，降低综合融资成本，为低碳项目开拓新的融资渠道，同时吸引境内外的投资者参与低碳建设。尽管国内已经开展对碳债券的发行试点，但是由于碳债券仍属于新生事物，实务界和学术界尚没有对碳债券进行较为深入的分析。根据现有相关法律法规，碳债券属于绿色债券的一种，应当遵守绿色债券的发行规则，即中国人民银行发布的《关于在银行间债券市场发行绿色金融债券有关事宜的公告》，国家发展和改革委员会发布的《绿色债券发行指引》，中国人民银行等三部委联合发布的《绿债目录》，以及中国证监会发布的《中国证监会关于支持绿色债券发展的指导意见》等。目前，碳债券主要品种包括国家发展和改革委员会监管的企业债、证监会监管的公司债、中国银行间市场交易商协会监管的非金融企业债务融资工具。其中，国家发展和改革委员会、证监会采取核准制，中国银行间市场交易商协会采取注册制；企业债要求发行主体是法人，公司债要求发行主体是所有公司制法人，债务融资工具要求发行主体是非金融企业法人。根据我国现有的债券制度，三类债券监管部门对核准或接受注册与节能减排有关的债券并无明确限制性规定。

---

❶ 叶斯琦、石诗语：《农发行成功发行国内首单用于森林碳汇的碳中和债券暨首次柜台债券》，https://baijiahao.baidu.com/s?id=1711694060547205545&wfr=spider&for=pc，访问日期：2024 年 8 月 26 日。

二、碳债券法律制度存在的问题

结合碳债券的实践发展现状,目前碳债券法律制度面临三方面的制度缺陷:一是缺乏第三方评估机构责任的约束机制;二是碳债券账户监管存在漏洞,容易出现"借壳碳债券"[1];三是碳债券界定困难,没有统一的碳债券监管规则。

(一)缺乏第三方评估机构责任的约束机制

因碳债券发行成本低,在初期往往出现"伪碳债"。个别评估机构高管人员的级别买卖行为严重伤害了评估机构的初衷,给评估机构带来巨大负面影响。[2]这个问题的根源在于对碳债券第三方评估机构缺乏有效约束。碳债券与普通债券最大的区别在于其拥有绿色属性,而这种属性需要第三方专业评估与认证机构,对碳债券募集资金的使用方向与投资项目是否属于绿色项目和碳中和项目进行认证。目前,我国对第三方评估认证制度的相关规定主要集中于中国人民银行与证监会共同发布的《绿色债券评估认证行为指引(暂行)》,该指引对第三方评估认证制度的构建有积极的作用,但是仅靠此指引的规定远远不能满足我国对第三方评估认证制度的要求。例如,我国欠缺对碳债券第三方专业评估与认证机构的专业水平考核制度。《绿色债券评估认证行为指引(暂行)》虽然对第三方专业评估与认证机构的资质作了规定,但是没有明确规定具体的资格准入条件,也由此缺乏碳排放核查第三方评估的法律责任条款,没有形成对第三方评估机构的法律约束,缺乏法律强制力。

(二)碳债券账户监管存在漏洞

目前,在募集资金用途方面,只有国家发展和改革委员会明确规定

---

[1] 李敏:《气候债券可实现低成本融资和低碳发展》,《环境经济》2017年第14期。

[2] 李敏:《气候债券可实现低成本融资和低碳发展》,《环境经济》2017年第14期。

50% 的募集资金可以用于碳债券非项目融资，其他债券主管部门尚未出台明确细则，这造成碳债券账户出现了监管真空。在碳债券市场，监管漏洞为碳债券账户的非法使用提供了制度通道，在债券发行市场，丙类户可通过与承销团成员签订协议，确定债券的分销数量及利率，获得相应的新债券。之后，通过在交易市场出售而赚取点差。但是，代持都已由原来的双方对敲，发展到三方甚至多方进行分工交易，加上债市一级半市场信息交易不透明，隐秘性较强，丙类户成为交易主体对敲操作、空手套白狼的多发地。由于碳债券丙类户市场准入门槛较低，为利益输送提供了空间。同时，丙类户由商业银行代理交易结算，在交易记录上很难发现。❶ 由此可以看出，代持养券和倒券通过与丙类户交易完成，形成利益输送链条，是交易主体在金融创新过程中通过与制度博弈形成的违规，信息交易不对称使少数投资者"合谋"获取灰色利益。丙类账户监管缺失和一级半市场的制度漏洞为利益输送提供了制度通道。碳债券作为新生事物，必须警惕这样的债券账户非法使用行为，防止碳债券中"老鼠仓"泛滥成灾。

（三）缺乏界定碳债券的统一监管规则

我国碳债券监管规则由多个部门制定，并且监管上出现了九龙治水、多头监管的现象，这种现象带来了碳债券监管规则的不统一。虽然 2021 年发布的《绿债目录》解决了我国之前绿色债券界定标准不统一的问题，但是尚没有明确碳债券的界定标准，导致碳债券监管规则仍然存在较大差异。例如，在信息披露制度上，《中国证监会关于支持绿色债券发展的指导意见》要求发行人认真履行信息披露义务，真实、准确、完整、及时披露绿色公司债券的相关信息。申请发行绿色公司债券时，募集说明书应当披露拟投资的绿色产业项目类别、项目认定依据或标准等。发行人还应当提供募集资金投向绿色产业项目的承诺函。而在中国人民银行发布的《关

---

❶ 王莹：《债市频曝"老鼠仓"丙类户成"重灾区"》，https://finance.huanqiu.com/article/9CaKrnJAoEk，访问日期：2023 年 4 月 23 日。

于在银行间债券市场发行绿色金融债券有关事宜的公告》却要求金融机构法人申请发行绿色金融债券发行时，需要向中国人民银行报送包括但不限于发行绿色金融债券申请报告、绿色金融债券募集说明书、公司章程、财务报告等材料。国家发展和改革委员会发布的《绿色债券发行指引》则未规定绿色企业债券的信息披露义务。根据上述三项规则，碳债券发行需要根据不同的类别适用不同的监管标准，这意味着三种碳债券的发行制度在信息披露义务上不对等。多头监管使监管规则不统一，给监管带来了困难，也使企业发行碳债券受阻，打击企业发行碳债券的积极性。[1]

三、碳债券法律制度的完善建议

（一）完善第三方评估机构责任约束机制

"伪碳债"违反了评估机构的初衷，给评估机构带来巨大负面影响，应当据此完善第三方评估机构责任约束机制。首先，国家层面应当建立碳债券第三方专业机构评估制度，加强法律责任约束。其次，在现有规定基础上，进一步细化有关机构本身的准入门槛与考核机制。最后，规定考核结果披露及惩处制度，对于不符合准入门槛但已开展工作或考核不合格的问题机构进行公告批评、暂停资格等监管措施。[2] 同时，应当注意强化第三方评估机构的责任意识，对"似是而非"的项目要防范凭等级买卖[3]，还应当将相关评估人员违规行为写入诚信档案，必要时在行业内公开，降低评估机构的损失。

---

[1] 辛小天、郑茂锋：《碳中和债券法律制度研究》，https://mp.weixin.qq.com/s/dShDxjZMDMg9IGf2U3XoSw，访问日期：2023年4月23日。

[2] 辛小天、郑茂锋：《碳中和债券法律制度研究》，https://mp.weixin.qq.com/s/dShDxjZMDMg9IGf2U3XoSw，访问日期：2023年4月23日。

[3] 以商品的等级表示商品品质的交易称为凭等级买卖。

（二）加强碳债券账户监管

为防范碳债券中"老鼠仓"泛滥成灾，应当加强对碳债券账户的监管，设置碳债券账户使用红线。为此，应当加强资金账户监管及信息披露，因为及时、完善的信息披露制度能够有效防止发行人与投资者信息不对称而带来的不公平，是碳债券市场健康有序发展必不可少的一环。完善信息披露应当包括两项具体措施：一是统一并细化信息披露标准，监管层面需要针对碳债券的信息披露出台统一的标准或指南，在信息披露的内容、格式、形式等方面提出更为细化的标准；二是完善信息披露制度中的环境信息规定，碳减排效益等碳排放信息的披露是碳债券区别于绿色债券或其他债券的最显著特色，也是碳债券被监管的重要依据。❶因此，在信息披露制度中应该明确规定碳排放信息的强制披露义务，并由监管机构出台相关细化的披露规则，以及由行业协会出台细化的相关指引。此外，应当针对碳债券募集资金设立专户或建立专项台账，对于发行人要设计独立的资金账户，用于收付碳债券项下的募集资金，实现完整意义上的债券资金封闭管理，降低"借壳碳债"项目产生的风险。

（三）统一碳债券监管规则

为回应国际绿色标准新趋势和履行"碳达峰、碳中和"更高国家自主贡献的要求，我国有必要以"国内逐步统一、国际渐渐接轨"为导向，全面采取改革、完善绿色债券市场机制及制度框架的举措，才能进一步繁荣市场并发展碳债券这一金融工具。❷从监管传统来看，我国债券市场对债券发行一直采用多头监管模式。因此，对碳债券的发行制度，建议目前先继续保留多头监管模式，在条件成熟之时设立专门的统一监管机构，并逐

---

❶ 辛小天、郑茂锋：《碳中和债券法律制度研究》，https://mp.weixin.qq.com/s/dShDxjZMDMg9IGf2U3XoSw，访问日期：2023年4月23日。

❷ 洪艳蓉：《论碳达峰碳中和背景下的绿色债券发展模式》，《法律科学（西北政法大学学报）》2022年第2期，第137页。

步统一碳债券监管规则。究其原因：一方面，债券市场按金融债券、公司债券与企业债券进行分类监管，在分类监管的环境中如果要坚持统一由单一主体监管可能会不利于监管；另一方面，这些监管机构对各自分工的监管职责有着丰富的经验和专业的知识。在制度上，可以在保留多头监管的前提下，明确规定监管模式与监管主体，做到有法可依。在实践中，建议中国人民银行、证监会等碳债券的监管主体能够加强沟通协调，不断细化与统一相关政策口径。必要时可以考虑由各监管主体联合设立绿色债券或碳中和债券工作委员会作为专门进行绿色债券或碳中和债券监管的议事协调机构。

第四节　碳保险法律制度

碳保险是指一切有利于环境保护、经济可持续发展、社会和谐统一的保险统称。❶它是以《联合国气候变化框架公约》和《京都议定书》为前提，基于两个国际条约对碳排放的安排而存在，或是保护在非京都规则中模拟京都规则而产生的碳金融活动的保险。碳保险作为重要的碳金融创新工具，目前仍处于试点阶段，而我国现行以《中华人民共和国保险法》（以下简称《保险法》）为核心的保险法律制度框架无法为碳融资、碳交付等提供其所需的风险保障。❷碳保险是伴随低碳经济而生的，它是碳金融的重要组成部分，促进了低碳经济的可持续发展，碳保险也体现了保险领域的全新理念、方式与目标。因此，主管部门需要总结碳保险法律制度的实践现状，找出碳保险法律制度运行存在的问题，从而完善我国碳保险法律制度。

---

❶ 袁杜鹃、朱伟国:《碳金融:法律理论与实践》，法律出版社，2012，第139页。

❷ 李媛媛:《中国碳保险法律制度的构建》，《中国人口·资源与环境》2015年第2期，第144页。

一、碳保险法律制度的实践现状

目前，国内正在如火如荼地开展碳保险创新实践，在"双碳"目标下，保险公司积极创新，努力在碳保险领域进行多种尝试。2016年，湖北碳排放权交易中心、平安保险湖北分公司和华新水泥集团签署了"碳保险开发合作协议"和"中国首单碳保险服务协议"，意味着中国首单"碳保险"正式落地湖北。❶碳保险针对不同风险类别可以被划分为交付风险类碳保险和交付风险外碳保险。交付风险类碳保险是指对碳排放权交易过程中可能发生的价格波动、信用危机、交易危机进行风险规避和承保。交付风险可以归结为各种原因，包括注册失败、核证、延期等导致的清洁发展机制的交付风险和森林无法实现减排量的交付风险。交付风险外碳保险是指对交付风险之外的其他风险进行规避和担保。例如，碳捕获保险，即对运用碳捕获技术封存碳而产生的各种风险承保。碳泄漏会导致碳信用额度损失、财产损失和人身伤害等，而受到损失的各种主体中最弱势的就是自然人。于是，这种保险产品的受益人往往为受到碳泄漏影响的自然人。交付风险外碳保险目前尚不成熟，投保方、保险方以及双方的权利和义务都尚待明确。

尽管国内外碳保险已有相应实践，但尚无针对碳保险的专门立法，究其原因主要有二：一是碳金融历史短暂，各种风险还没有呈现出全景式的爆发，或者说时机还不成熟；二是保险法以风险为前提，风险按不同标准分为不同类型，传统的风险是用保险法起到分散的作用，而对于非传统风险，传统保险法显得软弱无力、束手无策，这时出现了非传统风险的应对方式，就是非传统风险转移方式（alternative risk transfer，简称 ART），用于应对20世纪90年代以来频发的地震、风暴、洪水、火灾、卫星损失等巨灾风险。对于传统风险，各国都有保险法加以规范，而对于非传统风险，很多国家有诸如《巨灾保险法》《环境损害责任保险法》以及森林保

---

❶ 王方琪：《积极推进碳保险创新》，《中国银行保险报》2021年11月30日第5版。

险或农业保险法律制度等加以调整，而我国只有《保险法》以及2012年颁布的《农业保险条例》，所以对于碳金融领域中出现的诸多非传统风险，那些有完善的保险法律体系框架的国家，可以运用其他规范非传统风险的保险法的原理，在整个保险法律体系，甚至整个金融体系内化解，于是应对起来得心应手。而在我国则显得捉襟见肘，现行以《保险法》为核心的保险法律制度体系在遇到碳融资、碳交付等风险时则会面临诸多困境。

二、碳保险法律制度存在的问题

（一）碳保险难以适用现行《保险法》

乌尔里希·贝克（Ulrich Beck）指出，在现代化进程之中，风险是与之相伴的双生子，人们在通过创新科技提高生产力的同时，也会受到风险的回馈。这时，风险不再局限于一种以天灾为主要表现的外部风险，还包括被制造出来的风险，具有全球性、社会性、人为性，具体表现为能源危机、资源危机、社会危机、生态危机、气候危机等。[1] 碳保险正是保险业为适应气候风险应对所作出的金融实践创新。在全国碳排放权交易市场建立起来后，尽管对碳保险市场进行了一定的探索，但碳保险仍处于初级阶段，我国碳金融实践中的风险按照现行《保险法》的设计原理，大部分是不可保风险，如融资风险、政策风险、交易风险等。[2] 按照现行《保险法》的原理，可保风险应为纯粹风险，并具有不确定性和意外性。但碳保险中的很多风险按照现行《保险法》都是不可保风险。在目前实施的清洁发展机制中和全国总量控制而产生的碳排放配额交易市场中，有很多风险是不符合要求的，即不可保风险。碳交易的根本目的就是以最小成本减少空气中温室气体含量，如果碳交易失败则会对整个社会造成损失。因此，依传统风险分散方式而设计的现行《保险法》已经不能完全覆盖碳保险当中的

---

[1] 乌尔里希·贝克：《风险社会：新的现代性之路》，张文杰、何博闻译，译林出版社，2018。
[2] 袁杜鹃、朱伟国：《碳金融：法律理论与实践》，法律出版社，2012，第139页。

问题。❶

（二）碳保险合同标的价值难以确定

保险法律制度中最重要的就是保险合同，而财产保险合同中最重要的条款就是保险标的的价值。保险法根据保险标的价值在保险合同中是否事先予以确定，将保险合同分为定值保险合同和不定值保险合同。保险价值是投保标的物的客观实际价值，是指保险标的在某一特定时期内以金钱估计的价值总额。保险价值有时间性，是一个动态值。碳金融市场分为配额市场和项目市场，配额市场的标的是配额，项目市场的标的是碳信用。在碳保险法律制度中一个最重要的问题就在于碳保险合同的标的，即配额或碳信用的价值，就是碳价值如何确定的问题，这直接影响相关保险合同在法律上的定性，并进而影响合同双方的权利义务。

目前，碳保险合同的问题就在于碳信用一般具有的是期待价值，并且产生于交易而不是单纯的对排放管道措施的遵从，不依附于有形财产，所以保险合同的标的是无形财产，而且碳信用的价值取决于基于需求的成本效益分析，即对比买家就购买碳信用所预期的支出与由于超额排放所可能面临的罚款而作出的权衡，在这种权衡中还存在一些模糊成本，如由于不够环保而造成的商誉受损等。碳价值的评估非常难，而碳交易中的风险又非常大，这就造成了碳保险实践中面临难以有效规避和担保的气候风险，导致碳保险法律制度运行不畅。

（三）碳保险法律制度未正视"双碳"目标的导向作用

"双碳"目标的提出为我国保险业发展提供了更广阔的市场空间和发展前景，然而碳保险法律制度研究停滞不前，严重落后于碳达峰、碳中和目标指引下的碳保险实践，事实上阻碍了碳保险的创新发展。目前，我国

---

❶ 李媛媛：《中国碳保险法律制度的构建》，《中国人口·资源与环境》2015年第2期，第146页。

的碳保险还局限于经济功能，最基础的财产保险损失补偿功能尚未完全达到，并且没有达到促进私营公司参与减抵项目和排放交易的作用❶，其深层原因在于未正视"双碳"目标的引领和导向，没有从根本上进行生态化、绿色化、低碳化理念更新，碳保险缺乏应对气候变化和生态危机的环保意识。综合来看，目前在我国参与的碳金融活动中出现一种把与碳排放交易有关的活动仅视为一种与减缓气候变暖和温室气体排放无关的纯获利场所的倾向❷，这实际上是与实现碳达峰、碳中和的宏观目标背道而驰的。

三、碳保险法律制度的完善建议

（一）制定碳保险法以应对气候风险

为应对特殊的气候风险，应当专门制定碳保险法。因为即便修改现行《保险法》也不能够有效涵盖碳保险领域的实践，碳保险的范围大于传统保险。就非纯粹风险而言，传统保险领域一般不承保，但碳保险领域需要承保。具体分析来看，尽管碳金融对金融机构来说是一块巨大的市场蛋糕，但其中也隐藏着传统金融产品不具备的风险。❸碳金融市场是基于国家条约的顶层设计而人为产生的市场，容易受政策的影响，同时它的各种减排方式也易受自然因素的影响，无论是减少碳源还是增加碳汇，尤其是增加碳汇。那么，在这一过程中更需要碳保险发挥保障作用，就碳保险不同于其他保险的显著特征来说，进行单独立法是更为合适的立法模式，碳保险要保障的大部分风险都是非传统风险，即不可保风险，进行单独立法更有针对性和可操作性，而反过来看，如果仅是修改现行《保险法》，结合诸多保险领域特别法进行规制，需要其他金融法的配合，难度较大且效

---

❶ Alan S. Manne，Richard G. Richels："Buying Greenhouse Insurance"，*Energy Policy*，1991，19（6）。

❷ 袁杜鹃、朱伟国：《碳金融：法律理论与实践》，法律出版社，2012，第8页。

❸ 王倩、李通、王译兴：《中国碳金融的发展策略与路径分析》，《社会科学辑刊》2010年第3期，第149页。

率偏低。因此，专门制定碳保险法，规定统一的碳保险原理，分开规定气候风险和融资风险，明确碳保险对气候风险和融资风险的控制，可以实现气候风险和融资风险的有效平衡。

（二）对碳保险合同可采用定值保险合同形式

一般的保险合同都是非定值保险合同，其是指保险标的的价值于保险合同订立时并未约定，须保险事故发生后，再评估保险事故发生时保险标的的价值并以此作为赔偿标准的保险合同。定值保险合同，指当事人双方缔约时，已经事先确定保险标的的价值，并载于保险单中，作为保险标的于保险事故发生时的价值并以此作为赔偿标准的保险合同。由于定值保险合同容易出现对标的的估价过高或过低，因而严格限制其使用范围。具有主观价值的保险标的预先约定保险标的的价值，可避免定价之争。在客观上，可提高保险人于决定承保前评估保险标的的价值的审慎程度，意义在于"容忍一定限度内的不当得利，换取避免保险事故发生时，估算保险标的价值的烦琐程序"❶。

在现行《保险法》之下，可考虑对碳保险按定值保险来处理。定值保险合同成立后，若发生保险事故，双方在合同中事先确定的保险价值即应作为保险人承担给付保险金义务的计算依据。若保险事故发生造成保险标的全部损失，保险标的的实际价值高低在所不问，保险人均应给付合同所约定的全部，不必对保险标的重新估价；若保险事故发生仅造成保险标的部分损失，亦无须对保险标的的实际价值进行估量，只需确定损失的比例，该比例与双方确定的保险价值的乘积，即为保险人应当给付的赔偿金额。对于碳排放配额保险合同，应在合同中预留，一旦碳排放配额的总量价值、配额等确定，即遵守规定。从长远来看，一旦碳保险单独立法，则可以规定专业评估机构为保险合同关系人并适当引入定额保险合同。

---

❶ 温世扬：《保险法（第2版）》，法律出版社，2007，第20页。

（三）碳保险法律制度设计应契合"双碳"目标的要求

建构我国碳保险法律制度，必须始终坚持以"双碳"目标为引领，以生态价值为导向。国外相关碳保险实践显示，一个健全的碳保险模式，不单纯是金融与生态"共赢"的模式，同时是在更大范围拉动平台力量与督促生态监督的方式。保险企业对投保者的生态风险采取监管和操控，其监管影响将倒逼公司控制排放水平。投保企业通过保险人的监管间接地降低了自己的风险，在双重作用下，投保企业很有可能将碳排放降到最低。❶ 碳金融的最大意义就是为应对气候变化、阻止气候变暖或者说解决环境问题筹措资金，如学者所言，"衍生性的碳金融与环境保护密切相关。其主旨在于应对环境危机所引发的诸多难题，以研讨如何使用多元化的金融工具来增加环境保护的资金缺口"❷。碳保险在这个过程中承担着分散风险、信用增级等作用。因此，碳保险法律制度的设计目的必须始终服务于我国碳达峰、碳中和的大局。

传统财产保险的功能仅在于经济利益的补偿功能，而对于保险人所负的义务究竟采用危险承担说还是金钱给付说，最终还是危险承担说占了上风。国外开展的碳保险中，已经出现保险人以提供等额碳排放量为义务承担方式的情况。《保险法》中的损失补偿原则，在损失填补方法上有现金赔付和实物替换两种方法。实物替换包括修理、更换、重置，保险人以碳排放额度为损失补偿义务承担方式，不是这其中的任何一种，完全体现了碳保险领域的创新，是一种体现低碳理念和生态价值取向的义务承担方式。我国的碳保险法律制度的构建也应该重视"双碳"目标的战略引领和生态导向，碳保险应该有价值判断，保护碳排放配额交易和碳信用交易，保护碳排放权交易和碳汇交易，避免碳交易市场成为与减缓气候变暖和温室气体排放无关的纯获利场所。除借鉴国外以碳排放额作为义务承担方式

---

❶ 李阳：《低碳经济框架下碳金融体系运行的机制设计与制度安排》，博士学位论文，吉林大学经济学院，2013，第107页。

❷ 涂永前：《碳金融的法律再造》，《中国社会科学》2012年第3期，第96页。

外，还应该在碳保险法律制度的各个环节贯彻"双碳"目标，初步设想是在保险利益中突破经济利益的限制，纳入生态利益和气候利益。

第五节 碳票据法律制度

碳票据是旨在助推实现"双碳"目标，支持和扩大绿色低碳产业融资服务的一种碳金融产品，是为碳减排项目开发、碳减排项目发展、碳减排项目产品创新和营运及风险管理提供的各类票据业务产品与服务的总称，是由符合规定条件的企业签发或者申请贴现的票据。[1] 碳票据作为碳金融体系中的重要组成部分，由于碳减排判定标准不统一、碳票据监管没有针对性等问题，一直未被广泛推广。相较于碳债券、碳保险、碳质押、碳期货等较为成熟的碳金融产品，碳票据未来具有较大的发展空间。

一、碳票据法律制度的实践现状

碳票据作为一种碳减排支持工具，聚焦于低碳减排领域，支持具有显著碳减排效应的重点领域，包括清洁能源、节能环保、碳减排技术三个重点领域，直接或间接服务于碳减排项目，属于碳金融的一部分。碳金融的主要目标是控制温室气体排放，解决全球气候变暖问题。尽管粤港澳大湾区在绿色金融实践中取得了突出成绩，但碳票据的发展却长期停滞不前。目前，我国票据市场规模较大，企业的需求也较为旺盛。2019 年，全国票据签发承兑量达 20.38 万亿元，贴现量为 12.46 万亿元，签发承兑量是同期银行间市场短期融资券和超短期融资券发行量总和的 5 倍。票据转贴现

---

[1] 中研绿色金融研究院：《碳减排票据是什么？碳减排票据与绿色票据的异同！》，https://www.shangpiaoquan.com/api/3373.html，访问日期：2023 年 4 月 23 日。

交易市场上随着上海票据交易所的成立和电票业务的普及，更是一举突破50万亿元大关。其中，广东省的票据业务发展在全国范围内处于举足轻重的地位。2019年，广东省票据签发承兑量和贴现量分别占全国总量的10%和20%左右。但是与之相对的是，碳票据贴现量较小。❶

从具体政策文件来看，已有相关省市对碳票据进行了探索实践。例如，中国人民银行四川省支行为助力实现"双碳"目标，制定实施《四川省碳减排票据再贴现专项支持计划》，该计划紧紧围绕促进碳减排这一核心目标，通过发挥货币政策工具引导调整优化信贷结构的作用，支持和扩大绿色低碳产业融资，降低融资成本，促进绿色低碳产业健康发展。该计划主要面对金融机构和实体企业两类主体。在金融机构层面，指导其围绕碳减排票据识别、减排量测算、业务流程优化等方面建立完善的相关制度。在实体企业层面，重点支持主营业务或对应项目属于《绿色产业指导目录（2019年版）》和《绿债目录》中所列节能环保产业、清洁生产产业、清洁能源产业、生态环境产业或基础设施绿色升级产业，且其碳减排效应可定量测算的企业签发、收受的碳减排票据再贴现。❷此外，中国人民银行青海省分行西宁中心支行根据碳票据业务实践，制定了《青海省绿色票据再贴现专项支持计划工作方案》，按照"两个优先、两个精准"的工作目标，通过采取单列额度，优先满足金融机构对碳减排票据的再贴现申请；开通绿色通道，优先受理金融机构碳减排票据再贴现业务申请；精准识别绿色票据范围，确保再贴现支持资金能够精准支持具有显著碳减排效应的绿色产业发展。❸

---

❶ 林耿华、王遥、金苗根、李力、谢晟：《粤港澳大湾区背景下绿色票据实施路径创新研究》，《南方金融》2020年第8期，第62页。

❷ 杜成：《人民银行成都分行实施碳减排票据再贴现专项支持计划》，http://www.pbc.gov.cn/goutongjiaoliu/113456/113475/4263435/index.html，访问日期：2024年8月27日。

❸ 中国人民银行青海省分行西宁中心支行：《青海首笔碳减排票据再贴现业务落地》，http://xining.pbc.gov.cn/xining/118 225/4423623/index.html，访问日期：2023年4月23日。

二、碳票据法律制度存在的问题

（一）碳票据难以适用《票据法》

由于《中华人民共和国票据法》（以下简称《票据法》）并未明确碳票据这一票据类型，因而在发生法律纠纷时，碳票据存在法律适用困难，即难以通过《票据法》对其进行界定。从《票据法》规定的内容来看，票据是指出票人签发的，由自己或委托他人无条件向收款人或持票人支付一定金额的有价证券。票据的种类分为本票、汇票、支票。❶然而，由于法律滞后于社会现实，《票据法》并没有就实践中复杂的情况及时作出回应，当前出现的大量碳减排类票据已经出现在市场中，一定程度上影响了票据实务，而这些碳票据由于缺乏法律依据，处于野蛮生长状态。以粤港澳大湾区为例，碳票据在进行推广时困难重重，主要原因在于作为市场主体的中小微企业大多没有发行债券的资格，在市场上未被评级，因此，大量的符合碳减排标准的企业难以被精准识别。❷有鉴于此，我国亟须制定一系列针对碳票据的政策法规，完善顶层设计。

（二）碳票据减排评价标准不统一

缺乏统一的碳票据评价标准是现阶段我国发展碳票据面临的最主要障碍。主要表现在现行碳票据指定标准不完全适用和地方试行碳票据评价标准不完善两个方面。首先，现行碳票据指定标准不完全适用。从目前与碳减排标准相关的文件来看，目前碳债券等大多仍以项目为标的，而碳票据业务通常是具体产品的交易。❸在实际运用中可能出现目录项目范围过大，

---

❶ 吕来明：《票据法学（第2版）》，北京大学出版社，2011，第21页。

❷ 林耿华、王遥、金苗根、李力、谢晟：《粤港澳大湾区背景下绿色票据实施路径创新研究》，《南方金融》2020年第8期，第65页。

❸ 中国人民银行、发展和改革委员会、证监会：《绿色债券支持项目目录（2021年版）》，http://www.gov.cn/zhengce/zhengceku/2021-04/22/5601284/files/48dd95604d58442da1214c019b24228f.pdf，访问日期：2023年4月23日。

无法细化指向票据交易的某项产品和内容，从而无法清晰覆盖票据交易标的，同时也增加了银行审核端判断的风险。其次，地方试行碳票据评价标准不完善。目前，深圳市通过绿色票据白名单制度划拨了 10 亿元绿色票据再贴现专项支持额度；潍坊市也采取"重点绿色企业名单"形式，向 19 家核心绿色企业及 87 家上下游企业提供 8 亿元的再贴现支持额度，优先为符合要求的碳票据办理贴现业务。尽管地方这类"正面清单"式评价标准是探索碳票据的有益尝试，但没有充分考虑票据的特点，未对票据生命周期中不同环节能否"贴碳标"进行深入探讨，未考虑当主体不低碳时，"贸易背景低碳"的情况难以成为全国统一的标准。同时，碳票据以贴现环节的支持为主，难以传导至核心企业并激发其开具承兑汇票。❶

（三）碳票据监管法律制度不完善

目前，碳票据监管法律制度尚不完善，实践中主要靠商业银行自行确定，认定难度较大，而政府主管部门对这一领域仍然没有太多监管举措。就现有识别的标准来看，都是由主管部门先出台相关标准文件后，再相继开展业务。例如，原银监会发布了指导绿色信贷业务的《绿色信贷指引》，中国金融学会绿色金融专业委员会发布了指导绿色债券业务的《绿色债券支持项目目录（2015 年版）》，国家发展和改革委员会等七部委联合发布了《绿色产业指导目录（2019 年版）》对现有标准进行了更新。碳票据标准的设立需要建立在熟知现有"低碳标准"的基础上，结合更为复杂的认证维度，逐一将碳票据标准映射至现有标准的分类中，这除了需要了解票据业务知识、企业和项目的经营模式外，更多的是需要精通专业的气候变化知识、环保知识、计量方法等，而商业银行在这些领域都是非专业的，难以自成体系地设计碳票据识别标准。除此之外，对于建立碳票据认证评价体系和信息披露，包括对评价主体、评价对象、评价流程等方面的明

---

❶ 王遥、施懿宸、秦书卷、梁楠楠：《绿色票据的特点及重要作用》，http://www.cdhptxw.com/mryt/2042.html，访问日期：2023 年 4 月 23 日。

确，都需要政策主管部门牵头明确，以保证碳票据在认证环节的公开性与透明性，否则监管部门将难以辨别碳票据的认证是否准确，控制"漂碳"风险。❶

三、碳票据法律制度的完善建议

（一）制定碳减排票据管理办法

碳票据作为创新型金融产品应当大胆突破、积极实践、不断探索。应由中国人民银行总行联合各相关部门率先出台碳减排票据管理办法，明确碳票据定义，阐明大力发展碳票据的重要作用。同时，选择相关地区先行试点碳票据业务，例如，在国家绿色金融示范区内进行推广，或者在珠三角、长三角等票据业务巨大的区域率先推行。制定分阶段发展政策，从大胆尝试到完善体系管理，由易到难，摸索建立一套完善的碳票据标准框架、实施路径以及风险防控机制，再逐步推广至全国各地，形成全国统一的碳金融法律体系下的碳票据子法律体系。同时，应当注意碳减排票据管理办法与《票据法》的衔接与协调。❷ 将票据种类划分为普通票据、绿色票据和碳票据，并具体设立认定标准，同时专门设计针对碳票据流通的票据行为、票据抗辩、票据责任等制度。

（二）统一碳票据减排评价标准

未来应当出台具体文件对碳票据减排评价标准进行统一，从而促进碳票据有序健康发展。碳票据评价标准的制定应当遵循可识别、可操作、可计量、可推广的原则。首先，可识别是指碳减排标准要有效识别"低碳"。

---

❶ 林耿华、王遥、金苗根、李力、谢晟：《粤港澳大湾区背景下绿色票据实施路径创新研究》，《南方金融》2020年第8期，第66–67页。

❷ 王遥、施懿宸、秦书卷、梁楠楠：《绿色票据的特点及重要作用》，http://www.cdhptxw.com/mryt/2042.html，访问日期：2023年4月23日。

识别"低碳"是碳票据区别于普通票据乃至绿色票据的关键因素，也是实现碳票据标准制定意义的最主要因素之一。在碳减排标准的选择中，既要从实现碳票据意义的角度，保障碳票据的标准可实现金融助力产业低碳化的目标；也要从减碳程度的角度，防止"碳泄漏"导致的低碳化程度不足，以及"过度低碳化"可能导致的符合标准的票据量过少，而不利于推广。其次，可操作是指经确立的标准可在实践中持续运营。考虑到未来推广的可能性及应用的普遍性，要和金融机构的票据业务执行安排、票据系统的现有基础相契合，这是制约未来标准落地执行的关键因素，未来的碳减排标准应当尽量与目前的票据发行系统尽可能的协调。再次，可计量是指根据碳票据评价标准构建的计量体系，能够准确地统计碳票据规模，真实反映碳票据对低碳产业的支持情况，便于监管机构和商业银行进行监督和披露。最后，可推广是指经确定的标准应有助于碳票据的推广。碳票据是为了更好地助力低碳产业发展，因此，只有在更大范围内推广碳票据，更多企业有意愿使用碳票据，才能真正实现产业链的低碳化。局限的、狭隘的标准将不利于碳票据在实践中的应用。❶

（三）完善碳票据监管法律制度

未来应当完善碳票据监管法律制度，建立碳票据业务监管体系。具体来说，主管部门应当制定专门的碳票据监督管理办法。重点监管碳票据评估结果的准确性，强调对碳票据标准评估的风险监控，并不定期抽查碳票据识别工作，重点防范伪造碳票据的"漂碳"风险和错认碳票据的操作风险，确保相关机构评估准确、评级可靠。同时，监管部门应制定碳票据考核办法，定期对商业银行碳票据业务开展情况进行考核，并设置相应的考核等级结果，针对不同考核结果制定相应的奖励办法，进一步提高商业银行运用碳票据的能力。同时，在商业银行内部应当加强合规管理体系建

---

❶ 王遥、施懿宸、秦书卷、梁楠楠：《绿色票据的特点及重要作用》，http://www.cdhptxw.com/mryt/2042.html，访问日期：2023年4月23日。

设，商业银行可采取集中处理模式，将两项业务归属于同一部门，解决管理冲突的情况；或者在业务核算时考虑给所有管理部门进行利润双算或多算，增强管理部门之间的联动效应，保障碳票据业务的顺利开展。❶

综上所述，未来针对碳票据业务发展过程中存在的问题，应当在已有碳票据标准顶层设计的基础上，加强与《票据法》的衔接与协调，统一碳票据认定标准，加快完善碳票据监管法律制度，保障碳票据业务顺利进行。

第六节 碳基金法律制度

碳基金是指集合政府、金融机构或企业投资者资金投资于排放交易机制、清洁发展机制和联合履约机制项目等碳资产的专门基金，主要目的是完成自《京都议定书》和《巴黎协定》以来的减排目标或增加碳市场流动性服务，同时获取相应的商业回报。❷ 碳基金逐渐成为碳减排项目开发的重要资金来源，在碳达峰、碳中和的大背景下，碳基金法律制度对促进碳基金产品创新、推动碳基金有序发展具有重大意义，应当梳理当前碳基金法律制度的实践现状，寻找碳基金法律制度运行中存在的问题，并提出未来碳基金法律制度的完善建议。

一、碳基金法律制度的实践现状

"高碳模式"将严重制约我国未来的发展，"低碳经济"将成为建设"生态文明"的重要突破口。多项社会调查显示，高碳排放导致的环境污

---

❶ 林耿华、王遥、金苗根、李力、谢晟：《粤港澳大湾区背景下绿色票据实施路径创新研究》，《南方金融》2020年第8期，第69页。

❷ 马骏：《国际绿色金融发展与案例研究》，中国金融出版社，2017，第100页。

染已成为有损社会发展的重要因素。

2005年,环境污染导致的社会问题约占我国社会问题总数的5%,2008年上升为13%左右。碳基金作为我国环境经济政策的重要组成部分,应当继续深入推进。[1] 目前,我国碳基金通过购买或销售从项目中所产生的核证减排量来推进我国清洁发展机制项目的发展,继而推动碳交易市场的发展。碳基金可将国内外政府、企业及个人的资金聚集起来,用于投资清洁能源产业、新兴绿色产业和具有"低碳"潜力的产业,如建筑产业、交通产业、农业产业、垃圾处理等,为节能减排项目进行融资,并提供先进的减排技术支持,增强企业的低碳技术的自主创新能力,为促进节能减排和低碳经济的发展以及低碳社会的构建提供资金支持。

碳交易发挥了市场机制应对气候变化的基础作用,使碳价格能够反映资源稀缺程度和污染治理成本。碳基金作为一种碳金融产品,其价格发现功能可使市场参与者对碳交易产品价格作出更合理的估计,市场约束下得到的均衡价格就会使投资者在碳市场上制定出更加有效的交易策略与风险管理决策。目前,结合国内碳基金实践,其影响经济产业结构的作用机制,如图7-2所示,碳基金产品通过碳市场的碳价格要素来优化资源配置,利用市场内在机制驱动节能减排,大幅降低减排成本,控制高能耗、高污染行业的发展,并通过引入资金流动机制改变我国碳交易被动的局面,促进节能减排工作的开展和产业结构调整。

---

[1] 李禾:《我国应建立碳基金和生态补偿金制度》,《科技日报》2008年11月13日第8版。

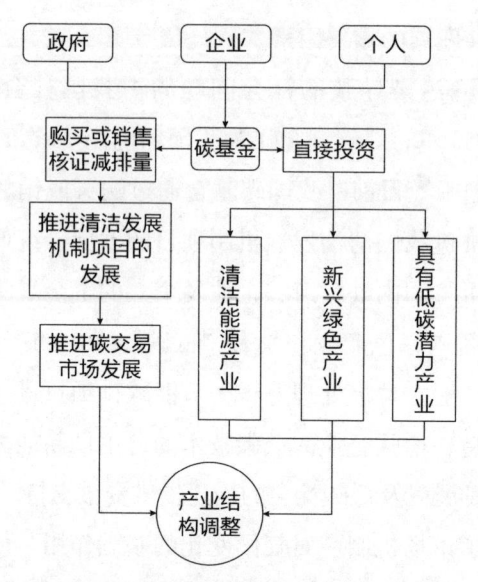

```
          政府      企业      个人
                     |        |
         购买或销售   碳基金 → 直接投资
         核证减排量   ↑
            ↓        |
         推进清洁发展  清洁  新兴  具有
         机制项目的   能源  绿色  低碳
         发展       产业  产业  潜力
            ↓                 产业
         推进碳交易
         市场发展
            ↓         ↓
              产业结构
              调整
```

图7-2　碳基金对产业结构的影响机制

资料来源：林梦灵:《碳金融对我国产业结构的影响研究》,《上海商业》2021年第4期,第74-76页。

二、碳基金法律制度存在的问题

（一）缺乏总揽全局的上位法

目前，我国尚未建构起专门的碳基金法律制度体系，实践中对碳基金的运作和监管仍然以《中华人民共和国证券投资基金法》《中华人民共和国证券法》《公司法》等法律为主，而这些法律对于碳基金来说并不具有针对性，碳基金实践中缺乏一部专门的上位法，导致实践中出现了大量法律适用难题。[1] 如对碳基金管理人利益冲突交易这一问题，处于上述法律的监管真空地区。投资者在基金运行过程中处于弱势地位，很多重大事项都要聘请专业的基金管理人来运营和管理，投资者对基金的监督难以实

---

[1] 袁杜鹃、朱伟国:《碳金融:法律理论与实践》,法律出版社,2012,第112页。

现，导致碳基金管理人可能利用碳基金投资者不了解的私有信息或者利用信息优势通过隐蔽信息或者隐蔽行为损害碳基金投资者的利益。对碳基金实践中存在的此类乱象，只有通过专门的上位法才能够予以规制，而在碳达峰、碳中和的大背景下，讨论研究并制定专门的碳基金上位法，更是迫在眉睫。

（二）投资者权利的不当限制

由于碳基金投资者的分布比较分散，并且投资者的投资心理和利益各不相同，大多数的基金投资者仅片面关注利润分配多少或者是基金的涨跌问题，对自己的利益是否受到侵害，自己应当如何去行使权利、保护利益却漠不关心。即使有部分投资者意识到用自己的权利去维护利益，但往往因为时间或费用等因素而怠于行使自己的权利。"搭便车"的投资者数量因此有增无减，很多投资者都希望通过其他基金受益人行使权利的行为使自己的利益最大化，从而减少自己的投资成本和诉讼成本。事实上，每个基金投资者参加基金的目的和动机是不同的，他们之间的力量也有差别，想让毫无联系的基金投资者之间达到思想和行动上的统一是不可能实现的。这种思想往往使基金投资者的利益存在损失的潜在可能。

与此同时，基金投资者的权利还受到投资信息缺乏的制约，信息不对称现象是不可避免的，对于投资者来说，基金管理人和基金托管人负责基金的日常运营，这就导致了投资者想要通过法律途径维护自身的合法权益变得不现实，其依旧处于弱势地位。不管是对基金管理人的专业能力的判断上，还是在受益权的具体行使上，都很难获得有价值的信息。[1]由于碳基金市场并不是一成不变的，碳基金投资者因为缺乏专业知识而很难对碳基金作出准确的判断，其并没有直接参与碳基金的具体运作，而应将碳基金的管理全权交由碳基金管理人。

---

[1] 陈春山：《证券投资信托契约论》，五南图书出版公司，1987，第98页。

（三）缺失投资者诉讼机制

碳基金管理人在法律没有规定或者没有征得投资者同意的情形下将基金资产按照自己的意愿进行处置，违反法律法规规定的义务时，应当承担法律责任。美国在 1940 年的《投资公司法》中建立了基金持有人诉讼制度，其规定了基金公司向投资顾问以及基金管理人支付报酬，投资顾问及与其有关联的人或者基金管理人都应当对基金公司和投资者履行信托义务。如果这些人不履行信托义务，那么基金投资者可以追究其法律责任。作为基金的管理者，基金管理人有时会为了维护自身的利益而不惜损害投资者的利益，所以需要制定法律去规范基金管理人的此类行为。为了限制基金管理人的违法行为，基金受益人诉讼制度便应运而生。基金管理人监守自盗、违规操作，损害基金投资者利益的现象屡见不鲜，近些年的基金黑幕事件、基金巨额申购深高速等事件都给我们敲响了警钟。在碳基金发展的过程中，更应该吸取其他类型基金的经验，给碳基金交易投资者提供一个安全的交易环境。❶

碳基金的投资者中很大一部分是中小投资者，具有很强的分散性，在行使诉讼权利保护自身利益方面具有很大的局限性。很多投资者都有搭便车的想法，希望通过借助其他投资者的监督去维护自身的合法权益。与证券投资基金相类似，碳基金投资者可以通过向法院起诉碳基金管理人履行债务或者追究其侵权责任去维护自身的权益。碳基金管理人的责任是因为其对受益人负有义务，而这些义务都是基于契约中有关权利义务的约定而产生的，所以基金受益人可以基于债务不履行要求基金管理人承担违约责任。由于信托法赋予受益权兼具准物权性质，使得基金受益人可以请求基金管理人承担财产法上的侵权责任。我国之前主要借助行政监督机构的处罚来制止基金管理人的违法行为。行政监督机构由于自身的人力和物力方面的局限性很难对责任进行全面的追究，而且使基金受益人缺乏进行诉讼

---

❶ 郭锋、陈夏等：《证券投资基金法导论》，法律出版社，2008，第 143 页。

的请求权基础。新的法律法规虽然对基金受益人的诉讼权利予以了肯定，但还是存在一定的缺憾。根据相关法律法规的规定，当基金受益人的合法权益受到侵害时，基金受益人可以依法对侵害人提起诉讼，但是对于基金受益人提起受益人诉讼的原告资格没有予以明确，使基金受益人处于维护自己权利的死角。在实际案件中，基金受益人无法取得原告的资格，所以很难向侵害人提起诉讼，法院也不会受理此类型的案件。基金管理人更是钻法律的空子，以此为由否定基金受益人的主体资格。同时，法律在认定责任人这个问题上，只是笼统地去追究基金管理人的责任，而对具体的实施者采取放任的态度，此规定将助长实际侵害者的气焰，不利于真正保护投资者的利益。

三、碳基金法律制度的完善建议

（一）制定绿色气候基金法

未来应当结合国际绿色气候基金立法实践，制定符合中国国情的绿色气候基金法，为碳基金实践提供制度依据。《坎昆协议》提出，绿色气候基金（Green Climate Fund，简称CCF）的三个核心问题是基金治理、基金来源与基金分配。有鉴于此，中国在制定绿色气候基金法时，应当从基金治理、基金来源与基金分配三个方面对碳基金进行制度建构：在基金治理方面应当注意合理安排基金管理人和基金投资者的权利义务关系，同时明确各方法律责任，划清利益界限；在基金来源方面应当适度放开绿色气候基金的投资限制，扩大私人投资规模，弥补公共资金数量不足；在基金分配领域应当注意将气候变化适应领域作为优先分配领域，同时将资金适度分配给气候变化减缓领域，并加强能力建设，从而可以高效地接收并且运用资金。❶

---

❶ 齐婉婉：《绿色气候基金法律问题研究》，《学理论》2018年第4期，第122页。

（二）加强投资者权利保护

未来应当进一步明确碳基金投资者所享有的权利与义务，加强投资者权利保护。碳基金投资者是整个碳基金法律制度的基石。投资者的出资是碳基金的物质基础，投资者的利益是管理人与托管人的行为指南，投资者的意志是影响碳基金运作的决定性力量。投资者权利的保护状况是衡量一个市场经济国家市场化与法治化成熟程度的重要指标，也是我国政府运用经济杠杆启动投资需求、推动国民经济增长的支点。因此，维护碳基金中投资者的利益是碳基金立法的最高立法宗旨，这一宗旨应当贯穿于未来的碳基金法之中。

此外，还应当在碳基金法律制度中构建投资者的退出机制，并从完善投资者退出机制的角度考虑进一步协调部门法之间的冲突。对于投资基金投资者来说，撤出机制与入市机制同样重要。开放式碳基金必须根据碳基金投资者的要求回购或者赎回碳基金份额，投资者在证券交易场所营业时间内可以随时行使碳基金份额赎回权。但封闭式碳基金的投资者，无权要求碳基金回购或者赎回碳基金份额。在这种情况下，应当允许碳基金管理公司、碳基金托管人根据立法规定的条件和程序，向基金主管部门提出碳基金上市申请。[1]

（三）引入碳基金专门诉讼机制

为规范和繁荣我国的碳基金业发展，保障投资人的合法权益，在立法时应当考虑建构基金投资者协会或者专门诉讼机制。在碳基金市场中，碳基金投资者处于弱势地位，并且缺乏有效的保护组织，建立专门的金融消费者保护机构非常必要。而碳基金管理人和碳基金托管人却截然不同，他们由基金业协会帮助其维护权益。总的来说，他们属于较强的一方，投资者属于较弱的一方。为了有效维护投资者的利益，应当将中小投资者组织

---

[1] 史学清：《基金投资者合法权益立法保护的几点思考》，《当代法学》2003年第3期，第79页。

起来，有效地监督碳基金管理人和碳基金托管人，及时制止他们的不法侵害行为。当投资者的合法权益受到侵害时，该监督组织可以依法提起诉讼，维护广大投资者的利益。

第七节　碳披露法律制度

碳披露法律制度作为碳金融法律体系的重要组成部分，其产生和发展与国际社会应对气候变化、温室气体排放及交易等发展状况密切相关。碳披露法律制度是指企业将其温室气体排放情况、减排计划和方案及其执行情况等温室气体管理信息，以及与气候变化相关的风险与机遇等信息，适时向利益相关方进行披露的法律制度，❶其要点在于对碳信息透明度作出原则性规定。碳披露法律制度与环境信息披露法律制度息息相关，不可分割。2021年11月26日，生态环境部第四次部务会议审议通过《企业环境信息依法披露管理办法》（以下简称《企业环披管理办法》），其中碳排放信息的披露是环境信息披露的重点。❷从官方的表述来看，《企业环披管理办法》将碳排放信息披露纳入环境信息披露的框架。依据《企业环披管理办法》第12条，企业年度环境信息依法披露报告应当包括碳排放信息，具体包括排放量、排放设施等方面的信息。同时，依据《企业环境信息依法披露格式准则》（以下简称《格式准则》）第19条，纳入碳排放权交易市场配额管理的温室气体重点排放单位应当披露碳排放相关信息，包括：（1）年度碳实际排放量及上一年度实际排放量；（2）配额清缴情况；（3）依据温室气体排放核算与报告标准或技术规范，披露排放设施、核算

---

❶　李挚萍、程凌香：《企业碳信息披露存在的问题及各国的立法应对》，《法学杂志》2013年第8期，第30页。

❷　生态环境部：《企业环境信息依法披露管理办法》，https://www.mee.gov.cn/xxgk2018/xxgk/xxgk02/202112/t20211221_964837.html，访问日期：2023年4月23日。

方法等信息。❶ 尽管官方将碳排放信息披露纳入环境信息披露的框架，但从《格式准则》将其单列为一节来看，又在突出碳披露不同于环境信息披露的特殊之处。因此，有必要梳理分析碳披露法律制度与环境信息披露法律制度的关系，进一步厘清碳披露的法理基础，并结合当前碳披露内容的不足之处，对未来碳披露法律制度进行完善。

一、碳披露法律制度与环境信息披露法律制度的关系

2020年3月，中共中央办公厅、国务院办公厅印发《关于构建现代环境治理体系的指导意见》，要求"建立完善上市公司和发债企业强制性环境治理信息披露制度"❷。2021年2月1日起施行的《碳排放权交易管理办法（试行）》，初步明确碳排放权交易要求及碳信息披露的必要性，其中第25条特别强调"重点排放单位编制的年度温室气体排放报告应当定期公开，接受社会监督"。从这两个文件来看，目前并没有完全明确碳披露与环境信息披露两者的关系。《企业环披管理办法》将碳排放信息披露放入环境信息披露框架，但是《格式准则》又将碳排放信息披露作为一节单列，说明环境信息披露并非可以完全包含碳披露，碳披露有其自身的特性，但两者存在交叉。为进一步探讨两者的关系，有必要厘清二氧化碳与大气污染物的关系。

根据《大气污染防治法》第2条，"对……大气污染物和温室气体实施协同控制"。由此表述可以看出，二氧化碳作为温室气体应当与大气污染物协同控制，但这并不意味着二氧化碳就是大气污染物，只是官方将两者进行协同治理"性价比"更高，同时应对环境污染与气候变化，做到环境

---

❶ 生态环境部：《关于印发〈企业环境信息依法披露格式准则〉的通知》，http://www.mee.gov.cn/xxgk2018/xxgk/xxgk05/202201/t20220110_966488.html，访问日期：2023年4月23日。

❷ 中共中央办公厅、国务院办公厅：《关于构建现代环境治理体系的指导意见》，http://www.gov.cn/zhengce/2020-03/03/content_5486380.htm，访问日期：2023年4月23日。

的协同治理。❶ 有学者提议，明确二氧化碳的法律地位是大气污染物，从而用污染防治的手段控制二氧化碳排放。❷ 但是也有学者并不赞同这一观点，认为按照中国立法对污染物的定义，二氧化碳不是污染物。❸ 综合来看，二氧化碳不宜被界定为污染物，理由如下：第一，二氧化碳的作用是双重的，既有负面影响，也有正向效应。作为大气的重要组成部分，二氧化碳是光合作用的重要原料，参与和推动生物圈能量和物质流动。因此，将二氧化碳作为污染物这种说法是存在问题的。第二，如果将二氧化碳界定为污染物，势必要类似于其他污染物，针对二氧化碳的所有排放行为全面实施环境法律规制，这不但包括环境税（或征收碳税），也包括排放超标的行政处罚等，这在现实的环境执法中是难以操作的。第三，尽管目前普遍认为，二氧化碳的过度排放可能导致温室效应的出现，但一方面科学证据并不明确，另一方面发达国家的人均排放和历史积累排放要远远大于中国。如果将二氧化碳界定为污染物，势必导致中国在气候变化谈判中处于不利位置。第四，可能导致温室气体效应的不只是二氧化碳一种，其他如甲烷、一氧化二氮以及氢氟碳化合物等，也具有温室气体效应。❹ 因此，在考虑温室气体减排方面，不能只对二氧化碳进行控制，而应当结合具体情形对碳物质与污染物进行协同控制和监管，实现减污降碳协同增效。

结合大气污染物与温室气体协同控制的原理，碳披露与环境信息披露的关系应当是交叉融合关系。如图 7-3 所示，对环境信息的披露与碳排放信息的披露应是两种不同类型的信息披露，因为碳排放信息披露影响的是

---

❶ 周小光、张建伟:《关于大气污染与气候变化协同治理的法律思考》,《社会科学论坛》2017 年第 5 期。

❷ 刘晶:《温室气体减排的法律路径：温室气体和大气污染物协同控制——评〈大气污染防治法〉第 2 条第 2 款》,《新疆大学学报（哲学·人文社会科学版）》2019 年第 6 期；曹明德、程玉:《大气污染防治法修订之我见：兼评〈大气污染防治法（修订草案）〉》,《江淮论坛》2015 年第 3 期。

❸ 常纪文:《二氧化碳的排放控制与〈大气污染防治法〉的修订》,《法学杂志》2009 年第 5 期；龚微:《大气污染物与温室气体协同控制面临的挑战与应对——以法律实施为视角》,《西南民族大学学报（人文社会科学版）》2017 年第 1 期。

❹ 胡苑、郑少华:《从威权管制到社会治理——关于修订〈大气污染防治法〉的几点思考》,《现代法学》2010 年第 6 期, 第 151 页。

气候变化，环境信息披露影响的是环境质量，两者交叉融合。

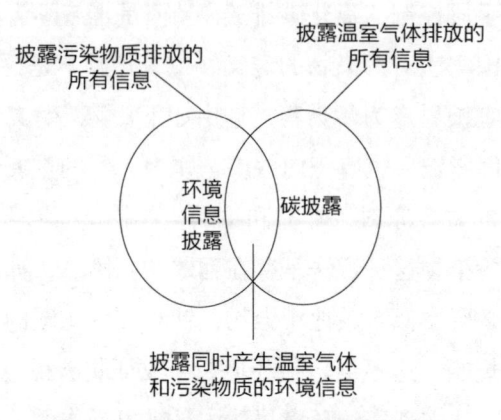

图 7-3　碳披露与环境信息披露的关系

二、碳披露法律制度的法理基础

碳披露法律制度的法理基础在于碳和披露，碳与气候变化应对有关，披露与信息披露有关，同时也涉及企业的组织重构，故碳披露法律制度的建构应遵循可持续发展理论、信息不对称理论和组织合法性理论。

（一）可持续发展理论

可持续发展理论强调人类代与代之间、不同物种之间以及经济发展与生态之间是一种可持续的状态。"可持续发展"的概念第一次出现在1987年《我们共同的未来》这一报告中，之后在1992年联合国环境与发展大会中，可持续发展观念得到了国际社会的普遍认可，并且在《里约宣言》中对可持续发展做了进一步的阐述。具体来说，可持续发展的内涵包括：第一，人类发展过程中，在满足当代人需要的基础上，又要考虑到后代子孙的发展需要。不能因为我们的发展而限制了后代子孙的发展，甚至对他们的发展构成危害。第二，地球是一个大家庭，在地球上生存的除了人类还有其他许多动植物。人类的发展不能以破坏地球上其他物种的生存为代价，必须保持地球上的各种物种之间的可持续发展。第三，可持续发展要求经济发展与生态环境之间必须保持一种平衡。在可持续发展理论的前提下，既要强调经济增长的数量，又要强调经济发展的质量，要保证经济发展与生态环境的承载能力相适应。

当前，气候变化形势日趋严峻，全球减碳逐渐成为各国共识。在2021年的第26届联合国气候变化大会（格拉斯哥会议）上，各方就未来逐步减少煤炭使用达成一致。❶在可持续发展理论的指导下，全世界范围内开始践行可持续发展道路，低碳减排就成了可持续发展理论指导下重要的一种可持续发展模式。碳披露法律制度就是监督企业是否积极实施减碳，以此来践行可持续发展理念与发展模式，碳披露法律制度是一项十分重要的法律制度。碳披露法律制度要求企业将减碳的全过程进行披露，这种披露制度有利于企业积极主动进行减碳工作，确保经济与生态、社会之间的可持续发展。由此可见，可持续发展理论与碳披露法律制度之间存在必然联系，可持续发展理论正是碳披露法律制度产生的理论基础，它支撑着碳披露法律制度的构建。

（二）信息不对称理论

信息不对称是指发行人与投资者之间、投资者与投资者之间、中介机构与投资者之间、监管机构与发行人之间在获取信息的来源、时间、数量、质量上的不对称，一方无法观察到另一方的行为也无法获得另一方行动的完整信息，信息不对称贯穿整个金融市场。具体来说，在市场经济中充分掌握信息者往往具有更加优势的地位，而信息缺乏者则处于相对弱势地位。在碳披露中，信息不对称理论同样适用。对于决策者、一般社会公众等外部利益相关者而言，他们很难知悉企业是否按照规定积极履行减碳义务、是否遵守有关环境保护方面的法律规定、实际排放的情况等信息，

---

❶ 赵雪湄、纪双城、陈欣：《格拉斯哥气候大会闭幕 就〈巴黎协定〉实施制定细则》，https://www.chinanews.com.cn/gj/2021/11-15/9609146.shtml，访问日期：2023年4月23日。

因此可以说，在碳信息方面，外部利益相关者处于信息劣势地位。由于企业与外部利益相关者之间的信息不对称，外部利益相关者尤其是决策者很难评价企业减碳是否符合规定，因而有了有效地衡量企业减碳的方方面面，企业与外部利益相关者之间需要借助一定的方法传递这些碳信息。在这种理论的指导下，外部利益相关者致力于转变信息劣势地位，于是他们通过建立碳信息披露的方法督促企业主动自觉披露碳信息，从而实现企业与外部利益相关者之间的碳信息传递。另外，企业积极披露碳信息也能给外部利益相关者传递更多积极的能量，外部利益相关者对于企业也会产生更好的评价，促使企业在今后更加主动地披露有关信息。综上所述，信息不对称理论不仅促使企业碳信息披露法律制度的产生，更有利于企业在未来自觉实施碳信息披露，反作用于碳信息披露法律制度的发展。

（三）组织合法性理论

组织合法性是指企业在社会中通过获取合法性的过程，向外部利益相关者证明其享有的生存权利。此处的合法性并非传统意义上的合乎法律，而是要将其进行扩张解释，这种"合法性"还应包括合乎企业应尽的社会责任、行业标准以及一些道德规范的要求。换言之，这种针对企业的"合法性"可以理解为合规。合法与合规两个概念之间的关系是一种包容和被包容的关系，不能以偏概全，用合规取代合法。举例来说，遵守公司章程的行为是合规的，也是合法的。在现实社会生活中，行为合法所要求的守法，不仅是遵守法律法规，还要求在法律法规所划定的社会自治空间中、由社会生活主体自主生成各种社会生活规范，并予以遵守。因此，合规概念的含义是具有新颖性的，围绕合规概念的独特含义所展开的制度构设和实践也与合法性意义上的操作大不相同。[1] 在企业获取这样的"合法性"的过程中，衡量其行为是否合法的依据标准是重要因素，这种标准包括法

---

[1] 张志铭:《合规概念的新颖性何在》，https://mp.weixin.qq.com/s/ALwwyimpp_p4Q7JRWZHF0g，访问日期：2023 年 4 月 23 日。

律规范、道德规范、传统习惯等各方面。只有当具备这种评价的标准时，决策者、社会公众等外部主体才能更好地去评判企业的种种行为，才能定义企业是不是有其生存的意义。

组织合法性理论同样适用于企业碳信息披露的问题。企业进行减碳活动并公开减碳的有关信息，可以让外部主体更好地了解企业减碳的整体情况，对企业作出真实客观公正的评价。近年来，随着减碳力度不断加强，碳信息披露在经济发展与环境保护中的作用日益突出，企业是否积极主动进行披露也逐渐成为衡量企业优劣的标准之一。企业在这种趋势下进行碳信息披露也是向外部主体证明其既能享有并行使权利，又能积极履行《公司法》规定的企业社会责任。当然，仅依靠《公司法》对企业社会责任的概括性规定，显然无法满足组织合法性理论中对合法性标准的要求，于是有关碳信息披露的具体法律制度便应运而生。依靠具体明确的碳信息披露法律制度，我们能够更好地衡量企业的"合法性"，这种法律制度应当被认为是评价合法性的一种重要标准。在组织合法性理论的支撑下，碳信息披露法律制度的具体价值被定义，这种法律制度有了自己的存在意义和作用，可以说组织合法性是企业碳信息披露法律制度存在的重要理论基础。

三、碳披露法律制度存在的问题

（一）碳披露专门性立法缺失

首先，尽管目前我国已有一些法律法规为环境信息公开提供依据，但是这些法律法规也只能为碳信息披露提供初步指导与帮助，并不能取代碳信息披露专门法律制度的作用和地位。我国目前涉及碳信息披露法律制度仅有《企业环披管理办法》和《格式准则》，在实践中仍然不能系统有效地指导碳信息披露的进行，只能为碳信息披露的实施提供一些宏观性指导，缺少具体操作方式和保障措施。

其次，目前我国尚未制定气候变化应对法，在法律层面还缺乏关于碳信息披露制度的相关依据。❶ 也就是说，当前碳交易实践中，仍然缺乏碳信息披露的国家级立法，低层级的法律制度不利于企业碳信息披露法律制度的长远发展，很难适应当前统一全国碳排放权交易市场的发展。

总体来看，目前碳披露缺乏统一的专门性立法，难以确立有效的碳披露内容、标准和程序，导致实践中碳披露内容不一、标准不同、程序各异，实践的破碎现状对应的正是立法的不完善，正是由于没有建立起较为完善统一的碳披露内容、标准和程序，导致碳披露法律制度长期处于停滞状态，没有实质性的发展，也没能够起到应对气候变化、披露碳信息的实质作用。

（二）碳披露与环境信息披露衔接不足

尽管《大气污染防治法》中提出了减污降碳协同增效的原则，但是碳披露与环境信息披露的关系仍然没有厘清，直接导致当前碳披露法律制度与环境信息披露法律制度衔接不足。尽管当前《企业环披管理办法》和《格式准则》对企业碳披露和企业环境信息披露的衔接进行了一定的尝试，但仍然没有能够厘清两者的关系。在《企业环披管理办法》中仅将碳排放信息包含在企业环境信息披露的内容之中，而《格式准则》中虽然进一步解释了碳排放信息披露和环境投融资信息披露的具体内容，但仍然没有解释清楚两者的内在联系。根据《格式准则》第25条，企业进行环境融资时，应当披露应对气候变化和生态环境保护的信息。但是对于碳排放披露的信息究竟归于应对气候变化一类，还是生态环境保护一类，仍然需要进一步探讨。

---

❶ 谭柏平、邢铈健：《碳市场建设信息披露制度的法律规制》，《广西社会科学》2021年第9期。

四、碳披露法律制度的完善建议

(一) 制定专门的碳披露法律制度

一套健全的法律体系应当是前后连贯、层次分明、内外协调统一、逻辑结构严密的有机联系的统一整体，而目前我国应对气候变化的立法体系还不够健全。综合性立法的缺失，导致相关法律法规之间缺乏体系性与协调性，存在重叠、交叉乃至冲突等现象。因此，我国应当加快制定应对气候变化法，用法律规范温室气体排放权利和减排义务，❶ 并指导其他相关法律法规。以应对气候变化法为指导，出台一些具有专门性和综合性的碳信息披露法律和行政法规以及各项具体细则，并针对碳信息的披露主体与范围、监管机制以及法律责任等作出明确规定，解决实践中碳信息披露存在的问题和不足。碳信息披露范围必须重点细化，对于披露范围的界定必须合理，做到既适合我国国情又与国际接轨，要克服以往监管部门难以执行碳披露范围相关规定的痼疾。❷

由于环境气候问题是一个全球性问题，因而在适应和减少环境气候恶化的过程中，没有一个国家会是独立的个体。换言之，在应对环境问题和碳排放方面，各个国家是一个整体。因此，碳信息披露制度的国际统一化发展是必然趋势。在这样的全球大背景下，我国需要在碳信息披露综合性立法的基础上，以具有普遍性和权威性的国际披露标准、披露框架为依据，并联系我国国情，进一步出台具有前瞻性的有关碳信息披露法律制度。需要在规范中明确并统一碳信息披露的框架和标准，解决企业碳信息

---

❶ 曹明德：《中国参与国际气候治理的法律立场和策略：以气候正义为视角》，《中国法学》2016 年第 1 期，第 46 页。

❷ 李挚萍、程凌香：《企业碳信息披露存在的问题及各国的立法应对》，《法学杂志》2013 年第 8 期，第 40 页；程凌香：《碳信息披露存在的问题及我国的立法应对》，《环境保护》2013 年第 12 期。

披露中和主体不同导致的披露范围不一致的问题。❶ 只有同时满足国内与国际要求，才能更好地保证碳信息披露范围的全面性与准确性，从而更好地迎合碳信息披露统一化发展这一国际形势，并在碳信息披露全球化的大背景下更好地保障我国的相关权益。

（二）完善现有环境信息披露法律制度

未来我国需要进一步衔接环境信息披露法律制度与碳披露法律制度，为此应进一步完善环境信息披露法律制度，并厘清碳披露与环境信息披露的区别与联系。碳达峰、碳中和是一个有序推进的过程，需要建立在对企业碳排放信息的清晰洞察基础之上，只有拥有透明化、标准化的碳排放信息来源，才能对不同企业的碳排放情况等因素进行横向对比。气候变化与环境保护是相伴而生两大国际性议题，因此各国大多将碳披露纳入环境信息披露体系。但是这样忽视了厘清碳信息与环境信息的交叉关系，二氧化碳排放与污染物排放毕竟在自然科学领域属于两个不同的问题，二氧化碳过度排放导致的是温室效应引发的气候变暖问题，而污染物排放导致的是空气质量恶化的问题。只是基于大气污染物与二氧化碳等温室气体的关联性，于是对两者进行协同监管，因为以燃烧为特征的人类活动是大气污染和气候变化的重要根源。控制污染源的排放既可以减少大气污染物，也可以减少温室气体；控制温室气体的排放也能带来减少大气污染物的效果。❷ 为此，应当修改《大气污染防治法》，使其与未来有待出台的气候变化应对法形成有效衔接。具体来说，可以在总则中规定："国家应当协同控制大气污染物和温室气体，积极推动大气污染防治和气候变化应对的统筹协调。"在大气污染防治措施一章中特别规定："国家加强燃煤、工业、移动源、扬尘及其他大气污染的防治，对二氧化硫、氮氧化物、烟粉尘、挥发

---

❶ 李挚萍、程凌香：《企业碳信息披露存在的问题及各国的立法应对》，《法学杂志》2013年第8期；程凌香：《碳信息披露存在的问题及我国的立法应对》，《环境保护》2013年第12期。

❷ 龚微：《大气污染物与温室气体协同控制面临的挑战与应对——以法律实施为视角》，《西南民族大学学报（人文社会科学版）》2017年第1期。

性有机物、氨等多种大气污染物和温室气体进行协同控制，切实改善城市和区域大气环境质量，积极推进农业大气污染防治。"未来我国还应当设置温室气体排放控制专章，并在其中特别规定："国务院经济综合宏观调控主管部门会同国务院环境保护主管部门综合评估法规政策、区域规划、重大工程的大气污染物和温室气体排放及管控效果，制定气候环境友好的政策和规划，积极研发推广大气污染物和温室气体的协同控制技术，充分发挥大气污染物和温室气体管控的协同增效作用。"在前述基础法律衔接完善的基础上，有针对性地制定环境信息公开法和碳信息公开法，结合减污降碳协同增效的原则，将大气污染物与温室气体排放的信息进行协同披露，通过奖励与惩罚并用的激励方式，完善强制环境信息披露与强制碳披露，鼓励自愿环境信息披露与自愿碳披露，完善碳披露与环境信息披露法律制度衔接机制。此外，国家层面应当成立专门的气候变化应对部门，与生态环境部门一并协同监管碳披露和环境信息披露情况，并有针对性地将碳披露和环境信息披露交给不同领域的专家进行分析，不可一刀切地认为碳披露就属于环境信息披露，而应当认识到两项法律制度属于不同的监管领域，不可将气候变化问题与环境保护问题混为一谈。

第八节　碳信托法律制度

碳信托是碳金融活动的一种表现形式，指的是碳排放权原始所有人作为委托人将碳排放权作为信托财产转移给受托人，按照信托合同约定的目的，善良忠实地对碳排放权进行管理、处分的一种制度。❶ 目前，已有信托公司结合自身资源禀赋试验碳信托发行，取得了较为显著的实践效果，❷

---

❶ 娄欢欢：《碳排放权的信托法律制度研究》，硕士学位论文，中南大学法学院，2012，第13页。

❷ 谢晶晶：《碳信托为双碳目标实现提供新动能》，《金融时报》2021年12月6日第12版。

但实践中仍然存在大量法律空白,需要结合碳信托的法理基础,对碳信托进行细化分类,同时厘清碳信托的法理构造,并有针对性地对未来碳信托法律制度进行完善。

一、碳信托法律制度的法理基础

(一)环境公共物品理论

碳资源属于大气环境容量资源,应当被认定为是环境公共物品。而长期以来,环境容量资源属于公共物品范畴,具有外部性。经济人的排放行为,对环境的影响并没有通过交易的方式表现出来,而是反映在市场之外。在缺少合理的政府规制的情况下,很容易产生资源的"公地悲剧"❶,造成环境资源容量的滥用。温室气体的排放也是如此,温室气体排放实际上消耗的是大气环境容量资源,因为地球的二氧化碳承载力应有一定限度,将温室气体过度排放加剧温室效应会导致严重的气候变化问题。因此,碳资源属于重要的大气环境公共物品,如果不对这样的资源利用进行规制,将会导致严重的气候和环境问题。

解决碳资源问题的关键在于,通过政府积极的政策引导,最大限度地把碳资源容量引入市场,在政府的规范管理下实现环境容量资源的市场化运营。碳排放权交易就是基于这种理论,承认环境资源的稀缺性和价值性,认可二氧化碳排放空间的商品属性。通过把二氧化碳排放空间容量资源数据化、资产化、市场化的途径,使之成为需付出代价才能得到的非公共物品资源。

(二)科斯定理

科斯定理一直被学界看作排放权交易的基础理论。而碳信托作为碳交

---

❶ Joseph L. Sax: "The Public Trust Doctrine in Natural Resource Law: Effective Judicial Intervention", *Michigan Law Review*, 1970, 68(3).

易活动的一种表现形式，科斯定理的基础作用当然不可忽视。科斯定理是对美国经济学家科斯（Coase）的理论思想的总结，他提出了不同于庇古（Pigou）的政府干预方案的非干预主义方案，主张通过界定和完善环境资源的产权制度使环境资源成为稀缺资源，进而利用市场机制实现环境资源配置最优。其思想精髓可以概括为"科斯第一定理"和"科斯第二定理"。

所谓科斯第一定理，就是指在交易费用为零的情况下，并且产权是明晰划分的情况下，无论谁拥有产权、无论初始权利如何划分，都可以通过市场机制达到资源最优化、财富最大化的配置。实质上就是说，在交易费用为零的情况下，权利即使重新安排也不会改变资源的配置效率，但前提是权利的清晰界定，否则无法得出确定的均衡结果。[1]

科斯第二定理，是在科斯第一定理基础上的一种延伸，是指在交易费用不为零的情况下，通过不同的初始权利划分界定会产生不同的资源配置效率。因此，交易双方就不得不聚集在一起对交易的相关问题商议或是讨价还价，交易成本可能比较大。于是，选择何种初始权利安排，并在承认交易费用约束的前提下，实现交易费用的最小化，成了制度选择的关键。通过比较，寻找到所谓的"帕雷托最优的方案"，也就是我们接下来所探讨到的产权制度成为一个不错的选择。碳排放权交易乃至其衍生出的碳信托正是源于科斯定理的明晰权利划分来实现环境资源的最优化配置的思想。

（三）产权理论

对于碳信托的法理分析离不开产权理论的阐释，产权制度的设置是优化资源配置的基础，是一种经济学理论。具体是指，通过法定的形式明确规定某种资源的所有权，以便使这种资源具有稀缺性。产权理论在碳排放权交易乃至碳信托中起到了非常重要的作用。科斯认为，在交易费用不是

---

[1] Michael C. Blumm, Lucus Ritchie: "Lucas's Unlikely Legacy: The Rise of Background Principles as Categorical Takings Defenses", *The Harvard Environmental Law Review: HELR*, 2005（2）.

十分高昂的情况下，外部性通过交易双方参与主体之间的博弈、私人之间的协商可以很好的解决，并不需要政府的强制性干预或是参与。碳信托的设计目的在于，在碳排放权交易的基础上，鼓励私人参与主体的自主能动性，通过碳信托的金融化来实现环境资源容量的效率化，而产权经济学的基本思想认为，产权制度是经济运行的根基，有怎样的产权制度就有怎样的经济效率。产权制度对资源配置具有决定性影响作用。❶

产权制度的一个重要功能就是克服外部性，从而降低社会成本。可以看出，在科斯理论中，合法权利的初始界定是启动市场配置的根本前提。严格明晰地界定私有产权有利于市场合作，推进社会的良性发展。依据所有权学派的观点，市场可以优化资源的配置，而建立有效的市场，良好地发挥市场机制的作用，确定明晰的产权制度是关键。反之，如果产权界定不明确或者无法得到切实保障，就可能会造成资源的一种浪费。由此看来，公有的环境资源管理的最大弊端，就是共有资源的公有财产制度，导致资源的所有者和管理者的身份分离、权责不统一。而碳信托借助信托基金的三方架构，通过金融化手段增加资源配置效率。

（四）环境公共信托理论

环境公共信托理论是以保护环境公共利益为根本目的的一种公共信托理论，它通过确立环境资源的社会公共财产属性和双重所有权权属关系，明确政府作为管理、保护环境资源的法律责任主体，赋予公民以及后代人环境权，设置环境公益诉讼制度，借助司法力量监督环境法律的实施，以达到保护环境资源生态价值和环境公共利益的目的。❷该理论可以作为碳信托制度建构的法理基础，因为碳信托本质上是为了应对气候变化，而气候变化应对与生态环境保护是存在交叉重叠的。因此，环境法上的环境公

---

❶ 罗纳德·H. 科斯等：《财产权利与制度变迁：产权学派与新制度学派译文集》，刘守英等译，格致出版社、上海三联书店、上海人民出版社，2014。

❷ 张颖：《美国环境公共信托理论及环境公益保护机制对我国的启示》，《政治与法律》2011年第6期。

共信托理论可以指导碳信托法律制度的建构。例如，检察机关目前正在探索与环境公益诉讼功能相对应的气候变化公益诉讼，将气候变化应对与生态环境保护分开试点，但同时兼顾两者的协同性。❶正如环境公共信托理论的提出者萨克斯（Sax）教授所言：只有当意识到将公共权利的正当性作为与传统的私的财产利益相对等的东西来看时，才能说这时我们开始走上建构有效环境法体系的真正道路。❷碳信托法律制度需要环境公共信托理论的支撑，只有将碳权利与其他财产权利进行对等分析看待，才能够寻找到真正的可持续发展道路，才能真正将气候变化应对与生态环境保护这两大领域深度结合，形成环境法的大融合、大发展。因此，环境公共信托理论是建构碳信托法律制度的应然法理。

二、碳信托法律制度存在的问题

（一）碳信托的设立前提不清

信托是一种与财产有关的具有信任性质的关系，是一种财产移转和管理安排，由财产所有人（委托人）将其合法拥有的财产（信托财产）转移给受托人，由其持有该信托财产并为他人（信托受益人）的利益管理和处分信托财产。❸因此，信托作为一种财产管理制度，无论是信托的设立，还是信托的管理，都围绕信托财产来展开，即信托财产是信托关系的核心。❹碳信托作为一种信托，其设立的前提也应当是信托财产。那么，碳信托所信托的财产究竟是什么性质，是环境财产、环境资源、碳资源，还

---

❶ 司法部：《司法部对十三届全国人大四次会议第 8464 号建议的答复》，http://www.moj.gov.cn/pub/sfbgwapp/zwgk/zwgkjyta/202111/t20211119_442015.html，访问日期：2023 年 4 月 23 日。

❷ Joseph L. Sax: "The Public Trust Doctrine in Natural Resource Law: The Effective Judicial Intervention", *Michigan Law Review*, 1970, 68（3）.

❸ 高凌云：《被误读的信托：信托法原论（第 2 版）》，复旦大学出版社有限责任公司，2021，第 47 页。

❹ 操小娟：《美国联邦土地管理中公共信托原则的运用》，《学习与实践》2009 年第 8 期，第 41 页。

是碳排放权？在碳信托中，对于这一信托前提存在较大争议。因为根据环境公共信托理论，公共信托财产应当符合两项特征：一是公共信托财产能够被移转或转让，二是可以为人所支配。❶ 根据产权理论，财产可转让和可支配的前提是产权界定清晰明确，如果碳信托所指向的信托财产范围不明，难以界定清晰，便不存在碳信托财产可转让和可支配的前提。因此，针对碳信托财产的范围划分是建构碳信托法律制度的前提，必须通过深入分析加以明确。

（二）碳信托的主体不明

碳信托主体是碳信托法律制度建构的重要支撑。由于并不能够明确碳信托的属性是公益信托还是私益信托，且碳信托主体的法律地位难以明确界定，碳信托法律关系目前处于难以界定的混乱状态，不利于碳信托法律制度的有效运行。具体来说，碳信托主体不明包括碳信托委托人不明、碳信托受托人不明。

首先，碳信托委托人不明。委托人是创设碳信托关系的人，因此其法律地位的界定将直接影响整个碳信托法律关系的结构。根据《中华人民共和国信托法》第19条，"委托人应当是具有民事行为能力的自然人、法人或者依法成立的其他组织"，同时参照《清洁发展机制项目运行管理办法》第10条❷，可以将碳信托的委托人限定为中国境内的中资或中资控股企业。然而，中国境内的中资或中资控股企业作为碳信托的委托人，其委托权限究竟是公法授予还是私法赋予，需要进行更深层次的讨论，只有明确碳信托委托人的委托性质，才能够明确碳信托委托主体的法律地位。

其次，碳信托受托人不明。受托人是指从委托人那里获得信托碳排放权并以该财产权名义上的所有人身份，按照信托文件规定的信托成立的基础目的，为受益人的利益管理和处分信托财产的人。受托人在三方当事人

---

❶ 李冰强：《公共信托理论批判》，法律出版社，2017，第43-52页。

❷ 《清洁发展机制项目运行管理办法》第10条规定："中国境内的中资、中资控股企业作为项目实施机构，可以依法对外开展清洁发展机制项目合作。"

中，处于掌握、处理和管理信托财产的核心位置，因此，受托人的资质和经营能力对于是否给受益人带来预期的可期待收益，实现约定的信托目的起着至关重要的作用。然而，目前国内碳信托受托人资质和经营能力参差不齐，缺乏明确统一的碳信托受托人资格标准，碳信托仍处于炒概念的阶段，各方并没有就碳信托法律制度的本源、结构和内容进行深入思考和分析，缺乏对碳信托法律制度建设的理性思考，不利于碳信托法律制度的长远健康发展。

（三）碳信托存在风险隔离困境

信托财产的独立性是信托财产权利构造的关键和保障。❶ 信托一旦设立，信托财产即自行封闭并与外界隔绝。信托的风险隔离功能是信托基础价值的核心体现，信托财产在名义上归受托人所有，是独立于委托人的其他财产，而债权人通常无法对这部分财产采取任何法律上的强制措施，如查封、冻结等。❷ 然而，在碳信托中风险隔离功能的实现会面临严重困境，因为碳信托的财产已经从传统的私人财产权扩展到了环境财产权，扩大了财产权的概念范畴。财产权是一种社会性的合理存在，取决于共同体中权利对他人产生的影响，而义务和责任则是制度的当然内容，❸ 由于传统的私人财产权仍然是人类中心主义指导下的法律产物，因而没有考虑到环境资源等传统公共物品产权化的情形，导致碳排放权这一新兴权利难以与传统法律框架兼容，同时也产生了很多过去没有的问题，针对碳排放权的信托化，通过设立碳信托这一新兴金融工具，为全人类应对气候变化挑战设置全新信托架构，其具有鲜明的公私融合属性。因此在碳信托中，风险隔离的功能在事实上被弱化和限制，尽管风险隔离是信托区别于其他金融工具的重要特征，但是由于碳信托不是一般的民事或商事信托，而是为了实现

---

❶ 张天民：《失去衡平法的信托：信托观念的扩张与中国〈信托法〉的机遇和挑战》，中信出版社，2004，第101页。
❷ 韩良：《家族信托法理与案例精析》，中国法制出版社，2018，第90页。
❸ 彼得·D.伯登：《地球法理：私有产权与环境》，郭武译，商务印书馆，2021。

环境公共利益而设立的信托，虽然融资和保值功能是碳信托非常重要的内容，但不能仅局限于此，在遇到重大环境和气候风险时，如何平衡风险隔离功能与公共利益的关系，成为碳信托亟待解决的问题。

三、碳信托法律制度的完善建议

（一）确定碳信托的设立前提

在碳信托设立过程中，应当将碳信托财产明确为碳排放权，并将碳信托纳入信托法律体系。碳信托所信托的财产应当是表现大气容量资源权利化的碳排放权，在《碳排放权交易管理办法（试行）》中以碳排放额度作为计量单位，碳排放权一经登记可以移转也可以为权利人所支配。在划分碳信托财产范围中，必须注意碳信托的财产应当是为实现碳达峰、碳中和，应对气候变化目标所设立的碳排放额度，必须结合碳排放核查报告和碳资产评估报告进行具体分析，合理确定企业碳信托财产范围。

（二）明确碳信托的主体

首先，明确碳信托委托人。由于我国为实现"双碳"目标将应对气候变化列为国家战略，碳信托的设立与运行应当从始至终为实现"双碳"目标而服务，因此碳信托的委托人应当明确为实现"双碳"目标而设立信托基金的自然人、法人和非法人组织。碳信托委托人除了应当享有一般信托委托人所应有的权利之外，还应当享有特别权利，包括享有碳排放权受益权和让渡碳排放权受益权的权利。

其次，明确碳信托受托人。鉴于碳信托的高度专业性，应当对碳信托受托人的资格提出严格的要求。碳信托受托人不但需要具备一般的信托机构所具有的良好的管理和市场运作能力，还需要掌握扎实的碳信托相关法律专业知识，同时也必须熟悉国际碳排放权交易和碳信托设立的相关规则。由此可见，碳信托的受托人必须是一个集金融、法律、市场和专门技术于一身的综合团体，它应当被明确为特殊的专门信托机构，须经由专门部门批准设立。

（三）重构碳信托风险隔离功能

未来在碳信托的法律制度建构和实践过程中，应特别注意平衡风险隔离功能与公共利益的关系，以重构碳信托的风险隔离功能。如图7-4所示，符合资格条件的委托人设立碳信托，并由专业可靠的受托人进行运作，由于碳信托的最终目标是实现碳达峰、碳中和，因而碳信托应当将气候风险作为风险隔离的目标，但同时也应当注意保障社会公共利益。在碳信托涉及社会公共利益保护的情况下，可以根据具体情形打破碳信托的风险隔离，以保护公共利益。此外，还应当注意讨论公共利益与气候风险的关系，如果在实践中保护公共利益与应对气候风险并不冲突，则仍应当以一般的标准进行风险隔离，以实现碳信托的基本功能；如果遇到保护公共利益与应对气候风险相伴而生的情形，此时应当注意限制风险隔离的适用，在最大限度上保障环境公共利益的实现，同时注意不要过度侵犯碳信托各方主体的权利。

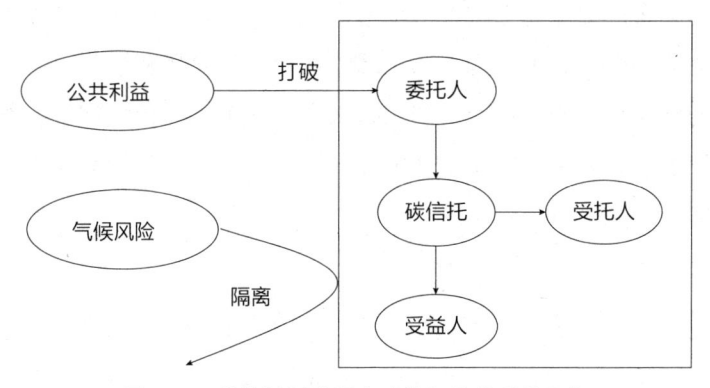

图7-4 碳信托风险隔离功能与公共利益平衡

第八章

全球气候治理背景下的碳法律制度

习近平总书记在二十大报告中明确指出,"构建人类命运共同体是世界各国人民前途所在",中国将"积极参与应对气候变化全球治理……坚持绿色低碳,推动建设一个清洁美丽的世界"。❶ 全球性的气候危机是各国推进全球碳法律制度建构的根本动力,同时也凸显了构建人类命运共同体这一议题的必要性。本章将介绍全球气候治理的时代背景和未来全球碳法律制度的嬗变与展开,预测中国在未来全球碳市场的角色定位,并展望中国碳法律制度尤其是中国碳市场的发展道路,以法律制度为人与自然和谐共生的现代化保驾护航。

---

❶ 习近平:《高举中国特色社会主义伟大旗帜 为全面建设社会主义现代化国家而团结奋斗——在中国共产党第二十次全国代表大会上的报告》,http://www.gov.cn/xinwen/2022-10/25/content_5721685.htm,访问日期:2023年4月25日。

第一节　全球气候治理的时代背景

当今全球正在经历"百年未有之大变局",气候变化的现实威胁步步紧逼,极端气候事件也频频发生,气候变化全球治理正值动荡转型期。2021年4月22日,联合国秘书长古特雷斯宣布,过去10年是有历史记录以来最炎热的10年,全球气温已经上升1.2℃。❶ 2022年7月19日,21个欧洲国家都发布了高温预警,英国首都伦敦气温在当天更是达到40℃,打破了历史纪录。❷ 在这关键时刻,强调义务与责任而淡化权益与利益的《巴黎协定》和《格拉斯哥协议》的遵循和实施也愈发地具有不确定性,全球有识之士都在呼唤希望能达成气候变化全球治理的共识,并提出具体实践中可行的方案,全球碳法律制度应运而生。全球应对气候变化正逐步进入格拉斯哥时代,当前全球碳法律制度的发展需要从实现碳中和目标和完善碳市场两方面入手,从而实现全球碳法律制度的发展与融合。

一、格拉斯哥时代的碳中和目标

随着《巴黎协定》的全面实施以及《格拉斯哥协议》的最新要求,碳中和成了国际社会关注的焦点。越来越多的经济体宣布自己的碳中和目标,采取更严格的减排措施,国际碳中和行动的规模和影响日益扩大。但各经济体之间尚存在政策和认知上的鸿沟,碳中和行动的不对称和不平衡性依然突出,各国内部也面临政治经济及技术等诸多挑战。部分国家过于

---

❶ 张肖阳:《人与自然生命共同体:气候变化全球治理的中国方案》,https://m.gmw.cn/baijia/2021-05/18/34852654.html,访问日期:2023年4月25日。

❷ 佚名:《21个欧洲国家发布高温预警背后,是气候暖化的警钟长鸣》,https://www.163.com/dy/article/HD6KI85T0553JKBK.html,访问日期:2024年8月28日。

激进的减排目标和气候问题政治化倾向，引发了国际能源价格飙升、绿色贸易保护主义及地缘竞争加剧等一系列冲击。为顺利推进全球低碳转型，恰当的减排战略和节奏不可或缺，各国需把握好发展、安全及环保之间的动态平衡，并以建设者的姿态深化国际碳合作，积极缩小全球碳中和鸿沟，在如期实现碳达峰目标的基础上，进而实现碳中和全面转型。

（一）格拉斯哥时代碳达峰如期实现

碳达峰是指某个地区或行业年度二氧化碳排放量达到历史最高值，然后经历平台期进入持续下降的过程，是二氧化碳排放量由增转降的历史拐点，标志着碳排放与经济发展实现脱钩，达峰目标包括达峰年份和峰值。❶ 联合国气候变化专门委员会发布的第三工作组报告《气候变化 2022：减缓气候变化》显示：全球温室气体排放量应在未来三年达到峰值，才能实现将全球升温控制在 1.5℃的目标。❷ 该报告还指出：2010 年至 2019 年全球温室气体年平均排放量处于人类历史上的最高水平，但增长速度已经放缓。眼下世界尚未实现 1.5℃控温目标，所有行业尤其是能源行业应当进行深度的温室气体减排、化石燃料必须以前所未有的规模和速度逐步减少，在 2030 年之前实现温室气体排放量减半，在 21 世纪中叶实现二氧化碳净零排放，同时确保公正和公平的过渡。❸

然而，要确保在格拉斯哥时代如期实现碳达峰目标，各国不能够图一时之快而置能源安全、经济安全、社会安全和国家安全不顾。以中国碳达峰目标的实现为例，中国的自然资源禀赋是富煤少油少气，如果追求过早地实现碳达峰，会因为达峰年经济增速上限的问题，导致经济增速过低，甚至影响到 2035 年基本实现社会主义现代化这一远景目标的实现。在中国

---

❶ 徐天元、刘尹华、李海强、张诗琪：《国内外"碳达峰、碳中和"发展布局分析》，《东北电力技术》2021 年第 11 期，第 24 页。

❷ IPCC WGIII: "Sixth Assessment Report, Climate Change 2022: Mitigation of Climate Change", https://www.ipcc.ch/report/ar6/wg3/, accessed April 25, 2023.

❸ IPCC WGIII: "Sixth Assessment Report, Climate Change 2022: Mitigation of Climate Change", https://www.ipcc.ch/report/ar6/wg3/, accessed April 25, 2023.

承诺 2030 年前实现碳达峰后，由于大量高碳或重化工业的生产能力依然处于高速发展期，而不像发达国家已经完成工业化，对中国来说实现碳达峰目标的时间点决策是权衡利弊的结果。在中央作出实现碳达峰的重大决策并指出 2030 年后实现稳中有降之后，很容易判断最佳碳达峰的时间点，作为发展中国家的中国实现碳达峰的时间点只能是 2029 年。根据发达国家多是在某种危机情况下被动实现碳达峰的经验，中国需要发挥行政手段的优势，采取多种措施，如大幅度提高行业范围扩大后的碳交易价格、大量减少免费碳排放配额、征收碳税、淘汰落后和相对落后的产能等，通过人为制造"碳达峰风暴"，确保 2029 年实现碳达峰。[1]中国作为最大的发展中国家，其碳达峰的经验可以为其他发展中国家所吸收借鉴，走出一条不同于美欧等西方国家的碳达峰经验，在不影响全球经济发展的前提下如期实现碳达峰。

（二）格拉斯哥时代碳中和全面转型

碳中和是指某个地区在一定时间内（一般指 1 年）人为活动直接和间接排放的二氧化碳，与其通过植树造林等吸收的二氧化碳相互抵销，实现二氧化碳"净零排放"。[2]碳达峰与碳中和紧密相连，前者是后者的基础和前提，达峰时间的早晚和峰值的高低直接影响碳中和实现的时长和难度；而后者是对前者的紧约束，要求达峰行动方案必须在实现碳中和的引领下制定。纵观全球，截至 2019 年底，根据欧洲创新大学联盟的数据，已有 125 个国家和地区提出碳中和目标，其中 2 个国家已达到碳中和，6 个已有相关立法，3 个处于立法议案阶段，12 个已有相关政策文件，其余国家正在制定讨论中。[3]自《巴黎协定》以来，尽早实现碳中和、控制升温已

---

[1] 周勇：《追求过早实现碳达峰并不可取》，《张江科技评论》2022 年第 2 期，第 10 页。

[2] 孙佑海、王甜甜：《推进碳达峰碳中和的立法策略研究》，《山东大学学报（哲学社会科学版）》2022 年第 1 期，第 157 页。

[3] 孟庆丽：《碳中和目标下数字经济产业发展探析》，《信息通信技术与政策》2021 年第 11 期，第 56 页。

成为全球共识性议题。英国、法国等欧洲发达国家已建成成熟的碳交易体系，在政策法规成熟度和整体技术的先进性方面处在世界前列。其中，英国政府建立了一个具有法律强制性的、覆盖全国的总量控制与交易机制，即碳削减承诺能源效率体系（Carbon Reductionmitment Enerauy Efficiency Scheme，简称CRC体系），目标是在2020年前实现大型商业和公共机构每年减排120万吨二氧化碳当量。❶ 英国于2010年颁布《碳削减承诺能源效率体系指令》后，该体系正式启动。至2020年其碳排放量连续6年下降，创下130年以来最低水平，年排放量相比交易实施之初下降28.9%。❷

进入格拉斯哥时代，全球在实现碳达峰目标后就要开展艰苦卓绝的碳中和行动，而这一行动是为了我们的子孙后代能够享受到更好的生态环境资源。当前，全球碳中和实现存在四大难题：一是我们对碳中和的认知与政策目标存在很大差异，气候变化在本质上是发展问题，各经济体发展阶段和国情不同，全球达成应对气候变化的共识还有很长的路要走。二是技术与经济挑战，目前化石能源几乎无所不在，如果没有颠覆性的创新，清洁能源很难获得主导性优势，化石能源也很难较快退出历史舞台。三是国内政治和社会挑战，全面脱碳是一项巨大的经济和社会工程，势必面临巨大的政治和社会挑战。四是国际政治经济竞争与地缘挑战，实现全球碳中和目标也将伴随新一轮的国际政治经济竞争，包括标准与规则之争、技术之争、经贸之争、绿色金融之争等。❸

未来，中国应当坚持在多边框架下开展气候变化国际合作，积极参与国际规则和标准制定，有效应对可能出现的不合理单边行为，推动建立公平合理、合作共赢的全球气候治理体系，在格拉斯哥时代引领碳中和全面转型。积极参与应对气候变化国际谈判，推动落实《巴黎协定》，坚持共

---

❶ 况文婷、梅凤乔：《英国碳削减承诺能源效率体系研究及对我国的启示》，《安徽农业科学》2015年第16期，第251页。

❷ 徐天元、刘尹华、李海强、张诗琪：《国内外"碳达峰、碳中和"发展布局分析》，《东北电力技术》2021年第11期，第24页。

❸ 现代院能源安全研究中心课题组：《国际碳中和发展态势及前景》，《现代国际关系》2022年第2期，第27–28页、第62页。

同但有区别的责任原则，维护我国发展权益。加强中欧、中美在绿色复苏、气候变化、生物多样性保护等领域的对话与合作。推进绿色"一带一路"建设，限制高碳项目投资，支持共建"一带一路"国家开展清洁能源开发利用。帮助发展中国家提高应对气候变化能力，支持发展中国家能源绿色低碳发展，不再新建境外煤电项目。加强绿色低碳技术、绿色金融等领域的国际合作，推动绿色低碳技术的合作研发和技术转移，推进全球绿色金融市场发展。❶

二、格拉斯哥时代全球碳市场亟待完善

格拉斯哥大会之后，全球碳市场呼之欲出。全球碳市场的构建将会为全球气候行动撬动大量的资金，激励创新、促进公正转型。目前来看，全球碳市场2020年的交易规模接近于2300亿欧元，中国在2021年7月已经启动全球覆盖温室气体排放量最大的碳市场，尽管目前交易金额只占全球的1%左右，但未来的成长潜力十分可观。而在这一机制之下，高排放行业的营收空间将进一步收窄，绿色转型将逐渐成为企业发展的主旋律。要建立全球碳交易机制，碳定价将是核心问题，没有好的价格形成机制，不可能引领创新、倒逼改革、促进转型。❷因此，提高市场的活跃度至关重要，而提高市场活跃度的关键就在于引入交易流通机制和金融融资机制。由此，全球碳市场的建构可以分为两大方面：一是全球碳交易市场建设，二是全球碳金融市场建设。

（一）格拉斯哥时代全球碳交易市场逐步成熟

全球碳交易市场的发展对推动世界经济绿色转型将产生重要作用。全

---

❶ 王一鸣：《中国碳达峰碳中和目标下的绿色低碳转型：战略与路径》，《全球化》2021年第6期，第18页。

❷ 王晨：《后COP26时代新格局：减少煤炭成共识，全球碳市场蓄势待发》，《21世纪经济报道》2021年11月25日第006版。

球碳交易市场经过前期试验、完善和发展，已经成为全球气候治理体系的重要组成部分。在各国携手应对气候变化的背景下，全球碳交易市场将迎来快速发展，可能会呈现如下趋势：

第一，强制减排市场将扩大地理和行业覆盖范围，有望成为定向降碳的结构性政策工具。在强制减排市场中，政府部门设定总排放水平，市场据此确定碳价，可实现确定的减排结果。自2005年欧盟碳市场启动以来，全球各地已建立30多个强制减排市场。预计未来更多国家和地区会建立强制减排市场，控排范围扩展至更多的移动排放源，覆盖的排放量不断增加。此外，从一些欧洲国家实践看，针对重点能耗行业，可在现有碳交易体系下为该行业单独建立一套强制减排机制，从而增强碳减排约束，发挥定向降碳的作用。

第二，自愿减排市场将迎来标准趋同、市场互通的新局面，促进减排市场规模快速扩大。自愿减排市场通过标准化、量化绿色项目减排效果，形成了以减排量为核心的碳定价机制。在《京都议定书》时期，清洁发展机制及其标准是全球主导性的减排市场和规则，此后诸如自愿碳减排核证标准、黄金标准等兴起，减排项目开发、审定和签发标准开始多元化，形成了自愿减排市场，这虽然满足了碳市场不同买方的差异化需求，但是也导致自愿减排市场割裂。伴随《巴黎协定》第6条在格拉斯哥会议上取得实质进展，预计《巴黎协定》和《格拉斯哥协议》确立的碳减排交易相关规则有望成为业内主导，这将促使市场标准和规则重新趋同，有利于推动碳减排市场良性发展。

第三，在《京都议定书》时期，清洁发展机制是国家间调节减排资源、协助工业化国家实现减排指标的市场化合作机制。《巴黎协定》第6条引入国家间减排成果，规定减排成果跨国转移的规则，具体是指一国可通过购买其他国家的减排成果，完成自身的国家自主贡献，同时为避免重复计算，出售减排成果的国家需要完成更多的减排任务才能达到原定的国家自主贡献。这意味着未来碳减排市场将成为不同国家合作减排、转移减排成果的基础，由此碳减排市场的深度和广度将得到扩展，有望形成全球

性的碳交易市场。❶

（二）格拉斯哥时代全球碳金融市场亟待开发

全球碳金融市场是实现全球碳达峰、碳中和的重要资金来源。推进减排需要在能源和基础设施等领域进行大规模投资。根据国际可再生能源机构估算，要实现《巴黎协定》关于全球升温低于2℃的目标，用于可再生能源的年均投资必须从现在的3000亿美元增加到约8000亿美元。❷碳金融是促进经济可持续发展的重要举措，将在实现《格拉斯哥协议》和《巴黎协定》气候变化目标方面发挥重要作用。为应对全球气候变化，世界各国积极开展节能环保、绿色低碳等领域的金融服务，并推行碳金融产品发展与创新。近年来，随着上海绿色低碳经济的大力发展以及国际金融中心建设取得的重大进展，上海也更加重视碳金融的发展与完善。2021年7月28日，上海市政府发布《上海国际金融中心建设"十四五"规划》，明确提出以力争实现"双碳"目标为引领，"大力发展绿色金融"。2021年10月8日，上海市政府发布首份绿色金融专门文件——《上海加快打造国际绿色金融枢纽，服务碳达峰碳中和目标的实施意见》。可见，碳金融对我国及上海"双碳"目标实现具有重要意义，❸因此全球碳金融市场亟待开发，碳金融市场前景广阔。

进入格拉斯哥时代，全球碳金融市场的建设面临诸多挑战，而中国碳金融市场的建设是其中的重要一环。2020年10月，生态环境部、国家发展和改革委员会、中国人民银行、证监会等五部委联合发布的《关于促进应对气候变化投融资的指导意见》明确提出，"在风险可控的前提下，支持机构及资本积极开发与碳排放权相关的金融产品和服务"，这也为进一

---

❶ 中国银行全球金融市场研究中心课题组：《全球气候治理体系演变与碳交易市场发展趋势研究》，《金融纵横》2022年第1期，第29—30页。

❷ 佚名：《实现碳中和面临"四大挑战"》，https://baijiahao.baidu.com/s?id=1729881803690218592&wfr=spider&for=pc，访问日期：2024年8月28日。

❸ 李海棠、周冯琦、尚勇敏：《碳达峰、碳中和视角下上海绿色金融发展存在的问题及对策建议》，《上海经济》2021年第6期，第61页。

步丰富和完善碳金融市场产品体系提供了政策指引。较为成熟的国际碳金融市场主要包括基于碳信用和碳现货的碳金融基础产品以及碳金融衍生产品。❶目前，在全球影响力较大的几个碳交易所进行的已经不仅仅是碳排放配额或减排项目所产生的碳资产交易活动，以碳排放权为标的物的期货、期权产品已形成标准化合约进行交易，各类新兴的气候类衍生品也在不断开发中。各类碳金融衍生产品丰富和活跃了碳金融市场，通过价格发现功能，优化了资源配置，强化了碳市场的定价权。中国的全国碳市场可借鉴国际成熟碳金融市场的发展经验，在进一步拓展基于现货交易的碳金融工具的同时，有序推进各类衍生金融产品的创新运用，不断丰富和完善碳金融市场产品体系，❷形成完善的碳金融市场体系，与国际规则和国际标准对标对表。

三、格拉斯哥时代全球碳法律制度的发展趋势

进入格拉斯哥时代，全球碳法律制度的发展趋势包含两个层面：一是各国碳市场体系的发展与完善，二是国际碳市场链接的形成与融合。这两大层面的制度变迁将贯穿全球碳法律制度的发展始终，不仅使类似于欧盟、美国、澳大利亚、英国等国家和区域板块形成和完善了碳法律制度，而且让各国和区域碳法律制度之间形成链接机制，形成国际碳市场的链接，各个板块的碳法律制度逐渐融合，并逐渐形成全球层面的碳市场共同体。

---

❶ 雷鹏飞、孟科学：《碳金融市场发展的概念界定与影响因素研究》，《江西社会科学》2019年第11期。

❷ 贾彦、刘申燕：《依托全国碳排放权交易市场加快打造国际碳金融中心》，《产权导刊》2022年第2期，第23页。

（一）格拉斯哥时代各国碳市场体系的逐步发展与完善

1.欧美碳市场体系的发展与完善

欧盟与美国碳市场通过几年的运行和不断完善，在发展过程中形成了具有区域特色的碳市场交易体系，其实践经验证明碳交易在实现节能减排目标、发展低碳经济、应对全球气候变化方面均具有重要作用。❶

（1）欧盟碳市场体系的发展与完善。自签订《京都协议书》后，欧盟为实现其减少碳排放量的义务，于2005年正式实施欧盟碳排放交易体系。该体系是世界上首个且目前全球最大的跨国碳排放交易市场。作为欧盟碳市场的核心，欧盟碳排放交易体系在限额交易的基础上，将碳排放量与成本直接挂钩，以此达到节能减排的目标。

欧盟碳排放权交易体系可以分为2005—2007年、2008—2012年、2013—2020年、2021年至今四个发展阶段。第一阶段为2005—2007年的初步试验阶段，建立初期有28个成员国加入，实行"总量控制、负担均分"的原则，分配方式上则根据各国历史排放水平来确定对应的碳排放额度。这一阶段的限排行业主要集中在能源、钢铁、水泥、造纸等，这些行业的排放量总额占欧盟总和的近50%。第二阶段为2008—2012年的全面发展阶段，新增3个成员国，覆盖了欧盟约45%的碳排放量。在行业范围进一步扩大的同时，减排的气体范围也增加了其他的温室气体。在这一阶段中，欧盟完善了分配制度，在原有依照历史水平确定分配额的基础上增加了核实和监督环节；改革市场交易制度，设立市场稳定基金将碳价格控制在合理水平，保护市场参与者的积极性；修订相关法律法规，保障了碳市场的有力发展。第三阶段为2013—2020年，欧盟碳排放交易体系已经涵盖超过11 000个实体单位及12 000多座工业基础设施。而为了达到2050年减排60%~80%的长期目标，欧盟碳市场的要求也更加严格，在分配制度上进行了大刀阔斧的改革，以市场化机制取代计划式机制，灵活

---

❶ 李静远：《欧美碳金融市场实践经验及启示》，《合作经济与科技》2022年第2期，第64页。

有效地减轻了配额供给超标的问题，进一步促进了减排效率的提高。❶到当前的第四阶段，根据欧盟委员会的一揽子气候立法，为加快减排步伐，欧盟提出从2021年起配额总量将以每年2.2%的速度下降（此前为1.74%），同时建立更有针对性的碳泄漏规则，并设立创新基金和现代化基金用于资助低碳创新和能源部门现代化等。❷

纵观欧盟碳排放权交易体系的发展，该体系是在不断试错和改革中一步步趋于完善。该体系的成功极大地帮助了欧盟碳市场体系的发展完善，显著的减排成效也使欧盟在国际气候谈判中有了较大的话语权。

（2）美国碳市场体系的发展与完善。美国于1998年加入《京都协议书》，之后以减排影响社会就业及自身经济发展等为由，于2001年宣布退出。但美国作为全球第二大碳交易市场，其国内各州、市也在积极推进减排的跨区域合作，如表8-1所示，美国形成了一些区域性的碳交易市场，在不断地尝试中也形成了相对独立的交易模式。美国各区域的碳交易市场发展，对我国碳交易市场的完善具有借鉴意义。

表8-1 美国区域性碳市场梳理

市场名	建立年份	交易主体
美加西部气候倡议	2007	美国西部五个州、加拿大四省、墨西哥部分州内企业
芝加哥气候交易所	2003	自愿加入的企业会员
区域温室气体行动倡议	2003	美国东北部和大西洋中部若干州

美加西部气候倡议于2007年提出，其目标在于利用区域间的合作，共同制定有效的政策和合理的市场机制，经过严格执行，该区域2020年碳排放量比2005年低15%。美加西部气候倡议强调配额无产权，可以在二级市场上自由交易。

---

❶ Chang M C: "Carbon Emission Allocation and Efficiency of EU Countries", *Modern Economy*, 2012（3）.

❷ 樊东星、张叶东：《欧盟碳交易监管体系对我国的启示》，《福建金融》2023年第1期，第32页。

芝加哥气候交易所于 2000 年成立，2003 年开始正式以会员制运行。芝加哥交易体系与其他碳排放交易体系最大的区别在于其减排责任的实现依靠各会员的自愿承诺和社会责任感，也是全球唯一的自愿碳交易平台。各会员根据交易所制定的配额和交易制度，自愿作出法律效力下的减排承诺。若未能达到承诺，则需在碳金融市场上购买碳金融工具。在自愿为前提的体制下，其碳交易量和交易额与其他强制性的市场体系存在一定差距，但碳金融市场获得了长足发展。目前，芝加哥碳交易体系的交易品种主要是金融衍生品，包括期货、期权等，其创新发展也促进了碳金融市场的发展。

区域温室气体行动倡议与美加西部气候倡议类似，都是基于各州间的合作，共同签约来约束区域间温室气体的排放。不同的是，区域温室气体行动倡议主要针对电力行业，依靠对传统能源的限制，促进清洁能源的发展。[1]

2. 英国碳市场体系的发展与完善

随着 2020 年英国正式退出欧盟和欧盟碳排放交易体系，英国碳排放交易体系于 2021 年开始运行。英国碳排放交易体系的设计特征与欧盟碳排放交易体系第四阶段的设计特征非常相似。然而，英国碳排放交易体系的排放上限更为严格（比欧盟上限低 5%）。英国碳排放交易体系同样设置了一个成本控制机制，旨在缓解持续的极端价格上涨。该机制基于设定的时间和配额价格触发点生效。公众将进一步参与供应调整机制，以应对市场波动性。配额最低拍卖保留价为 22 英镑（约合人民币 197.3 元）每吨二氧化碳。英国政府表示，未来将开放与其他国际框架的联系。除了"脱欧"后的新碳排放交易体系，英国电力行业将继续参与碳定价，2021 年的最低碳价为 18 英镑（约合人民币 161.4 元）每吨二氧化碳。英国政府已经承诺在 2024 年之前停止使用煤炭，该税种将保持到燃煤发电被逐步淘汰。[2]

由上可知，英国政府已经认识到在碳定价方面开展国际合作的重要性

---

[1] 李静远：《欧美碳金融市场实践经验及启示》，《合作经济与科技》2022 年第 2 期，第 64-65 页。

[2] 李天娇：《国外部分碳市场进展概览》，《中国电力企业管理》2021 年第 19 期，第 82 页。

以及国际碳市场可以发挥的重要作用。虽然英国碳排放交易市场目前已经作为一个独立实体开展运行，但英国原则上将开放英国碳市场与国际接轨。英国与欧盟达成的《自由贸易协定》载明，英国继续致力于将碳定价作为实现气候变化目标的有效工具。协定中确认英国与欧盟都将建立一个有效的碳定价体系，涵盖发电与供热、工业制造与航空的碳排放。英国和欧盟都已经同意在碳定价领域开展进一步合作，其中就包括考虑将英国已经"脱欧"的碳市场继续实现与欧盟碳市场的衔接。此外，英国在应对气候变化进程中通过立法明确 2030 年和 2050 年减排目标。为保障目标的实现，英国政府在"脱欧"后仍寄希望于采用碳市场工具完成经济体系的低碳转型。从 2021 年起实施英国碳排放交易体系，为其设立了新的独立覆盖范围和配额总量机制，形成了以拍卖为主的配额分配方式，并规定了与其相适应的市场稳定机制和履约管理制度。英国碳市场的未来运行及其与欧盟碳市场的互动仍然值得我们进一步关注。❶

3. 澳大利亚碳市场体系发展与完善

澳大利亚政府于 2008 年 12 月 15 日提出《碳污染减排机制法案》，开始构建实施碳交易机制。澳大利亚初建的碳交易体系涵盖四种温室气体，纳入能源、运输、矿业、工业等大多数行业，是一个国家层面的、涵盖范围相当广泛的排放交易体系。2011 年澳大利亚通过《清洁能源法案》，政府专门建立三个监管机构，负责法案的实施。首先是清洁能源管理局，负责法案的运行，编制、管理国家温室效应和能源报告计划、可再生能源目标计划，负责碳排放权的初始分配，包括配额的发放及登记注册管理；其次是气候变化局，负责跟进、调查澳大利亚的排放水平、减排措施及进展等；最后是生产力委员会，负责审阅法案对国家的经济影响，包括国家减排政策、与国际减排链接政策的适当性，以及政府提供资助的合理性。❷

---

❶ 潘晓滨、杜秉基：《脱欧后英国碳排放交易制度进展综述》，《资源节约与环保》2022 年第 4 期，第 136 页。

❷ 郝海青：《法治政府视角下中国碳市场法律监管制度研究》，《辽宁大学学报（哲学社会科学版）》2017 年第 2 期，第 97 页。

2012年，澳大利亚两党达成协议确定了 2020 年碳排放量比 2000 年减少 5%～25% 的减排目标，并且开始实施碳价格政策。澳大利亚的清洁能源未来法案（Clean Energy Future，简称 CEF）规定从 2012 年 7 月 1 日开始，将近 300 家年排放量超过 25 000 吨二氧化碳当量的高排放企业必须在每个财政年度为其所产生的碳排放买单。❶ 最初许可证的 1 吨二氧化碳当量的价格固定为 23 澳元，在 2012—2013 财政年度，政府可无限额发放配额，碳价格每年上涨幅度为 2.5%，直至过渡到 2015—2016 年的具有可变碳价特征的排放权交易计划。❷ 该法案作为一个广泛的能源"一揽子"改革方案的一部分，通过鼓励澳大利亚最大的排放企业提高能源效率和进行可持续能源投资来实现这些减排目标，是将澳大利亚从碳税逐步过渡到国家性碳交易市场的重要立法。❸

澳大利亚政府监管的特色制度是碳价格机制，法案规定从 2012 年 7 月 1 日起执行固定碳价机制，直至 2015 年市场运行相对稳定可控时，进入碳交易价格浮动机制运行阶段，即有上下限约束的弹性价格机制。再逐步过渡为完全市场浮动机制，即完全由市场形成碳价格。❹ 这种从固定价格到浮动机制，再到完全放开的渐进式碳价格形成机制，是澳大利亚碳交易机制中的特色之处，有利于初期碳价格保持一定的稳定性。

（二）格拉斯哥时代国际碳市场链接的逐步形成与融合

1. 国际碳市场链接的问题提出

碳市场链接的产生通常是由一个碳市场通过直接或者间接的方式接受

---

❶ Diarmuid Cooney-O'Donoghue：《澳大利亚气候变化政策：被政权更迭牵着鼻子走》，https://www.china5e.com/news/news-931837-1.html，访问日期：2024 年 8 月 29 日。

❷ Andrea Johnson, Lars Laestadius: "New Laws, New Needs: The Role of Wood Science in Global Policy Efforts to Reduce Illegal Logging and Associated Rade", *IAWA Journal*, 2011, 32（2）.

❸ 樊威：《澳大利亚碳市场执法监管体系对我国的启示》，《科技管理研究》2020 年第 8 期，第 268 页。

❹ Australian Government: "Securing a Clean Energy Future –The Australian Government's Climate Change Plan", *Canprint Communications Pty Ltd*, 2011.

另外一个碳市场的配额来达到各自的履约目标。碳市场链接可以分为三类：一是碳排放交易体系之间的链接，例如，加利福尼亚州与魁北克省，欧盟与欧洲经济区的挪威、冰岛以及列支敦士登三个国家；二是碳排放交易体系与清洁发展机制之间的链接，例如，欧盟碳排放交易体系与清洁发展机制、瑞士碳排放交易体系与清洁发展机制等；三是碳排放交易体系与联合履约机制之间的链接，例如，欧盟碳排放交易体系与联合履约机制。目前，碳市场链接主要以前两种方式为主，即碳排放交易体系之间的链接和碳排放交易体系与清洁发展机制之间的链接，但是由于近些年来清洁发展机制项目遭受到了额外性的问题，碳减排凭证的使用也受到了越来越多的限制。例如，从2013年开始欧盟碳排放权交易体系可以使用的清洁发展机制项目仅可以来源于最不发达国家，排除了中国和印度，并且取消接受关于三氟甲烷等工业气体项目的清洁发展机制抵销信用额。另外，2011年德班会议强调要逐步将所有国家纳入全球碳市场，除了1997年《京都议定书》中规定的发达国家以外，发展中国家也需要承担强制性减排的责任，希望于2020年建立全球统一的碳市场。❶

国际碳市场链接目前存在国际法律空洞化的问题。格拉斯哥气候大会达成了关于《巴黎协定》第6.2条所述合作方法与第6.4条机制的规范文件，这使通过全球的减缓成果转移和"第六条第四款减排单位"来链接国际碳市场的制度安排愈发清晰。但是，从间接链接碳市场的《京都议定书》三个灵活机制，❷ 转变为直接与间接相结合的《巴黎协定》下第6.2条所述合作方法与第6.4条机制，现行国际法规则涵盖宽泛却又缺乏清晰界分与实质拘束力的问题，令新的规则框架所构建的国际法律关系也笼罩在迷雾之中。有学者将之归结为"纳什均衡"困境❸与全球气候治理体系的

---

❶ 傅京燕、章扬帆：《国际碳排放权交易体系链接机制及其对中国的启示》，《环境保护与循环经济》2016年第4期，第5页。

❷ United Nations："Kyoto Protocol to the United Nations Framework Convention on Climate Change，" https://unfccc.int/resource/docs/convkp/kpeng.pdf，accessed April 25, 2023.

❸ 袁达松、黎昭权：《构建包容性的世界经济发展与环境保护法治框架：以"人类命运共同体"理念为基础》，《南京师范大学学报（社会科学版）》2019年第2期，第112页。

"国际无政府"状态❶或"治理嵌构"关系❷。因此,从《联合国气候变化框架公约》到《格拉斯哥协议》,碳市场链接的国际法律依据以《京都议定书》与《巴黎协定》之间的更替为界限,呈现出两个明显的发展阶段。随着碳市场由国家间灵活机制主导下的零散体系发展为更具层次性的体系,从区域到次国家各层级的 24 个碳排放交易市场成为碳市场链接国际法律实践的宽广土壤。然而,新市场机制有关义务分配模糊、减量机制弱化与核算转化粗糙的法律规则空洞化缺陷,加重了国际链接现实需求与条约实然状态之间的脱节,造成了链接角色不明、碳信用供给失控、产权清晰不足的不利影响。❸

2. 国际碳市场链接的实践现状

截至 2022 年,全球已投入运行的碳排放权交易市场包括 1 个超国家机构、10 个国家、20 个省和州、6 个城市。❹ 从覆盖温室气体排放的行业看,主要包括工业、电力和建筑业。其中,新西兰碳交易体系覆盖行业范围最为广泛,包含工业、电力、建筑业、交通业、航空业、废弃物、林业。从覆盖温室气体排放比例上看,加拿大新斯科舍省碳交易体系、魁北克省碳交易体系和美国加利福尼亚州碳交易体系覆盖当地温室气体排放比例较高,但实际覆盖排放量较小。从覆盖温室气体排放量大小看,中国碳市场、欧盟碳市场、韩国碳市场覆盖的温室气体排放量较大。

2021 年全球各国家和地区强化气候变化目标。2022 年,受到俄乌冲突的影响,全球尤其是欧洲地区加快了新能源和碳排放市场建设进程。据路孚特《2021 年碳市场回顾报告》显示,2021 年全球温室气体排放成本飙升,2021 年底欧盟的碳排放配额价格超过 2020 年底的两倍。2021 年区

---

❶ 黄以天:《国际互动与中国碳交易市场的初期发展》,上海人民出版社,2019,第 110–112 页。

❷ 李昕蕾:《治理嵌构:全球气候治理机制复合体的演进逻辑》,《欧洲研究》2018 年第 2 期。

❸ 江莉、曾文革:《碳市场链接的国际法律空洞化问题与中国对策》,《中国人口·资源与环境》2022 年第 6 期,第 24 页。

❹ 庞心睿:《2022 年全球碳市场进展与展望》,https://finance.ifeng.com/c/8OpLhwcAZy6,访问日期:2024 年 8 月 30 日。

域温室气体行动倡议和美加西部气候倡议碳排放配额价格比2020年上涨70%。2021年新西兰、韩国的碳排放配额平均价格分别为30欧元/吨和17欧元/吨,相比而言,中国的平均价格仅为6欧元/吨,远低于全球成熟碳交易市场的配额价格。由于欧洲天然气价格上涨,燃煤发电增加,碳排放配额需求上涨,交易量攀升。2021年全球碳交易市场交易总量为158亿吨二氧化碳当量,交易总额约达7600亿欧元,创下历史新高,比2020年的2880亿欧元增长164%。❶此外,2021年以来,全球密集出现碳交易体系事件:2021年初,德国和英国分别启动了国内碳市场,机制设置参考欧盟碳市场的第四阶段;2021年1月,美国加利福尼亚州碳市场立法修正案正式生效;从2021年起,区域温室气体行动倡议12个成员州实行更加严格的年度总量减量因子和排放控制储备。此外,哥伦比亚和美国东北部分州等9个国家和地区的碳排放交易体系已经处于开发中;智利、土耳其、巴基斯坦等14个国家和地区将碳排放交易体系纳入气候变化政策工具。此外,全球碳交易市场尝试对接和跨市场交易,加强全球碳市场间合作。2013年,美国加利福尼亚州碳排放交易体系与加拿大魁北克省碳交易市场成功对接,2018年又与加拿大安大略省碳交易市场进行对接;2020年,欧盟碳交易市场与瑞士碳交易市场进行对接。❷

3. 国际碳市场链接的实现路径

《巴黎协定》及《格拉斯哥协议》之后,学者就全球协作减排之制度构建提出了各种方案。这些方案的最大特征是回避讨论全球维度上的碳预算方案或者国家碳排放责任,强调基于国家自愿的"自下而上"合作。碳市场链接方案最具典型性且讨论最为充分。在此基础上,有学者提出全球碳价格机制构建的"双轨渐进式"方案,具有很大的参考意义。❸基于《巴

---

❶ 路孚特:《2021年碳市场回顾报告》,https://zhuanlan.zhihu.com/p/495759686,访问日期:2023年4月25日。

❷ 陈星星:《全球成熟碳排放权交易市场运行机制的经验启示》,《江汉学术》2022年第6期。

❸ Van den Bergh et al.: "A Dual-Track Transition to Global Carbon Pricing", *Climate Policy*, 2020, 20(9).

黎协定》下关于碳交易制度的相关规则，考虑到该制度在未来推进各国碳减排制度所存在的不确定性，借鉴并反思有关全球碳价格机制构建的方案，全球气候治理应进一步强化国际减排合作，从而推动形成有利于碳交易的全球协同。

第一，设立缔约方会议下负责以市场化方式推进全球减排的国际机构，例如，缔约方会议可以综合《巴黎协定》第6条第2款机制（以下简称PA6.2机制）下的专家委员会或《巴黎协定》第6条第4款规则（以下简称PA6.4规则）下的监事局，设立一个全球碳交易监督管理机构。《京都议定书》下成立的执行理事在结束其作为清洁发展机制、联合履约机制和排放交易机制的职能后，可以通过缔约方会议的确认，继续履行全球的减缓成果转移和碳信用的签发、核证、上交和注销等管理职能。该执行理事会应接受缔约方会议的业务指导，并由缔约方会议确定其在《巴黎协定》下的工作职责与职能内容。该执行理事会可以根据缔约方会议的建议或决定建立全球碳排放配额登记管理系统，实现对PA6.2机制下的交易平台和PA6.4规则下全球性注册登记管理平台的统合，并负责全球碳排放配额的签发、登记、交易和核销管理。经《巴黎协定》缔约方会议的授权，执行理事会可以定性为受缔约方会议领导的政府间国际机构，其目标在于推动国际气候合作机制的常态化、机构化和组织化。

第二，创设一个全球性碳金融产品，即全球碳排放配额，作为国家和其他各类非国家行为体，以碳交易方式实现国际气候合作的"一般等价物"。其具体功能类似于国际货币基金组织的特别提款权。全球碳排放配额在交易中所塑造的碳价格就是全球碳价格。通过全球碳排放配额对全球的减缓成果转移和碳信用的通兑，无论成员方是否以碳市场机制统筹本国减排政策，均可以在缔约方会议和执行理事会的国际监管和协调下，实现国家和非国家实体参与的碳交易，容纳各种不同碳减排制度和不同行为主体的全球减排合作。

第三，通过双边、区域或者多边的方式实现各国碳交易市场的链接，即碳排放配额的跨境转让和认可。考虑到碳市场链接面临的技术和政治阻碍，这种国家间碳交易市场链接应是分阶段的。首先，可以实现发达国家和地区间碳交易市场的链接，例如，欧盟碳交易市场与日本、美国当前区域碳交易市场的链接。其次，探索发达国家和发展中国家的配额互相交易的可行路径。这不同于清洁发展机制下承担量化减排义务的发达国家对核证减排量的认可和交易，而是各国直接开展配额交易，例如，在欧盟碳交易市场上，企业可以通过购入的中国碳排放配额或中国核证减排量履行其欧盟碳配额清缴义务的短缺，从而在国际可比的核算标准下实现各国碳交易市场的互联互通。❶

第二节　全球碳法律制度的嬗变与未来

中国气候变化应对法的框架体系应是"一体两翼"，"一体"即气候变化应对综合立法，"两翼"为气候变化减缓与气候变化适应。❷然而，过往的研究倾向于将两者分开，实际两者存在极为紧密的关联，良好的减缓行动可以减轻适应行动的压力，而有效的适应行动也可以在一定程度上帮助减缓的实现，两者相辅相成，互为补充，全球碳法律制度的关注重点逐渐从减缓为主嬗变为减缓与适应并重。未来全球碳法律制度的开展，离不开中国的国际参与。中国作为负责任的大国，未来参与全球气候治理，应当贡献中国智慧和中国方案，进入格拉斯哥时代，全球碳博弈逐步展开，不论是发达国家之间，发达国家与发展中国家之间，还是发展中国家之间，其竞争程度逐渐激烈，博弈形式也变得更加复杂多样。为更好地凝聚全球共识，必须在气候变化减缓与气候变化适应的两大框架下完善碳法律制

---

❶ 王云鹏：《论〈巴黎协定〉下碳交易的全球协同》，《国际法研究》2022年第3期，第107-108页。

❷ 张梓太：《中国气候变化应对法框架体系初探》，《南京大学学报（哲学·人文科学·社会科学版）》2010年第5期，第37页。

度，在减缓气候变化的同时，加强适应能力建设，通过资金机制促进技术进步，逐步达成全球碳中和目标，实现全球气候转好的美好愿景。

一、格拉斯哥时代的全球碳博弈

气候变暖是全球共同面临的挑战。在全球逐步资源共享、环境共享的情况下，各国之间的碳博弈已经不是简单的零和博弈，而呈现出一种竞合状态。也就是说，各国之间既存在竞争，也要有合作，博弈中各国的收益或损失的总和并不等于零。无论是哪个国家采取行动，只要有效减少碳排放，全球气候变暖都能得到一定程度的缓解。❶因此，进入格拉斯哥时代，有必要分析不同阵营和类型的国家之间的碳博弈现状，进而为未来全球碳法律制度的建构提供情势参考。全球碳博弈可以分为三个层面，包括发达国家之间的碳博弈、发达国家与发展中国家的碳博弈以及发展中国家之间的碳博弈。

（一）发达国家之间的碳博弈

国际气候谈判已成为当今世界关注度、影响范围不次于甚至高于联合国大会的全球性会议，作为全球化时代跨国治理议题，必然成为国际经济政治博弈的兵家必争之平台。发达国家作为世界经济政治近现代发展的领军团，在国际气候谈判中依然彰显其主导权。而发达国家内部关于国际气候谈判主导权竞争充满了竞争张力，在欧盟和美国之间激烈上演。

欧盟将提升国际影响力、增强经济竞争力的筹码压在气候变化问题上，开展气候特色外交，充当全球应对气候变化的"低碳先锋"。2023年2月9日，欧洲议会环境、公共卫生和食品安全委员会正式通过欧盟碳边境调节机制协议，具体生效日期为2023年10月1日。❷2023年4月18日，

---

❶ 袁杜鹃、朱伟国：《碳金融：法律理论与实践》，法律出版社，2012，第250-254页。

❷ 佚名：《欧盟碳关税提案通过，10月1日生效》，https://www.sohu.com/a/640616686_115863，访问日期：2023年4月25日。

| 361 |

欧洲议会以487票赞成、81票反对和75票弃权通过了新的碳边境调节机制协议。[1] 欧盟之所以高调反高排放，主要原因在于欧盟各国已经走过碳排放高峰，减排压力相对较低，而其绿色低碳技术研究早、水平高，能够进一步发展经济、形成新增长点的最佳依托是环保技术，最有力的牵动是扩散欧盟现行环保生态标准，以占领未来经济科技进步制高点。为此，欧盟深入研究气候变化科学，推出低碳经济、全球碳市场、1990减排基准年、2020峰值年、2℃警戒线等引领国际气候谈判的术语、标准，强化其在国际气候谈判中的地位。在减排措施上，欧盟主张激进减排，在《京都议定书》第一履约期、第二履约期和2050年减排目标上都拿出了示范性减排目标，敦促各国接受2050年相比1990年减排50%的目标。欧盟不论是在气候理论研究还是应对气候变化政策设计方面都积极作为，在国际气候谈判中成为公认的领导者。

美国作为全球温室气体排放第一大国，在气候变化问题上刚开始消极推诿，1997年其国内通过《伯瑞德－海格尔决议》（Byrd-Hagel Resolusion），强调如果没有共同减排机制，美国不会签署任何有关协议。2001年，美国公然退出《京都议定书》框架，遭到了国际社会指责，其国际经济政治霸主的地位受到质疑。不过，美国并没有完全放弃《联合气候变化框架公约》，依然参加每次缔约方大会，并积极寻找机制外应对气候变化途径。2002年推出《温室气体减排强度方案》，2005年组建《亚太清洁发展和气候新伙伴意向宣言》，发起国有美国、中国、印度、日本、韩国、澳大利亚。此外，还另有"第四代国际论坛""再生能源与能源效应伙伴计划""甲烷市场化伙伴计划""氢能经济国际伙伴计划"等游离于《联合气候变化框架公约》之外的国际气候谈判机制。美国作为推卸责任的代表，曲高和寡，直到奥巴马上台改变推诿作风积极合作承担责任，大力推行绿色新政，其被动局面才有所改变。哥本哈根气候谈判大会后，美

---

[1] 佚名：《欧洲议会投票通过碳边境调节机制（CBAM）》，https://www.163.com/dy/article/I2POELMP0552VZB7.html，访问日期：2023年4月25日。

国共同减排机制受到更多国家追捧，逐渐改变了欧盟主导国际气候谈判的格局。但是，近年来，美国又因国内经济增长、就业等现实问题而无暇顾及全球气候治理，特朗普更是自总统竞选时即指责美国参与全球气候治理政策，并于2017年3月28日签署"能源独立"的行政令，宣布暂停或撤销多项奥巴马政府制定的减排措施，同时放松美国化石能源开采限制。2017年6月1日，美国总统特朗普宣布退出《巴黎协定》，对世界各国共同阻止全球气候变暖进入灾难性状况是一个挫折，国际社会大失所望、深表遗憾。❶ 2021年1月20日，美国总统拜登宣誓就职后几小时连签17道行政令等文件，与前任总统特朗普的时代划清界线，其中包括让美国重新加入《巴黎协定》。签署文件的30天后，美国将再度成为协定的一员。重返《巴黎协定》，仅仅是美国回归气候治理主流的第一步，接下来任务艰巨，而全球碳博弈的大棋盘才刚刚展开。❷

（二）发达国家与发展中国家的碳博弈

鉴于发达国家和发展中国家发展阶段的不同以及技术实力、资金水平方面的差距，采取不同的"考核"方式来限定排放是科学的，也已经在全球范围内达成共识。但是，由于发达国家和发展中国家之间缺乏充分信任，已使国际气候合作与谈判处于僵局。例如，中国作为世界上最大的发展中国家，其与发达国家之间的碳博弈是典型的两大阵营之间的博弈。2022年8月5日，针对美国国会众议长佩洛西窜访台湾这一侵犯中国主权和领土完整的行径，外交部宣布了八项反制措施，其中就包含暂停中美气候变化商谈，尽管美国重新加入《巴黎协定》，但是此举无疑严重损害了中美双方的合作互信，也极大削弱了世界应对气候变化的积极性，❸ 中国由

---

❶ 单良艳、何海燕：《全球碳博弈格局的演进与我国碳教育的推进》，《天府新论》2018年第3期，第127页。

❷ 陈沁涵：《拜登宣布重返〈巴黎协定〉，美国准备好做出自己的贡献了吗？》，https://m.thepaper.cn/newsDetail_forward_10884766，访问日期：2023年4月25日。

❸ 解振华：《美方应对中美气候合作现状负全部责任》，https://news.bjd.com.cn/2022/08/11/10132609.shtml，访问日期：2023年4月25日。

此开启了与美国之间的碳博弈，在气候变化领域展开了竞争。发达国家与发展中国家一开始就存在"人均不公平"与"代际不公平"的矛盾。国际气候谈判在发达国家和发展中国家反复博弈，从巴厘岛路线图的授权转换到了德班平台，但是内含于巴厘岛路线图谈判中的关键分歧并没有泯灭，围绕"共同但有区别"的碳减排法则，博弈排放权和发展权的平衡，争论趋向白热化。[1]

发达国家主张，对于《联合国气候变化框架公约》所确立的"共同但有区别的责任"原则，不应静态地理解，发展本身是个过程，随着时间的演进，一些发展中国家的发展日益接近发达国家甚至成为发达国家，所以应该不断打破附件一国家的范围，让一部分发展中国家承担更多的减排责任。此外，动态理解"共同但有区别的责任"原则还要看到2020年以后部分发展中国家碳排放总量超过发达国家，因而也不能过于纠结发达国家的历史排放量。更有甚者，部分发达国家主张全球所有国家应同步减排。其理由是：气候问题是全球问题，基于公平的责任分担原则，全球所有国家要按同一标准实施同步减排；否则，一边是发达国家减排，一边是发展中国家因为发达国家减排而吸收高排放企业进行所谓的发展，减排的功效被高排放的现实所替代，使2100年温升不超过2℃的目标无法实现。它们主张，只有共同同等减排，才能实现世纪减排目标。在这些主张的推动下，一些西方国家把应对气候变化问题和对外援助、国际贸易联系起来，以绿色贸易壁垒、停止援助等各种方式讹诈发展中国家。同时还存在发展中国家是"环境污染来源地"等"气候威胁论"，并以此向发展中国家施加更大压力。[2]

发展中国家则普遍认为，发达国家混淆历史排放和现实排放，尽管发达国家有雄厚的资金和先进的技术，但支持发展中国家应对气候变化的意

---

[1] 程春育、宋伟、赵树良:《巴黎气候大会"碳减排"对我国能源政策的启示》，《上海管理科学》2017年第2期。

[2] 单良艳、何海燕:《全球碳博弈格局的演进与我国碳教育的推进》，《天府新论》2018年第3期，第126页。

愿薄弱、执行力低下，而且还公然背离"共同但有区别的责任"原则，要求"共同减排"是置发展中国家的生存权而不顾、遏制发展中国家发展的"新国际霸权"。当前，全球气候变化的最初根源是西方发达国家在工业化过程中大量排放温室气体。1989年，联合国就指出："不可持续的生产和消费方式，尤其是发达国家的生产和消费方式，将使全球环境不断恶化。"❶基于尊重历史的道义原则和尊重联合国决议的法律原则，发达国家不仅应该大幅减排，还要以资金援助、技术转让等形式支持帮助发展中国家应对气候变化。广大发展中国家减少温室气体排放要和本国经济社会发展协同进行，贫穷是最大的环境污染，发展中国家的首要任务是"减贫"和发展经济，不能因为"减排"而阻碍"减贫"。❷

（三）发展中国家之间的碳博弈

发达国家和发展中国家两大阵营一直在国际气候谈判中相互博弈。但是，随着围绕《京都议定书》第二履约期及更长时期的国际气候协议纵深谈判，利益诉求和立场分歧复杂化。特别是2009年哥本哈根气候大会以后，小岛屿国家联盟及最不发达国家等利益集团在发展中国家之间建立使南方阵营有了被瓦解的风险。

小岛屿国家接受联合国气候变化专门委员会第四次报告及第五次报告的论断，担心气候变化引起海平面上升，使其国土被淹没，国家无立足之地。联合国气候变化专门委员会第四次报告指出，21世纪海平面预计将上升0.18～0.59米。❸ 作为深受海平面上升威胁的国家，马尔代夫总统2008年11月要求从马尔代夫每年旅游收入中拿出一部分资金建立"主权财富基金"，以为马尔代夫举国搬迁购置新的国土。于是，以小岛屿国家联盟

---

❶ Michelle Zebich-Knos: "Global Environment Conflict in the Postcold War Era: Linkage to an Extended Paradigm", *Peace and Conflict Studies*, 1998, 5（1）.

❷ 单良艳、何海燕：《全球碳博弈格局的演进与我国碳教育的推进》，《天府新论》2018年第3期，第126页。

❸ 国家海洋局：《2010年中国海平面公报》，https://www.mnr.gov.cn/zt/hd/dqr/44earthday/zygq/201104/t20110426_2058001.html，访问日期：2024年8月30日。

形式出现的集团在2009年哥本哈根气候大会上拿出了自己的意见,大力支持欧盟激进减排目标,要求发达国家和发展中大国更加严格减排,以到2050年温升不超1.5℃为目标。此外,小岛屿国家、非洲最不发达国家、"最贫穷国家"、"最脆弱国家"等都期望获得更多的外部技术支持和资金援助。而发达国家趁机诱导新兴发展中大国注资支持,对资金饥渴的国家是一大诱惑,结果加剧了发展中国家内部分化。随着气候变化对最不发达国家和小岛屿国家的影响越来越大,他们的不同意见就会越来越多并且更加强硬。

发展中大国之间也出现了不和谐。基础四国中国、印度、巴西、南非的基本立场是要求发达国家严格遵守《联合国气候变化框架公约》和《京都议定书》,但对自身是否履责、何时履责等问题有一定分歧。南非排放在四国中相对较少,主张主动担责。特别是2011年,国际气候谈判会议在南非德班举行,南非更关注其大会主席国的形象,而在应对气候变化的立场上妥协接受德班平台。巴西基于自身能源结构比中国、印度、南非都较为合理,最早开发生物质能源,亚马孙森林等治理是其国内重要议题等原因,也开始跃跃欲试主动减排。

自1995年《联合国气候变化框架公约》缔约方大会谈判以来,至今已有29年。近30年的碳博弈,发达国家除了在减排目标问题上有不同意见外,其他议题则基本立场一致,尽管还存在比较突出的欧盟和美国的主导权之争;发展中国家阵营情况则不容乐观,小岛屿国家、最不发达国家等有明显不同的谈判立场,加上美国等发达国家对发展中国家的离间,发展中国家内部的团结面临分化重组的危机。❶

---

❶ 单良艳、何海燕:《全球碳博弈格局的演进与我国碳教育的推进》,《天府新论》2018年第3期,第127页。

【专栏 8-1】

"气候俱乐部"首枚棋子落地,全球气候政策博弈迈入新纪元[*]

2023年5月,全球首个碳关税法案——欧盟碳边境调节机制生效,于2023年10月正式运行。而该机制的生效并非孤立事件,2022年七国集团国家宣布成立"气候俱乐部",联手构建发达国家的"碳关税同盟"。七国集团"气候俱乐部"旨在通过自身低碳先发优势,通过以碳关税为代表的贸易保护方式限制新兴经济体发展。中短期欧美碳关税将对我国钢铁、塑料、化工等行业的出口造成显著压力,且影响范围逐步扩大。但同时,发达国家的气候贸易武器客观上也将推动我国碳市场改革,促进清洁能源需求增长,利好光伏、风电组件出口,加速制造业低碳转型进程,带来全球性低碳投资机遇。

七国集团通过发布"气候俱乐部"的目标及职权文件,计划建立以"国际目标碳价"为核心的气候同盟,并对非参与国的进口商品征收统一碳关税。七国集团"气候俱乐部"的底层逻辑在于:(1)扩大低碳优势,抢占全球绿色产业链重要地位;(2)制定有利于自身的国际气候规则;(3)运用碳关税武器,收割"低碳红利",遏制新兴经济体发展。

我国需重点关注塑料、纺织服装、钢铁、有色等行业的潜在出口风险。积极应对七国集团"气候俱乐部"的潜在影响。从短期来看,碳关税将倒逼我国碳市场扩大行业覆盖范围,提高数据质量与市场活跃度,并与国际碳市场接轨,将碳成本留在国内。从中期来看,面对碳关税和全国碳市场的双重碳成本压力,企业采购绿色电力生产将更

---

[*] 搜狐网:《"气候俱乐部"首枚棋子落地,全球气候政策博弈迈入新纪元》,https://gongyi.sohu.com/a/630615899_114984,访问日期:2023年5月15日。

具经济性,预计我国清洁能源需求将显著增长;同时欧美碳关税面向全球征收,或将利好我国光伏、风电组件出口。从长期来看,化工、有色、钢铁等高排放行业需要改良产业流程,积极寻求生产端的减碳方式,相关重点企业的低碳转型或将提上日程。

总而言之,发达国家运用碳关税武器,将全球各国碳中和承诺的"软约束"转化为"硬约束",客观上开启了低碳投资的新纪元。为达成《巴黎协定》所需目标,2023—2050年,在世界范围内预计共计新增约159.3万亿美元的低碳投资缺口,碳关税将促使气候资金加快落地,带来巨大的全球性投资机遇。

二、完善气候变化减缓下的碳法律制度

(一)气候变化减缓与碳中和目标

气候变化减缓是指减少人类活动带来的温室气体排放,相关措施包括改良工业技术、提高能源利用效率、研究和开发太阳能等低排放的可再生能源、减少煤炭和石油等高排放能源消费、提升林业对温室气体的吸收能力等。能源和交通领域温室气体排放较高,是获得经济合作与发展组织的发展援助委员会(Development Assistance Committee of Organization for Economic Co-operation and Development,简称 OECD DAC)国家气候变化减缓援助金额最多的两个领域。为气候变化减缓提供双边援助前十的国家或地区分别为日本、德国、法国、欧盟、英国、韩国、美国、挪威、瑞典、荷兰。[1]气候变化减缓是碳中和目标提出的理论依据,碳中和愿景的实现触及多领域、多行业主体的利益,利益的冲突与协调需要法治手段,离不开健全的法律制度、严格的执法、公正的司法和有效的社会监督。

---

[1] 孙天舒:《如何开展气候变化国际援助:减缓、适应及主流化》,《低碳世界》2021年第12期,第2页。

在国际气候变化减缓方面，应当将碳减排和碳汇建设纳入各国的规划和财政支持，基于碳中和愿景，明确碳排放总量与强度控制目标及碳汇增加目标，强化工业、建筑、交通、能源等重点行业的节能减排，优化能源结构和利用方式，加强基础设施建设、技术研发和示范推广，吸引市场多元化投资，引导全社会形成低碳生活方式。我国在应对国际气候变化减缓方面，采取多方面的减缓气候变化措施实现温室气体减排，具体包括碳减排、碳替代、碳封存、碳循环四种主要的技术措施，还包括碳定价的激励措施以及鼓励低碳消费的公众参与措施。❶ 其中，碳循环、碳定价、碳替代措施与利用生态系统碳汇有着紧密联系，但措施的实施可能对生物多样性造成威胁，因此，既要利用生态系统碳汇实现温室气体减排的协同作用，同时还应关注两者的权衡效应。碳替代措施是通过发展水电、风能、光伏发电、核能、太阳能、生物质能等清洁、可再生能源，减少对化石能源的利用，达到温室气体减排的目的。我国的可再生能源，水电、风电、光伏发电、生物质发电装机规模均已连续多年稳居全球首位。这些措施在应对气候变化风险的同时，也可能引发生物多样性下降的次生风险，使林地、湿地、草原等生物多样性丰富地区的生态系统遭到破坏。❷ 全国多地已开展新能源违法违规占用林地专项整治行动，2019年国家林业和草原局专门出台《关于规范风电场项目建设使用林地的通知》（林资发〔2019〕17号），要求严格保护生态功能重要、生态脆弱敏感区域的林地。❸ "十四五"期间我国还将在沙漠、戈壁、荒漠地区重点建设风电光伏项目，生态脆弱

---

❶ 邹才能、熊波、薛华庆、郑德温、葛稚新、王影、蒋璐阳、潘松圻、吴松涛：《新能源在碳中和中的地位与作用》，《石油勘探与开发》2021年第2期。

❷ 山区因其地形对风速的影响而具有一定的开发价值，但在这些地区发展风电项目往往涉及林地的使用问题。

❸ 根据《关于规范风电场项目建设使用林地的通知》要求，对自然遗产地、国家公园、自然保护区、森林公园、湿地公园、地质公园、风景名胜区、鸟类主要迁徙通道和迁徙地等区域以及沿海基干林带和消浪林带，为风电场项目禁止建设区域。

敏感区域的生物多样性问题、鸟类保护问题再次引起社会的关注。❶

不仅如此，关于水电项目对水生鱼类、植物造成的环境影响，一直是国内外筑坝派和反对派之间争论的焦点。❷ 我国首例预防性环境公益诉讼案件——绿孔雀保护案就是典型的水电项目对濒危物种构成威胁的生态风险案件，该案也折射出我国环境影响评价制度存在许多问题，没有对生物多样性予以充分保障。此外，生物质能、人工碳汇项目等碳循环、碳定价措施也被指可能引发生物多样性下降的次生风险。森林系统产生的碳汇是显而易见的，于是植树造林往往作为碳减排成本较低的选择被采用。但人工造林往往选择单一速生树种，可能导致病虫害严重、生物多样性下降并打破生态平衡，❸ 种树补贴可能引发毁坏原始森林等问题，使国内外对人工造林及林业碳汇项目引发的生态风险感到担忧。"应对目标风险又引发次生风险"现象在现代环境治理中并不少见，由于非线性的复杂情境、环境风险的不确定性，现有的决策方式和决策结构无法对此作出有效和及时回应，所采取的环境规制措施往往只见树木不见森林，未能从整体上考虑规制影响，学者约翰·格雷厄姆（John D. Graham）把这种干预（规制）的失灵称为"次生的外部性"。他提出应建立风险权衡分析并将其运用于环境卫生风险决策中以确定应予规制的优先风险。❹ 这一方法在美国环境法理论界和司法界中得到支持。全面识别并评估可能的风险，是当下国际公

---

❶ 生物多样性保护民间机构，如中国生物多样性保护与绿色发展基金会为此专门举办研讨会，与会专家对此普遍表示对鸟类等物种安全的担忧。阿西叶：《关注风光电项目与生物多样性保护：绿会政研室召开专家讨论会》，https://mp.weixin.qq.com/s/ZgbTJIP3oBe5UvdwErJgAA，访问日期：2023年4月25日。

❷ 筑坝派认为，建筑大坝不影响生物多样性，而反对派则反对这种观点。参见陈悦：《应对气候变化与生物多样性保护的协同规制：以生态系统服务为路径》，《中国政法大学学报》2022年第4期。

❸ 杨文杰、赵信如、巩前文：《北京"百万亩造林"对浅山区生物多样性的影响评价》，《中国农业资源与区划》2020年第4期。

❹ 约翰·格雷厄姆：《环境与健康风险领域的风险权衡》，清华大学出版社，2018，第199页。

约履约中的重要方法。[1]我国已经建立风险预防原则，通过规划制度、监测和预警制度、环境影响评价制度、保险制度等实现对可能发生的环境风险提前采取预防措施。我国的环境影响评价制度包括建设项目环评、规划环评、区域战略环评、政策环评和"三线一单"五种主要环评类型。要开展政策风险权衡，需要依托于政策环评制度，但我国目前的政策环评只在《环境保护法》中原则性地提及，[2]并未形成规范性制度。规划环评、建设项目环评只是考虑技术和实施层面的环境风险，无法开展横向的、不同风险之间的价值权衡。生态文明建设已纳入我国"五位一体"总体布局，"十四五"期间要进一步细化政策环境影响评价制度，建立风险权衡机制。[3]

综上所述，气候变化减缓与碳中和目标的实现息息相关，气候变化减缓措施的采取是碳中和愿景实现的关键，但是从长远来看，以几十年乃至上百年的长度去观察气候变化问题，会发现过度的气候变化减缓措施并不一定能带来益处，反而可能会导致生态系统进一步紊乱，进而对生态环境造成二次伤害。因此，气候变化减缓与碳中和目标的实现必须借助稳定可预期的法律制度、法治思维、法治理念、法律文化共同作用，融合发展，形成稳预期、管长远的碳法律制度。

（二）完善碳法律制度的核心思路

1. 气候变化减缓下完善国内碳法律制度的核心思路

碳法律制度的内容涉及社会生活的方方面面。从制度演进的角度看，各类碳法律制度所处的发展阶段各不相同，有的已经发展成熟且在既有法律规范中得到体现，而有的制度尚处于较为初级的试点探索阶段。从制度属性的角度看，各个具体法律制度所属的部门法亦不相同。基于这一复杂

---

[1] 如联合国气候变化专门委员会2014第五次综合报告中反复提到权衡效应、风险评估内容。

[2] 庄汉：《我国政策环评制度的构建——以新〈环境保护法〉第14条为中心》，《中国地质大学学报（社会科学版）》2015年第6期。

[3] 陈悦：《应对气候变化与生物多样性保护的协同规制：以生态系统服务为路径》，《中国政法大学学报》2022年第4期。

的制度现状，较为适宜的法律完善进路是完善相关法律与制定新法并举。

（1）相关法律制度的"低碳化"改造。当前，我国的各级各类规划制度，与"双碳"目标的实现息息相关。温室气体库的管理制度、部分绿色"低碳"发展制度存在于相关的能源法律规范、资源法律规范当中。对于大气污染物与温室气体的协同控制机制而言，其制度的运行亦是需要依托于现有的污染防治环境执法体制。因此，相关法律制度的"低碳化"改造主要应从这些单行法的修改完善展开。

第一，建立"低碳化"的国土空间规划与基础设施规划体系。碳达峰、碳中和的规划法律制度，一方面体现为气候变化减缓的专项规划，其应在专门的气候变化立法中进行规定，另一方面体现为气候变化减缓相关各部门各类规划法律制度的"低碳化"。在相关各部门各类规划法律制度中，最为主要的是国土空间规划法律制度体系，其次是各类重要基础设施相关的专项规划。基础设施相关的专门规划，是指能源、交通、信息等各行业的专项规划。各规划法律制度，应当服从气候变化减缓专项规划的具体要求。各部门法应将有利于气候变化减缓列为规划制定时需要着重考虑的目的之一。在规划制定的程序上，应当设置听取气候变化应对领域技术专家和社会公众意见的程序。在规划的适用上，应建立及时有效的规划评价、修改机制，以实现对气候变化的及时应对。

第二，落实温室气体库管理制度。为了落实温室气体库管理制度，需要修改的法律有《森林法》《草原法》《海洋环境保护法》等。首先，在立法目的方面，相关各部门法应当将"有利于气候变化应对"作为法律规制的目标之一，并以此作为温室气体库保护制度的上位规范。如《湿地保护法》第3条指出湿地保护需要发挥湿地"调节气候"的生态功能。其次，在调整范围上，森林、草原、海洋和湿地温室气体库价值的承认和保护可以在相应单行法的修改中得到规范。此外，耕地和高原冻土也是重要的温室气体库。对于耕地而言，《土地管理法》和《基本农田保护条例》均是从耕地利用的角度进行规范，而《土壤污染防治法》则侧重于污染地块的监测和修复。因此，可以考虑在未来的气候变化专门立法中规定耕地温室气体库管理的规范。就地貌一般为草原的高原冻土而言，可以考虑将保护其温室气体库价值的法律规范纳入现有的草原生态保护法律体系，以降低立法和执法成本。再次，在具体制度方面，法律规范完善的主要任务是将"主动增强生态系统吸纳温室气体的能力"纳入生态资源保护、管理的工作内容，并建立配套的标准规范、技术规程和科学民主的决策程序。例如，可以在《森林法》第55条第1款中，将"增强森林温室气体吸纳能力"作为可以采伐公益林的情形之一，并相应地完善该法关于森林年采伐量控制、森林经营方案制度等内容。最后，在法律责任方面，需要设置更严格的法律责任，来预防可能导致温室气体释放的行为和削弱自然系统温室气体吸收能力的行为。

第三，大气污染物与温室气体协同控制机制的完善。大气污染物与温室气体协同控制对法律关系的实质影响，是对两种气体的控制进行综合的成本收益分析和利益权衡。首先，要将传统大气污染物防治制度的功能和适用范围予以适当拓展。传统的环境排放标准、环境影响评价、排放总量控制、排放许可、排放监测等制度及其相应的法律责任均应当将温室气体排放纳入其规制范畴，以实现温室气体排放的末端治理。其次，应当建立大气污染物和温室气体协同控制的协调评估机制，以确保实现正向的协同效益。这是因为大气污染物和温室气体的控制并不必然是相互促进的关系。单一控制措施的实施，可能会因为控制措施本身需要更多的能源而使总的减排效果为负。例如，一项针对新能源汽车减排效果的研究指出，新能源汽车对削减城市大气污染物排放有极大贡献，但当考虑电力生产过程的排放，就使新能源汽车无法具备整体减排优势，反而存在污染物增排等负面影响。[1] 这就要求协同控制的具体方案要以相关专家独立、全面、科学的论证结论为决策基础。协同控制方案的行政决策，要将"整体减排效果为正"作为首要原则。只在法律规范明确规定的特殊情况下，才可以基

---

[1] 阿迪拉·阿力木江、蒋平、董虹佳、胡彪：《推广新能源汽车碳减排和大气污染控制的协同效益研究——以上海市为例》，《环境科学学报》2020年第5期。

于特别原因，优先考虑某一污染物或温室气体的排放控制，而暂时性地允许其他污染物或温室气体排放的增加。

第四，继续推进能源法体系"低碳化"。能源法体系"低碳化"要继续围绕两个主线展开：其一，实现高效、现代化的能源资源体制改革。政治体制、行政体制与市场体制或者政治结构、权力结构与产权结构都在能源体制中汇集，直接决定着能源增长与发展。❶在我国生产资料的社会主义公有制和自然资源属于国家所有的背景下，只有科学划定国家和政府在能源市场中的角色，切实建立以市场为主的资源配置方式，充分发挥政府在弥补市场不足上的作用，才能够为能源市场的"低碳化"奠定基础。其二，通过法律制度促进"低碳能源友好型"基础设施体系和市场机制的建立，即建立协同与内洽的市场规制制度体系，综合运用激励性措施和规制性措施。应充分尊重两类措施发挥作用的内在机理，根据这一机理和可再生能源产业发展以及能效管理需求，有侧重地进行合理的、动态的制度选择。❷既要通过强制性措施降低低碳能源交易的制度成本、经济成本；也要通过激励性措施促进低碳能源技术的不断创新，实现其竞争力的自主提升。在修法、立法的具体工作内容上，应当以低碳型《能源法》的制定为核心，以《节约能源法》《可再生能源法》的科学修改为先导，有序地在《煤炭法》《电力法》及相关能源单行立法中落实"低碳化"能源法体系的具体制度。❸

（2）适时制定碳中和促进法。未来应以"双碳"专门框架性立法的方式，紧扣2060年碳中和愿景目标，由全国人大常委会制定出台碳中和促进法，为实现"双碳"目标提供法治保障。❹框架性专门立法能够适应未来的

---

❶ 肖国兴：《能源体制革命抉择能源法律革命》，《法学》2019年第12期，第167页。

❷ 于文轩：《论可再生能源效率促进的工具选择》，《暨南学报（哲学社会科学版）》2018年第12期，第58页。

❸ 徐以祥、刘继琛：《论碳达峰碳中和的法律制度构建》，《中国地质大学学报（社会科学版）》2022年第3期，第26–28页。

❹ 张梓太、张叶东：《实现"双碳"目标的立法维度研究》，《南京工业大学学报（社会科学版）》2022年第4期，第25页。

形势变化，具有广泛性和灵活性，纵观世界各国气候变化专门立法，均是采用专门的框架性设计思路，并在设定总体碳中和目标后分解具体目标。❶

目前，关于"双碳"立法总体存在三类观点，即制定"双碳"专门法律，制定应对气候变化法，以及在未来的环境法典绿色低碳发展编编纂过程中重新整合绿色低碳发展相关法律；同时就制定"双碳"专门法律的名称也存在争议，有碳中和法、碳达峰碳中和促进法、碳中和促进法等多种叫法。❷ 笔者认为，首先，目前制定"双碳"专门法律比制定应对气候变化法更容易形成广泛的社会共识，制定"双碳"专门法律更能及时回应时代需求；其次，环境法典绿色低碳发展编的内容不能完全涵盖"双碳"领域，仅是"双碳"立法的环境视角；最后，就"双碳"专门法律的名称来看，应为碳中和促进法而非碳中和法、碳达峰碳中和促进法，因为碳中和才是"双碳"立法的最终目标和愿景，法律作为最高层级应当以最终目标为导向，并且"双碳"领域刚刚起步，应当采用促进型立法而非管理型立法。❸

由上可知，碳中和促进法应当是专门性立法和原则性立法，专门性立法对应实现"双碳"目标的问题导向，原则性立法体现框架性立法的灵活性。同时，碳中和促进法的定位是促进型立法，由于在推动生态环境保护、能源节约利用方面，政府补贴是常见的做法，尤其在初始阶段，往往需要国家扶持。但仅靠政府补贴很难持久，应采取多种激励措施。因此，在碳中和促进法中应当包含命令控制与市场激励相互融合的条款设计，在设计处罚惩戒条款的同时，增设系列市场化举措。❹ 因此，碳中和促进法的立法内容应主要包括：①明确立法目标、定位和基本原则。②明确促进碳中

---

❶ 潘晓滨：《域外国家应对气候变化地方立法实践及中国借鉴》，《湖南大学学报（社会科学版）》2017年第1期。

❷ 孙佑海、王甜甜：《推进碳达峰碳中和的立法策略研究》，《山东大学学报（哲学社会科学版）》2022年第1期。

❸ 李艳芳：《"促进型立法"研究》，《法学评论》2005年第3期。

❹ 陈和秋：《为实现"双碳"目标提供坚强法治保障》，《民主与法制时报》2021年11月9日第3版。

和市场激励制度与柔性措施。③明确碳中和处罚惩戒制度与刚性措施。❶

2.气候变化减缓下完善国际碳法律制度的核心思路

气候变化减缓的核心思路是从顶层设计上完善国际碳法律制度，促进和引领全球气候治理。我国积极参与全球环境与气候治理，作出力争2030年前实现碳达峰、2060年前实现碳中和的庄严承诺，体现了负责任大国的担当。《巴黎协定》是这一承诺的基础。从国际法的角度看，"双碳"目标的提出既是基于国际条约的法律行为，也是国际法上一国的单方面行为。关于该目标的具体内容、措施及其实施，《巴黎协定》并未过多干预，主要是由国家在自主自愿的基础上提出，并且主要依靠国内的努力来实现。联合国框架下的国际人权法及其实施机制与应对气候变化的国际法及其实施机制有类似的性质和特点，可以通过两者的比较获得启示，即要在尊重各国的自主性、创造性的基础上，主要依靠各国国内的努力实现"双碳"目标。❷因此，为了实现气候变化减缓，必须从全球合作层面完善国际碳法律制度。

（1）国际碳法律制度完善的科学支撑。如图8-1所示，全球气候变暖与经济增长、政策制定有复杂的动态链接关系。图8-1的逻辑阐释如下：从左上方框开始，经济增长和来自市场的扭曲信号引起排放到大气中的二氧化碳迅速增加。箭头指向右上的方框，表明二氧化碳的浓度和其他因素引起气候系统的重大变化。在右下的方框中，变化的气候对人类和自然系统产生影响。最后，左下方的方框表明社会对气候变化威胁的反应。图8-1的箭头代表了"经济—气候—影响—政策"纽带的不同部分之间的联系。但最后两个箭头是带问号的虚线，表明这种联系尚不存在，因为至今仍然没有有效地限制二氧化碳和其他温室气体排放的国际协议。如果沿着当前实际上没有政策的路径继续下去，那么虚线箭头就会消失，并且全球

---

❶ 王金南：《关于制定〈碳中和促进法〉的议案》，http://www.ngd.org.cn/jczt/2021zt/jyxc1/cfc8f1bec4f540d9b900851048f3bfe9.htm，访问日期：2023年4月25日。

❷ 孙永平、张欣宇、施训鹏：《全球气候治理的自愿合作机制及中国参与策略——以〈巴黎协定〉第六条为例》，《天津社会科学》2022年第4期。

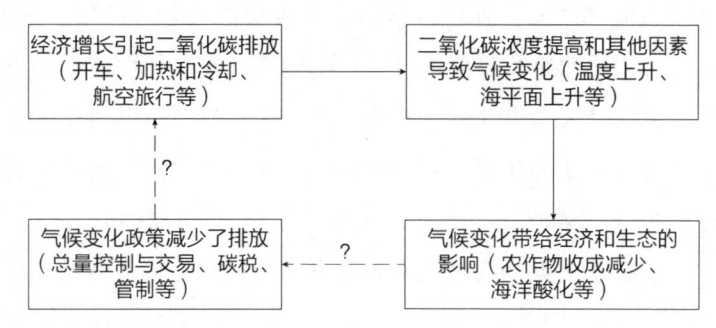

也将在不受限制的全球变暖的危险道路上渐行渐远。❶

```
┌─────────────────┐      ┌─────────────────┐
│ 经济增长引起二氧化碳排放 │────→│ 二氧化碳浓度提高和其他因素 │
│ （开车、加热和冷却、    │      │ 导致气候变化（温度上升、  │
│   航空旅行等）       │      │   海平面上升等）      │
└─────────────────┘      └─────────────────┘
        ↑  ?                      │
        │                         ↓
┌─────────────────┐      ┌─────────────────┐
│ 气候变化政策减少了排放  │ ?    │ 气候变化带给经济和生态的 │
│ （总量控制与交易、碳税、│←----│ 影响（农作物收成减少、  │
│   管制等）         │      │   海洋酸化等）       │
└─────────────────┘      └─────────────────┘
```

注：图中带问号的虚线表示这种联系尚不存在。

图 8-1　全球变暖影响与政策等的循环流

资料来源：威廉·诺德豪斯：《气候赌场：全球变暖的风险、不确定性与经济学》，梁小民译，上海东方出版中心，2019，第 12 页。

因此，国际碳法律制度的完善需要加强科学研究，推动认知水平的提升。联合国气候变化专门委员会通过汇总评估全球范围内气候变化领域的最新研究成果，为国际碳法律制度的完善提供科学依据及可能的对策建议。联合国气候变化专门委员会历次评估报告都成为气候变化国际谈判的重要科学支撑，对谈判进程发挥重要影响。联合国气候变化专门委员会报告不仅为各国政府制定相关的应对气候变化政策与行动提供了科学依据，同时也是气候变化科学阶段性成果的总结，是普通公众了解气候变化知识的重要途径。

从具体内容来看，联合国气候变化专门委员会报告通过历次评估过程对不同科学问题的认知不断强化，为国际气候治理奠定科学基础，开拓了新的方法和路径。一是进一步明确了应对气候变化的科学基础和紧迫性。从最初的地表温度、海平面高度、温室气体浓度几个要素扩展到气候系统五大圈层几十个气候指标，强调了全球气候系统变暖的事实，并且未来气

---

❶ 威廉·诺德豪斯：《气候赌场：全球变暖的风险、不确定性与经济学》，梁小民译，东方出版中心，2019，第 12 页。

候系统将继续变暖。二是从归因的角度强化了20世纪中叶以来全球变暖的主要原因是人类活动，强化了减少人为排放的必要性。除了地表温度、海平面高度、积雪和海冰等要素外，一些极端气候事件中也检测出人类活动的干扰，并且对人类活动干扰的信度❶不断提高。三是对气候变化影响和风险的认识进一步夯实了2℃温升目标的重要性。从全球尺度的影响到区域尺度、行业领域范围，给出了从1℃到4℃在不同温升目标下八类关键风险。四是不断聚焦公约提出的实现可持续目标的转型路径，给出了实现2℃温控目标的总体产业、技术布局、社会经济成本以及支持实现路径转型的体制与政策选择。

（2）国际碳法律制度完善的合作机制。中国应当为巩固气候多边合作机制作出应有的贡献。在国际气候治理进程中，我国是以联合国为主要平台的多边合作行动模式的坚定支持者。工业革命在创造财富的同时，也带来了气候变化、生物多样性危机等诸多全球性问题。气候变化问题不是孤立存在的，而是工业革命以来人与自然的深层次矛盾的一个集中体现。2021年4月22日，国家主席习近平在"领导人气候峰会"上发表重要讲话，从人类文明的高度对气候变化等全球性问题产生的根源进行了深刻反思。他指出："人类进入工业文明时代以来，在创造巨大物质财富的同时，也加速了对自然资源的攫取，打破了地球生态系统平衡，人与自然深层次矛盾日益显现。近年来，气候变化、生物多样性丧失、荒漠化加剧、极端气候事件频发，给人类生存和发展带来严峻挑战……面对全球环境治理前所未有的困难，国际社会要以前所未有的雄心和行动，勇于担当，勠力同心，共同构建人与自然生命共同体。"❷在此背景下，习近平生态文明思想提出了"六个坚持"的具体主张，简要而深刻地阐述了全球应对气候变化的中国方案。

第一，坚持人与自然和谐共生。直击工业文明背后的深层次矛盾，强

---

❶ 即在气候变化领域，人类活动对气候系统影响程度的评估可信度。

❷ 新华社：《习近平在"领导人气候峰会"上的讲话》，https://www.gov.cn/xinwen/2021-04/22/content_5601526.htm，访问日期：2024年8月30日。

调构建人与自然生命共同体。这是习近平生态文明思想的核心要义,从人类可持续发展的高度占据了道义制高点。

第二,坚持绿色发展。"绿水青山就是金山银山"的科学论断,深刻洞察到绿色发展是当代科技革命和产业变革的大方向。尽管绿色转型面临重重挑战,但应更多看到的是世界大势不可阻挡,只有通过创新驱动可持续发展,才能抓住绿色转型发展带来的重大机遇。

第三,坚持系统治理。山水林田湖草沙都是生态系统的要素,彼此依存,也是气候系统的重要组成部分。基于生态系统的整体性思维,强调保护环境必须重视增强生态系统循环能力、维护生态平衡。

第四,坚持以人为本。生态环境是最普惠的民生福祉,绿色转型也是为了人类可持续发展的长远利益,这是习近平生态文明思想的重要出发点。强调探索保护环境和发展经济、创造就业、消除贫困的协同增效,在绿色转型中努力实现社会公平正义,体现了全心全意为人民服务的根本宗旨和中国方案的鲜明特征。

第五,坚持多边主义。全球气候变化是人类面临的共同挑战,应对气候变化是各国利益分歧中难得的和稳定的"最大公约数"。实现碳中和目标,开启了全球绿色低碳发展的新征程。中国主张以国际法为基础、以公平正义为要旨、以有效行动为导向,维护以联合国为核心的国际体系,携手推进全球环境治理。尽管2022年8月开始中美在官方层面暂停了气候变化合作,但是我国仍然会做好自身应尽的大国义务,完成2030年前碳达峰、2060年前碳中和的国家自主贡献目标,因为实现碳达峰、碳中和不是别人让我们做,而是我们自己要做。

第六,坚持共同但有区别的责任原则。共同但有区别的责任原则不仅是1992年通过的《联合国气候变化框架公约》确立的基本原则,也是全球可持续发展领域开展国际合作的基本遵循。重申共同但有区别的责任原则是完善国际碳法律制度的重要基石,强调发展中国家的多重挑战、重要贡献、特殊困难和关切,呼吁发达国家从资金、技术、能力建设等方面帮助发展中国家推进绿色低碳转型,不应设置绿色贸易壁垒。其意在巩固发展中国家的团结协作，维护发展中国家发展的正当权益，体现了中国同广大发展中国家站在一起的基本政治立场。

三、完善气候变化适应下的碳法律制度

气候变化适应，指基于气候变化已经发生的事实、提升自身各种能力更好地适应这一变化，从而降低气候变化给社会、经济、生命等带来的损失。相关措施包括抗旱和抗病虫害农作物研发、海绵城市建设、气候保险金融产品研发、海岸防波堤等基础设施建设、荒漠化防控等。涵盖领域有农业、供水、环境保护、政府治理等。[1]法律制度贯穿于上述领域，过往研究仅是在减碳这个单一视角下进行分析，缺乏适应视角的探讨。碳法律制度的完善需要从气候变化适应的视角进行具体深入分析，从加强气候变化适应能力建设、建构气候变化适应法律制度以及完善减缓与适应的衔接机制三个方面展开。

（一）加强气候变化适应能力建设

完善气候变化适应下的碳法律制度，必须加强政府、企业、社会等各个主体的适应能力建设。2022年5月10日，生态环境部联合国家发展和改革委员会等17个部门联合印发《2035适应战略》，在深入评估气候变化影响风险和适应气候变化工作基础及挑战机遇的基础上，提出新阶段下我国适应气候变化工作的指导思想、基本原则和主要目标，进一步明确我国适应气候变化工作重点领域、区域格局和保障措施。《2035适应战略》明确当前至2035年，适应气候变化应坚持"主动适应、预防为主，科学适应、顺应自然，系统适应、突出重点，协同适应、联动共治"的基本原则，提出"到2035年，气候变化监测预警能力达到同期国际先进水平，

---

[1] 孙天舒：《如何开展气候变化国际援助：减缓、适应及主流化》，《低碳世界》2021年第12期，第2页。

气候风险管理和防范体系基本成熟，重特大气候相关灾害风险得到有效防控，适应气候变化技术体系和标准体系更加完善，全社会适应气候变化能力显著提升，气候适应型社会基本建成"。❶

由于适应和减缓是应对气候变化的两大对策。减缓强调温室气体减排与增加碳汇，适应强调防范和降低气候变化的不利影响与风险，两者相辅相成，缺一不可。气候变化涉及社会生活的方方面面，应对气候变化也应当纳入更加多元化的主体，使整个社会共同加入减少温室气体排放、倡导低碳生活的行列。应对气候变化宣传教育和公众参与，是提升全民低碳意识、促进公众主动减排的最佳途径。因此，应当针对国家机关、企事业单位、学校和社会团体组织定期开展应对气候变化培训，将气候变化的内容纳入国民教育体系，普及应对气候变化的相关知识。鼓励公众参与应对气候变化的决策制定，拓宽公众参与渠道，及时准确发布相关信息，保障公民、组织和社会团体享有应对气候变化的知情权、参与权和监督权。各级政府还应支持应对气候变化工作的舆论监督和社会监督。❷ 综上，碳法律制度的完善必须遵循减缓与适应协同并进的策略，在进行制度完善时必须引入气候变化适应能力建设的考量因素。具体措施如下：

首先是加强宣传教育。应当结合重要时间节点，开展碳教育与适应气候变化的主题宣传活动。鼓励编制适应气候变化科普教育系列丛书，通过学科教育、课外活动、讲座研讨等方式推动适应气候变化进校园。加强适应气候变化典型案例的经验交流与宣传推广。不断创新宣传手段和模式，普及适应气候变化理念，引导绿色消费和气候适应型生活方式，同时加强我国适应气候变化措施和成效的对外宣传工作。

其次是努力加强队伍建设。加强适应气候变化基层人才队伍建设，形成一支政治坚定、业务精通、纪律严明、作风过硬的干部队伍。建立跨领

---

❶ 生态环境部：《生态环境部等 17 部门联合印发〈国家适应气候变化战略 2035〉》，http://www.gov.cn/xinwen/2022-06/14/content_5695554.htm，访问日期：2023 年 4 月 25 日。

❷ 刘哲、王灿发：《论我国应对气候变化的适应性制度构建》，《学术界》2016 年第 6 期，第 99 页。

域、多层次的适应气候变化专家库，开展适应气候变化专家帮扶专项行动。定期组织适应气候变化知识和业务培训，提高适应气候变化决策实施能力。

最后是加强公众参与。应当广泛动员企业、社区、社团、公民积极参与适应气候变化工作，推动适应行动主体多元化。组织形成社区、企业网格化协调机制，发展壮大志愿者队伍，动员全社会力量，形成全社会广泛参与氛围。❶

（二）建构气候变化适应法律制度

我国适应气候变化的制度规则散见于相关部门法律中，零散而不成体系。应通过开展应对气候变化立法，科学地搭建完整的适应气候变化的制度框架，其他相关领域法律在修订过程中也应相应增加适应气候变化内容。建议通过开展应对气候变化立法，明确减适并重的原则、适应气候变化的目标和各部门职责分工，构建一个包括"适应气候变化规划制度、气候变化影响评估制度、气候变化监测预测和预警制度、适应气候变化保险制度和法律激励措施"的适应气候变化法律制度体系。

1. 明确减适并重的原则

《中国应对气候变化国家方案》提出了"减缓与适应并重的原则"，即减缓和适应气候变化是应对气候变化挑战的两个有机组成部分。❷对于广大发展中国家来说，减缓全球气候变化是一项长期、艰巨的挑战，而适应气候变化则是一项现实、紧迫的任务。中国将继续强化能源节约和结构优化的政策导向，努力控制温室气体排放，并结合生态保护重点工程以及防灾、减灾等重大基础工程建设，切实提高适应气候变化的能力。减缓气候变化的重要性无须赘言，而适应气候变化工作亦不容忽视。因此，有必要

---

❶ 生态环境部等：《国家适应气候变化战略2035》，http://www.gov.cn/zhengce/zhengceku/2022-06/14/5695555/files/9ce4e0a942ff4000a8a68b84b2fd791b.pdf，访问日期：2023年4月25日。

❷ 《国务院决定颁布〈中国应对气候变化国家方案〉》，https://www.gov.cn/wszb/zhibo74/content_633352.htm，访问日期：2024年8月30日。

将"减适并重"原则通过立法明确为气候变化适应立法的基本原则,突出适应气候变化在国家应对气候变化工作中的重要地位。

2.明确适应气候变化的目标

适应气候变化工作涉及社会的方方面面,不仅与国家地方各级政府、企事业单位、公民个人等众多主体的行为有关,还涉及农业、林业、环保、水利、海洋、气象、卫生、城乡建设和交通运输等众多国务院部门的管理范围。在法律条文有限的条款中不可能面面俱到地规定诸多细节,但必须将适应气候变化工作最基本的目标和总体要求明确,相当于从国家法律层面对适应气候变化"定调",建立适应气候变化的制度框架,为下位法提供立法依据。具体各级政府和各部门如何开展适应气候变化工作,可以通过部门规章或者地方立法进行规制。

要对适应气候变化"定调",首先要明确适应气候变化的目标,并且厘清适应气候变化目标和国家应对气候变化目标之间的关系。国家应对气候变化的总体目标应当是一个全面的总体目标,下面又分为各层级的行动目标。适应气候变化应该属于国家应对气候变化总体目标下面的行动目标。因此,建议在立法的应对气候变化目标相关条款中对行动目标进行明确规定。

同时,立法中至少应当有一条对适应气候变化的总体要求进行规制,从宏观上表明国家提高适应气候变化能力的总要求,提出国家在产业布局、基础设施、重大项目规划和建设中,应当充分考虑气候变化影响,推动适应技术研究开发和推广,增强适应气候变化特别是应对极端气候事件的能力。[1]在无法过于细化的情况下,立法中原则性的表述可以为以后的工作提供法律依据。

3.明确政府和部门适应气候变化的职责

根据《第十三届全国人民代表大会第一次会议关于国务院机构改革方

---

[1]《中华人民共和国气候变化第二次国家信息通报(序言+目录+摘要)》,http://www.ncsc.org.cn/SY/tjkhybg/202003/t20200319_769764.shtml,访问日期:2024年8月30日。

案的决定》，新组建的"生态环境部、自然资源部、农业农村部、应急管理部"均与适应气候变化工作密切相关。根据政府机构改革要求，同时保证立法的长期稳定性，应将适应气候变化的法律义务规定到各级人民政府层面，具体由政府应对气候变化主管部门牵头负责。如果具有适应气候变化法律义务的责任主体在该工作上不作为，可据此对其进行追责。同时，鉴于适应气候变化无法靠单个部门一己之力完成，各部门已经有的一些生态保护、防灾减灾等好的做法客观上有助于提高适应气候变化的能力，为该项工作打下一个良好的基础。立法除了赋予行业和部门适应气候变化职责之外，还应当建立各部门分工配合的协调机制，最大限度地形成部门间适应气候变化的合力。❶

（三）完善减缓与适应的衔接机制

减缓与适应是人类应对气候变化行动中两种相辅相成的措施。以温室气体减排等为主要选择的减缓行动有助于减小气候变化的速率与规模，以提高防御和恢复能力为目标的适应行动可以将气候变化的影响降到最低。在全球气候变化影响日益突出，气候变化减缓行动难以很快奏效的情形下，适应气候变化已经成为世界各国更为紧迫的重要选择。如何适应气候变化是当前社会各界面临的紧迫任务。"减缓"是通过减少温室气体的排放来减轻气候变化的严重程度；"适应"是通过提高防御能力和恢复能力以加强人类面对气候变化的适应能力。"减缓"虽然是应对气候变化的根本方法，但基于气候变化具有的巨大惯性，难以在短期内见效，"即便人类将全球温室气体排放降低到工业革命前的水平，全球变暖的现状也会延续一两百年"。❷ 可见，"减缓"是长期的、艰巨的。与"减缓"相比，面对短时间内无法改变的气候变化现实，提高对气候变化适应能力、加强抗御力和减少

---

❶ 田丹宇：《适应气候变化的法律制度研究》，《中国经贸导刊（中）》2019年第12期，第49页。

❷ 潘志华、郑大玮：《适应气候变化的内涵、机制与理论研究框架初探》，《中国农业资源与区划》2013年第6期，第14页。

应对气候变化的脆弱性显得尤为重要，这凸显了"适应"措施的重要性。❶

碳交易和碳金融可以为完善气候变化适应与减缓衔接机制提供资金支持，根据《联合国气候变化框架公约》缔约方会议的各种决议来看，总体上要保持适应资金和减缓资金的大致平衡。应当建立并完善适应气候变化的资金机制，将适应气候变化作为绿色投融资体系构建的重要组成部分，设立适应基金或气候变化基金，开发与气候适应有关的创新型金融产品，探索通过市场机构发行巨灾债券等创新型融资手段，建立健全风险分担机制，支持适应气候变化重点领域保险产品的试点和推广工作。❷ 根据《气候投融资试点工作方案》，气候投融资的支持范围包括适应气候变化，重点在于提高农业、水资源、林业和生态系统、海洋、气象、防灾减灾救灾等重点领域适应能力，以及加强适应基础能力建设，加快基础设施建设、提高科技能力等。❸

完善减缓与适应的衔接机制必须加强技术、评估和信息交流的一体化建设。技术创新是推动低碳经济转型、应对气候变化的重要手段，能效提高、可再生能源的普及、智能电网的建立以及碳捕获与封存的应用都需要国家在技术层面进行推动。在法律层面，我国目前仅施行了《科学技术普及法》，该法的立法目的和具体条款规定与应对气候变化仍然存在差距。因此，在应对气候变化的技术促进领域，我国宜通过科学技术部等政府职能部门颁行相关部门规章，通过标准制定和经济激励，促进技术的研究、开发、示范和应用推广，灵活性与及时性是技术法律制度制定的重要考量。❹ 此外，未来还应当建立健全适应气候变化的协调与信息共享机制。

---

❶ 许健、钱林：《欧盟适应气候变化的措施及其启示》，《天津行政学院学报》2018年第4期，第89页。

❷ 付琳、周泽宇、杨秀：《适应气候变化政策机制的国际经验与启示》，《气候变化研究进展》2020年第5期，第648页。

❸ 生态环境部等：《气候投融资试点工作方案》，https://www.gov.cn/zhengce/zhengceku/2021-12/25/5664524/files/10bf58f69f4d40269e07f3b84a47bb78.pdf，访问日期：2023年4月25日。

❹ 潘晓滨：《中国应对气候变化法律体系的构建》，《南开学报（哲学社会科学版）》2016年第6期，第84页。

同时，应当加强各相关部门在政策和项目层面的协作，建立跨部门或跨区域协调机制，鼓励各部门在适应气候变化主管部门的协调下，研究制订部门适应气候变化行动计划，构建国家适应气候变化项目库，并定期跟踪评价项目进展。加强现有适应气候变化基础信息的整合，开发建立网络信息共享平台，为各领域决策者提供信息交换与服务平台。❶

第三节 中国在未来全球碳市场的角色定位与布局

中国已经是世界第二大经济体，温室气体排放量较大，有超越美国的趋势。因此，中国在全球碳市场的角色定位值得深入分析，以启示未来如何开展工作，而这一工作的重点是全球碳市场工作的部署。近年来，中国环境问题频发，碳市场作为实现低碳发展的有效路径，已被政策制定者纳入考虑范围。早在2008年，北京、上海、天津等主要城市相继成立环境交易所，随后2011年，中国在北京、上海、天津、重庆、广东、湖北、深圳七个省市启动了碳排放权交易试点，并把碳市场作为全面深化改革和生态文明建设的重大任务，碳市场也因此被视为一项重大制度创新。❷ 展望未来，中国必须锚定全球气候治理的宏伟目标，做好中国在未来全球碳市场的宏观规划，在明确中国在全球碳市场的角色定位的基础上，谋划中国在全球碳市场的碳交易、碳定价、碳金融中心的布局。

一、中国在未来全球碳市场的角色定位

全球气候治理是国际社会面临的共同任务，实现全球气候治理目标，

---

❶ 付琳、周泽宇、杨秀：《适应气候变化政策机制的国际经验与启示》，《气候变化研究进展》2020年第5期，第648页。

❷ 张妍、李玥：《国际碳排放权交易体系研究及对中国的启示》，《生态经济》2018年第2期。

需要国际社会广泛而持续的合作。[1] 30多年来，中国参与国际气候变化谈判的角色经历了从积极参与者、积极贡献者到积极引领者的转变。在这一历史进程中，中国从积极参与者转变为积极贡献者是量变，从积极贡献者转变为积极引领者是质变。[2] 目前，中国逐步形成了"碳交易—碳定价—碳金融"的进化逻辑链条，未来中国在全球碳市场的角色定位应当是成为全球碳交易的积极参与者、全球碳定价的积极贡献者、全球碳金融的积极引领者。

（一）成为全球碳交易的积极参与者

中国是世界碳市场不可或缺的组成部分，合理而充分地利用碳市场将有力地促进中国经济增长低碳化的实现，也有利于推动全球气候治理的历史进程。中国碳排放权交易市场建立后，中国作为世界上最大的碳排放权供给国可以向世界市场提供大量的碳资产。[3] 尽管中国是全球最大的碳排放权供给国，但仍旧处在碳交易的最低端。中国清洁发展机制项目市场今后可能面临诸多挑战和不确定性。所幸的是，碳交易市场目前处于"婴儿期"，属于新兴市场，中国与发达国家的差距最多不超过10年。为此，中国在贯彻新发展理念、努力实现高质量发展的背景下，必须重视碳交易市场的培育和发展，在国际经济、金融体系中掌握更多的主动权，争取在全球碳交易市场中占有一席之地，[4] 积极做碳交易市场的参与者，以上海为基点将中国打造成为具有国际影响力的碳交易中心，[5] 为世界贡献中国力量。

---

[1] 庄贵阳、周宏春：《碳达峰碳中和的中国之道》，中国财政经济出版社，2021，第258页。

[2] 张海滨、黄晓璞、陈婧嫣：《中国参与国际气候变化谈判30年：历史进程及角色变迁》，《阅江学刊》2021年第6期，第15页。

[3] 崔俊富、苗建军、陈金伟：《世界碳市场发展与中国的定位选择》，《北华大学学报（社会科学版）》2015年第3期。

[4] 袁杜鹃、朱伟国：《碳金融：法律理论与实践》，法律出版社，2012，第255页。

[5] 张伟弟、宋薇萍、严曦梦：《上海环境能源交易所董事长赖晓明：打造具有国际影响力碳交易、定价和金融中心 助力国家实现"双碳"目标》，《上海证券报》2021年12月29日第2版。

（二）成为全球碳定价的积极贡献者

未来我国应当积极发展多层次碳市场，不断探索创新交易品种，形成具有全球影响力的碳定价中心，成为全球碳定价的积极贡献者。❶ 合理的碳价，是实现碳排放配额资源合理配置的前提。在流动性不足的碳市场中，碳价往往无法反映真实的供需，缺乏合理性。不合理碳价的表现形式包括碳价价差大、波动性大、整体低迷等。碳价的长期不合理，给碳交易市场的有效性带来挑战，也不利于充分发挥碳交易市场的减排作用。因此，只有对碳排放合理定价，才能引导资源有效配置，充分发挥碳市场的减排作用。处在初级发展阶段的碳市场往往存在碳市场定价有效性不足的问题。造成这一问题的主要原因在于相关碳市场的金融属性不足。从国际经验来看，成熟的碳市场需要普遍具有较强的金融属性。随着中国碳交易市场的不断发展，市场参与主体对价格发现、期限转换、风险管理等需求将更加强烈，碳市场的金融属性将被充分激活。由于在管理制度和技术水平上存在较大差异，目前全球各个碳交易市场还存在较大的独立性，仅有部分交易所开展了互联探索。例如，美国加利福尼亚州碳交易市场和加拿大魁北克省碳交易市场通过美加西部气候倡议实现互联。随着全球变暖加剧，应对气候变化成为各国共识，碳排放将成为生产要素中的重要部分。未来，碳市场将成为与股票、债券、外汇、商品同等重要的市场，全球碳市场之间具有很大的合作潜力。中国的全国性碳交易市场于2021年7月中旬正式启动运营。未来，叠加碳期货等衍生品交易，粗略估算碳市场的规模可能达到6000亿元，将成为全球最大的碳交易市场。在此背景下，中国碳市场应当尽快完善与国际碳市场的连接机制，积极推动具有国际影响力的碳定价中心建设，从而进一步促进碳排放权在全球范围内的合理定

---

❶ 张伟弟、宋薇萍、严曦梦：《上海环境能源交易所董事长赖晓明：打造具有国际影响力碳交易、定价和金融中心 助力国家实现"双碳"目标》，《上海证券报》2021年12月29日第2版。

价与分配。❶

(三)成为全球碳金融的积极引领者

未来我国应当加快推进碳金融创新,建设国际碳金融中心,成为全球碳金融的积极引领者。我国应当充分发挥上海国际金融中心的优势,推动金融机构、金融产品与碳市场的深度融合,积极发展低碳绿色金融和气候投融资。❷ 从国际经验来看,碳金融衍生品市场越发达,市场价格发现能力、融资等金融市场功能发挥就越充分。在加快碳金融创新步伐方面,上海应当依托成熟的资本市场体系,推进全国碳排放权交易市场的金融化探索,以全国碳交易市场为基础,发挥上海国际金融中心的资源和能力优势,创新碳金融产品,尽快推出碳掉期、碳互换等碳金融衍生品交易,大力发展碳排放配额回购、碳信托集合计划、碳基金、标准化碳质押、全国碳排放配额指数等碳金融创新业务,满足客户多样化、多层次的投融资需求。❸ 在全球碳市场快速发展的背景下,一方面,碳金融相关产品和服务需求增大;另一方面,碳金融市场信息不对称和风险监管问题也不容忽视。商业银行是营业网络最广泛、联通行业最齐全的金融机构,在信息、人才和信誉等方面都具有明显优势,能够发挥重要的金融中介作用,推动碳金融市场健康高效发展。未来,商业银行应积极探索创新碳金融中介服务,为碳金融市场的发展提供助力。例如,商业银行可通过出具保函为跨国、跨区域碳交易提供担保增信服务;为碳基金提供托管业务;为减排项目各环节提供咨询服务等。❹

---

❶ 汪惠青:《碳市场建设的国际经验、中国发展及前景展望》,《国际金融》2021年第12期,第33页。

❷ 张伟弟、宋薇萍、严曦梦:《上海环境能源交易所董事长赖晓明:打造具有国际影响力碳交易、定价和金融中心 助力国家实现"双碳"目标》,《上海证券报》2021年12月29日第2版。

❸ 宾晖:《上海加快建设国际碳金融中心》,《中国金融》2021年第18期,第59页。

❹ 汪惠青:《碳市场建设的国际经验、中国发展及前景展望》,《国际金融》2021年第12期,第33页。

二、中国在未来全球碳市场的布局

中国是最大的发展中国家,也是从计划经济向市场经济全面转轨的国家。这种新兴加转轨的现实国情,加上中国市场本身发育程度尚不成熟的实际情况,决定了中国碳市场建设将是一个长期的循序渐进的过程。布局我国未来在全球碳市场的发展战略,必须遵循共同但有区别的责任原则、可持续发展原则和低碳金融创新原则这三大基本国际原则,在此基础上确立建设国际碳交易中心和国际碳金融中心的目标,并为实现目标制订阶段性计划表。

(一)基本原则

1. 共同但有区别的责任原则

全球碳市场必须遵循共同但有区别的责任原则这一基本原则。《联合国气候变化框架公约》强调的共同但有区别的责任原则体现了国际环境保护领域遵循的公平与正义的精神。地球整体环境的保护和改善,关系着人类的共同利益;在环境保护方面,按照国家主权平等的原则,各国都有参与国家环境事务平等权利。由于发达国家在历史上大量排放温室气体,应当对气候变化负主要责任;发展中国家人均排放量相对较低,消除贫困和发展经济仍是其首要任务。根据公平原则,必须在气候变化责任的负担上对发达国家和发展中国家加以区分。在格拉斯哥时代的国际气候谈判中,中国应当始终坚持《联合国气候变化框架公约》《京都议定书》《巴黎协定》以及《格拉斯哥协议》确立的共同但有区别的责任原则,以此为指导完成国家自主贡献目标,要求发达国家承担主要减排责任,分阶段分目标实现碳中和,并在《联合国气候变化框架公约》下解决气候适应基金和技术转让等问题,实现发达国家向发展中国家的气候资金和技术的转让。未来全球应当推动发达国家与发展中国家之间的碳交易机制创新,一方面提高发展中国家的低碳发展能力,另一方面为发达国家减排提供低成本途径。另外,作为发展中国家,在参与应对全球气候变化的过程中,我国要有所作为，承担起相应的责任，为保护全球气候环境作出积极贡献。同时，要加强国际沟通谈判能力，维护我国正当的发展权益，减少我国企业所面临的巨大减排成本，并与发达国家开展双边乃至多边减排合作行动，使我国承担的国家义务与我国的经济和社会发展水平相适应。❶

2. 可持续发展原则

全球碳市场布局必须依照可持续发展原则展开。1972 年 6 月 5 日至 16 日在斯德哥尔摩举行的联合国人类环境会议通过了《人类环境宣言》，初步确立了可持续发展原则，宣言指出："人人都有在过着尊严和幸福生活的优良环境里享受自由、平等和适当生活条件的基本权利，同时也有为今代和后世保护和改善环境的神圣责任。在这方面，凡是促进或延续种族隔离、种族分隔与歧视、殖民及其他形式的压迫和外国统治的政策，应受谴责，必须予以肃清。"❷1992 年 6 月 3 日至 14 日在里约热内卢举行的联合国环境与发展会议，在重申 1972 年联合国《人类环境宣言》的基础上，通过了《里约宣言》。《里约宣言》确定了 27 项原则，这些原则的出台标志着可持续发展原则的正式确立。《里约宣言》中原则 1、3、20、21、22 等对可持续发展的内涵以及妇女、青年原住民的地位、作用等作出了详细解释。为了进一步强化可持续发展原则的作用，在联合国成立七十周年之际，联合国成员于 2015 年 9 月 25 日通过了《改变我们的世界：2030 年可持续发展议程》，该议程指出："我们决心采用统筹兼顾的方式，从经济、社会和环境这三个方面实现可持续发展。"为此，该议程确立了 17 项实现可持续发展的目标。毫无疑问，国际社会将可持续发展原则作为人类共同努力的目标和指导原则，同时该原则也是引领国际社会成员的国家或地区经济、社会、环境协调发展的指针。❸

---

❶ 袁杜鹃、朱伟国：《碳金融：法律理论与实践》，法律出版社，2012，第 258 页。

❷ 联合国：《联合国人类环境会议报告书》，https://documents.un.org/doc/undoc/gen/n73/106/78/pdf/n7310678.pdf，访问日期：2024 年 9 月 1 日。

❸ 胡晓红：《可持续发展原则：国际经济治理的基本原则——从亚投行环境与社会标准展开》，《兰州大学学报（社会科学版）》2018 年第 6 期，第 176 页。

3. 低碳金融创新原则

习近平总书记指出："我们既要绿水青山，也要金山银山。宁要绿水青山，不要金山银山，而且绿水青山就是金山银山。"❶ 金融是国民经济的血脉，是激活经济活力的关键，金融的绿色生态转型至关重要。因此，发展低碳经济必须发展低碳金融，我国碳金融市场潜力巨大。我国是世界上最大的发展中国家，且已经向世界庄严承诺于2030年前实现碳达峰、2060年前实现碳中和，全世界最大的碳排放权交易市场也于2021年在中国开启，碳市场潜力巨大，碳金融前景光明。多年来，我国凭借自己广阔的项目空间和减排潜力，大力发展自己的碳金融市场，激发国内碳金融市场的发展潜力，并在全球能源金融新博弈中争取主动权，提高对碳资源价值的认识，培育碳交易多层次市场体系，开展碳掉期、碳证券、碳气候、碳基金、碳信托、碳保险等多种碳金融衍生品的金融创新，改变我国在全球碳市场价值链中的低端位置，实现我国在碳金融市场领域的跨越式发展。❷ 另外，碳交易的计价结算与货币的绑定机制使发达国家拥有强大的碳定价能力，这是全球金融体系的又一次失衡。在全球碳交易还没有完全与单个货币形成牢固的捆绑关系之际，我国政府应当积极布局，在构建碳金融市场的同时使人民币成为碳交易计价的主要结算货币，这是打破美元、欧元等货币制衡，实现人民币国际化的关键，❸ 也是挑战石油美元霸权，实现能源转换的应有之义。

（二）中国发展国际碳市场的目标

以实现"双碳"目标为引领，将绿色发展理念与上海国际金融中心建设紧密结合。未来我国应以上海这一国际大都市为依托，促进绿色金融市场能级显著提升，绿色直接融资主平台作用更加凸显，绿色信贷占比明显

---

❶ 人民网：《习近平总书记系列重要讲话读本》，http://theory.people.com.cn/n/2014/0711/c40531—25267092.html，访问日期：2023年4月25日。

❷ 张茉楠：《碳金融：后危机时代的新博弈》，《中国能源报》2009年7月13日第2版。

❸ 袁杜鹃、朱伟国：《碳金融：法律理论与实践》，法律出版社，2012，第254页。

提高，绿色金融产品业务创新更加活跃，绿色金融组织机构体系进一步完善，形成国际一流绿色金融发展环境，对全国绿色低碳发展的支撑更加有力，在全球绿色金融合作中的角色更加重要，基本建成具有国际影响力的国际碳交易中心、国际碳定价中心和国际碳金融中心，基本确立国际绿色金融枢纽地位，❶为国家建设国际碳市场的目标贡献力量。

1. 国际碳交易中心

交易的活跃度不足是目前中国建设国际碳市场面临的重要问题。相比国外碳市场500%～600%的换手率，中国碳市场的平均换手率仅为11%，且碳交易存在明显的周期性，往往集中在履约月的前几个月。在此情形下，碳市场的流动性在非履约月长期不足，流动性风险显著。造成中国试点碳交易市场活跃度不足的原因在于，各试点碳市场所涵盖的行业较少，市场主体参与数量较少。因此，可考虑进一步丰富市场参与主体，持续提升市场的覆盖面、流动性和有效性。在控排行业方面，尽快将钢铁、化工、水泥等其他重点排放源行业纳入全国碳市场，并且明确其他行业纳入全国碳市场的时间安排。在投资机构方面，可纳入多种类型机构投资者，包括碳资产投资公司、集团内碳资产公司、券商等金融领域成熟机构。未来，随着市场相关机制的不断完善，可以适时有序地将个人投资者和境外机构引入碳金融市场。❷此外，中国还应当同其他发展中国家积极协作，增强在平台建设和运行中的话语权。例如，针对欧盟将其碳交易体系发展成为国际碳市场主要平台的计划，中国国内碳市场的制度建设应将国际化作为一项重要目标，打造能够提供国际碳交易服务的体系。基于国际碳交易机制的"竞争导向"，中国还应提出要充分降低其对发展中国家企业竞争力的影响，并推动建立常设性的监测机制，对其影响加以评估和控制。

---

❶ 上海市人民政府：《上海市人民政府办公厅关于印发〈上海加快打造国际绿色金融枢纽服务碳达峰碳中和目标的实施意见〉的通知》，https://www.shanghai.gov.cn/nw12344/20211019/a201939175c8417c9cda322f556bbbaf.html，访问日期：2023年4月25日。

❷ 汪惠青：《碳市场建设的国际经验、中国发展及前景展望》，《国际金融》2021年第12期，第32页。

同时，考虑到机构人员组成直接影响各国话语权，而《联合国气候变化框架公约》的某些规定存在发展中国家被边缘化的问题，中国应当主张国际碳交易机构在人员配备上必须保证发展中国家得到充分代表。❶

2. 国际碳定价中心

未来，我国将积极发展多层次碳市场，积极争取国际碳定价权，培育上海成为全球碳交易市场的有力竞争者，形成有全球影响力的碳定价中心。❷尽管碳交易市场能有效提高中国的碳减排效率，但碳交易市场实质是传递碳资产的价格信号。尽管全球尚未出现统一的碳交易市场，但是国际碳交易规则与国内碳交易规则互为影响。而碳交易市场有效有序地发展离不开市场定价机制和政府定价机制，这两种机制的协同推进需要法律的保障。因此，国际碳资产的价格受到碳交易规则和机制的影响。进而，全球呈现出一种国际法主体凭借自身碳交易市场机制，试图塑造国际碳交易规则体系和抢夺碳资产定价权的趋势。例如，欧盟正试图通过调整碳税、扩大碳交易市场范围、修订碳交易规则，来完善碳资产定价机制；以国际民航组织、国际海事组织等代表性行业组织所发起的国际碳交易机制，加剧了国际碳资产定价权的争夺。与此同时，中国国内碳资产的价格受到国际碳期货价格影响，但国际碳期货市场却存在较大的不确定性。中国正在探索如何构建国内碳期货市场。发展碳期货市场可以有效对冲国际碳期货市场风险，开放中国碳期货市场可以为中国建立国际碳定价中心创造有利条件。❸

3. 国际碳金融中心

在 2035 年前，我国应当通过大力发展碳金融，将上海打造为国际碳

---

❶ 中国在全球气候谈判中曾多次提出在《联合国气候变化框架公约》的附属科技咨询机构中，发展中国家未得到充分代表。

❷ 张伟弟、宋薇萍、严曦梦：《上海环境能源交易所董事长赖晓明：打造具有国际影响力碳交易、定价和金融中心 助力国家实现"双碳"目标》，《上海证券报》2021 年 12 月 9 日第 2 版。

❸ 李松洋：《"双碳"目标下中国碳期货国际交易的法律适用》，《理论月刊》2022 年第 5 期，第 117 页。

金融中心，推进上海国际金融中心核心区建设，打造上海国际绿色金融枢纽，加快经济社会发展全面绿色转型。上海加快打造国际绿色金融枢纽，是服务国家实现"双碳"目标，建立健全绿色低碳循环发展经济体系的重要支撑。2022年7月1日起施行的《上海市浦东新区绿色金融发展若干规定》以37个条文专门规定了绿色金融相关的政策保障和法律支撑，包括支持气候投融资产品和业务、开展碳衍生品交易以及试点碳普惠工作等。❶ 未来我们应当结合实际国情，从以下几个方面推动金融支持碳中和的发展。

首先是完善相关制度建设，发挥政府引导作用。完善的制度体系是建设国际碳金融中心的重要保障。从国际经验来看，欧美发达国家通过不断完善相关政策、构建法律制度体系，强化政府的引导作用，推进金融支持碳中和。虽然我国正不断推进金融支持碳中和的相关制度建设，但统一的绿色金融发展标准体系尚未形成，环境与气候信息披露体系建设也有待完善，绿色金融高位阶立法尚需推进。未来，需要通过进一步完善制度建设，加强政府在金融支持碳中和方面的监管力度和引导作用。

其次是重视市场作用，调动多方协作参与碳中和的积极性。在建设国际碳金融中心的问题上，各国的实践经验都表明，政府主要起引导作用，市场才是充分发挥金融助力作用的关键。因此，需要重视发挥市场作用，一方面，加强政府与金融业、金融业内部、金融业与实体经济等的沟通协作与信息共享，提升市场透明度，打破因信息不对称造成的投融资瓶颈；另一方面，通过不断加快碳中和相关产品和服务的创新，调动社会投资者的参与积极性。

最后是加强国际合作，扩展气候投融资平台。实现碳中和，需要全球合作应对。近年来，我国在二十国集团（Group of 20，简称 G20）、可持续金融国际平台（International Platform on Sustainable Finance，简称 IPSF）、绿色金

---

❶ 任轩：《〈上海市浦东新区绿色金融发展若干规定〉7月1日起实施（附全文）》，https://export.shobserver.com/baijiahao/html/501319.html，访问日期：2023年4月25日。

融网络（Central Banks and Supervisors Network for Greening the Financial System，简称 NGFS）等国际碳金融平台中都发挥了积极的作用，为我国乃至全球碳减排作出了重要贡献。未来，不仅需要持续加强国际合作，通过制定国际共同分类标准、扩大外资金融机构的业务范围等方式，增强我国气候投融资市场对国际投资者的吸引力，为我国实现"双碳"目标带来国际资金、技术等多方面的支持；还需要鼓励国内金融机构带着绿色低碳理念"走出去"，通过"一带一路""南南合作"等多个渠道，推动全球气候投融资的发展。[1]

---

[1] 汪惠青、李义举：《金融支持碳达峰、碳中和的国际经验》，《中国外汇》2021 年第 9 期，第 22 页。

主要参考文献

一、中文专著与译著类

1. 李传轩. 中国环境法教程［M］. 上海：复旦大学出版社有限责任公司，2021：207-209.

2. 李传轩，肖磊，邓炜，等. 气候变化与环境法：理论与实践［M］. 北京：法律出版社，2011.

3. 陈迎，巢清尘，等. 碳达峰、碳中和 100 问［M］. 北京：人民日报出版社，2021.

4. 胡炜. 法哲学视角下的碳排放交易制度［M］. 北京：人民出版社，2013：173.

5. 泰坦伯格. 排污权交易：污染控制政策的改革［M］. 崔卫国，范红延，译. 北京：生活·读书·新知三联书店，1992：1.

6. 中金公司研究部，中金研究院. 碳中和经济学［M］. 北京：中信出版集团股份有限公司，2021：57.

7. 安东尼·奥格斯. 规制：法律形式与经济学理论［M］. 骆梅英，译. 北京：中国人民大学出版社，2008：3.

8. 黄以天.国际互动与中国碳交易市场的初期发展［M］.上海：上海人民出版社，2019：13，110-112.

9. 夏梓耀.碳排放权研究［M］.北京：中国法制出版社，2016：9-10，93-94，112，142-144.

10. 朱伯玉.循环经济法制论［M］.北京：人民出版社，2007：5.

11. 李英，曾宇.合同能源管理法律与实践［M］.北京：光明日报出版社，2011：2.

12. 曹明德，刘明明，崔金星，等.中国碳排放交易法律制度研究［M］.北京：中国政法大学出版社，2016：168-169.

13. 刘洪岩.生态法治新时代：从环境法到生态法［M］.北京：社会科学文献出版社，2019：330.

14. 计军平，马晓明.碳排放与碳金融［M］.北京：科学出版社，2018：5-7.

15. 黄永富.《京都议定书》的命运和我国的战略［M］.北京：社会科学文献出版社，2015：440-441.

16. 庄贵阳，周宏春.碳达峰碳中和的中国之道［M］.北京：中国财政经济出版社，2021：258，263-266.

17. 王苏生，常凯.碳金融产品与机制创新［M］.深圳：海天出版社，2014：1-19.

18. 莱纳·克拉克曼.公司法剖析：比较与功能的视角［M］.罗培新，译.北京：法律出版社，2012：10.

19. 袁杜鹃，朱伟国.碳金融：法律理论与实践［M］.北京：法律出版社，2012.

20. 乌尔里希·贝克.风险社会：新的现代性之路［M］.张文杰，何博闻，译.南京：译林出版社，2018.

21. 马骏.国际绿色金融发展与案例研究［M］.北京：中国金融出版社，2017：100.

22. 郭锋，陈夏，等.证券投资基金法导论［M］.北京：法律出版社，2008：143.

23. 罗纳德·H. 科斯，等. 财产权利与制度变迁：产权学派与新制度学派译文集[M]. 刘守英，译. 上海：格致出版社，上海三联书店，上海人民出版社，2014.

24. 高凌云. 被误读的信托：信托法原论[M]. 2版，上海：复旦大学出版社有限责任公司，2021：47.

25. 李冰强. 公共信托理论批判[M]. 北京：法律出版社，2017：43-52.

26. 张天民. 失去衡平法的信托：信托观念的扩张与中国《信托法》的机遇和挑战[M]. 北京：中信出版社，2004：101.

27. 韩良. 家族信托法理与案例精析[M]. 北京：中国法制出版社，2018：90.

28. 彼得·D.伯登. 地球法理：私有产权与环境[M]. 郭武，译. 北京：商务印书馆，2021.

29. 威廉·诺德豪斯. 气候赌场：全球变暖的风险、不确定性与经济学[M]. 梁小民，译. 上海：东方出版中心，2019：12.

30. 世界银行. 碳金融十年[M]. 广州东润发环境资源有限公司，译. 北京：石油工业出版社，2011.

二、中文论文类

1. 张梓太. 中国气候变化应对法框架体系初探[J]. 南京大学学报（哲学·人文科学·社会科学版），2010（5）：37-43.

2. 张梓太. 论气候变化立法之演进：适应性立法之视角[J]. 中国地质大学学报（社会科学版），2010（1）：70-73.

3. 张梓太，沈灏. 气候变化国际立法最新进展与中国立法展望[J]. 南京大学学报（哲学·人文科学·社会科学版），2014（2）：37-43.

4. 张梓太，张叶东. 实现"双碳"目标的立法维度研究[J]. 南京工业大学学报（社会科学版），2022（4）：14-32.

5. 李传轩. "双碳"目标下消费者碳责任及其立法表达[J]. 政治与法律，

2023（1）：67-80.

6. 李传轩. 碳权利的提出及其法律构造［J］. 南京大学学报（哲学·人文科学·社会科学），2017（2）：23-29.

7. 陶蕾. 国际气候适应制度进程及其展望［J］. 南京大学学报（哲学·人文科学·社会科学版），2014（2）：52-60.

8. 宾晖，张叶东. 关于中国碳市场建设和发展的若干思考［J］. 环境保护，2022（22）：11-15.

9. 张叶东. "双碳"目标背景下碳金融制度建设：现状、问题与建议［J］. 南方金融，2021（11）：65-74.

10. 樊东星，张叶东. 欧盟碳交易监管体系对我国的启示［J］. 福建金融，2023（1）：31-39.

11. 张永生. 为什么碳中和必须纳入生态文明建设整体布局：理论解释及其政策含义［J］. 中国人口·资源与环境，2021（9）：6-15.

12. 丁丁，潘方方. 论碳排放权的法律属性［J］. 法学杂志，2012（9）：103-109.

13. 秦天宝. 双阶理论视域下碳排放权的法律属性及规制研究［J］. 比较法研究，2023（2）：122-135.

14. 叶勇飞. 论碳排放权之用益物权属性［J］. 浙江大学学报（人文社会科学版），2013（6）：74-81.

15. 刘京. 论碳排放权的财产属性［J］. 湖北社会科学，2013（1）：158-162.

16. 邓海峰. 环境容量的准物权化及其权利构成［J］. 中国法学，2005（4）：59-66.

17. 王明远. 论碳排放权的准物权和发展权属性［J］. 中国法学，2010（6）：92-99.

18. 房绍坤. 论用益物权的法律属性［J］. 现代法学，2003（6）：10-13.

19. 王慧. 论碳排放权的特许权本质［J］. 法制与社会发展，2017（6）：171-188.

20. 曾诗鸿，狐咪咪．清洁发展机制研究综论［J］．中国人口·资源与环境，2013（S2）：296-299．

21. 黄锡生．民法典时代环境权的解释路径：兼论绿色原则的民法功能［J］．现代法学，2020（4）：99-112．

22. 杜辉．面向共治格局的法治形态及其展开［J］．法学研究，2019（4）：21-39．

23. 林旭霞．林业碳汇权利客体研究［J］．中国法学，2013（2）：71-82．

24. 田丹宇．我国碳排放权的法律属性及制度检视［J］．中国政法大学学报，2018（3）：75-88．

25. 郭红岩．美国联邦应对气候变化立法所涉重点问题研究［J］．中国政法大学学报，2013（5）：126-139．

26. 常纪文．中国环境法治的发展历程［J］．环境保护，2009（12）：31-33．

27. 吕忠梅，吴一冉．中国环境法治七十年：从历史走向未来［J］．中国法律评论，2019（5）：102-123．

28. 吕江．气候变化立法的制度变迁史：世界与中国［J］．江苏大学学报（社会科学版），2014（4）：41-49．

29. 余耀军．"双碳"目标下中国气候变化立法的双阶体系构造［J］．中国人口·资源与环境，2022（1）：89-96．

30. 李高．紧密围绕"双碳"目标开展气候投融资试点工作［J］．环境保护，2022（15）：15-17．

31. 张磊，黄雄．我国能源管理体制的困境及其立法完善［J］．南京工业大学学报（社会科学版），2011（1）：59-63．

32. 张璐．论我国能源法律体系的应然构建与完善发展［J］．北京理工大学学报（社会科学版），2011（5）：107-111．

33. 张璐，金宵羽．"双碳"目标背景下节能监察制度研究［J］．中国环境管理，2022（5）：15-21．

34. 张玉东．我国合同能源管理的立法现状及前瞻［J］．政法论丛，2011（4）：

86-92.

35. 于文轩，宋丽容. 面向能效促进的合同能源管理制度之完善［J］. 地方立法研究，2019（2）：60-69.

36. 邓海峰，陈英达."双碳"目标视域下的用能权权利属性分析［J］. 中国人口·资源与环境，2022（4）：66-72.

37. 王文熹，傅丽. 我国用能权交易市场法律制度之完善［J］. 理论月刊，2020（11）：150-160.

38. 徐以祥，刘继琛. 论碳达峰碳中和的法律制度构建［J］. 中国地质大学学报（社会科学版），2022（3）：20-31.

39. 张阳. 中国碳排放交易所的本土异化与规制纠偏［J］. 环球法律评论，2023（2）：160-177.

40. 刘先辉. 论气候变化背景下森林碳汇法律制度的构建［J］. 郑州大学学报（哲学社会科学版），2016（1）：26-30.

41. 潘晓滨. 中国蓝碳市场建设的理论同构与法律路径［J］. 湖南大学学报（社会科学版），2018（1）：155-160.

42. 于文轩，田丹宇. 美国和墨西哥应对气候变化立法及其借鉴意义［J］. 江苏大学学报（社会科学版），2016（2）：1-6.

43. 王慧. 美国地方气候变化立法及其启示［J］. 中国地质大学学报（社会科学版），2017（1）：56-64.

44. 刘蕊，张明顺. 欧盟 CO_2 排放现状及我国开展碳排放计算统计工作的建议［J］. 中国人口·资源与环境，2015（S1）：526-529.

45. 刘晶. 温室气体减排的法律路径：温室气体和大气污染物协同控制——评《大气污染防治法》第 2 条第 2 款［J］. 新疆大学学报（哲学·人文社会科学版），2019（6）：48-56.

46. 李艳芳，张忠利. 欧盟温室气体排放法律规制及其特点［J］. 中国地质大学学报（社会科学版），2014（5）：54-60.

47. 兰莹，秦天宝.《欧洲气候法》：以"气候中和"引领全球行动［J］. 环境保护，2020（9）：61-67.

48. 廖斌，崔金星.欧盟温室气体排放监测管理体制立法经验及其借鉴［J］.当代法学，2012（4）：111-118.

49. 张波，庞舒雅.英国温室气体排放：因素分解与减排路径研究［J］.欧洲研究，2012（1）：100-114.

50. 兰花.2008年英国《气候变化法》评介［J］.山东科技大学学报（社会科学版），2010（3）：69-76.

51. 张芃，段茂盛.英国控制温室气体排放的主要财税政策评述［J］.中国人口·资源与环境，2015（8）：100-106.

52. 染野宪治.日本实现2050年脱碳社会的政策动向［J］.世界环境，2021（1）：42-46.

53. 冷罗生.日本温室气体排放权交易制度及启示［J］.法学杂志，2011（1）：65-68.

54. 王灿发，刘哲.论我国应对气候变化立法模式的选择［J］.中国政法大学学报，2015（6）：113-121.

55. 李艳芳.各国应对气候变化立法比较及其对中国的启示［J］.中国人民大学学报，2010（4）：58-66.

56. 孙秋枫，张婷婷，李静雅.韩国碳排放交易制度的发展及对中国的启示［J］.武汉大学学报（哲学社会科学版），2016（2）：73-78.

57. 翟大宇.中美双边气候关系与《联合国气候变化框架公约》进程的相互影响研究［J］.太平洋学报，2022（3）：1-12.

58. 夏堃堡.联合国气候变化框架公约23年［J］.世界环境，2015（4）：58-67.

59. 刘焰真，李路路，张斌亮.《巴黎协定》的由来与发展［J］.世界环境，2019（1）：16-18.

60. 王云鹏.论《巴黎协定》下碳交易的全球协同［J］.国际法研究，2022（3）：91-109.

61. 何晶晶.从《京都议定书》到《巴黎协定》：开启新的气候变化治理时代［J］.国际法研究，2016（3）：77-88.

62. 刘明明. 论我国气候变化立法中碳排放配额的初始分配[J]. 中国政法大学学报, 2016（3）: 120-131.

63. 吕忠梅, 王国飞. 中国碳排放市场建设: 司法问题及对策[J]. 甘肃社会科学, 2016（5）: 161-168.

64. 王遥, 王文涛. 碳金融市场的风险识别和监管体系设计[J]. 中国人口·资源与环境, 2014（3）: 25-31.

65. 谭冰霖. 碳交易管理的法律构造及制度完善: 以我国七省市碳交易试点为样本[J]. 西南民族大学学报（人文社科版）, 2017（7）: 70-78.

66. 夏梓耀. 碳排放权担保融资法律问题研究[J]. 金融法苑, 2016（1）: 96-105.

67. 邓敏贞. 我国碳排放权质押融资法律制度研究[J]. 政治与法律, 2015（6）: 98-107.

68. 乔海曙, 刘小丽. 碳排放权的金融属性[J]. 理论探索, 2011（3）: 61-64.

69. 洪艳蓉. 论碳达峰碳中和背景下的绿色债券发展模式[J]. 法律科学（西北政法大学学报）, 2022（2）: 123-137.

70. 李媛媛. 中国碳保险法律制度的构建[J]. 中国人口·资源与环境, 2015（2）: 144-151.

71. 涂永前. 碳金融的法律再造[J]. 中国社会科学, 2012（3）: 95-113.

72. 林耿华, 王遥, 金苗根, 等. 粤港澳大湾区背景下绿色票据实施路径创新研究[J]. 南方金融, 2020（8）: 60-70.

73. 史学清. 基金投资者合法权益立法保护的几点思考[J]. 当代法学, 2003（3）: 78-80.

74. 李挚萍, 程凌香. 企业碳信息披露存在的问题及各国的立法应对[J]. 法学杂志, 2013（8）: 30-40.

75. 周小光, 张建伟. 关于大气污染与气候变化协同治理的法律思考[J]. 社会科学论坛, 2017（5）: 220-228.

76. 曹明德, 程玉. 大气污染防治法修订之我见: 兼评《大气污染防治法

（修订草案）》［J］.江淮论坛，2015（3）.

77.常纪文.二氧化碳的排放控制与《大气污染防治法》的修订［J］.法学杂志，2009（5）：74-76.

78.曹明德.中国参与国际气候治理的法律立场和策略：以气候正义为视角［J］.中国法学，2016（1）.

79.程凌香.碳信息披露存在的问题及我国的立法应对［J］.环境保护，2013（12）：77-78.

80.张颖.美国环境公共信托理论及环境公益保护机制对我国的启示［J］.政治与法律，2011（6）：112-120.

81.郝海青.法治政府视角下中国碳市场法律监管制度研究［J］.辽宁大学学报（哲学社会科学版），2017（2）：94-100.

82.李昕蕾.治理嵌构：全球气候治理机制复合体的演进逻辑［J］.欧洲研究，2018（2）：91-116.

83.江莉，曾文革.碳市场链接的国际法律空洞化问题与中国对策［J］.中国人口·资源与环境，2022（6）：22-29.

84.陈星星.全球成熟碳排放权交易市场运行机制的经验启示［J］.江汉学术，2022（6）：24-32.

85.庄汉.我国政策环评制度的构建——以新《环境保护法》第14条为中心［J］.中国地质大学学报（社会科学版），2015（6）：46-52.

86.陈悦.应对气候变化与生物多样性保护的协同规制：以生态系统服务为路径［J］.中国政法大学学报，2022（4）：5-20.

87.肖国兴.能源体制革命抉择能源法律革命［J］.法学，2019（12）：164-174.

88.于文轩.论可再生能源效率促进的工具选择［J］.暨南学报（哲学社会科学版），2018（12）：50-58.

89.孙佑海，王甜甜.推进碳达峰碳中和的立法策略研究［J］.山东大学学报（哲学社会科学版），2022（1）：157-166.

90.李艳芳."促进型立法"研究［J］.法学评论，2005（3）：100-106.

91. 孙永平，张欣宇，施训鹏．全球气候治理的自愿合作机制及中国参与策略：以《巴黎协定》第六条为例［J］．天津社会科学，2022（4）：93-99．
92. 李松洋．"双碳"目标下中国碳期货国际交易的法律适用［J］．理论月刊，2022（5）：117-127．

三、中文其他类

1. 范必．排放权之争是发展权之争［G］．北京：中国与世界观察，2007（2）．
2. 张焕波．全球应对气候变化政策趋势与分析［R］．北京：社会科学文献出版社，2016．
3. 张艳，刘翰聪．浅谈我国应对气候变化的法律措施碳基金：以英国为借鉴［C］//昆明：昆明理工大学．生态文明与环境资源法2009年全国环境资源法学研讨会（年会）论文集，2009．

四、外文专著类

1. Australian Covernment. Securing a clean energy future –the Australian Government's climate change plan［M］. Sydney：Canprint Communications Pty Ltd，2011.
2. FREESTONE D. Legal aspects of carbon trading：Kyoto，Copenhagen and beyond［M］. Oxford：Oxford University Press，2009.
3. PEEL J，OSOFSKY H M. Climate change litigation：regulatory pathways to cleaner energy［M］. Cambridge：Cambridge University Press，2015.
4. BARZEL Y. Economic analysis of property rights［M］. Cambridge：Cambridge University Press，1984.
5. KAUL I，CONCEIÇÃO P. The new public finance：responding to global challenges［M］. Oxford：Oxford University Press，2006.

6. LABATT S, WHITE R R. Carbon finance: the financial implications of climate change [M]. New York: John Wiley & Sons, 2011.

7. MAI F, KEEN M, PAPAIOANNOU M G, et al. After Paris: fiscal, macroeconomic and financial implications of global climate change [M]. Washington: International Monetary Fund, 2016.

8. STERN NICHOLAS. The economics of climate change: the Stern review [M]. Cambridge : Cambridge University Press, 2007.

9. SANIN M E, VIOLANTE F, MANSANET-BATALLER M. Understanding volatility dynamics in the EU-ETS market: lessons from the future [M]. Cambridge: CORE, 2009.

五、外文论文类

1. TIETENBERG T. Tradable permits in principle and practice [J]. Penn State Environmental Law Review, 2006, 14（2）: 251-282.

2. BUTTON J. Carbon: Commodity or currency-the case for an international carbon market based on the currency model [J]. Harvard Environmental Law Review, 2008, 32（2）: 571-596.

3. REICH C A. The new property [J]. The Yale Law Journal, 1964（73）: 733-787.

4. ZHANG X. The Role of Carbon Market in Achieving China's New Climate Goals [J]. Tsinghua University Institute of Energy, Environment, and Economy, 2021.

5. World Resources Institute. GHG Mitigation in Japan: an overview of the current policy landscape [J]. Working paper from the Institute for Global Environmental Strategies, 2014.

6. EUN-SUNG KIM. The politics of climate change policy design in Korea [J]. Environmental Politics, 2016（25）: 3, 454-474.

7. HURT C. Moral hazard and the initial public offering［J］. Cardozo L. Rev., 2005（26）: 711.

8. DALLEY P J. The use and misuse of disclosure as a regulatory system［J］. Fla. St. U. L. Rev., 2007（34）: 1089.

9. MANNE A S, RICHELS R G. Buying greenhouse insurance［J］. Energy Policy, 1991（19）: 543-552.

10. SAX J L. The public trust doctrine in natural resource law: effective judicial intervention［J］. Michigan Law Review, 1970, 68（3）: 471-566.

11. BLUMM M C, RITCHIE L. Lucas's unlikely legacy: the rise of background principles as categorical takings defenses［J］. The Harv. Envtl. L. Rev., 2005（2）: 29, 321.

12. CHANG M C. Carbon emission allocation and efficiency of EU countries［J］. Modern Economy, 2012（3）: 590.

13. JOHNSON A, LAESTADIUS L. New laws, new needs: the role of wood science in global policy efforts to reduce illegal logging and associated trade［J］. IAWA Journal, 2011, 32（2）: 125-136.

14. VAN DEN BERGH J C J M, ANGELSEN A, BARANZINI A, et al. A dual-track transition to global carbon pricing［J］. Climate Policy, 2020, 20（9）: 1057-1069.

15. ZEBICH-KNOS M. Global environment conflict in the postcold war era: linkage to an extended paradigm［J］. Peace and Conflict Studies, 1998, 5（1）.

16. CAMPBELL D, KLAES M, BIGNELL C. After Cancun: the impossibility of carbon trading［J］. University of Queensland Law Journal, 2010（29）: 163-190.

17. DONEHOWER J. Analyzing carbon emissions trading: a potential cost efficient mechanism to reduce carbon emissions［J］. Envtl. L., 2008（38）: 177.

18. VINOT K. Beyond Kyoto: the move towards carbon trading［J］. Australian

Mining & Petroleum L. J., 1998 (40).

19. SHEEHAN J. Carbon taxation versus emissions trading schemes? [J]. Deakin Law Review, 2010 (15): 99-105.

20. GREG KAZA. Carbon trading and international trade [J]. Regulation, 2019 (52).

21. PEARSE R. Carbon trading for climate justice? [J]. Asia Pacific Journal of Environmental Law, 2014 (17): 111-130.

22. PARENTEAU P, CAO M. Carbon trading in China: progress and challenges [J]. Envtl. L. Rep. News & Analysis, 2016 (46): 94-101.

六、外文其他类

1. STRIPPLE J, FALALEEVA M. CDM post-2012: practices, possibilities, politics [R]. Workshop Report, Palaestra, Lund University, Sweden, 2008 (28).

2. JIANG J J, YE B. Value-at-risk estimation of carbon spot market based on the combined GARCH-EVT-VaR model [C]. Advanced Materials Research, Trans Tech Publications Ltd, 2015: 1065, 3250-3253.